A MISTAGOGIA CRISTÃ À LUZ DA CONSTITUIÇÃO *SACROSANCTUM CONCILIUM*

Dados Internacionais de Catalogação na Publicação (CIP)
(Câmara Brasileira do Livro, SP, Brasil)

Finelon, Vitor Gino
  A mistagogia cristã à luz da Constituição Sacrosanctum Concilium / Vitor Gino Finelon; sob a coordenação de Waldecir Gonzaga – Petrópolis, RJ : Vozes ; Rio de Janeiro : Editora PUC-Rio, 2021. – (Série Teologia PUC-Rio)

Bibliografia.

ISBN 978-65-5713-386-6 (Vozes)
ISBN 978-65-888314-3-4 (Puc-Rio)

1. Cristianismo 2. Mistagogia – Igreja Católica 3. Teologia I. Título II. Série.

21-77653 CDD-268.82

Índices para catálogo sistemático:
1. Mistagogia : Iniciação cristã : Igreja Católica : Cristianismo 268.82

Aline Graziele Benitez – Bibliotecária – CRB-1/3129

Victor Gino Finelon

A MISTAGOGIA CRISTÃ À LUZ DA CONSTITUIÇÃO *SACROSANCTUM CONCILIUM*

SÉRIE **TEOLOGIA PUC-RIO**

© 2021, Editora Vozes Ltda.
Rua Frei Luís, 100
25689-900 Petrópolis, RJ
www.vozes.com.br
Brasil

Todos os direitos reservados. Nenhuma parte desta obra poderá ser reproduzida ou transmitida por qualquer forma e/ou quaisquer meios (eletrônico ou mecânico, incluindo fotocópia e gravação) ou arquivada em qualquer sistema ou banco de dados sem permissão escrita da editora.

CONSELHO EDITORIAL

Diretor
Gilberto Gonçalves Garcia

Editores
Aline dos Santos Carneiro
Edrian Josué Pasini
Marilac Loraine Oleniki
Welder Lancieri Marchini

Conselheiros
Francisco Morás
Ludovico Garmus
Teobaldo Heidemann
Volney J. Berkenbrock

Secretário executivo
Leonardo A.R.T. dos Santos

©**Editora PUC-Rio**
Rua Marquês de S. Vicente, 225
Casa da Editora PUC-Rio
Gávea – Rio de Janeiro – RJ
CEP 22451-900
T 55 21 3527-1760/1838
edpucrio@puc-rio.br
www.puc-rio.br/editorapucrio

Reitor
Prof. Pe. Josafá Carlos de Siqueira SJ

Vice-Reitor
Prof. Pe. Anderson Pedroso SJ

Vice-Reitor para Assuntos Acadêmicos
Prof. José Ricardo Bergmann

Vice-Reitor para Assuntos Administrativos
Prof. Ricardo Tanscheit

Vice-Reitor para Assuntos Comunitários
Prof. Augusto Luiz Duarte Lopes Sampaio

Vice-Reitor para Assuntos de Desenvolvimento
Prof. Sergio Bruni

Decanos
Prof. Júlio Cesar Valladão Diniz (CTCH)
Prof. Luiz Roberto A. Cunha (CCS)
Prof. Sidnei Paciornik (CTC)
Prof. Hilton Augusto Koch (CCBS)

Conselho Gestor da Editora PUC-Rio
Augusto Sampaio, Danilo Marcondes, Felipe Gomberg, Hilton Augusto Koch, José Ricardo Bergmann, Júlio Cesar Valladão Diniz, Sidnei Paciornik, Luiz Roberto Cunha e Sergio Bruni.

Coordenação da série: Waldecir Gonzaga
Editoração: Programa de pós-graduação em Teologia (PUC-Rio)
Diagramação: Raquel Nascimento
Revisão gráfica: Alessandra Karl
Capa: Editora Vozes

ISBN 978-65-5713-386-6 (Vozes)
ISBN 978-65-888314-3-4 (PUC-Rio)

Editado conforme o novo acordo ortográfico.

Este livro foi composto e impresso pela Editora Vozes Ltda.

Agradecimentos

"Desde que o tempo é tempo, o fundamento de nossa existência é um diálogo."

(M. Heidegger)

Este livro é o resultado de um diálogo incessante com os atores e os cenários que cercaram a minha vida. Por isso, de certa forma, confluem para suas páginas todas as experiências de um tempo vivido, de uma existência, de um significado. É necessário "eucaristizar" a vida – a sua incomunicabilidade, sua espontaneidade e sua gratuidade. Mais ainda, celebrar as diversas pessoas que estão no substrato dessas reflexões, partindo das mais siginificativas – família, amigos e professores – e abraçando até as mais anônimas. Não sinto que o conteúdo desenvolvido aqui tenha sido um produto do meu esforço. Ele foi, antes, uma maneira de estar diante de um mundo, de uma sociedade, de uma Igreja e de uma cultura. É, na verdade, um desejo de que o tom do diálogo existencial continue e progrida sendo atravessado por uma palavra de comunhão e de saúde.

Sumário

Lista de abreviaturas, 9
Prefácio, 11
Introdução, 17

Capítulo 1 | A teologia do mistério como núcleo da experiência litúrgico-espiritual da Igreja na Constituição litúrgica do CV II, 25

    1.1. O mistério expresso e manifestado na vida, 26

    1.2. O mistério como salvação: a comunicação e a terapêutica divinas, 42

    1.3. O mistério como Igreja: a celebração do culto cristão, 79

Capítulo 2 | Mistagogia: compreensões e práticas hodiernas, 117

    2.1. A mistagogia antiga: fonte para a mistagogia atual, 119

    2.2. A reintrodução da mistagogia na teologia e na pastoral hodierna, 148

        2.2.1. A mistagogia como iniciação cristã, 153

        2.2.2. A mistagogia como teologia litúrgica, 179

Capítulo 3 | A mística litúrgica cristã, 203

    3.1. Mistério, mistagogia e mística, 204

    3.2. Mística litúrgica como expressão do mistério de Cristo na vida, 248

        3.2.1. Mística como abertura comunicativa, 252

        3.2.2. Mística como dinâmica terapêutica, 278

Conclusão, 309

Referências bibliográficas, 319

Posfácio, 339

Lista de abreviaturas

1ª Ap.: Primeira apologia de Justino.
1ª Clem.: Primeira carta de Clemente de Roma.
2ª Clem.: Segunda carta de Clemente de Roma.
2ª Ap.: Segunda apologia de Justino.
a.: artigo.
Ad. Haer.: Contra as heresias de Irineu de Lion.
Ad. Marc.: Contra Marcelo de Eusébio de Cesareia.
AG: Decreto *Ad Gentes*.
Apolog.: O apologético de Tertuliano.
C. Cels.: Contra Celso de Orígenes.
Const. Apost.: Constituição Apostólica.
CEC: Catecismo da Igreja Católica.
CNBB: Conferência Nacional dos Bispos do Brasil.
CV II: Concílio Vaticano II.
De Mist.: Os mistérios de Ambrósio de Milão.
De Poenit.: A penitência de Ambrósio de Milão.
Demonst. Evang.: Demonstração Evangélica.
DGC: Diretório geral para a catequese.
DH: Declaração *Dignitatis Humanae*.
Dial. Tri.: Diálogo com Trifão de Justino.
Did.: Didaqué.
Doc. Ap.: Documento de Aparecida.
DV: Constituição dogmática *Dei Verbum*.
EG: Exortação pós-sinodal *Evangelii Gaudium*.
Enarr. in Ps.: Comentário aos salmos.
Ep.: Epístola de Nilo de Ancira.
GE: Exortação apostólica *Gaudete et exsultate*.
GS: Constituição pastoral *Gaudium et Spes*.

Hom.: Homilia de Teodoro de Mopsuéstia.
Hom. sur le Lev.: Homilia sobre o livro do levítico.
IGMR: Instrução geral ao missal romano.
Ign. Eph.: Carta de Inácio de Antioquia aos efésios.
Ign. Mg.: Carta de Inácio de Antioquia aos magnésios.
Ign. Rom.: Carta de Inácio de Antioquia aos romanos.
Ign. Tr.: Carta de Inácio de Antioquia aos trácios.
IRC: Introdução ao rito da confirmação.
IRICA: Instrução ao rito de iniciação cristã de adultos.
III Catech.: Terceira catequese de Cirilo de Jerusalém.
In Ioan. Evan. Trac.: comentário ao Evangelho de João.
In jud. hom.: Homilia sobre o livro dos juízes de Orígenes.
LG: Constituição dogmática *Lumen Gentium*.
LS: Carta encíclica *Laudato Si'*.
MD: Carta encíclica *Mediator Dei*.
NA: Declaração *Nostra Aetate*.
NUAL: Normas universais sobre o Ano Litúrgico.
OPGIC: Observações preliminares gerais – a iniciação cristã.
Or. bapt. Christi: Catequese sobre o batismo de Cristo de Gregório de Nissa.
Or. Cat. Mag.: A grande catequese de Gregório de Nissa.
Orat.: Os discursos de Gregório Nazianzeno.
Pedag.: O pedagogo de Clemente de Alexandria.
PO: Decreto *Presbyterorum Ordinis*.
Prol.: prólogo.
Protep.: O protéptico de Clemente de Alexandria.
q.: questão.
RB: Regra de São Bento.
RICA: Ritual de iniciação cristã de adultos.
S.Th.: Suma Teológica de Santo Tomás de Aquino.
SCa.: Exortação apostólica pós-sinodal *Sacramentum Caritatis*.
SC: Constituição *Sacrosanctum Concilium*.
Stromat.: *Stromata* de Clemente de Alexandria.
Trad. Apos.: Tradição Apostólica de Hipólito.
Vita Const.: A vida de Constantino de Eusébio de Cesareia.
X Catech.: Décima catequese de Cirílo de Jerusalém.
XX Catech.: Vigésima catequese de Cirilo de Jerusalém.
XXI Catech.: Vigésima primeira catequese de Cirilo de Jerusalém.
XXII Catech.: Vigésima segunda catequese de Cirilo de Jerusalém.

Prefácio

O Concílio Vaticano II está caminhando para a celebração de sua sexta década de encerramento. Segundo muitos estudiosos, ele marcou definitivamente a vida da Igreja, a ponto de se constituir como um marco divisor em seu ser e sua missão. Idêntica coisa poderia ser dita para a existência cristã e a reflexão teológica. Até hoje se tem colhido, de forma abundante e fecunda, os frutos plantados nas seções conciliares e que se encarregaram de maturar na fase áurea dessas últimas décadas pós-conciliares.

É precisamente nessa moldura que se engasta a obra que ora apresentamos. Intitulada *A mistagogia cristã à luz da Constituição* Sacrosanctum Concilium, ela é a publicação da tese doutoral de Vitor Gino Finelon, apresentada a uma banca examinadora e solenemente defendida no dia 3 de janeiro de 2020. No final da defesa, a banca constituída foi unânime em sugerir que a pesquisa fosse publicada, o que se reserva apenas aos trabalhos considerados em seu nível de excelência. Há um pouco mais de um ano dessa defesa, a tese acaba de ser premiada, tendo como brinde a sua publicação pela "Série Teologia Puc-Rio", organizada pelo Prof. Waldecir Gonzaga, atual diretor do Departamento de Teologia da Puc-Rio e coordenador da Série.

Como tudo tem sempre uma pré-história, a tese doutoral de Vitor Gino é um significativo desdobramento de sua pesquisa acadêmica de mestrado. Ela foi intitulada "Teologia do Mistério. Aspectos bíblico-patrísticos e teológico-litúrgicos". Gravitando essencialmente em torno da teologia proposta pelo Concílio Vaticano II, esse trabalho procurou mostrar que não se pode compreender devidamente o valioso trabalho dos Padres Conciliares no que se refere ao termo "mistério" – presente em alguns textos do Concílio –, sem a preciosa colaboração de um dos maiores expoentes do Movimento Litúrgico do século XX: Odo Casel. Outrossim, foi esse autor um dos estudiosos que mais colaborou no resgate da teologia bíblico-patrística e da assim denominada "teologia do mistério".

Não sem razão a pesquisa em questão dedica o seu segundo capítulo à "teologia do mistério de Odo Casel". Aí se pode ver o valor e a compreensão de *mysté-*

rion para a mentalidade religiosa grega, e como essa compreensão incide significativamente na concepção cristã. Isso se pode verificar, em particular, no âmbito da formação catequética e da celebração dos sacramentos da iniciação cristão, de modo especial na teologia dos Padres da Igreja. Importante é, porém, notificar que é na Sagrada Escritura e a Patrística que a teologia caseliana encontra a sua origem e inspiração. Isso fica evidenciada na proposta do primeiro capítulo.

O que considero de enorme importância na proposta da dissertação é a motivação pastoral que a motivou. No retorno à busca do Sagrado que temos constatado nos últimos anos, tornou-se corriqueiro falar-se em mística e experiências místicas. No âmbito eclesial ouve-se falar muito em mística cristã e, nos ambientes catequéticos, em mistagogia. Ora, a mística cristã e a mistagogia dependem geneticamente da "teologia do mistério". O processo formativo catecumenal e a celebração dos sacramentos da iniciação cristã têm nela a fonte; dela vai depender, de forma decisiva, a compreensão e vivência da espiritualidade cristã.

Tendo feito essa digressão – necessária a meu parecer – voltemo-nos para a temática proposta pela publicação em questão: *A mistagogia cristã à luz da Constituição* Sacrosanctum Concilium. Um título que consegue expressar muito bem o trajeto que o leitor irá percorrer ao longo das páginas que se seguem.

Antes de prosseguir, sinto a necessidade de passar a palavra ao Vitor Gino. Na conclusão final de sua tese ele faz uma declaração enfática, que nos faz entrever o alcance de sua pesquisa, a qual porta uma valência "inter" e "transdisciplinar": "Em nosso trabalho doutoral, estamos conscientes de enfocar um tema interdisciplinar dentro do ambiente teológico. Tanto a mistagogia quanto a teologia do mistério são objetos de estudo com diversos e diferentes enfoques. Apesar disso, queremos abordar a mistagogia catequética, litúrgica e espiritual à luz da teologia litúrgica, na certeza de contribuir com o fecundo diálogo entre as diversas áreas sobre um tema comum. Afirmamos ainda mais: a mistagogia é um tema transdisciplinar"!

Colocar-nos em contato com os conceitos de mistério, mistagogia e mística e sua inter-relação com o patrimônio da teologia litúrgica a fim de perceber o seu valor para a vida e a práxis eclesial atual é, afinal de contas, o objetivo deste livro. Em sintonia com o pensamento de seu autor, acreditamos que a força teológica do trinômio "mistério-mistagogia-mística" é capaz de oferecer um contributo litúrgico, espiritual e pastoral para a desafiante missão da Igreja dos nossos dias.

O resgate de uma consciência teológica da importância capital desse trinômio deu-se, conforme os insignes estudiosos de teologia litúrgica de ontem e hoje, com o despontar e maturar do Movimento Litúrgico. Não é demais assinalar que essa corrente de vitalidade, que atravessou as mais variadas esferas da reflexão e atuação da Igreja ao longo das cinco primeiras décadas do século passado, se empenhou com tenacidade no propósito de retraduzir para o nosso tempo o sentido e alcance do termo bíblico *mystérion*. Com efeito, o Movimento Litúrgico estava persuadido de que, sobretudo disso, dependeria uma renovada consciência eclesiológica e os efeitos que dela adviriam.

Com pujança e exuberante vigor o termo bíblico *mystérion* desemboca, quase que em forma de um "parto normal", nos documentos do Vaticano II, mormente e de forma incisiva na Constituição Litúrgica *Sacrosanctum Concilium*. E isso se dá de forma privilegiada quando, ao se integrar e acoplar ao acontecimento da Páscoa – coração pulsante da fé e do culto de Israel e da Igreja cristã – ele se mostra normalmente formulado na categoria de "mistério pascal".

A *Sacrosanctum Concilium*, intencionalmente, repropõe a realidade do mistério pascal como fundamento e eixo de sua reflexão teológica sobre a liturgia. Um dos exemplos mais eloquentes disso é o uso que o Documento faz da expressão em seu quinto parágrafo. Ali, após fazer uma densa síntese do projeto salvífico de Deus ao longo da economia da salvação, atinge o clímax de seu discurso com a menção da Páscoa de Cristo e a epifania-nascimento da Igreja: "Esta obra da redenção humana e da perfeita glorificação de Deus, da qual foram prelúdio as maravilhas divinas operadas no povo do Antigo Testamento, completou-a, Cristo Senhor, principalmente pelo mistério pascal de sua sagrada paixão, ressurreição dos mortos e gloriosa ascensão. Por este mistério, Cristo, "morrendo, destruiu a nossa morte e, ressuscitando, recuperou a nossa vida". Pois do lado de Cristo dormindo na cruz nasceu o admirável sacramento de toda a Igreja" (SC 5).

Ao atrelar o mistério pascal à manifestação da Igreja como um *mystérion* (o que se pode inferir da expressão "admirável sacramento de toda a Igreja") a Constituição Litúrgica deixa-nos entrever que esse evento salvífico se apresenta como a realidade que impulsiona a Igreja a nascer, celebrar e ser. O Corpo de Cristo, portanto, traz em si mesmo o código genético desse mesmo *mystérion*, que, em última análise, é o próprio Ressuscitado, segundo a rica formulação da teologia paulina. Segundo o apóstolo, Deus quis manifestar a todos os homens a "riqueza da glória deste mistério, que é Cristo", presente em cada um de nós como "esperança da glória" (Cl 1,27). O mistério pascal, por conseguinte, se impõe naturalmente como fundamento e chave hermenêutica da vida da Igreja e da liturgia cristã. De fato, a liturgia brota do mistério pascal a fim de poder celebrá-lo, testemunhá-lo e vivê-lo.

A partir dessa convicção o texto conciliar prossegue de forma dinâmica e crescente e chega ao seu sexto parágrafo, traduzindo, agora, em dois sacramentos específicos, a própria identidade daquele "admirável sacramento de toda a Igreja", que nasceu do Cristo pascal. Estamos nos referindo aos Sacramentos do Batismo e da Eucaristia. Por meio do Batismo – através do qual se realiza "mistericamente" nos fiéis a morte-ressurreição de Cristo –, a criatura humana torna-se capaz de receber o Espírito Santo e ter acesso a Deus. É esse mesmo Espírito que a consagra sacerdote do Altíssimo. Já, por meio da Eucaristia – que atualiza em cada batizado a vitória e o triunfo de Cristo sobre a morte – os crentes são capacitados a glorificar a Deus e, em ação de graças, anunciar a morte do Senhor até que Ele venha (SC 6).

 O nosso livro se empenha a todo o custo ser coerente com o título que porta. Nele, de fato, a "teologia do mistério" se apresenta como "núcleo da experiência litúrgico-espiritual da Igreja" segundo a teologia litúrgica do Concílio Vaticano II. O seu primeiro capítulo poderia ser considerado como o fundamento da obra, uma vez que nele é estudado a noção de "mistério" na teologia do "mistério" na teologia da *Sacrosanctum Concilium*. E a razão dessa escolha é mais do que plausível, uma vez que – recorda-nos o autor do livro – esse documento é a "carta magna da liturgia eclesial" e, continua, "além de sua fecundidade teológica ímpar, goza de um *status* de fundamento para a produção pós-conciliar".

 Apesar da frequência com que o termo *mysterium* aparece na Constituição Litúrgica, é nas menções dos parágrafos quinto e sexto que ele apresenta particular relevância. Ele se associa, no documento conciliar, ao qualificativo "pascal" (*mysterium paschale*). É a partir dessa formulação teológica que a expressão é trabalhada pelo nosso autor com profundidade, extremo rigor acadêmico e incomum habilidade intuitiva, o que pode ser constatado com uma atenta leitura desse capítulo da obra. Esse capítulo, aliás, tem com transfundo a trilogia "mistério-mistagogia-mística", ainda que se debruce e mergulhe naquele que será o alicerce e sustentáculo dos demais – o *mysterium*. A mesma metodologia será aplicada aos demais capítulos. "O mistério expresso e manifestado na vida", "O mistério como salvação: a comunicação e a terapêutica divinas" e "O mistério como Igreja: a celebração do culto cristão" serão os três fios de outro que tecerão o constructo deste primeiro capítulo.

 Num trajeto que se vê em franca evolução, atingimos o segundo componente da trilogia há pouco mencionada: a mistagogia. Todo o segundo capítulo do livro, com efeito, gravitará em torno desse conceito. De sabor essencialmente bíblico e patrístico, ele é um refinado fruto da teologia litúrgica pós-conciliar. Se, por um lado, ele não aparece formulado nos textos conciliares, por outro, é necessário afirmar que o seu emergir no século passado se deve ao resgate da "teologia do mistério" realizado pelo Movimento Litúrgico.

 Segundo Vitor Gino, os Padres Conciliares nos deixaram três fortes intuições que possibilitaram à Igreja pós-conciliar no processo de redescoberta de uma práxis mistagógica, a saber: a proposta de restauração do catecumenato dos adultos, inspirado no método mistagógico patrístrico; aquilo que ele denomina *lectio ritualis*, a saber, que os textos e ritos sejam capazes de exprimir com transparência o seu significado a fim de promover a participação litúrgica e, finalmente, que essa participação possa inspirar, construir e fazer maturar espiritualidade dos batizados.

Acerca da importância desse segundo capítulo de seu livro, afirma o nosso autor na introdução de sua pesquisa: "Precisamos deixar bem claro nesta introdução que a teologia litúrgica atual, também a partir dos estudos sobre a mistagogia antiga, começou a esquadrinhar uma nova compreensão da espiritualidade e da mística cristã. Esse assunto é de uma novidade tão grande que dedicaremos o quarto capítulo a estudar a espiritualidade e a mística cristã à luz da mistagogia e do mistério. É o nosso esforço de contribuir com algumas intuições para realizarmos um feliz intercâmbio entre a liturgia e a espiritualidade".

Caminhando para o desfecho da obra, somos conduzidos ao seu terceiro capítulo: "Mística litúrgica cristã". Pacato em sua formulação, esse capítulo esconde em si um conteúdo abissal e um estrondoso anúncio. Final de contas ele lida com a *mens* neotestamentária e patrística no que concerne à compreensão, práxis e testemunho daquilo que se poderia entender como "espiritualidade cristã". Nele nos é mostrado que, à luz da mais genuína concepção da Igreja, a "mística cristã" é a própria espiritualidade da Igreja, que é a mística litúrgica. Acerca desse argumento, uma das formulações teológicas mais precisas e pontuais que até agora encontrei foi aquela do eminente liturgista B. Neunheuser, grande expoente do Movimento Litúrgico alemão: "A espiritualidade litúrgica é o exercício (tanto quanto possível) perfeito da vida cristã com que o homem, regenerado no Batismo, cheio do Espírito Santo recebido na Confirmação, participando da celebração da Eucaristia, assinala toda a sua vida mediante esses três Sacramentos, com o objetivo de crescer, dentro do quadro das celebrações que ocorrem durante o Ano Litúrgico, por meio de uma oração contínua – concretamente: a oração ou Liturgia das Horas – e das atividades da vida cotidiana, na santificação mediante a conformação com Cristo crucificado e ressuscitado, na esperança da última e suprema realização escatológica, em louvor da glória de Deus".

Nesse sentido, um dos grandes contributos do nosso livro é mostrar que espiritualidade cristã e/ou mística litúrgica são realidades que brotam dos sacramentos da iniciação cristã, se desdobram e amadurecem na íntima relação que existe entre celebração da liturgia e liturgia vivida. A mística litúrgica outra coisa não é senão a experiência do mistério pascal celebrado e vivenciado em cada ação litúrgico-sacramental e que, necessariamente, deve se refletir e comprovar na vida. Compreender devidamente isso é de tal forma decisivo que, já na introdução desta obra, declara o autor: "O risco de uma espiritualidade desvinculada da liturgia é o ressurgimento de uma espiritualidade extremamente subjetiva e psicologista e de uma mística ou baseada em fenômenos paranormais e experiências emocionais ou compreendida como experiência cognitiva do inefável. Já o risco para a liturgia sem vinculação com a espiritualidade é se tornar uma experiência desvinculada da vida, ritualista, devocional e estéril".

Dentre as tantas riquezas deste nosso livro, merece uma honrosa menção o último subitem do último capítulo. É ali, precisamente que o seu autor trata da "mística como dinâmica terapêutica". A questão é tratada com tamanha transversalidade, profundidade e criatividade teológica que chega até mesmo ter "sabor" de novidade numa pesquisa acadêmica. A mim, particularmente, esse item golpeou e impressionou. De fato, poder fazer, na Igreja, uma autêntica experiência de um Deus que quer "salvar todos os homens" e de um Salvador que se revela como "médico carnal e espiritual" (SC 5) – sobretudo em nossa era, tão dilacerada e marcada por tantas e tão profundas enfermidades – é um dom a ser acolhido e celebrado. Um dos pontos de síntese desse item a que nos referimos nos é apresentado no próprio texto. "A liturgia é uma experiência terapêutica. O Cristo Ressuscitado, por meio do seu Espírito Santo, atua na Igreja, mais precisamente através dos sinais celebrativos, e efetua a recriação do ser humano marcado pela enfermidade, pelo pecado e pela morte. O homem, por meio das celebrações do universo litúrgico eclesial, reinterpreta a sua enfermidade, seu pecado e a sua morte à luz da revelação do projeto salvífico e amoroso do Pai."

Tornar pública e acessível a muitas pessoas a tese doutoral de Vitor Gino Finelon – agora nascendo como livro – é algo que me faz vibrar de comoção e ação de graças. O meu profundo desejo e sinceros votos é que o rico conteúdo deste material gere descobertas e descortine horizontes no que diz respeito ao significado da mística litúrgica cristã. Como foi para mim um enriquecimento ímpar o contato com essas páginas, o mesmo desejo a todos os seus leitores. Creio que isso será possível se cada um se aproximar das linhas deste livro com um espírito de encanto e uma capacidade de se deixar surpreender por uma realidade profundamente encantadora e entusiasmante.

Prof.-Dr. Luiz Fernando R. Santana
Departamento de Teologia, PUC-Rio

Introdução

O nosso trabalho doutoral teve como título "A mística litúrgica cristã" e como subtítulo "A mistagogia hoje à luz da teologia do mistério na Constituição *Sacrossanctum Concilium*". O título e o subtítulo representam bem o desenvolvimento temático e o objetivo de nossa pesquisa, que hoje se torna livro. Queremos estudar os conceitos de mistério, mistagogia e mística e sua inter-relação dentro do patrimônio da teologia litúrgica e perceber o seu valor para a vida e a práxis eclesial atual. Acreditamos que a força teológica desse trinômio mistério-mistagogia-mística oferece um contributo litúrgico-espiritual fecundo para encarar os diversos desafios presentes na missão eclesial de levar os homens à comunhão com Deus.

A teologia litúrgica, no último século, passou por três etapas: do Movimento Litúrgico à reforma (1909-1962), da reforma à sua instauração e aplicação (1962-1990) e o desenvolvimento da espiritualidade litúrgica (a partir de 1990). Essas três etapas se caracterizam por pertencerem a um processo orgânico de desenvolvimento dos temas litúrgicos. A reintrodução dos conceitos de mistério e de mistagogia na teologia e a crítica à compreensão teológica de mística vigente foram iniciadas desde o Movimento Litúrgico atingindo os nossos dias.

Todavia, nas duas primeiras décadas do novo milênio, surgiram, intraeclesialmente, vozes antagônicas com objetivo não só de criticar a reforma litúrgica e as suas concretizações pastorais, mas também de tentar retornar ao paradigma teológico-litúrgico tridentino. Desta maneira, a situação atual se mostra conflituosa, exigindo que a teologia litúrgica atual reforce as bases alicerçadas pelo Movimento Litúrgico, as afirmações magisterializadas pelo CV II e as propostas concretizadas pela reforma litúrgica[1].

Nosso trabalho comunga da visão iniciada pelo Movimento Litúrgico, outorgada pelos Padres Conciliares e concretizada na reforma litúrgica pós-conci-

---

1. FLORES, J. J., Introdução à teologia litúrgica, p. 395-398.

liar. Por esta razão, ele se coloca junto à teologia litúrgica a fim de contribuir para aprofundar temas importantes surgidos nos últimos cinquenta anos: a indissociável ligação entre mistério, mistagogia e mística.

Para além dessa tensão eclesial *ad intra* dos últimos vinte anos, a Igreja recebeu um mandato de anunciar e de concretizar o Reino de Deus através da sua palavra e dos seus sinais. Na verdade, o mistério salvífico atinge o tempo eclesial e se torna o mistério transmitido, celebrado e vivido. Desta forma, urge um aprofundamento sempre maior da relação entre mistério, mistagogia e mística. Se de fato esses conceitos estão inter-relacionados e são interdependentes, quanto mais compreendemos a natureza de um, mais alcançamos a realidade dos outros. Então, precisamos conhecer o nexo de conexão do trinômio mistério-mistagogia--mística. Desta forma, a teologia e a pastoral da Igreja serão mais hábeis no seu encargo de conduzir os homens ao mistério de Cristo.

A relevância deste trabalho recai em duas propostas. A primeira proposta é a de ajudar a consolidar as conquistas obtidas pela teologia litúrgica nos últimos cem anos, aproximadamente, a respeito dos conceitos de mistério, mistagogia e mística. A segunda proposta é a de continuar e a de aprofundar os trabalhos realizados pelos liturgistas conseguindo dar mais um passo em direção a uma celebração litúrgica carregada do sopro de vida nova, capaz de mediar a ação mistérica no "hoje".

O plano desenhado para o nosso trabalho doutoral consta de três capítulos. Cada capítulo se dedicará a estudar um dos membros da tríade mistério-mistagogia-mística, procurando relacionar tais conceitos entre si. O trabalho apresentará o tema do mistério no segundo capítulo. Isto porque esse conceito é o mais fundamental e basilar da teologia litúrgica e aquele que determinará os conceitos de mistagogia e de mística. Depois, no segundo capítulo, estudaremos o conceito de mistagogia. E, por fim, visto que depende em certo sentido das noções de mistério e de mistagogia, discorreremos sobre o conceito de mística.

Já queremos alertar o leitor, nesta introdução, que estamos conscientes da grandeza da tarefa assumida. O número de pesquisas que visam aproximar os conceitos de mistério, mistagogia e mística ainda não tem um vulto expressivo na produção internacional e, na produção acadêmica brasileira, a produção ainda é pouco expressiva. Por isso, este trabalho doutoral longe de pretender esgotar o assunto, quer, na verdade, abrir um caminho de discussão, baseado nos pesquisadores de outrora, e incentivar novas produções acadêmicas que deem continuidade à temática proposta.

O segundo capítulo, mais precisamente, estudará do conceito de "mistério" na teologia da constituição litúrgica do CV II. Escolhemos este documento por um motivo muito fundamental. Ele é, ao mesmo tempo, o ponto de chegada das contribuições diretas do Movimento Litúrgico e o ponto de partida para a teologia litúrgica pós-conciliar. Essa carta magna da liturgia eclesial, além de sua fecundidade teológica ímpar, goza de um *status* de fundamento para a produção pós-conciliar.

Na SC, contamos com 24 ocorrências do termo *mysterium* e de seus correlatos. Eles aparecem uma vez, na introdução do documento; sete vezes, no primeiro capítulo; três vezes, na parte dedicada à Eucaristia; uma vez, em relação aos sacramentos e sacramentais; uma vez, em conexão com o tema da liturgia das horas; e, onze vezes, tratando do motivo do Ano Litúrgico. Contudo, dessas 24 ocorrências, nos deteremos em quatro principais, distribuídas no artigo segundo, quinto e sexto do referido documento.

A razão de ser da escolha dessas quatro ocorrências está na sua importância teológica e na sua pertinência para nossa temática. No texto do artigo segundo aparece a expressão "mistério de Cristo". Esta é a primeira vez que o documento conciliar, e, em última análise, o próprio CV II, fez uso do conteúdo teológico de um dos seus termos centrais. Dito isto, fica claro a relevância dessa ocorrência de mistério na SC 2.

Já a ocorrência do artigo quinto e a dupla ocorrência de mistério no artigo sexto se explicam porque elas pertencem ao primeiro capítulo, intitulado a natureza da liturgia. Realmente, o artigo quinto desenvolve sua compreensão soteriológica através da expressão mistério pascal. Para os Padres Conciliares a salvação cristã é a ação mistérica na qual Deus fala aos homens e cura seus corações. O artigo sexto, por seu turno, aplica o entendimento da salvação como mistério à ação litúrgico-eclesial nos sacramentos de iniciação – "enxertados no mistério pascal de Cristo" – e na celebração litúrgica em geral – "celebrar o mistério pascal".

Ao final do segundo capítulo, esperamos destacar a centralidade do conceito de mistério e termos bem definidos certas linhas de compreensão que nos ajudem a pensar a mistagogia e a mística à luz desse conceito. Sabemos que sem a noção de mistério, os conceitos de mistagogia e de místicas sofrem profundas transformações semânticas afastando-se de seu núcleo vital. A decorrência direta desse afastamento é a transformação da liturgia de uma experiência viva com o mistério divino em uma vivência fria, ritualista, moralista, devocional e supersticiosa da celebração litúrgica.

O terceiro capítulo do nosso trabalho doutoral está centrado no conceito de mistagogia. A recuperação da mistagogia como inspiração para a prática mistagógica atual é fruto da teologia litúrgica pós-conciliar. De fato, a temática da mistagogia não se encontra propriamente nos documentos conciliares. Contudo, baseados nos estudos do Movimento Litúrgico e na recuperação da teologia do mistério, os Padres Conciliares legaram três intuições que favoreceram a redescoberta de uma práxis mistagógica na Igreja pós-conciliar.

A primeira intuição foi a renovação do processo de inciação cristã: "Restaure-se o catecumenato dos adultos, com vários graus, a praticar segundo o critério do ordinário do lugar, de modo que se possa dar a conveniente instrução a que se destina o catecumenato e santificar este tempo por meio de ritos sagrados que se hão de celebrar em ocasiões sucessivas"[2]. Esse pedido conciliar ocasionara o estudo aprofundado dos modelos de iniciação cristã ao longo da história e a redescoberta da mistagogia antiga. Esta última será, então, a fonte inspiradora para repensar a iniciação cristã na Igreja atual.

A segunda intuição foi a percepção da *lectio ritualis*: "Nesta reforma, proceda-se quanto aos textos e ritos, de tal modo que eles exprimam com mais clareza as coisas santas que significam, e, quanto possível, o povo cristão possa mais facilmente apreender-lhes o sentido e participar neles por meio de uma celebração plena, ativa e comunitária"[3]. Nessa direção, a teologia litúrgica vai se configurar como teologia mistagógica com a constituição de um método teológico baseado na teologia mistagógica dos Padres da Igreja[4].

A terceira intuição foi a vinculação entre a liturgia e a vida espiritual. Nesse sentido, apesar de se reconhecer que "a participação na sagrada Liturgia não esgota, todavia, a vida espiritual"[5] se define o valor paradigmático da liturgia para a vida espiritual da Igreja e dos fiéis, quando afirma que "importa, porém, ordenar essas práticas tendo em conta os tempos litúrgicos, de modo que se harmonizem com a sagrada Liturgia, de certo modo derivem dela, e a ela, que por sua natureza é muito superior, conduzam o povo"[6]. A partir desse texto, os liturgistas entendem a participação ativa, consciente e frutuosa como caminho místico-espiritual [7].

Conscientes das intuições deixadas pelos Padres Conciliares a respeito da mistagogia para a teologia pós-conciliar, estruturaremos nosso terceiro capítulo da seguinte maneira. A sua primeira parte se dedica a compreender o fenômeno da mistagogia antiga. Nosso objetivo aqui não é esquadrinhar todos os pormenores da vivência mistagogia patrística, mas sim as linhas gerais de significado do termo

---

2. SC 64.
3. SC 21.
4. SARTORE, D., Mistagogia, p. 1.208-1.215.
5. SC 12.
6. SC 13.
7. AUGÉ, M., Espiritualidade litúrgica, p. 77-79.

mistagogia. A partir disso, a segunda parte do capítulo pretende entender como nos últimos cinquenta anos, a partir dos estudos da mistagogia antiga, se desenvolveu a mistagogia atual como iniciação cristã e, depois, como teologia litúrgica.

No tocante à iniciação cristã, o terceiro capítulo visa estudar um tema de fronteira entre a teologia litúrgica e a catequética. A mistagogia está relacionada com a iniciação cristã, tanto com o processo de formação dos cristãos quanto com a efetivação desse processo na celebração dos Sacramentos do Batismo, da Crisma e da Eucaristia. A respeito da teologia litúrgica, o segundo capítulo pretende entender como os liturgistas estão constituindo um método teológico para a liturgia a partir do método teológico mistagógico dos Padres da Igreja.

Precisamos deixar bem claro nesta introdução que a teologia litúrgica atual, também a partir dos estudos sobre a mistagogia antiga, começou a esquadrinhar uma nova compreensão da espiritualidade e da mística cristã. Esse assunto é de uma novidade tão grande que dedicaremos o quarto capítulo a estudar a espiritualidade e a mística cristã à luz da mistagogia e do mistério. É o nosso esforço de contribuir com algumas intuições para realizarmos um feliz intercâmbio entre a liturgia e a espiritualidade.

Das conclusões do terceiro capítulo, esperamos compreender como a mistagogia atual, inspirada na mistagogia dos Padres da Igreja, está relacionada intrinsicamente com a noção de mistério e serve de base para a espiritualidade a mística cristã. A mistagogia na Igreja atual é uma realidade "viva", ou seja, ela não é uma realidade cristalizada, mas em franco desenvolvimento. Queremos contribuir para que esse movimento teológico-pastoral penetre todos os âmbitos da vida eclesial e faça dos cristãos místicos – praticantes do mistério pascal de Cristo.

No quarto capítulo, queremos apresentar a temática da espiritualidade e da mística em chave mistérico-mistagógica segundo as reflexões da teologia litúrgica. Contudo, esta temática é assinalada pelos especialistas como carente de reflexões e produções teológicas. Os grandes nomes da pesquisa indicam a urgente tarefa de se desenvolver pesquisas nesse âmbito do valor espiritual e místico da liturgia. O risco de uma espiritualidade desvinculada da liturgia é o ressurgimento de uma espiritualidade extremamente subjetiva e psicologista e de uma mística ou baseada em fenômenos paranormais e experiências emocionais ou compreendida como experiência cognitiva do inefável. Já o risco para a liturgia sem vinculação com a espiritualidade é se tornar uma experiência desvinculada da vida, ritualista, devocional e estéril.

A espiritualidade e a mística litúrgica nascem da iniciação cristã e se desenvolvem na relação entre liturgia e vida. De fato, a mística litúrgica é compreendida como experiência do mistério pascal de Cristo na qual a celebração litúrgico-sacramental é a mediação máxima entre a salvação e a humanidade. Em cada celebração Deus se revela, dirigindo sua Palavra ao seu povo e atuando terapeuticamente a fim de converter o coração do homem das trevas para a sua luz admirável. A mística litúrgica, então, é uma experiência comunicativo-terapêutica com o mistério divino na qual o homem se reconfigura, pela ação da Trindade, de ególatra, egoísta e egocêntrico em eucarístico-doxológico (em relação a Deus), em crístico (em relação a si), em agápico (em relação ao próximo) e em ecológico (em relação ao cosmos).

Dito isto, o último capítulo se estrutura em duas partes. Na primeira parte, estudaremos o percurso diacrônico feito pelo conceito de mística. Nesse percurso, é possível perceber dois grandes paradigmas: a mística do primeiro milênio cristão e a do segundo milênio cristão. Acreditamos que esse estudo revelará as características de cada paradigma e os porquês da passagem de um paradigma para outro. Além disso, nos possibilitará entender o contexto das questões suscitadas no século passado, entre espiritualidade objetiva e subjetiva, cenário no qual o CV II apresentará seu pensamento espiritual.

A segunda parte do quarto capítulo reclama as conclusões do segundo e do terceiro capítulos. Ele pretende pensar a mística cristã à luz do conteúdo teológico de mistério e mistagogia. De maneira geral, a mística litúrgica cristã, em ligação com o conceito de mistério e mistagogia, é uma experiência celebrativo-sacramental de comunicação e de cura na qual o cristão e a Igreja manifestam no tempo o mistério de Cristo.

Em nosso trabalho doutoral estamos conscientes de enfocar um tema interdisciplinar dentro do ambiente teológico. Tanto a mistagogia quanto a teologia do mistério são objetos de estudo com diversos e diferentes enfoques. Apesar disso, queremos abordar a mistagogia catequética, litúrgica e espiritual à luz da teologia litúrgica, na certeza de contribuir com o fecundo diálogo entre as diversas áreas sobre um tema comum. Afirmamos ainda mais: a mistagogia é um tema transdisciplinar! Por isso, catequetas, liturgistas e teólogos espirituais precisam se debruçar sobre os contatos, aberturas e penetrações de suas abordagens sobre o referido tema. Somente encarando a mistagogia de forma interdisciplinar e transdisciplinar poderemos reunir as diversas contribuições e transformá-las num patrimônio orgânico e harmônico para que as pessoas se beneficiem de tanta riqueza.

Apesar das grandes intuições presentes no CV II terem completado cinquenta anos, sabemos que a situação eclesial, muitas vezes, se encontra distante do desejado. Existem, ao menos, três razões para que se estabeleça esta dicotomia entre o previsto nos documentos e a prática eclesial: um desconhecimento do alcance teológico das transformações conciliares, gerando uma aplicação superficial das suas orientações; uma resistência consciente e deliberada de parcelas da Igreja, tentando retardar (até retroceder) ao máximo a instauração do Concílio ou algumas de suas prescrições; e a mudança sempre constante da cultura mundial, das demandas da comunidade humana e de cada pessoa.

Nossa pesquisa quer contribuir para que as três razões acima sejam matizadas e a Igreja, tal como contemplada no Concílio, passe da utopia para a realidade histórica, ou seja, queremos aprofundar a teologia conciliar a fim de que ela seja compreendida em sua densidade teológica capaz de ocasionar mudanças substanciosas no modo de ser Igreja. Acreditamos que a reunião do trinômio teológico mistério-mistagogia-mística carrega uma profunda originalidade e novidade para qualificar a ação evangelizadora e ajudaria a oferecer sentido e respostas para as questões dos homens de hoje.

Capítulo 1 | A teologia do mistério como núcleo da experiência litúrgico-espiritual da Igreja na Constituição litúrgica do Concílio Vaticano II

O CV II é o grande marco referencial para a teologia católica no início do terceiro milênio. A SC teve o encargo de posicionar conceitos nucleares no tocante à liturgia e à experiência espiritual do povo de Deus. Um desses – o mais fundamental da teologia litúrgica e do qual todos os outros conceitos dependem e se relacionam – é o conceito de mistério. Queremos, por isso, neste capítulo, estudar tal conceito na referida Constituição[8].

A ótica que será empreendida estará em sintonia com as palavras acertadas do Papa Francisco, por ocasião da celebração da missa em ação de graças no cinquentenário da reforma litúrgica: "E não se pode voltar atrás, devemos andar sempre avante, sempre avante e quem vai para trás erra. Vamos à frente sobre esta estrada"[9]. De fato, a nossa empresa é aprofundar o rico patrimônio presente nas páginas conciliares a fim de uma experiência cristã mais condizente com a inaugurada por Jesus de Nazaré.

Para que isso aconteça, analisaremos o conceito de mistério em sua vertente teológica. Isto diz respeito, sobretudo, à fundamentação, de matriz bíblico-patrís-

---

[8]. Queremos deixar escrito aqui a crítica levantada pelo professor W. Haunerland ao fato de que apesar do conceito de "mistério" ser fundamental na Constituição litúrgica do CV II, os liturgistas e teólogos preferiram desenvolver os temas da participação dos fiéis e da presença de Cristo na liturgia: "contudo, diferente, por exemplo, do conceito de *participatio actuosa* ou das declarações acerca da presença de Jesus Cristo no culto, o conceito tão importante como o de *mysterium paschale* e sua utilização conciliar não foi até agora investigado de forma detalhada e monográfica. Esse desejo [...] corrobora a opinião de que se está muito longe de ter-se percebido as dimensões profundas do conceito e o potencial de rendimento de sua aceitação teológico-litúrgica" (HAUNERLAND, W., Mysterium paschale, p. 114-115).

[9]. FRANCISCO, P. P., Palavras do Papa Francisco na saída da igreja de todos os santos.

tica, presente no capítulo primeiro, especialmente, nos artigos segundo (Cristo e mistério), quinto (salvação e mistério) e sexto (liturgia e mistério) da Constituição sobre a liturgia. As outras entradas do termo "mistério", no documento referido, dependem do conteúdo teológico articulado pelos Padres Conciliares nestes três artigos indicados. Percebemos que a redação do texto utilizou a propriedade distributiva, isto é, desenvolveu o significado do conceito "mistério" – nos artigos segundo, quinto e sexto – e, depois, aplicou a cada realidade do universo cultual católico[10].

Esperamos com isso evidenciar a importância, a centralidade e a profundidade do conceito de mistério. Sem ele, nas categorias afirmadas pelo Concílio da década de 1960, ocorre um empobrecimento da experiência celebrativa da liturgia e consequentemente da própria vivência eclesial, pois perde-se a propulsão fontal e não se chega ao cume mais alto, em harmonia com a célebre máxima: "A liturgia é, simultaneamente, a meta para a qual se encaminha a ação da Igreja e a fonte de onde promana toda a sua força"[11]. Nossa esperança, ainda, é que o aprofundamento da teologia do mistério favoreça mais a celebração do culto e a vida de tantos cristãos, a fim de que o Evangelho fermente o mundo (Mt 13,33).

1.1. O mistério expresso e manifestado na vida

Para sermos completos e honestos em nossa busca, precisamos destacar que a primeira entrada do termo mistério na Constituição litúrgica (e, consequentemente, na teologia do CV II) se encontra no seu proêmio, no artigo segundo. Encontramos o texto assim:

> A liturgia pela qual, especialmente no sacrifício eucarístico, se opera o fruto da nossa Redenção, contribui em sumo grau para que os fiéis exprimam na vida e manifestem aos outros o mistério de Cristo e a autêntica natureza da verdadeira Igreja, que é simultaneamente humana e divina, visível e dotada de elementos invisíveis, empenhada na ação e dada à contemplação, presente no mundo e, todavia, peregrina, mas de forma que o que nela é humano se deve ordenar e subordinar ao divino, o visível ao invisível, a ação à contemplação, e o presente à cidade futura que buscamos. A Litur-

---

10. Seguiremos os critérios de interpretação estabelecidos pelos seguintes liturgistas em suas obras: AUGÉ, M., Il Concílio Vaticano II e la sua ermeneutica, p. 7-28, FAGIOLLI, M., La *Sacrosanctum Concilium* e il significato del Vaticano II, p. 791-808 e ROUTHIER, G., *Sacrosanctum Concilium*, p. 17-35. De maneira sucinta, estes autores apresentam quatro elementos importantes: as correntes teológicas precedentes ao Vaticano II, os documentos magisteriais anteriores ao Vaticano II, o desenvolvimento dos conceitos e ideias na própria Constituição (intratextualidade) e a relação entre as Constituições e os demais documentos conciliares (intertextualidade).

11. SC 10.

gia, ao mesmo tempo que edifica os que estão na Igreja em templo santo no Senhor, em morada de Deus no Espírito até à medida da idade da plenitude de Cristo, robustece de modo admirável as suas energias para pregar Cristo e mostra a Igreja aos que estão fora como sinal erguido entre as nações, para reunir à sua sombra os filhos de Deus dispersos até que haja um só rebanho e um só pastor[12].

Este artigo segundo, sendo parte do proêmio, introduz, em linhas gerais, os temas que serão desenvolvidos no decorrer do documento. Numa análise textual, encontramos duas frases cujos sentidos estão interconectados. Na primeira frase, temos, a seguinte oração principal: "A liturgia contribui em sumo grau para que os fiéis exprimam na vida e manifestem aos outros o mistério de Cristo e a autêntica natureza da verdadeira Igreja". Esta frase está apoiada por três apostos explicativos os quais dois se ligam à palavra liturgia – "pela qual se opera o fruto da nossa redenção" e "especialmente no sacrifício eucarístico" – e outro ligado à autêntica natureza da Igreja – "que é simultaneamente humana e divina, visível e dotada de elementos invisíveis, empenhada na ação e dada à contemplação, presente no mundo e, contudo, peregrina, mas de forma que o que nela é humano se deve ordenar e subordinar ao divino, o visível ao invisível, a ação à contemplação, e o presente à cidade futura que buscamos". Outra informação literária importante a ser destacada são as duas referências diretas feitas pelo texto: a oração secreta[13] do IX domingo depois de pentecostes (sobre a relação liturgia e redenção) e outra de Hb 13,14 (a característica escatológica da Igreja)[14].

A segunda frase do artigo segundo da SC desenvolve a primeira. Ela apresenta mais duas funções da liturgia e as suas respectivas razões: edificar e robustecer os que estão na igreja, pregando o Cristo, e mostrando a Igreja aos que estão fora. O tema da edificação e do robustecimento se associam, respectivamente, com o da "expressão na vida e a manifestação aos outros do mistério de Cristo" e com o da "autêntica natureza da verdadeira Igreja". Essa frase possui cinco referências diretas à Escritura: três em relação à edificação dos fiéis (Ef 2,21-22; 4,13) e duas com a missão *ad extra* da Igreja (Jo 10,16; 11,32).

---

12. SC 2.

13. A oração secreta era aquela feita pelo sacerdote, em voz baixa ou em silêncio, com a qual se concluía a preparação dos dons sobre o altar. Atualmente, corresponderia à oração sobre as oferendas.

14. Sobre estes três apostos citados, queremos dizer que apenas um será de fato tema da nossa apreciação: a relação entre liturgia e redenção. Todavia, tal reflexão será desenvolvida mais para frente quando tratarmos do artigo quinto da Constituição sobre a liturgia. O aposto sobre a Eucaristia não será contemplado, visto que nosso trabalho não pretende abarcar os sacramentos em suas especificidades. O que trata da natureza da Igreja também extrapolaria os limites da nossa pesquisa.

Precisamos enfrentar um último aspecto literário importante. O texto latino – "*Liturgia enim summe eo confert ut [...]*" – encontra sua tradução correspondente em português, no site oficial da Santa Sé, assim: "A liturgia contribui em sumo grau para que [...]". O tradutor fez uma equivalência entre os termos *confert* e contribui. Queríamos deixar uma análise crítica a essa escolha e entender a força semântica do termo latino. Apesar do verbo contribuir estar no campo de tradução para *conferio*, acreditamos que a palavra mais adequada nesse caso seria "conferir". Parece-nos que, no pensamento conciliar, a liturgia não se une contribuindo com várias realidades para que os fiéis exprimam e manifestem o mistério de Cristo e a autêntica natureza da verdadeira Igreja. Todavia, a liturgia, segundo os Padres Conciliares, confere, verdadeiramente, como fonte e meta tal possibilidade aos fiéis. Por isso, o *"confert"*, presente no documento conciliar, porta um valor único à liturgia eclesial[15].

Dito isto, podemos nos concentrar na oração principal da primeira frase do artigo segundo: "A liturgia contribui (confere) em sumo grau para que os fiéis exprimam na sua vida e manifestem aos outros o mistério de Cristo e a autêntica natureza da Igreja". Somos introduzidos à dupla finalidade da ação litúrgica: expressar na vida (*vivendo exprimant*) e manifestar aos outros (*aliis manifestent*) o mistério de Cristo (*mysterium Christi*) e a autêntica natureza da verdadeira Igreja (*genuinam verae ecclesiae naturam*).

A primeira finalidade da liturgia é a expressão na vida do mistério de Cristo e da autêntica natureza da verdadeira Igreja[16]. Os movimentos teológicos anteriores ao Vaticano II descortinaram uma grave situação na impostação teológica ocidental: a separação entre a teologia litúrgica, a espiritual e a moral. Desta forma, os Padres Conciliares estavam conscientes em reestabelecer a íntima conexão entre culto e vida. Quando, então, se escreve o "manifestar na vida" não se pensa somente na moralidade ou na espiritualidade da pessoa, mas, certamente, no desenvolvimento integral do ser, no qual todas as dimensões (humano-afetivo-sócio-ecológica-espiritual) são penetradas pelo Espírito Santo. Este processo, historicamente, já encontrou inúmeras denominações:

---

15. A opção feita pelo tradutor, de traduzir *confert* por "contribui", pode trazer um dado importante em relação à concepção da liturgia. Com a redução da força semântica do verbo, podemos, também, entender a prudência em não colocar uma força imediatista e mágico-supersticiosa sobre a liturgia. Embora, nesse sentido, poderia se entender o uso de um verbo mais enfraquecido, continuamos achando que, nesse momento do texto, a opção deveria ser por destacar a importância e a vitalidade do culto da Igreja.

16. A respeito desse tema liturgia e vida cristã, cabe a visão de um dos grandes peritos do CV II, B. Häring: "Nós celebramos a liturgia de maneira correta e fecunda quando toda nossa vida vai se tornando cada vez mais Eucaristia e louvor, cheio de gratidão a Deus; e nós nos tornamos cada vez mais capazes de celebrar a liturgia quando ordenamos a nossa vida à luz das estruturas e leis fundamentais da liturgia" (HÄRING, B., *Existência cristã e liturgia*, p. 437).

divinização, cristificação, santificação. Pela mediação eclesio-cultual, o Pai, no Espírito, com o concurso da liberdade de cada ser, o identifica ao mistério de Cristo e da verdadeira Igreja[17].

Isto tudo fica ainda mais evidente quando, no mesmo artigo segundo, na sua segunda frase se esmiúça mais o sentido do "expressar na vida". O texto diz que "a liturgia, ao mesmo tempo que edifica os que estão na Igreja em templo santo no Senhor, em morada de Deus no Espírito, até à medida da idade da plenitude de Cristo". A expressão "*vivendo exprimant*" passa a ser entendida como a edificação da pessoa em "templo santo" e "morada de Deus, no Espírito" e o seu limite está na "plenitude de Cristo". Desta forma, os Padres conciliares introduzem na compreensão de "expressar" dois enunciados bíblicos[18]. Começa a se projetar o alcance que os Padres conciliares enxergavam na liturgia. Ela pode ser um lugar para o crescimento humano, na medida da humanidade de Jesus[19].

A segunda finalidade da liturgia, na primeira frase do artigo segundo, é a manifestação do mistério de Cristo e da autêntica natureza da verdadeira igreja. Esta afirmação possui dois níveis de interpretação. No primeiro, o ato celebrativo-cultual se torna epifania ("a aparição real do não-aparente" – segundo Balthasar[20]) do mistério de Cristo e da igreja[21]. Assim, a *ars celebrandi*, com seus participantes, seus ministérios, seus ritos, seus gestos, suas palavras e seus objetos, possibilitam a irrupção do sagrado no mundo[22]. A assembleia litúrgica – reunida por Deus para ouvir e responder sua palavra e exercer sua função sacerdotal pelos

---

17. Nós nos colocamos juntos da intuição do liturgista M. Augé quando afirma que "falar de liturgia e vida espiritual em termos conflituosos parece que seja um falso problema, porque não se pode conceber uma autêntica ritualidade cristã que não comporte necessariamente uma dimensão existencial, fundada uma e outra no mistério de Cristo, de cujo culto a Igreja é memória eficaz" (AUGÉ, M., Espiritualidade litúrgica, p. 39).

18. Elas se encontram em Ef 2,21-22 ("Nele bem articulado, todo o edifício se ergue como santuário santo, no Senhor e vós, também, nele sois coedificados para serdes habitação de Deus, no Espírito") e Ef 4,13 ("até que alcancemos todos nós a unidade da fé e do pleno conhecimento do filho de Deus, o estado do homem perfeito, a medida da estatura da plenitude de Cristo").

19. G. Zaccaria, comentando o segundo artigo da SC, explica que a expressão do mistério de Cristo na vida do fiel se vincula à dimensão anabática – vertical da liturgia, ou seja, à relação Trindade-fiel (ZACCARIA, G., La dimensione teologica di Sacrosanctum Concilium, p. 40-41).

20. BALTHASAR, U. H., Gloria, p. 164.

21. A teologia vem se importando com o tema da estética teológica. A percepção da beleza divina, manifestada na criação e na salvação, e a sensibilidade humana em acolhê-la se tornaram tópicos centrais também para a teologia e pastoral litúrgica. Sobre a teologia da beleza citamos alguns textos importantes para ulteriores estudos. Sobre a estética teológica: BALTHASAR, U. H., Gloria e EVDOKIMOV, P., Teologia della bellezza. Em âmbito litúrgico, indicamos: PASTRO, C., O Deus da beleza.

22. A celebração em ato é a epifania do sagrado (JUNGMANN, J. A., La chiesa nella liturgia latina, p. 309-328).

homens – é um sinal sagrado, uma epifania[23]. Desta forma, o mistério de Cristo e a verdadeira Igreja se visibilizam no curso do ato celebrativo atingindo as pessoas no mundo[24].

No segundo nível de interpretação, a liturgia impulsiona os fiéis à evangelização. Todavia, antes, é preciso dizer que à possibilidade de uma manifestação aos outros está ligada, previamente, a possibilidade de ser. Por isso, sem a expressão do mistério de Cristo na vida do fiel é impossível uma real comunicação deste às pessoas e ao mundo. Anúncio, diálogo e serviço estão ancorados no crescimento humano-espiritual de cada fiel e será mais efetivo à medida que este se desenvolve. Desta forma, a força para evangelização se assenta na edificação dos fiéis, na transformação deles em templos santos e morada de Deus[25].

A segunda frase do artigo segundo completa a ideia apresentada acima quando posiciona que "a liturgia [...] robustece de modo admirável as suas energias para pregar Cristo e mostra a Igreja aos que estão fora". A celebração cultual fortalece os fiéis para a pregação (não entendida aqui apenas como palavras, mas o testemunho global de uma vida que expressa o mistério de Cristo) e para mostrar aos que estão fora tal mistério e a verdadeira Igreja. A condução do fiel para o mistério de Cristo realiza um testemunho – anúncio, diálogo e serviço – mais efetivo e, por que não dizer, real[26].

Ainda é possível entender que a liturgia não tem um fim somente para os fiéis que a celebram (*ad intra ecclesiam*). O texto compromete os celebrantes da liturgia com a evangelização – "reunir à sua sombra os filhos de Deus dispersos" – e com o ecumenismo e o diálogo inter-religioso – "até que haja um só rebanho e um

---

23. AUGÉ, M., Liturgia, História, celebração, teologia e espiritualidade, p. 74-76.

24. O Papa Francisco confirmou, cinquenta anos depois do Concílio, a força evangelizadora da celebração da liturgia: "No meio desta exigência diária de fazer avançar o bem, a evangelização jubilosa torna-se beleza na liturgia. A Igreja evangeliza e se evangeliza com a beleza da liturgia, que é também celebração da atividade evangelizadora e fonte dum renovado impulso para se dar" (EG 24).

25. O professor M. Ramos, consciente da situação de muitas assembleias litúrgicas pelo mundo, afirma que "encontramo-nos frequentemente em nossas celebrações litúrgicas com cristãos não suficientemente convertidos, sem adesão pessoal, consciente e livre, à mensagem de salvação cristã. [...] Ante todas essas pessoas, pois, se celebrará a liturgia com sua força evangelizadora intrínseca". (RAMOS, M., Evangelização e liturgia, p. 424). Já M. Magrassi apresenta o outro lado da força evangelizadora da liturgia – a extrínseca: "Quem vive a liturgia sente-se tomado por esta dialética premente. Sente que deve servir de ponte entre Eucaristia e vida. A monição final deveria estimulá-lo e orientá-lo nesse ponto, e colocar no fundo do seu coração um grande desejo de 'fazer novas todas as coisas', indo ao encontro delas na vida cotidiana" (MAGRASSI, M., Promoção humana e liturgia, p. 976).

26. O Professor G. Zaccaria, comentando a SC 2, explica que a missão evangelizadora do mistério de Cristo se vincula à dimensão catabática – horizontal da liturgia, ou seja, a relação fiel-mundo. Além disso, afirma que a liturgia não se enclausura em si mesma, mas abre à Igreja e os fiéis para o mundo. Aqui, o liturgista faz uma referência ao título da Constituição sobre a Igreja, dizendo que pelo culto e pela missão a comunidade dos fiéis pretende iluminar o mundo com a luz de Cristo. (ZACCARIA, G., La dimensione teológica di Sacrosanctum Concilium, p. 40-41).

só pastor". Assim, ainda que se marque duas funções *ad intra* – edificar e manifestar – se contrabalanceia com duas finalidades *ad extra ecclesiam*: a evangelização e o diálogo ecumênico e inter-religioso. Desta forma, com a virtude da liturgia, os fiéis e a Igreja se configuram como "sinal" (*signum*) entre as nações. Um termo importante, pontuado no início dos documentos conciliares e que será desenvolvida na LG, permitindo compreender a sacramentalidade do fiel e da Igreja[27].

Feita a interpretação da SC 2, nossa próxima meta é apresentar a teologia subjacente no termo "mistério" e a sua qualificação como "mistério de Cristo". Primeiramente, a reintrodução do termo "mistério" e da expressão "mistério de Cristo" na teologia atual se tornou possível por conta das pesquisas empreendidas dentro do ambiente do Movimento Litúrgico em especial a pesquisa de O. Casel. Depois, o aprofundamento do tema "mistério" foi realizado por biblistas, patrólogos, liturgistas e teólogos nos vinte anos que antecederam o Concílio. Sem dúvida, a semântica bíblico-patrística de *mystérion* é a que serve para a compreensão das entradas de "mistério" nos documentos do CV II[28].

O termo *mystérion* pertence, originalmente, ao léxico greco-helenista[29] com diversos matizes de significados a partir do sentido-base advindo das religiões de mistérios[30]. No Primeiro Testamento, nas suas versões gregas, encontramos uma

---

27. Importante destacar que os Padres fundamentaram a manifestação da Igreja por meio da evangelização e do diálogo ecumênico e inter-religioso, citando duas passagens da Escritura, respectivamente, Jo 11,32 ("não só pela nação, mas também para congregar na unidade de todos os filhos de Deus dispersos") e Jo 10,16 ("Tenho outras ovelhas que não são desse redil: devo conduzi-las também; elas ouvirão minha voz; então, haverá um só rebanho e um só pastor").

28. Nossa pesquisa de mestrado se dedicou longamente ao estudo do termo *mystérion* desde suas raízes nos cultos místéricos do período greco-helenista até a recuperação feita de sua teologia pelo liturgista O. Casel, na primeira metade do século passado. Remetemos o leitor a tal trabalho, caso queira acompanhar a genealogia do conceito de "mistério". Nesse capítulo de nossa tese, mais do que apresentar uma análise filológico-teológica do termo, queremos focar na sua utilização pelos Padres Conciliares para responder à questão sobre seu o significado no CV II.

29. O termo mistério nasce em ambiente grego como *mystérion*. Os filólogos não conseguiram ainda remontar, com precisão, o seu local, a data e o ambiente de origem do termo. Contudo, sabem que ele provém do conjunto de religiões agrupadas sobre a denominação *mystéria* – religião dos mistérios – justamente pelo seu caráter esotérico. Do seu sentido base, o termo adentra outros campos: a filosofia platônica, o gnosticismo, a magia e a linguagem corrente. Para Platão, o mistério, saindo do campo cúltico e entrando no gnosiológico, é o conhecimento verdadeiro por trás das realidades simbólicas sensíveis – uma verdade que pode ser alcançada mediada pela matéria. Os magos e feiticeiros transformam os ritos em gestos, fórmulas e objetos cujo intuito é a manipulação das forças divinas para resolução de questões cotidianas. O povo grego utilizou a palavra "mistério" reduzindo-a ao seu significado de "segredo". Isto porque as religiões de mistérios proibiam a divulgação de seus ritos e ensinamentos aos de fora. O gnosticismo, por sua vez, se apropriou da linguagem das religiões místéricas e dos demais significados de *mystérion*. Contudo, subverteram a proposta soteriológica ligada à celebração dos ritos e adotaram uma postura mais platônica na qual a salvação se dava pelo conhecimento dos mitos fundadores.

30. As religiões de mistérios são um fenômeno complexo cujos estudiosos as agrupam em uma mesma denominação por apresentarem cinco características: eram expressões de fé que se desenvolviam à mar-

relação entre os termos *rāz* (aramaico) e *sôd* (hebraico) com *mystérion* (grego)[31]. Segundo os exegetas, existe um sentido concreto e abstrato, de fundo teológico, para os termos. Em seu sentido concreto teológico, no ambiente pré-exílico, Adonai possui a autoridade máxima num conselho formado por diversos deuses (Sl 89,7-8). Essa concepção henoteísta começa a ser purificada pela fé monoteísta (Jó 15,8). Primeiro, Adonai participará suas decisões aos profetas (Jr 23,18-22; Am 3,7) e, depois, no pós-exílio, os justos também conhecerão os planos divinos (Sl 25,14) e, por fim, o conselho de Adonai será entendido como a assembleia cúltica, no templo de Jerusalém (Sl 55,15; 111,1). De forma sintética, o sentido concreto teológico dos termos – *rāz, sôd* e *mystérion* – está ligado com a ideia de comunidade-assembleia: seja entre Adonai e os deuses (concepção mais primitiva), seja entre ele e seus profetas e seus fiéis. O sentido abstrato teológico no Primeiro Testamento está no motivo da reunião comunitária (sentido concreto). No ambiente pré-exílico, Adonai, com sua autoridade e poder, participa aos deuses seus desígnios. No pós-exílio, Deus revela seus planos aos profetas. Assim, o sentido do termo está ligado com os planos divinos participados em uma reunião[32].

Em relação ao termo *mystérion* na teologia do Primeiro Testamento, precisamos destacar o seu uso no Livro de Daniel (Dn 2,27-30.47). A apocalítica judaica tem interesse pelo sentido da criação e da história. Apenas Deus pode conhecer o sentido final de todas as coisas, de todos os eventos e do destino de todos os homens. Tal saber, de fato, é inescrutável e impenetrável (Dn 2,27-28). Por isso, Deus, em sua bondade, elege uma pessoa para que, através de visões e êxtases, tenha acesso aos seus planos e seu conhecimento. O vidente ou extático é introduzido nos mistérios divinos – revelação do *modus* como Deus está conduzindo a história universal para o seu fim (Dn 2,30). De posse de tal conhecimento, ainda que limitado e fragmentado, o eleito passa a interpretar os eventos passados

---

gem das religiões oficias das *pólis* gregas e das cidades orientais; a existência de um conjunto celebrativo cujo objetivo consistia na participação do fiel na vida de seu deus, através de um rito fundamentado em um mito escatológico; a participação em tais religiões estava vinculada a um processo iniciático composto de celebrações oblativas e penitenciais; sua preocupação se assentava na salvação do fiel; e, a proibição de revelar aos não iniciados o conteúdo das suas celebrações e dos seus ensinamentos (BORNKAMM, G., mystérion, myéo, p. 802-828; ELIADE, M., O sagrado e o profano, p. 153-156; ELIADE, M., História das crenças e das ideias religiosas, p. 277-288; FRAILE, G., História de la filosofia, p. 121).

31. A versão dos LXX traduz o termo *rāz* por *mystérion*; a Bíblia da Teodocião traduz o termo *sôd* por *mystérion* nas seguintes passagens Sl 24,14; Pr 20,19; Jó 15,8; a Bíblia de Símaco acrescenta ainda à lista anterior Pr 11,13. O termo grego, nas traduções da Escritura, aparece com os seguintes significados: definindo certos cultos orientais e as práticas idolátricas (Sb 12,5;14,15.23), como um segredo que precisa ser guardado (Tb 12,7.11; Jt 2,2; 2Mc 13,21) e no contexto revelatório (Dn 2,18.27-30.47). O termo *rāz*, em aramaico, tem como equivalente o *sôd*, em hebraico.

32. FABRY, H. J., sôd, p. 171-178; GRELOT, P.; RIGAUX, P., Mistério, p. 619-623 e IMSCHOOT, V., Mistério, p. 996-999.

e presentes à luz da vitória divina futura. Desta forma, "mistério", na teologia de Daniel, é a revelação dos planos divinos para a salvação do cosmos e dos justos (Dn 2,47). Essa concepção influenciará profundamente o uso do termo nos escritos do Novo Testamento[33].

Das 28 ocorrências totais do termo *mystérion* no Novo Testamento, nos evangelhos sinóticos, o termo aparece uma única vez no singular (Mc 4,11) e duas vezes no plural (Mt 13,11; Lc 8,10). As ocorrências sinóticas se dão no contexto da explicação de Jesus para o uso da linguagem parabólica (Mc 4,10-12; Mt 13,10-17; Lc 8,9-10) e, sempre, interpoladas pela parábola do semeador (Mc 4,1-9; Mt 13,1-9; Lc 8,4-8) e sua própria interpretação escriturística (Mc 4,13-20; Mt 13,18-23; Lc 8,11-15). Sabemos que as ocorrências em Mateus e Lucas dependem de Marcos[34].

Segundo os textos acima, o discurso parabólico de Jesus era um desafio para os seus ouvintes e também para seus discípulos (Mc 4,12-13; Mt 13,12-17; Lc 8,10). O grupo dos discípulos, por exemplo, questiona a metodologia do seu Mestre (Mc 4,10; Mt 13,10; Lc 8,9). A resposta dada por Jesus aos questionamentos dos apóstolos está baseada na tradição veterotestamentária. Existe uma relação entre Daniel, capaz de decifrar os desígnios divinos no sonho do Rei Nabucodonosor, e aqueles que são capazes de interpretar as parábolas do Reino. Ora, as parábolas, assim como o sonho do rei babilônico, são apenas meios para a comunicação da mensagem salvífica divina. Contudo, o entendimento delas é um dom, pois a revelação do mistério é uma ação gratuita e bondosa de Deus em relação ao homem (Dn 2,30). Por isso, Jesus diz que aos discípulos "foi dado" (Mc 4,11; Mt 13,11; Lc 8,10). Na contramão, a multidão era incapaz de ascender ao sentido pleno das palavras de Jesus; elas se perdiam na sua materialidade – assim, como aconteceu com os magos, adivinhos, astrólogo e sábios caldeus em relação à mensagem no sonho do rei (Dn 2,27). Tal situação se baseia, também, no oráculo isaiano (Is 6,9) no qual se revela a dureza do coração incrédulo e insensível diante do profeta (Jesus) revelador da Palavra divina.

A grande diferença entre os discípulos e a multidão estava no dom da fé – concedido por Deus a todos, porém, aceito por uns e rejeitado por outros.

---

33. NELIS, J., Escatologia, p. 464-471.

34. A entrada do termo "mistério" no Evangelho de Marcos remonta à necessidade da comunidade marciana em interpretar o evento Jesus dentro da categoria hermenêutica de cumprimento das expectativas messiânico-escatológicas judaicas. Mateus, tendo como base o sentido de Marcos, apresenta o termo no plural (*mystéria*) com o intuito de matizar a ideia com a qual apenas um grupo de pessoas seria capaz de entender a mensagem de salvação, destacando já a universalidade da palavra de Jesus. O terceiro Evangelho, seguindo Mateus e mantendo o termo no plural, amplia ainda mais o sentido universal da palavra *mystéria*, por conta do contexto missionário da comunidade (HARRINGTON, J. D., O Evangelho Segundo Marcos, p. 83; VIVIANO, B. T., O Evangelho Segundo Mateus, p. 181 e KARRIS, R. J., O Evangelho Segundo Lucas, p. 261-262).

Quando se interpreta as parábolas, não mais dentro das esperanças escatológicas e messiânicas judaicas, mas, se aceita que Jesus é o seu cumprimento, se chega ao sentido pleno revelado por Deus. Desta forma, *mystérion*, na teologia dos evangelhos sinóticos, é compreendido como a própria pessoa de Jesus, enviado messiânico e escatológico do Pai, no qual a criação e a história encontram seu sentido pleno e final[35].

A teologia do *mystérion* na Escritura encontra sua impostação mais desenvolvida nas epístolas paulinas. Nas suas vinte e uma entradas, oito estão em cartas autênticas e treze, nas deuteropaulinas[36]. Segundo os especialistas, o Apóstolo teve uma dependência teológica da apocalíptica judaica, harmonizando-a com o *kerygma* cristão. Por isso, o termo mistério aparece relacionado com revelação (Rm 16,25; 1Cor 2,10; Ef 3,3.5 – *apokalypsis*); conhecimento (Rm 16,26; Ef 1,9; 3,3.5 – *gnósis* e *sofía*); manifestação (Rm 16,26; Cl 1,26 – *phanerósis*); pregação e anúncio (1Cor 2,1.7; 4,1; Ef 3,8; Cl 4,3.4 – *euangelízo*) e é qualificado com os seguintes particípios: manifestado, justificado, aparecido, proclamado, crido e exaltado (1Tm 3,16 – *ephaneróthe, edikaióthe, óphthe, ekerýchthe, episteúthe, anelêmphthe*). Estas ações e qualidades relativas ao mistério, nos leva a entender que ele expressa o seguinte conteúdo: a identidade e a vontade divina através da vida de Jesus. Nesse sentido, revelação e mistério são termos correlatos, mas não sinônimos. O primeiro é o ato comunicativo divino e o segundo seu conteúdo. Paulo se sente portador da sabedoria revelada (1Cor 2,4-5.10; Ef 3,3-5; Cl 1,25-26) e incentiva os cristãos recebê-la (1Cor 2,6; 14,20; Cl 1,28; 4,12) – sabendo que esse processo de conhecimento da identidade e da vontade divina se desenvolve até à estatura de Cristo (Ef 4,13)[37].

Além disso, tal conhecimento da identidade e da vontade de Deus – o *mystérion* paulino – está sendo revelado desde a criação até a parusia, por meio de etapas e eventos progressivos, concatenados e inter-relacionados, cujo ápice se dá em Jesus Cristo (Ef 1,9; 3,5; Cl 2,2-3.8). Paulo enxergava a vida do Senhor como parte de um plano de salvação concebido por Deus Pai. Parte, aliás,

---

35. BORNKAMM, G., mystérion, myéo, p. 817-819; HARRINGTON, J. D., O Evangelho Segundo Marcos, p. 83; JEREMIAS, J., As parábolas de Jesus, p. 81-82 e 151-153; KARRIS, R. J., O Evangelho Segundo Lucas, p. 261-262 e RATZINGER, J., Jesus de Nazaré, p. 169; VIVIANO, B. T., O Evangelho Segundo Mateus, p. 181.

36. O termo *mystérion* e seus correlatos podem ser encontrados nas seguintes passagens autenticamente paulinas 1Cor 2,1.7; 4,1; 13,2; 14,2; 15,51; Rm 11,25; 16,25 e nas deuteropaulinas Ef 1,9; 3,3.4.9; 5,32; 6,9; Cl 1,26.27; 2,2; 4,3; 2Ts 2,7; 1Tm 3,9.16. Não é nosso interesse pôr a questão sobre a autoria das cartas atribuídas a Paulo. O mais importante é que a teologia do mistério se impõe neste conjunto de obras, tendo uma primeira fase ligada diretamente ao apóstolo e uma segunda, desenvolvendo a primeira – podendo estar ligada ao apóstolo ou a um grupo de discípulos diretos (COTHENET, E., As epístolas aos Colossenses e aos Efésios, p. 13-14 e 49-52 e FABRIS, R., Paulo, p. 668-698).

37. BORNKAMM, G., mystérion, myéo, p. 820-822 e CERFAUX, L., O cristão na teologia de Paulo, p. 490-494.

decisiva, pois é a sua revelação máxima e a efetivação da salvação humana e cósmica (Cl 1,20).

O desígnio paterno transcorre em quatro grandes etapas, nas quais se inclui diversos eventos e momentos. A primeira etapa é o tempo da preparação evangélica, onde, desde a criação até a chegada do Messias, Deus vai provocando, através de uma série de intervenções, os homens para o acolhimento da sua manifestação definitiva em Jesus (Rm 1,19-20; Gl 3,23-25). A segunda etapa é a plenitude dos tempos (Gl 4,4), na qual a revelação e a salvação se efetivam na vida do Senhor. A terceira etapa, se estendendo da manhã da efusão de pentecostes até o glorioso dia da parusia, está marcada pela comunhão com Deus, em Cristo, na sinergia do Espírito Santo, através do corpo eclesial (Rm 8,15-17). Por fim, a última etapa, começando com a vinda do Senhor exaltado e se estendendo pela eternidade, se caracteriza pela consumação plena do corpo eclesial e do cosmos na glória divina (Rm 8,18-24; 1Cor 15,20-28)[38].

A Primeira Aliança, os seus eventos constitutivos, os seus personagens e o Povo de Israel são altamente valorizados na concepção histórico-salvífica paulina (Rm 7,12; 9,1-5). De fato, ela constitui a primeira etapa do movimento de desvelamento divino, ou seja, da comunicação do seu mistério. No movimento divino de eleição, de aliança, de constituição de um povo sacerdotal e da abertura de um diálogo com os homens é possível conhecer a identidade e a vontade do Deus de Israel – realidade inacessível ao homem. Contudo, apesar de realmente revelatória e salvífica, tal Aliança não comportava um caráter absoluto e concludente, mas provisório. Ela só alcança, completamente, sua eficácia e seu sentido na chegada do servo escatológico de Deus (Ef 3,5).

O evento Cristo constitui a segunda etapa da revelação do mistério divino. A presença de Jesus desvela a vontade salvífica do Pai em grau máximo aos homens (Ef 3,11). Na Primeira Epístola aos Coríntios, Paulo relaciona o mistério com a morte e ressurreição do Senhor, afirmando que nestes eventos se efetivaram a salvação da humanidade (1Cor 1,17-2,18). No hino cristológico da Carta aos Efésios (Ef 1,3-14), o seu autor elenca os efeitos da "bênção espiritual" alcançada em Jesus Cristo: a eleição (Ef 1,4), a filiação adotiva (Ef 1,5), a redenção e a remissão dos pecados (Ef 1,7), a infusão da sabedoria e da inteligência para conhecer o mistério (Ef 1,8-9), a capitulação de todas as coisas (Ef 1,10), o serviço do seu louvor e da sua glória (Ef 1,6.12.14), a escuta de sua Palavra (Ef 1,13), a recepção do Espírito Santo (Ef 1,13) e a constituição de um povo (Ef 1,14). No hino da Carta aos Colossenses (Cl 1,15-20), o seu redator enfatiza a situação especial e

---

38. FITZMYER, J. A., Teologia paulina, p. 1.594-1.600 e GRELOT. P.; VIARD, A. A., Plano de Deus. p. 791-797.

peculiar do Cristo: é o ícone do Deus invisível (Cl 1,15) e a plenitude da divindade (Cl 1,19); é o paradigma, o meio, o instrumento, a finalidade, a origem, a subsistência e a primazia em relação aos homens e todas a criaturas (Cl 1,15-18); e, está em posição capitular em relação ao corpo eclesial (Cl 1,18). De fato, a teologia paulina entende o evento Cristo como a etapa qualitativamente mais densa no tocante à revelação e à efetivação do mistério, ou seja, da identidade e da vontade salvífica divina[39].

A segunda etapa do desvelamento do mistério, no pensamento paulino, desemboca necessariamente na terceira. A obra salvífica realizada por Jesus possui como consequência direta uma experiência comunitário-pneumática. A reunião das diversas pessoas – não importando raça, classe social, gênero, nacionalidade (Gl 3,28) – faz parte inequívoca do desvelamento do plano divino (Ef 3,5). A comunidade eclesial, através da evangelização, comunica a sabedoria divina aos homens (Ef 3,8-10), pois sua pregação não é mera informação sobre Deus ou endoutrinamento, mas revelação divina (Cl 2,2; 4,3). Nesse sentido, a Igreja é servidora e administradora dos mistérios (1Cor 4,1), pois, por meio do testemunho, se torna epifania do mistério cristão (Ef 3,2-6; Cl 1,24-29). Além da manifestação divina por meio do corpo eclesial, o próprio fiel, em sua subjetividade, se torna lugar para a irrupção do ser divino e de sua vontade salvífica. Por isso, a Igreja incorpora novos membros imergindo-os e alimentando-os no memorial da morte e ressurreição de Jesus (Rm 6,3-14; 1Cor 11,27-34; 12,13); ou, ainda, consagrando-os, neste mesmo memorial, ao serviço – seja ministerial (Ef 3,7), seja matrimonial (Ef 5,32). Esse mistério comunicado aos crentes passa a habitá-los e conduzi-los, guiando-os à esperança escatológica final: a participação na glória do Pai e do Filho (Cl 1,27).

A etapa final da revelação do mistério se encontra na consumação escatológica. Deve se esclarecer que essa consumação acontece em três níveis. No primeiro, Jesus é o *Kýrios* escatológico, participando da glória do Pai. No segundo, o Senhor glorioso antecipa com sua comunidade eclesial as riquezas possíveis do Reino definitivo de Deus (Ef 2,4-10). Nesse sentido, a marca do tempo eclesial é a tensão na qual, em parte ela convive com realidades transcendentes e, ainda, com a presença do mal[40]. A Igreja caminha marcada pela esperança de participar

---

39. GOURGUES, M., Os hinos cristológicos do Novo Testamento, p. 6-25 e p. 73-83.

40. Em 2Ts 2,7, o autor da epístola usa a expressão "mistério da iniquidade". De fato, em Cristo exaltado, o mal já está vencido. Todavia, durante o tempo eclesial, existe uma manifestação, já ativa, de uma força contrária ao poder divino. Ela procura retirar os fiéis da comunhão com Deus, causando um endurecimento de seus corações à fé e ao amor. O autor quer com isso alertar seus leitores do perigo espiritual constante, das ameaças à comunidade cristã (GIBLIN, C. H., A segunda carta aos Tessalonicenses, p. 597-604).

das promessas definitivas de Cristo (Cl 1,17). Ainda que circundada e atingida pelo pecado, possui uma sabedoria revelada com a qual discerne os eventos passados e presentes à luz da vitória final cristã (1Cor 2,6; Ef 3,13). No último nível, projetado para um futuro desconhecido, o Reino de Deus será definitivamente implantado; o pecado e o mal cessarão por completo. Os homens serão admitidos na plena comunhão e participação da vida divina (1Cor 15,28).

As últimas quatro entradas do termo *mystérion* no Novo Testamento estão no Livro do Apocalipse. Tal termo, assim como nos evangelhos sinóticos e nas epístolas paulinas, possui o *background* da teologia apocalíptica judaica, porém, dessa vez, ele é utilizado em uma perspectiva acentuadamente escatológica. Em Ap 1,20, mistério é o significado subjacente aos sinais das sete estrelas e dos sete candelabros. Já em Ap 10,7, o termo é inserido para afirmar a consumação do plano soteriológico divino no fim dos tempos. Nas suas últimas duas ocorrências, Ap 17,5-7, está ligado com o desvelar das forças do mal (a prostituta e a besta), possibilitando aos crentes o discernimento da presença atuante, mas relativa, do mal na história em vias de plenificação. Assim, nas suas quatro entradas no último livro bíblico, o foco se encontra na revelação do conteúdo salvífico com o qual a história chega ao fim do seu curso[41].

De maneira sintética, a teologia bíblica do mistério está relacionada com a revelação que Deus faz de si e de sua vontade, através da vida de Jesus Cristo, na comunicação do Espírito Santo, aos que se abrem ao dom da fé. Este processo epifânico começa na Primeira Aliança, encontra seu clímax na concentração cristológica, se prolonga na comunidade eclesial e culmina nos tempos escatológicos. O *mystérion* bíblico é a identidade e a vontade de Deus manifestados em Jesus.

A teologia bíblica do mistério vai ser desenvolvida pelos Padres da Igreja. Eles vão abrir quatro temáticas fundamentais, em dependência das perspectivas presentes na Escritura, para o termo *mystérion*. Tais temáticas, apesar de todas estarem presentes desde o século I d.C., foram se desenvolvendo segundo as necessidades pastorais e eclesiais de cada igreja particular. Assim, temos mistério e história salvífica (séc. I d.C.), a relação Antigo e Novo Testamento (séc. II), a problemática da gnose cristã (séc. II-III), e, o culto cristão (IV-V d.C.)[42].

A primeira temática foi desenvolvida desde o início dos textos patrísticos. Na verdade, ela é uma continuação direta da impostação bíblica. Encontramos o termo *mystérion* na Didaqué e nas cartas de Inácio de Antioquia. Em seu conteú-

---

41. BORNKAMM, G., mystérion, myéo, p. 823-824; COLLINS, Y. A., Apocalipse, p. 835-874 e VANNI, H., Apocalipse, p. 5-33.
42. BORNKAMM, G., mystérion, myéo, p. 824-827; SCHULTER, R., Sacramentos individuais – racemos do sacramento-raiz, p. 62-72; GROSSI, V., Sacramentos nos Padres da Igreja, p. 1.484-1.515.

do, os eventos da encarnação – a virgindade de Maria e o nascimento de Jesus – e da morte[43], bem como a atuação da Igreja[44] são entendidos como mistério – a revelação da identidade e da vontade salvífica divina. Embora tal termo receba um tratamento teológico mais apurado em seu sentido cultual nos séculos IV e V d.C., ele se vincula com a celebração batismal, no dia do Senhor,[45] e se aplica ao serviço diaconal às mesas – parece ser uma alusão ao texto paulino sobre a Eucaristia (1Cor 11,17-34)[46]. A primeira temática patrística – mistério e história da salvação – está em consonância com os temas neotestamentários nos quais a vida de Cristo e a Igreja são manifestações do plano salvífico de Deus.

A relação entre a Nova Aliança, em Jesus Cristo, e os eventos, os personagens e os assuntos em torno da Primeira constituem a segunda temática patrística consoante ao *mystérion*. Os Padres perceberam uma conexão entre os dois Testamentos – base para o sentido espiritual da Escritura[47]. Deus interviu salvificamente nos acontecimentos da Primeira Aliança (sentido histórico). Todavia, nessas intervenções, existia uma preparação em relação ao advento de Cristo (sentido tipológico), a manifestação e atuação eclesial (sentido tropológico) e a consumação dos tempos (sentido anagógico). A interpretação da Escritura deve, pois, evidenciar as linhas de unidade e relação entre os eventos salvíficos. O termo *mystérion*, dentro dessa perspectiva, significa, exatamente, a carga relacional entre os eventos, os personagens e as ideias teológicas presentes nos diversos momentos da história[48].

Encontramos em Justino Mártir a concepção de mistério como o conteúdo revelado na relação entre Primeira e Nova Aliança. Diante de um contexto marcado pelas religiões de mistérios, o autor afirma, baseado na teologia paulina, que o *mystérion* cristão é o *kerygma* – o anúncio do cumprimento das promessas do Primeiro Testamento na vida, na morte e na ressurreição de Jesus[49]. Existe uma identificação do termo com *týpos*, pois ambos possuem o mesmo significado. O

---

43. Ign. Eph. 19,1.

44. Did. 11,11.

45. Ign. Mg. 9,1.

46. Ign. Tr. 2,3.

47. A hermenêutica bíblica, nos Padres da Igreja, vai avançar do sentido literal-histórico para o sentido espiritual. Esse consiste em conhecer a identidade divina e sua vontade revelada nos eventos da *historia salutis*. Em três níveis, a interpretação espiritual vai se desenvolver: a vinculação com Cristo (sentido tipológico), a realização na Igreja e no cristão (sentido tropológico) e a esperança final (sentido anagógico ou místico). Em todos os três níveis, a metodologia consiste na relação analógica entre um ou mais *anti-týpos* (sinal prefigurativo) em relação a um ou mais *týpos* (realidade definitiva).

48. STUDER, B., Mistério, p. 945-946.

49. Dial. Tri. XI; XXIV; XLIV; LXVIII; LXXIV; LXXV; XCI; CXXI; CXXXVIII e 1ª Ap. XIII.

autor, ainda, introduz *mystérion* relacionando-o com o ambiente litúrgico[50]. Ele afirma uma diferenciação entre o culto prestado a Baco, à Mitra, e à celebração da Eucaristia – no primeiro se oferece vinho, no segundo, pão e água e, no último, pão e vinho. Embora não denomine a Eucaristia de mistério, existe uma comparação cultual com os *mystéria*[51].

Irineu de Lião, em seu embate com o gnosticismo, desenvolve sua teologia procurando diferenciar a verdadeira e a falsa gnose do *mystérion* cristão[52]. A partir da leitura das epístolas paulinas, o teólogo percebe que o mistério de Cristo é a chave hermenêutica para a compreensão de toda história salvífica – através dele, se atinge o significado profundo da criação e das promessas da Primeira Aliança e, também, da realidade da Igreja e do futuro escatológico. Desta forma, *mystérion* é o conteúdo revelado em Cristo que possibilita a interpretação de toda a história. A gnose é a ação humana, apoiada pelo Espírito Santo, de conhecer o mistério de Cristo. Com isso, Deus, que revela sua identidade e vontade em Jesus (mistério), permite ser conhecido (gnose) pelo homem na virtude do Espírito Santo[53].

O uso de *mystérion* na teologia alexandrina, em Clemente e Orígenes, marca a terceira temática aberta pela patrística. Ele vai se remeter ao termo "dogma", passando a significar a doutrina que só pode ser conhecida mediante a revelação divina. Esta articulação mais gnosiológica é uma tentativa de síntese entre a filosofia neoplatônica, os cultos mistéricos e a interpretação da gnose cristã, purificando esta última dos equívocos presentes nas duas primeiras[54].

Clemente de Alexandria, por isso, vai se apropriar do léxico das religiões de mistérios. Todavia, tais termos serão preenchidos com as categorias catequético-litúrgicas cristãs[55]. Os principais títulos cristológicos apresentados pelo autor

---

50. 1ª Ap. LVI e LXVI.

51. Justino cita os seguintes *mystéria* de Mitra (1ª Ap. LXVI), de Baco (1ª Ap. LIV), de Adonis (1ª Ap. XXV; XXVII) e de Cronos (2ª Ap. XII). A comparação entre o culto das religiões de mistério e a celebração da eucaristia nos permite entender que a designação mistério, para a liturgia cristã, baseado até na teologia paulina, entendia uma revelação divina no culto cristão (BOUYER, L., Mysterion, p. 157-158).

52. BOUYER, L.; DATTRINO, L., Storia della spiritualità, p. 167-170.

53. BOUYER, L., Mysterion, p. 158-162.

54. A relação entre mistério e dogma, em Orígenes, é um exemplo da boa articulação dos termos. De maneira nenhuma se trata de uma experiência fria de transmissão de verdades e doutrinas, mas de uma descoberta das verdades por meio de um processo de crescimento humano-espiritual, no qual *lectio* divina e celebração litúrgica se interpenetram para favorecer o fiel e a comunidade eclesial. Mais para frente, dentro de um ambiente excessivamente filosófico, o lado doutrinal e dogmático vai se sobrevalendo ao da espiritualidade bíblico-litúrgica, gerando um empobrecimento da experiência cristã. Até hoje a catequese sofre com essa virada de perspectiva e tenta reverter a cultura da dogmatização pela experiência viva com Jesus Cristo.

55. Clemente de Alexandria vai importar do vocabulário cúltico das religiões de mistérios os seguintes termos: iniciação (*telete*), iniciado (*mystés*), rito místico (uso do qualificativo *mystikós*), experiência de

alexandrino são: Pastor, Pedagogo e Mistagogo. Este último, de máximo interesse em nossa pesquisa, é usado mostrando a condução do iniciado desde os pequenos mistérios (a criação e o pecado) até os grandes mistérios (iniciação nos temas soteriológicos cristãos). A metodologia utilizada com o iniciado é a *lectio* da Escritura, pois de seu texto se extrai a gnose do mistério. A leitura bíblica é compreendida em alta conta, como experiência espiritual, na qual o Mistagogo (Cristo) lê com o iniciado e desvela para ele o seu sentido espiritual oculto (mistério), dotando-o com o conhecimento cristão (gnose) e possibilitando à meta da iniciação: a contemplação (*theoría*)[56].

O gnóstico cristão iniciado, ainda em Clemente, é capaz de conhecer[57], reconhecer[58], ver[59] e possuir[60] Deus e apresenta quatro disposições originadas de sua comunhão com o mistério: vida contemplativa – ele consegue discernir sua subjetividade e os eventos dela dentro da *história salutis*; vida ética – quanto maior a comunhão mistérica com a verdade, mais a pessoa se dilata para amar o próximo; vida evangelizadora – sua fé e sua caridade se tornam pontes para o encontro com Deus; e, vida apática – ele se torna livre, na medida do razoável, dos condicionamentos interiores e exteriores na deliberação e escolha do bem[61]. Estas quatro disposições marcam o processo de divinização humana[62].

Orígenes, retomando a leitura espiritual da Escritura, vai fundamentá-la teologicamente através de uma visão sacramental. Para o autor, o *mystérion* é uma realidade espiritual que se manifesta através de outra material (imagem). Desta forma, a história da salvação (realidade espiritual) encontra na Escritura Sagrada (realidade material) sua imagem. Na leitura espiritual, através da imagem, o leitor acessa o conteúdo mistérico: a salvação. Assim, a materialidade da Escritura tem função mediadora entre a Igreja e a salvação[63].

---

comunhão com Deus (*epoptéia*), divinização (*theopoiesis*) e apateia (*apátheia*). Uma importante passagem sobre isso se encontra em Stromat. V, 9 e 10. Esta incorporação do léxico mistérico possibilita, nos séculos IV e V d. C., uma aplicação mais desenvolvida no processo de iniciação cristã.

56. Stromat. IV, 134,4 e VII, 95,3.

57. Stromat. II, 47,4.

58. Pedag. I, 23.

59. Stromat. VII, 68,4.

60. Protep. CVI, 3 e 13.

61. Stromat. II, 10,46; VI, 9,71-74.

62. Protep. I, 8, 4 e XI.

63. Para aprofundar a temática da *lectio divina* em Orígenes, indicamos SIMONETTI, M., Escritura Sagrada, p. 257-282.

Entre os séculos IV e V d.C, a vinculação entre o *mystérion* e a liturgia cristã se desenvolveu vigorosamente. Como vimos acima, tal vinculação já se encontrava presente na Tradição – tanto nas páginas bíblicas quanto nos escritores patrísticos. Porém, por conta da necessidade pastoral de repensar a iniciação cristã, em virtude do número de conversão possibilitado pelos Edito de Constantino (321 d.C.) e de Teodósio (em 380 d.C.), surge um movimento catequético-mistagógico na tentativa de formar os novos cristãos. Os grandes teólogos mistagogos deste período são os Padres Capadócios, Ambrósio de Milão, Teodoro de Mopsuéstia, João Crisóstomo, Cirílo de Jerusalém, Agostinho de Hipona e Leão Magno[64].

Baseado na teologia da palavra como sacramento em Orígenes, os Padres vão estabelecer que, assim como a proclamação-leitura da Escritura (realidade material), o rito litúrgico (realidade material), também, conecta os seus participantes à salvação (realidade espiritual). Desta forma, palavra e rito se tornam as mediações eclesiais potentes de carga soteriológica. Como a escola catequética de Alexandria já tinha desenvolvido o tema da proclamação-leitura da Palavra, se tornou tarefa teológico-pastoral dos Padres do século IV e V o conjunto da celebração cristã[65].

A expressão paulina "o mistério é Cristo em vós" (Cl 1,27) serve de inspiração para a compreensão dos Padres sobre a presença e atuação do Senhor na Igreja e nos cristãos. O plano salvífico do Pai, desde sua concepção, tinha estabelecido o tempo da Igreja com suas características e peculiaridades. Ele se caracteriza pela reunião de todos os homens na vida de Cristo – especialmente, na sua morte e ressurreição – e pela efusão pneumática – cuja missão é vivificar, santificar, iluminar e purificar as pessoas[66]. Ora, os sacramentos de iniciação, batismo-confirmação e eucaristia, possibilitam, exatamente, a participação na história salvífica, no tempo da Igreja, vinculando a pessoa com a vida de Cristo, especialmente com a sua morte e ressurreição[67].

---

64. CAVALLOTTO, G., Catecumenato antico, p. 79-82 e 155-156.

65. BOUYER, L., Mysterion, p. 87-201.

66. Nesse período do século IV d.C, a reflexão sobre a Pessoa do Espírito Santo vai se desenvolver em virtude das questões problemáticas de cunho ariano. O Concílio de Constantinopla I, fundamentado no trabalho teológico dos Padres Capadócios, é vital para compreensão da identidade e a missão do *Pneuma*, sintetizada nos seus títulos: o vivificador, o santificador, o iluminador e o purificador. Devemos perceber que os títulos carregam em si ações dinâmicas, pois querem destacar a contínua ação d'Ele na vida do cristão. Essa visão pneumática está na raiz da compreensão da comunicação salvífica através da mediação eclesial na celebração da iniciação cristã e da eucaristia dominical. De fato, a mística litúrgica é acentuadamente eclesiopneumatológica (SPIDLIK, T., La spiritualidad del oriente cristiano, p. 53-59).

67. Como testemunhos da conexão da vida de Cristo (em especial, sua morte e ressurreição) com os Sacramentos do Batismo-Crisma e Eucaristia, podemos destacar Orat. 7 e 38, na obra de Gregório Nazianzeno, e, III Catech., XX Catech., XXI Catech. e XXII Catech., em Cirilo de Jerusalém.

Com a maturidade alcançada na teologia patrística do mistério nos séculos IV e V d.C., a consciência eclesial entendia a si mesma como epifania da identidade e vontade divina. Sua condição epifânica se concretiza em duas instanciais mediadoras: a palavra proclamada-escutada e o rito sacramental. Nesse sentido, a salvação, concretizada em Jesus e comunicada pelo Espírito divino, pervade o tempo histórico, através da Igreja, quando ela se reúne para ler a Escritura e celebrar os sacramentos, a fim de se prolongar na vida dos seus fiéis e, por meio deles, na de todos os homens e até mesmo na do cosmos. Neste sentido, a vivência eclesial (experiência salvífica mediada por palavra e rito) se torna a base para a espiritualidade – entendida como vivência do mistério de Cristo[68].

O CVII não traz em nenhum de seus documentos o termo "mistagogia". Contudo, acreditamos que, no artigo segundo da SC, de forma sintética, se apresenta, indubitavelmente, o seu sentido próprio. Já não estariam aqui as bases de uma mistagogia integral – a imersão da pessoa na vida de Cristo, na conversão a Ele, na identificação com Ele e no testemunho d'Ele? Mistagogia é um vértice que une duas realidades inseparáveis: a expressão na vida e a manifestação aos outros do mistério de Cristo. Não nos cabe, neste ponto da pesquisa, determo-nos sobre ela. Acreditamos que, imbuídos da teologia do mistério, presente nos demais artigos da SC, poderemos aprofundar ainda mais tal realidade.

O segundo artigo pertence à introdução da Constituição sobre a liturgia. Por isso, reúne afirmações que serão desenvolvidas nos artigos à frente. Ele, por sua vez, já oferece o tom da relação entre mistério e liturgia. Sinteticamente, podemos apresentar da seguinte maneira o conteúdo desta relação no artigo estudado: a liturgia confere ao fiel a possibilidade de se desenvolver até a estatura de Cristo e, por isso, de testemunhar aos outros através desse processo de amadurecimento o mistério divino – a identidade e a vontade do Pai manifestada em Jesus Cristo.

1.2. O mistério como salvação: a comunicação e a terapêutica divinas

Concentramo-nos, agora, nos artigos dedicados à natureza da liturgia e à sua importância na vida eclesial. Acreditamos que os artigos quinto e sexto da Constituição litúrgica do CV II trazem aquilo de mais próprio da teologia do mis-

---

[68]. A espiritualidade patrística se caracteriza por três impostações inter-relacionadas: cósmica, escriturística e litúrgica. Na base, está uma compreensão simbólico-sacramental do todo, visto como *locus* da manifestação da identidade e da vontade divina, ou seja, do *mystérion* divino. As criaturas, os eventos da história subjetiva e universal, o texto da Escritura e os ritos do Batismo-Confirmação e da Eucaristia eram encarados como realidades mediadoras nas quais o Espírito Santo conduzia os homens ao Cristo Senhor. Desta forma, Espírito e realidade (as pessoas, as letras e os ritos) operam de forma sinérgica conduzindo a totalidade da realidade para o mistério do Cristo cósmico e escatológico (SPIDLIK, T., Mística, p. 946-947).

tério em chave litúrgico-espiritual. Estão intrinsecamente embebidos da teologia bíblico-patrística desenvolvida nos anos anteriores ao Concílio pelos movimentos bíblico, patrístico, litúrgico e ecumênico. De tal sorte que, em sua linguagem sintética, portam uma profunda e amadurecida reflexão teológica.

O artigo quinto da Constituição litúrgica assim se expressa:

> Deus, que quer que todos os homens se salvem e cheguem ao conhecimento da verdade, tendo falado outrora muitas vezes e de muitos modos aos nossos pais pelos profetas, quando chegou a plenitude dos tempos, enviou o seu Filho, Verbo feito carne, ungido pelo Espírito Santo, a evangelizar os pobres, curar os contritos de coração, como médico da carne e do espírito, mediador entre Deus e os homens. A sua humanidade foi, na unidade da pessoa do Verbo, o instrumento da nossa salvação. Por isso, em Cristo se realizou plenamente a nossa reconciliação e se nos deu a plenitude do culto divino.
>
> Esta obra da redenção dos homens e da glorificação perfeita de Deus, prefigurada pelas suas grandes obras no povo da Antiga Aliança, realizou-a Cristo Senhor, principalmente pelo mistério pascal da sua bem-aventurada paixão, ressurreição dos mortos e gloriosa ascensão, em que morrendo destruiu a nossa morte e ressurgindo restaurou a nossa vida. Foi do lado de Cristo adormecido na cruz que nasceu o sacramento admirável de toda a Igreja.[69]

Faremos, antes da análise teológica, uma apreciação crítico-literal do artigo quinto da Constituição litúrgica do CV II. Ele está estruturado em dois parágrafos, contendo cinco frases: três para o primeiro e duas para o segundo. O tema central do artigo quinto é a história da salvação[70]. A partir da teologia do envio, o primeiro parágrafo desenvolve o conceito da encarnação e o segundo, a expressão mistério pascal[71]. Desta forma, podemos afirmar, com segurança, que a cristologia e a soteriologia estão como primeiro fundamento da teologia litúrgica.

---

69. SC 5.

70. S. Marsili nos ensina que a relação entre a história da salvação e a liturgia foi algo inédito para um documento magisterial. Segundo o liturgista, o Vaticano II abandona o discurso da manualística tridentina, baseado na moral das virtudes, sobre o modo como se presta culto a Deus. Com esta postura nova conciliar, o conteúdo da liturgia não se confunde mais ou se limita com os seus aspectos jurídico-institucional nem com uma ritualidade rígida e estática, mas com a manifestação de Deus, ou seja, com o mistério de Deus Pai, revelado em Jesus Cristo e comunicado no Espírito Santo. Antes de ser rito e forma, a liturgia é revelação e momento da história da salvação – comunicação do mistério (MARSILI, S., A liturgia, momento histórico da salvação, p. 107-108).

71. Cabe destacar aqui um paralelo intertextual entre as Constituições conciliares. Existe uma semelhança muito grande entre a SC 5, LG 3 e DV 2. Nesses três textos do Concílio, o tema da história da salvação é abordado, respectivamente, com a liturgia, a revelação e a Igreja. O ponto central é que em todos temos

A primeira frase do quinto parágrafo apresenta como oração principal: "Deus enviou o seu Filho a evangelizar os pobres, curar os contritos de coração". Tal frase é composta pelas seguintes referências escriturísticas "Deus enviou seu filho" (Jo 3,17) e "a evangelizar os pobres, curar os contritos de coração" (Is 61,1; Lc 4,18). Ela, ainda, está redigida contendo sete apostos explicativos: um, em relação à vontade salvífica universal divina, citando o texto 1Tm 2,4; outro ligado ao diálogo soteriológico da Primeira Aliança, fundamentado em Hb 1,1; o terceiro, baseado em Hb 4,4, mostrando a concentração salvífica da vinda de Jesus; o quarto, revelando a *kênosis* da segunda Pessoa da Trindade, alicerçado em Jo 1,14; o quinto, sobre a unção pneumática para a missão, abalizado em Is 61,1 e na sua atualização em Lc 4,18; o sexto, afirmando a mediação de Jesus entre Deus e os homens, em consonância com 1Tm 2,5; e, o último, uma citação de Inácio de Antioquia, sobre a identidade terapêutica de Cristo.

Passemos para a segunda e a terceira frase do primeiro parágrafo do artigo quinto: "A sua humanidade foi, na unidade da pessoa do Verbo, o instrumento da nossa salvação. Por isso, em Cristo se realizou plenamente a nossa reconciliação e se nos deu a plenitude do culto divino". Neste ponto, o texto conciliar introduz uma citação do Sacramentário Veronense aplicando princípio da teologia litúrgica *lex orandi* como base para a *lex credendi*[72]. O uso deste

---

alusões ao mistério. Acreditamos com isso que, por meio da aprovação da Constituição litúrgica, os Padres Conciliares introduziram temas que foram retomados, desenvolvidos e aprofundados nas demais Constituições. Na SC 5: "Esta obra da redenção dos homens e da glorificação perfeita de Deus, prefigurada pelas suas grandes obras no povo da Antiga Aliança, realizou-a Cristo Senhor, principalmente pelo mistério pascal da sua bem-aventurada paixão, ressurreição dos mortos e gloriosa ascensão, em que morrendo destruiu a nossa morte e ressurgindo restaurou a nossa vida". Na LG 3: "por isso, Cristo, a fim de cumprir a vontade do Pai, deu começo na terra ao Reino dos Céus e revelou-nos o seu mistério, realizando, com a própria obediência, a redenção. A Igreja, ou seja, o Reino de Cristo já presente em mistério, cresce visivelmente no mundo pelo poder de Deus". A DV 2: "aprouve a Deus. na sua bondade e sabedoria, revelar-se a Si mesmo e dar a conhecer o mistério da sua vontade".

72. A escolha de uma citação do sacramentário veronense foi proposital. O Concílio de Trento postulou um princípio de reforma para liturgia que era o de regressar às fontes mais antigas da Igreja romana. Todavia, sabemos, hoje, que essa empresa não foi suficientemente alcançada. Os recursos para se trabalhar com os textos antigos eram escassos e, por isso, alcançaram somente fontes do início do segundo milênio, remontando ao Papa Gregório VII (1073-1085). Coube ao CV II investigar as fontes mais antigas graças ao desenvolvimento da ciência histórica, literária e arqueológica desde o século XIX. Desta forma, o Sacramentário Veronense ou Leoniano se caracteriza por um conjunto de textos usados na celebração litúrgica, na Igreja de Roma, entre os séculos IV e VI. Este conjunto de textos recebe o nome de veronense porque se encontra na biblioteca de Verona e de Leoniano, visto que sua autoria foi atribuída ao Papa Leão Magno. Tal sacramentário foi descoberto em Latrão, em 1713, e publicado em 1735. As pesquisas atuais sobre ele negam a monoautoria e reconhecem a intervenção dos Papas Gelásio I e Virgílio. A aplicação do método do Concílio Tridentino de volta às fontes litúrgicas somente foi possível no CV II (SCICOLONE, L., Livros litúrgicos, p. 684-685). Citamos aqui a parte utilizada pelos Padres Conciliares no artigo quinto da Constituição litúrgica: "Aceitai, Senhor, a oblação que vos apresentamos na festividade deste dia, em que se realizou plenamente a nossa reconciliação e nos foi dada a plenitude do culto divino" (O texto em latim pode ser encontrado em: SACRAMENTARIUM LEONIANUM, p. 163. A tradução para o português, em: SACRAMENTÁRIO VERONENSE OU LEONINO, p. 1.497).

texto é importante porque ele relaciona conceitos soteriológicos (reconciliação e culto divino) com a vida de Cristo. Ainda precisamos atentar que a tradução para português verte simplesmente por reconciliação dois termos latinos *reconciliationis* e *placatio* – este último é um conceito difícil para a teologia contemporânea visto tantas interpretações equivocadas ao longo dos séculos. Além disso, os Padres introduzem o termo "instrumento" (*instrumentum*), que junto com o de mistério e sacramento (ambos presentes também no artigo quinto, respectivamente, na quarta e quinta frase) possuem uma longa história teológico-filológica.

O segundo parágrafo da SC 5, em nível literário, tem como oração principal da sua primeira frase: "Esta obra da redenção dos homens e da glorificação perfeita de Deus realizou-a Cristo Senhor". Ele completa tal oração com dois apostos importantíssimos. O primeiro aposto trata do caráter prefigurativo do Primeiro Testamento: "prefigurada pelas suas grandes obras no povo da Antiga Aliança". Depois, a realização da redenção e da glorificação realizadas por Cristo encontram no mistério pascal seu nível máximo de concentração: "principalmente pelo mistério pascal da sua bem-aventurada paixão, ressurreição dos mortos e gloriosa ascensão". Contudo, este segundo aposto está baseado na *lex orandi*, presente no prefácio do missal romano: "Morrendo destruiu a nossa morte e ressurgindo restaurou a nossa vida".

Sobre a última frase do artigo quinto, em nível literário, queremos atentar para dois pontos. Uma citação direta de Agostinho de Hipona, presente em forma eucológica na oração depois da segunda leitura do sábado santo antes da reforma da Semana Santa, no missal romano, sobre a relação mistério pascal e Igreja. Além disso, esta frase serve como gancho para introduzir o tema do artigo subsequente – a Igreja e a liturgia.

Toda esta visão literária, além de nos familiarizar com os conceitos e estruturas do artigo, possibilitando fazer inter-relações entre os conceitos, também nos permite tirar a seguinte conclusão: a teologia bíblico-patrística e a *lex orandi* não só permeiam todo o texto analisado, mas é daí que brota sua força teológico-semântica. Em resumo, encontramos, pelo menos, oito citações diretas da Escritura, duas dos Padres (Inácio de Antioquia e Agostinho de Hipona) e três de fontes litúrgicas (o Sacramentário Veronese, o missal tridentino antes da reforma da Semana Santa e o missal tridentino depois da reforma da Semana Santa). Terminada tal tarefa, entremos agora no conteúdo teológico.

O foco da primeira frase do artigo quinto da Constituição litúrgica está, sem dúvida, na teologia do envio e nas suas finalidades. Temos o sujeito central da ação, que é Deus Pai. O agir paterno está motivado pelo intuito salvífico e revelador (1Tm 2,4). Esta maneira de compreender Deus afasta qualquer imagem de um "deus" (ou ídolo) punitivo, castigador e vingativo. Com efeito, confirma a sua abertura amorosa aos homens, a "todos os homens" – expressão que precisa ser sublinhada, visto que, por tantas vezes no passado, e ainda hoje, muitas vozes se levantam para, em nome da divindade, promover discursos de ódio, segregacionista e até bélicos[73].

Tal abertura divina, aliás, já é testemunhada no diálogo realizado com o Povo de Israel, na Primeira Aliança. Deus Pai "fala" (aspecto ativo), "muitas vezes" (aspecto temporal), de "diversos modos" (aspecto modal), "por meio dos profetas" (aspecto instrumental) – Hb 1,1. Ele é apresentado como um Deus falante e comunicador, além de criativo na forma como diz e como se utiliza de pessoas para dizer. Assim, Ele estabelece uma relação comunicativa eficaz, mediada e pluriforme. Além disso, envia o seu Filho para evangelizar, ou seja, para falar – anunciar, proclamar – uma boa notícia. A eficácia, a mediação e a forma alcançada na Primeira Aliança são plenificadas pelo enviado divino – denominado como Verbo.

O destinatário do envio são todos os homens. Aqui se abre uma nota antropológica. Por um lado, o texto conciliar revela a dramática condição humana necessitada do diálogo salvífico. O Pai, por meio do envio do Filho, quer dialogar com um homem autossuficiente, orgulhoso e avaro e, também, curá-lo de sua condição doente. A consequência da decisão humana de participar no diálogo é a conversão do coração em pobre e contrito e o restabelecimento da saúde. O texto fala de uma condição radical do homem, uma estrutura existencial de fechamento ao diálogo com Deus, que se manifesta por um confinamento em si, em sua própria possibilidade. Tal situação de não salvação é a doença do ser humano.

Por outro lado, o texto aponta para esperança cristã em relação à humanidade. Pois, a ação divina soteriológica é capaz de curar o homem em sua enfermidade radical de fechamento ao diálogo e de converter a sua autossuficiência, o seu orgulho e a sua avareza. Isto é, o homem pode se tornar aberto a Deus e transformar-se em pobre e contrito de coração. Na realidade, Jesus de Nazaré é este homem novo – abertura total ao diálogo com seu Pai, na pobreza de um coração obediente. Assim, cada pessoa encontra no Senhor um paradigma para entender o *télos* da ação salvífica divina[74].

---

73. O professor A. Lameri oferece uma intuição muito pertinente como consequência dessa abertura amorosa de Deus aos homens. Ele diz que a liturgia precisa possuir uma "linguagem de amor" para ser idônea na sua mediação entre Deus e os homens. Ela deve ser, ao mesmo tempo, Deus-ágape falando com o homem e o homem "agápico" respondendo ao seu Deus (LAMERI. A., Liturgia, p. 184-188).

74. O teólogo G. Rubio identifica quatro níveis de abertura à qual o homem é chamado a realizar: a Deus, ao mundo, ao crescimento pessoal e ao próximo. Acreditamos que a salvação está, exatamente, nesses níveis de abertura. O diálogo querido por Deus ocasiona este direcionamento a Ele mesmo, ao cosmo, ao próprio

O conteúdo do envio é a pessoa do Filho e a sua obra de evangelização e de cura – com esta afirmação o artigo quinto abre sua compreensão cristológica. Desta forma, o próprio Deus é quem vem ao encontro do homem para anunciar-lhe a salvação e a verdade, evangelizando e curando. Para que isso se efetive, o Filho se encarna, ou seja, assume totalmente a condição humana. A encarnação do Verbo concentra os aspectos ativo, temporal, modal e instrumental do diálogo iniciado na Primeira Aliança, pois a entrada do Filho no mundo é o ápice da ação comunicativa divina e a plenitude dos tempos. Por isso, o Verbo se torna o homem pobre, contrito e chagado por excelência, partilhando da condição dos mais necessitados da salvação divina.

Esta humanização do Verbo está a serviço da evangelização e da terapêutica divina. A frase termina com dois títulos cristológicos: médico e mediador. É uma conclusão diante do que foi dito antes. Existe uma linha da terapêutica na frase: Deus enviou seu Filho para curar os contritos de coração. Assim, a teologia de Inácio de Antioquia oferece aos Padres Conciliares a afirmação de fé no Cristo médico – ἰατρὸς. De fato, o texto do qual a expressão foi tirada, parece ser um fragmento de um hino litúrgico da Igreja oriental, no qual se posiciona a fé diante da postura docetista. Esse título de médico, infelizmente, não é algo amplamente pesquisado, desenvolvido e atualizado. Uma reflexão mais profunda iluminaria a teologia da cura, a prática dos sacramentos de cura, o conteúdo das orações pedindo o restabelecimento da saúde, o aconselhamento e acompanhamento dos enfermos e famílias em situação de doença grave e crônica e a inserção da Igreja numa pastoral de cura em continuidade com a ação terapêutica de Jesus[75].

---

homem e aos seus semelhantes. Queremos deixar uma citação esclarecedora, do referido teólogo, sobre o tema da abertura-fechamento do homem a Deus: "Interpelado pelo Deus criador e salvador, o homem é chamado a se decidir, assumindo a responsabilidade decorrente. Em Jesus Cristo, o ser humano responde plenamente à interpelação de Deus, vive com toda a intensidade a relação dialógica com Ele, bem como a relação amor-serviço aos irmãos. O ser humano visto na sua relação com Deus (fundamento da relação com os outros seres humanos e com o mundo da natureza), tal é a perspectiva a partir da qual a Igreja foi desenvolvendo a sua compreensão do que significa ser pessoa" (RUBIO, A. G., Unidade na pluralidade, p. 315-316).

75. Segundo D. Borobio, a consciência patrística sobre o Cristo médico tem muito a oferecer à teologia e à pastoral hoje. No tempo dos Padres, o culto a esculápio – deus da cura no paganismo – e a busca de magos e curandeiros permeavam a crença das pessoas. A teologia patrística procurava ressaltar a superioridade da ação terapêutica do Senhor ressuscitado frente às outras propostas e até desacreditá-las de sua força curativa. A cura cristã se encontra, segundo eles, no fato de que se efetiva no homem inteiro – insistência da fórmula patrística "corpo e alma" e "carne e espírito". Entre os principais testemunhos, temos Clemente de Alexandria, Orígenes, Cirilo de Jerusalém, Teófilo de Antioquia e, citado na SC 5, Inácio de Antioquia. D. Borobio, preocupado com a prática dos sacramentos de cura e sua consequente ação pastoral, atualmente, afirma que a Igreja, com sua liturgia, pode contribuir com uma verdadeira cultura da saúde entre os homens – marca da salvação cristã (BOROBIO, D., Sacramentos y sanación, p. 33-56).

O segundo título, "mediador entre Deus e os homens", é a conclusão da linha comunicativa presente na frase: Deus enviou seu Filho para evangelizar os pobres. O texto bíblico de 1Tm 2,5 pertence ao complexo literário de 1Tm 2,1-8, no qual se trata da oração litúrgica. Dele, se extrai a afirmação da presente intercessão do Senhor Ressuscitado pelos homens e da participação da Igreja nesta através dos pedidos, orações, súplicas e ações de graças. O tema da mediação de Cristo é fundamental. Ao longo da história da teologia, ele foi profundamente contaminado com crenças pagãs e supersticiosas, a tal ponto que hoje ainda temos muitos problemas em relação à compreensão dessa mediação. Um aprofundamento desse tema poderia libertar tantos fiéis de práticas espirituais e morais de cunho apenas subjetivo e, sobretudo, a pastoral eclesial, tão marcada por devocionismos, da ereção de "falsos deuses" substitutivos ao Deus vivo e verdadeiro, manifestado em Jesus Cristo. A salvação é entendida a partir da ação terapêutica em favor do homem enfermo, e mediadora em relação ao homem fechado ao diálogo com Deus.

É de se notar que os dois títulos cristológicos finais do texto são oriundos de textos litúrgicos primitivos, remontando a fé bíblico-patrística do século I d.C. Acreditamos que os Padres Conciliares quiseram voltar a *lex orandi* primitiva para plasmar a *lex credenti* dos fiéis vinte séculos depois – no sentido exato da *traditio*. Como dito acima, a recuperação de teologia da cura e da mediação, dentro das categorias teológicas reveladas, purificadas dos excessos supersticiosos acumulados no seu desenvolvimento histórico, abriria a comunidade eclesial para a celebração e prática de uma fé em sintonia com o envio do Filho de Deus.

A dimensão pneumatológica do artigo quinto é destacada na unção recebida pela humanidade de Cristo para poder evangelizar e curar – pensamos aqui que a unção de Jesus é batismal, ligada à sua missão de servo obediente do Senhor. A unção referida na profecia de Isaías (Is 61), em sentido histórico, está ligada ao sacerdote do novo templo de Jerusalém reconstruído após o exílio da Babilônia. Esse sacerdote recebe a unção para uma obra de consolação do povo. O próprio Jesus, na sinagoga de Nazaré, se autoapresenta através deste texto. Ele se reconhece como o ungido, o Cristo, e proclama sua missão de consolador na virtude do Espírito Santo[76].

---

76. O texto de Lc 4,16-21 é fundamental para a teologia litúrgica. Ele relata o início do ministério de Jesus dentro de um ato de culto sinagogal. Ora, isso seria uma retomada não só do oráculo isaiano proferido, mas, também, uma confirmação do universo cultual de Israel. Para G. Boselli, nesta passagem bíblica está o *týpos* da liturgia da Palavra. É interessante notar que o Concílio já tinha trazido esta referência bíblica para sublinhar a epíclese sobre a humanidade do Senhor para começar seu ministério de evangelização e de cura. Cabe-nos juntar a reflexão de G. Boselli com a do Concílio e concluir que a liturgia tem, realmente, pela força pneumática, a força de evangelizar e de curar seus participantes e o mundo (BOSELLI, G., O sentido espiritual da liturgia, p. 50-54).

A primeira frase do artigo quinto porta uma densa teologia oriunda da Sagrada Escritura. Ela procura interpretar os eventos históricos à luz da vontade do Pai em salvar os homens por meio do envio de seu Filho, cuja missão é evangelizar e curar. É neste contexto que a teologia do mistério será apresentada um pouco mais para frente pelos Padres Conciliares.

Passemos para a segunda e a terceira frase do primeiro parágrafo do artigo quinto: "A sua humanidade foi, na unidade da pessoa do Verbo, o instrumento da nossa salvação. Por isso, em Cristo se realizou plenamente a nossa reconciliação e se nos deu a plenitude do culto divino". Essas duas frases apresentam, quanto ao conteúdo, uma temática de cunho cristológico-soteriológico, prolongando e centrando o tema da primeira frase do artigo quinto. Ao nível cristológico, temos a noção da união da natureza divina e humana na segunda Pessoa da Trindade – como fundamento para afirmação de que a humanidade foi instrumento da salvação – e, a nível soteriológico, encontramos uma identificação entre salvação, reconciliação e culto divino.

O tema da encarnação já tinha aparecido na primeira frase do artigo quinto. Todavia, o acento recaía sobre o Verbo que se fez carne. Desta vez, a tônica está na humanidade como instrumento da salvação – há claramente, um desenvolvimento na cristologia do parágrafo quinto da primeira para a segunda frase com uma ênfase mais antropológica.

A impostação clássica – de cunho tomista – afirma que na unidade pessoal existem três tipos de ações: as divinas, as humanas e as teândricas. As ações divinas são aquelas que o Filho encarnado continua realizando no seio da Trindade – próprias da natureza divina (com sua inteligência, vontade e poder). As ações humanas são aquelas próprias da natureza humana e que não condiz, metafisicamente, com a natureza divina (nascer, comer, beber, crescer, morrer). Já as ações teândricas são aquelas pelas quais as duas naturezas cooperariam, uma como fonte e outra como instrumento comunicativo. Um exemplo de ação teândrica seria o perdão dos pecados, pois a natureza divina é a fonte da graça do perdão e a natureza humana visibiliza tal graça do perdão através dos gestos e das palavras. A natureza humana não poderia realizar o perdão por si, mas, amparada pelo poder da natureza divina, manifesta a graça invisível por meio da linguagem humana[77].

---

77. Tomás de Aquino se expressa desse modo: "Assim, em Cristo, a natureza humana tem uma forma e uma virtude operativa própria, e o mesmo acontece com a natureza divina. Daí que, também, a natureza humana tenha uma operação própria e distinta da operação divina e vice-versa. E, além disso, a natureza divina se serve das operações da natureza humana como de um instrumento seu e, do mesmo modo, a natureza humana participa da operação da natureza divina, do mesmo modo que um instrumento participa da operação do seu agente principal – foi o que disse o Papa Leão em sua carta *Ad Flavianum*: a natureza humana e divina de Cristo realizam o que lhe é próprio, a saber: o Verbo faz o que é do Verbo, a

Fato é que a teologia pré-conciliar, em especial a *novelle théologie*[78], desenvolveu uma cristologia em chave antropológica legando uma direta consequência na teologia litúrgica e na sacramentologia[79]. Seus teólogos desenvolveram uma ontologia sacramental, de forte cunho cristológico, no qual o modelo da Encarnação possibilitava uma leitura da realidade. Segundo H. Boersma, o referido movimento teológico ansiava por reconectar o natural e o sobrenatural a fim de ultrapassar a ruptura entre vida e fé. Por causa disso, encontraram na Encarnação um paradigma para reagrupar natural-vida com fé-sobrenatural[80].

Desta forma, a expressão encontrada no texto conciliar "a sua humanidade foi o instrumento da nossa salvação" deve ser interpretada no contexto dessa teologia pré-conciliar. Nela, Cristo é entendido como sacramento raiz no qual toda estrutura sacramental da Igreja e do cosmos depende. A instrumentalidade da matéria (*res*) – humanidade, natureza, significado histórico, história secular, linguagem humana e matéria sacramental – é vista na mais alta acepção. Ela não é

---

carne executa o que é da carne (S.Th., III, q. 19, a. 1). Esta noção cristológica da operação das duas naturezas, uma como agente e outra como instrumento, é a base da sacramentária clássica. Assim explica H. Kessler: "Segundo Tomás de Aquino, Deus atua no mundo por meio de pessoas enquanto instrumentos. A redenção, porém, é operada por Deus por meio de um instrumento singular, reservado tão só a Ele, porque está constantemente unido a Ele (*instrumentum coniunctum*): por meio da humanidade do Filho encarnado de Deus. A cristologia de Tomás permanece, portanto, inteiramente teocêntrica: Deus é o ator principal, Cristo é apenas ferramenta, meio; sua humanidade é instrumento da divindade" (KESSLER, H., Cristologia, p. 328-329).

78. No texto *Les orientations présentes de la penseé religieuse*, J. Danièlou fixa a motivação e as três orientações do movimento de retorno às fontes que caracterizaram a teologia pré-conciliar. Diante das questões do Modernismo enfrentadas pela Igreja, a postura neotomista ganhou uma envergadura muito alta e isto foi legando uma ruptura entre a teologia e a vida. Em direção oposta, o movimento de *ressourcement* pretendia aproximar novamente a fé da vida. Para essa tarefa se fazia necessário uma tríplice postura teológica. A primeira era tratar Deus não como um objeto de pesquisa, mas como o sujeito por excelência. Dentro deste ponto se desenvolvia uma leitura tipológica da Bíblia, completando a tão difundida e polêmica, na época, hermenêutica histórico-crítica, se franqueava a leitura dos Padres da Igreja como fonte para uma aplicação tipológica das passagens da Escritura e se revalorizava as fontes litúrgicas como expressão de fé. A segunda postura era o diálogo com as correntes filosóficas do tempo, no caso o marxismo e o existencialismo, em lugar do fechamento e da pura crítica negativa. A terceira era a orientação de uma teologia engajada na vida onde se valorizava uma relação entre teologia e espiritualidade (DANIÈLOU J., Les orientations présentes de la pensée religieuse, p. 5-21.). Os grandes nomes da teologia do período pré-conciliar que seguiram as intuições escritas por J. Danièlou foram H. de Lubac, H. Bouillard, H. U. von Balthasar, M.-D. Chenu, Y. Congar e K. Rahner (BOERSMA, H., Nouvelle théologie & sacramental ontology, p. 1-3).

79. M. Augé, conforme já citado acima, no seu artigo sobre a hermenêutica do CV II, aponta a reflexão teológica ocorrida na Alemanha e na França, entre os anos 20 e 60 do século passado, sobretudo o movimento de retorno às fontes (*ressourcement*) bíblico-patrísticas, como um dos decisivos critérios hermenêuticos para a compreensão do texto conciliar (AUGÉ. M., Il Concilio Vaticano II e la sua ermeneutica, p. 9).

80. H. U. von Balthasar usa a imagem da ampulheta onde as suas duas partes representam a divindade e a humanidade e o vértice, por onde escorre a areia, seria o mistério da Encarnação. Todavia, o mais brilhante da ideia balthasariana é a afirmação de que a ampulheta vira, ou seja, não só a divindade é importante, mas também a humanidade se tornou indispensável no processo de relação e doação da vida divina (BOERSMA, H., Nouvelle théologie & sacramental ontology, p. 5).

uma realidade destituída de importância e significado, como se Deus dela apenas fizesse uso – uma espécie de pragmatismo teológico. Ao contrário, a materialidade é condição para que a divindade se manifeste e se faça acessível. A própria criação já potencializou as realidades (*res*) para serem portadoras do significado salvífico (*signum*). A humanidade de Cristo é instrumento de nossa salvação não como uma realidade dispensável, mas como um constituinte necessário do processo soteriológico. Isto carrega consequências para a liturgia e a sacramentologia no tocante à valorização das realidades significantes[81].

O liturgista J. Corbon, embebido de uma autêntica teologia litúrgica, traduz estas ideias da teologia sistemática, oriundas da *Nouvelle Théologie*, em expressões de teologia litúrgica nos seguintes termos:

> A manifestação da plenitude da graça na carne é um mistério de unção: Cristo. Doravante, em Jesus, toda a energia de amor impregna a energia humana de uma unção que assume e vivifica. Em Jesus, o Pai dá-se totalmente e o Filho acolhe-o. Nele, todo o humano é oferecido e o Pai compraz-se nele. É nele que se verifica de modo eminente a sinergia que dará vida a tudo: não mais um ato divino, de um lado, e, do outro, um ato humano, mas um ato de Cristo crístico, se esta palavra pudesse fazer-nos redescobrir o realismo espantoso da palavra cristão. [...] Cristo vive Deus de modo humano e o homem de modo divino em cada uma das suas mais pequenas atitudes, não segundo uma unidade de modo de ser, mas de Pessoa. Durante a sua vida mortal, tudo irá manifestar essa maravilha da unção[82].

Não só a cristologia do artigo quinto se enriquece com esta segunda e terceira frase, mas também a sua soteriologia. A salvação, que já tinha sido elaborada como evangelização e cura, agora se aprofunda com as noções de reconciliação e plenitude do culto divino. De fato, a linha terapêutica aberta na primeira linha da SC 5 encontra no evento da encarnação o protótipo da vida reconciliada, e a linha comunicativa também se realiza no mesmo evento em culto pleno. Existe uma relação nos seguintes termos: cura dos contritos de coração (*ad sanandos contritos corde*) – Jesus, médico da carne e do espírito (*medicum carnalem et spiritualem*) – reconciliação (*nostrae reconciliationis processit perfecta placatio*) e evangelizar os pobres (*ad evangelizandum pauperibus*) – Jesus, mediador entre Deus e os homens

---

81. Segundo o Professor R. Fisichella, a teologia neotomista e magisterial precedente ao CV II tinha um foco predominantemente apologético-eclesial. Graças ao contributo da *Nouvelle Théologie*, aconteceu uma guinada cristológica que marcou efetivamente o Concílio – "É a pessoa de Jesus Cristo, portanto, que agora se apresenta em sua centralidade e em seu ser forma constitutiva do viver crente" (FISICHELLA, R., Introdução à teologia fundamental, p. 28-29).

82. CORBON, J., A fonte da liturgia, p. 28.

(*mediatorem Dei et hominum*) – plenitude do culto divino (*divini cultus nobis est indita plenitudo*).

O tema soteriológico da salvação está, no nível terapêutico (curar a humanidade enferma), ligado a duas ideias teológicas: reconciliação (*reconciliationis*) e apaziguamento (*placatio*). Este nível terapêutico se configura como o lado negativo da salvação – visto que está em extrema conexão com a noção de pecado. A teologia ocidental vai desenvolver estas ideias negativas da salvação e se caracterizar por defender um condicionamento da encarnação pelo pecado. Esta postura é conhecida como "amartiocêntrica"[83].

Dentro da teologia clássica, a impostação de Anselmo de Cantuária sobre o motivo da encarnação e a sua relação com a satisfação, apesar de sofrer críticas desde o seu tempo, foi aceita e desenvolvida pelos teólogos subsequentes. Este teólogo beneditino, no espírito do pensamento medieval, subordina a encarnação à redenção[84]. Por isso, o teólogo medieval parte da afirmação do pecado original e do estabelecimento de um estado de injustiça no qual uma criatura – ontologicamente inferior – precisa "satisfazer" a Deus – ontologicamente superior. Há um duplo impedimento aqui, segundo o autor: nem o Ser superior poderia perdoar tal injustiça por misericórdia, porque isso atentaria contra a sua justiça (a misericórdia divina aparece apenas na sua decisão de vir salvar o homem) nem o ser inferior apresentaria condições de agir a fim de reparar uma ofensa ao Ser superior (como a honra divina é infinita, infinita também é a culpa do homem). Logo, a única possibilidade (*necessitas*) é se o próprio Deus se encarnasse para satisfazer a culpa. A pena destinada ao homem pela desonra a Deus era a morte. Ora, o Homem-Deus, Jesus, se entrega voluntariamente à morte, sem merecê-la, injustamente, para libertar o homem dessa pena e reestabelecer o direito e a honra divina[85].

---

83. Segundo M. Serenthà, essa cristologia, marcadamente medieval e ocidental, baseada na teologia do pecado de Agostinho de Hipona, que possui como ponto de partida o pecado do homem, é conhecida como "amarciocentrismo" – "hamartia" está ligado com a noção de pecado original e "centrismo", com ênfase no pecado como motivador básico da encarnação (SERENTHÀ. M., Jesus Cristo, p. 330). A teologia oriental caminhou em outra direção, pois, baseada na teologia dos Padres Gregos, entendeu o pecado como a perda da imagem divina. A salvação seria a recuperação dessa imagem – aspecto ontológico – e a vivência da semelhança com Deus, manifestada em Jesus – aspecto existencial (PETRÀ, B., La chiesa dei Padri, p. 54-57).

84. Sobre o tema da satisfação, duas obras se destacam: "Por que Deus se fez homem?" (CANTORBÉRY A., Porquoi Dieu s'est fait homme).

85. Apresentamos acima a teoria da satisfação de Anselmo de Cantuária. Contudo, as pesquisas mais recentes sobre o tema apontam uma outra chave de interpretação. Segundo tais pesquisas, o teólogo medieval queria, em contexto polêmico com o judaísmo e o islamismo, fundamentar a encarnação usando apenas argumentos racionais. Por isso, usou argumentos metafísicos do seu tempo e compreensões do direito feudal. Fato é que, independente das razões que o levaram a fundamentar a encarnação na ne-

Outro autor importante para entender a relação entre encarnação e redenção na teologia clássica é Tomás de Aquino. Ele vai se apropriar da teoria de Anselmo e tentar superar os seus limites. O Aquinate possui uma dupla visão sobre a encarnação: uma negativa – um desenvolvimento da teoria anselmiana e, outra, positiva – ligada à sua percepção do amor de Deus pelos homens.

A teoria da satisfação, contudo, surge, na teologia tomista, mais matizada: Deus poderia ter libertado o homem do pecado sem qualquer satisfação. Cristo assume em seu corpo a pena pelo nosso pecado, ou seja, a dor e a morte, enquanto que a sua alma vivenciava a fruição da visão beatífica. A salvação não estaria no fato estanque da morte, mas no amor ativo de Deus, expresso na obediência do homem – união da satisfação com o tema do amor-obediência. Tomas de Aquino utiliza de forma equivalente os termos satisfação, sacrifício e redenção[86].

A visão positiva do Doutor Angélico sobre a salvação se baseia no mérito da entrega de Cristo por amor aos homens e a Deus. Por isso, embora, a salvação seja motivada pelo pecado original, ela significa mais do que a satisfação da culpa. A salvação está na manifestação do amor de Deus, através da vida de Jesus, aos homens e na recepção deste amor através de uma resposta igualmente amorosa. Deus está mais preocupado com a reparação do homem ferido pelo pecado do que com a reparação de uma ofensa sofrida[87].

A teologia medieval culminará na celebração do Concílio de Trento. Com isso, as categorias soteriológicas desenvolvidas por Anselmo de Cantuária e Tomás de Aquino serão inseridas em documentos oficiais, recebendo peso magisterial. Não existe uma definição clara para o termo *satisfatio* nas páginas do Concílio Tridentino. Satisfação, na verdade, forma um binômio com o termo "justificação". O texto afirma que Cristo nos mereceu a justificação e satisfação[88]. No que parece

---

cessidade de uma satisfação divina, sua teoria marcou profundamente a teologia ocidental (KESSLER, H., Cristologia, p. 324-327).

86. Sobre o tema da satisfação em Tomás de Aquino, podemos ler "Se quisesse, sem qualquer satisfação, liberar o homem do pecado, não agiria contra a justiça" (S. Th. III, q. 46, a. 2).

87. A grande contribuição de Tomás de Aquino para o nosso tema da relação encarnação-salvação se encontra na introdução da questão do amor de Deus. H. Kessler faz uma síntese profunda sobre o tema na obra do Aquinate: "O elemento dominante na soteriologia de Tomás de Aquino é o amor de Deus, que determina a existência histórica de Cristo e nos conclama e move para lhe corresponder em amor. A redenção está profundamente baseada no mistério do amor de Deus aos seres humanos e na radical e amorosa ligação de Cristo com os outros seres humanos. Jesus atua redentoramente sempre de tal modo que nos abre para a liberdade da fé e do amor. Ele trilha a *via caritatis* e a inaugura para nós" (KESSLER, H., Cristologia, p. 330-331).

88. O Concílio de Trento se expressa nestes termos: "O seu diletíssimo Filho unigênito, nosso Senhor Jesus Cristo, que, quando éramos inimigos, pelo grande amor com que nos amou, mereceu-nos a justificação por sua santíssima paixão sobre o lenho da cruz e satisfez por nós a Deus Pai" (CONCÍLIO TRIDENTINO, Decreto sobre a justificação, p. 403).

hoje aos especialistas, a justificação está relacionada à ação divina em favor dos homens e a satisfação, com a consequente resposta do homem à iniciativa divina. Desta forma, "satisfação" seria sinônimo da "reparação" realizada por Cristo em duplo sentido: reparado o homem ferido pelo pecado e reparada a relação entre Deus e o homem. E isso se tornou possível em razão de sua condição ontológica particular – união hipostática[89].

A partir do Iluminismo, a noção de sacrifício de Cristo passou por uma relevante crítica. No mínimo, três impostações contrárias à ideia sacrifical se desenvolveram. A primeira, de cunho filosófico, afirmava o fim das concepções metafísicas medievais. Com isso, a estrutura de pensamento anselmiano na qual a teologia da satisfação encontrou suas bases perdia sua força. A filosofia não possibilitava mais o arcabouço linguístico e interpretativo da realidade para fundamentar a ofensa infinita da qual o homem era culpado e chamado a expiar, apesar da sua impossibilidade[90].

A segunda, de cunho histórico-religioso, explicitava a "infantilidade" do pensamento sacrifical cristão. Através do estudo das religiões comparadas, se percebia essa noção sacrifical com algo herdado das religiões primitivas e com uma mecânica interna bem semelhante àquela das religiões pagãs: um deus ofendido por uma prática proibida aos homens resolve castigá-los. Eles, por sua vez, não conseguem expiar a culpa nem obter o perdão[91].

A terceira, baseada em estudos bíblicos, percebe a diferença da concepção de "deus" do Antigo Testamento com aquela apresentada pelo Novo Testamento. A tentativa de compreensão de uma aparente antítese teológica entre os dois Testamentos – o primeiro introduzindo a noção de um deus mal, raivoso e

---

89. SESBOÜÉ, B., Na esteira de Calcedônia, p. 418-419.

90. O século XIX foi marcado, no campo do mundo das ideias, por movimentos marcadamente críticos ao cristianismo. J. Moignt sintetiza assim tais impostações: "Esse paralelo deve ser estendido a Nietzsche, o único após Marx e Kierkegaard a fazer do desmoronamento do mundo cristão burguês o tema de uma análise fundamental, que dessa maneira concluía a conversão da teologia filosófica de Hegel em filosofia anticristã [...] Feuerbach, Marx e Nietzsche se unem a fim de recusar a religião em geral, e a cristã em particular" (MOIGNT, J., Deus que vem ao homem, p. 155).

91. A *Religionsgeschichtliche Schule*, escola das religiões comparadas, cujos autores mais proeminentes foram B. Duhm, A. Eichhorn, H. Gunkel, J. Weiss, W. Bousset, A. Rahlfs, E. Troeltsch, W. Wrede, H. Hackmann, R. Otto, H. Gressmann e W. Heitmüller afirmava que os sacrifícios veterotestamentários encontravam seu *background* no conjunto religioso do homem primitivo do Oriente Próximo. Atualmente, o estudo das religiões comparadas consegue oferecer os elementos em comum e as diferenças de cada culto. De maneira geral, então, o sacrifício é entendido como uma oferta aos deuses ou a um deus, cujo objetivo central é manter a comunhão com a divindade, através de uma consagração. Nele cinco componentes se destacam, levando os pesquisadores a divergirem em qual é o mais característico: a oferta em si do homem à divindade; sentimento de devoção humano a Deus que subjaz a oferta; expiação das faltas que dificultaram ou quebraram a comunhão; a comunhão com a divindade no banquete pós-sacrifical; e, a vida subtraída da vítima sacrifical (Sacrifício, p. 819-824).

vingativo e o segundo a de um deus bondoso, misericordioso e compassivo – se tornou importante para entender que a experiência de Deus e a sua conceituação foram progressivamente elaboradas através dos diferentes espaços culturais. Isto colocou em xeque a noção sacrifical, pois ela seria, segundo esses autores, uma elaboração mais antiga, primitiva e influenciada pelos cultos dos povos vizinhos[92].

Nos decênios que precederam o CV II, os teólogos procuraram responder às duras críticas feitas pelos filósofos, historiadores e teólogos. A Igreja, a princípio, não quis aceitar as críticas, tentando valer-se de argumentos de autoridade e fé, baseados na tradição e em raciocínios filosóficos não mais em voga. Depois, precisou abrir-se para aprofundar seu conteúdo dogmático e repensar a cristologia e a soteriologia dentro de novas categorias. Neste momento, as pesquisas bíblico-patrísticas, de cunho ecumênico, resultaram numa fecundidade teológica capaz de fazer com que a Igreja tivesse uma posição mais amadurecida[93].

Desta forma, a realização plena da nossa reconciliação, presente na terceira frase do artigo quinto da SC, encontra sua base de interpretação na retomada da teologia bíblica e patrística, no diálogo com os temas da Tradição e na superação das críticas feitas pelos estudiosos. Por isso, se faz necessário remontar à teologia da *placatio* e da reconciliação, de cunho bíblico, para alcançar o sentido do texto estudado.

O termo *placatio* encontraria seus correspondentes em português nas palavras aplacar, abrandar, apaziguar, propiciar e acalmar. A sua problemática é que parece, numa leitura superficial, que a teologia da satisfação de Anselmo de Cantuária pertence ao patrimônio bíblico, oferecendo uma visão muito pesada da história da salvação: Deus ofendido e raivoso precisa ser aplacado com a morte dos homens transgressores, e a morte de Cristo na cruz foi a vítima substitutiva que

---

92. Apesar de termos cruzado mais de um século desta crítica da imagem do "deus mal" em algumas perícopes do Antigo Testamento, ainda hoje isso é um tema recorrente e escandalizador. A Comissão Teológica Internacional se sentiu chamada, em 2014, a publicar um texto sobre tal questão *Dio Trinità, unità degli uomini. Il monoteismo cristiano contro la violenza*. O texto trata da afirmação crítica feita por historiadores e sociólogos sobre a relação entre fé monoteísta e violência, em especial, as guerras religiosas. Isto nos faz questionar se a imagem do deus cruel, vingativo e irado, tão difundida a partir de uma leitura superficial do Primeiro Testamento, já foi realmente superada no Ocidente cristão.

93. Segundo F. Varone, a concepção tanto anselmiana quanto tomista da satisfação e as teses do Concílio Tridentino e suas possíveis interpretações não superam um esquema religioso: o homem transgressor precisa aplacar a ira da divindade, seja pelo sofrimento ou pela obediência da vítima expiatória. O teólogo, de forma crítica, escreve: "A teoria da satisfação faz da morte de Jesus um em si, um pacote de sofrimentos como valor de uma troca – enquanto subsistir essa redução, não se poderá escapar da satisfação. Pode se tentar melhorá-la, mas não saímos desse círculo vicioso, não saímos também do mal-estar" (VARONE, F., Esse Deus que dizem amar o sofrimento, p. 20).

satisfez a ira divina e nos conseguiu a paz. Contudo, estaria nesta explicação o conteúdo teológico-bíblico original?[94]

Nas páginas veterotestamentárias, o sacrifício se caracteriza pela oferta a Deus de cunho animal ou vegetal, total ou em parte, sobre o altar, com o intuito de obter o favor divino. Em Israel temos, pelo menos, seis tipos de sacrifícios: o holocausto (*'ôlâ*), o de comunhão (*zebah*), o de expiação, as oferendas vegetais (*minhâ*), os pães da proposição e o incenso. J. L. Sicre afirma categoricamente que "podemos dizer, sem medo de exagerar, que para o antigo israelita um culto sem sacrifícios é inconcebível"[95]. O sacerdote cultual tinha como funções transmitir o oráculo divino (função que, após Davi, foi deixada pelos sacerdotes e assumida pelos profetas), o ensino da *torah* (função que, após o exílio, passou para os levitas e os rabinos), o sacrifício (sempre foi uma função acessória, mas, com o passar do tempo e a perda das funções proféticas e didáticas, ela caracterizou o ofício sacerdotal do culto antigo) e a mediação (representava Deus na função profética e didática e os homens na função sacrifical)[96].

A pregação profética, todavia, questionou esse modelo sacrifical em vários pontos. O primeiro é a respeito da noção de Deus por trás dessas práticas, extremamente antropomórfica: "Acaso comeria eu carne de touros, beberia sangue de bodes?" (Sl 50,13). Depois, as estruturas, os aparatos, os ritos que sustentam os sacrifícios e as transformações sofridas pela liturgia israelita entre a experiência no deserto e as práticas no templo: "Por acaso oferecestes-me sacrifícios e oferendas no deserto, durante quarenta anos, ó casa de Israel?" (Am 5,25). O terceiro é o sacrifício em si, pois Deus não quer tais sacrifícios: "Terá o Senhor prazer nos milhares de carneiros ou nas libações de torrentes de óleo? Darei eu meu primogênito pelo meu crime, o fruto de minhas entranhas pelo meu pecado?" (Mq 6,6-8). O último ponto de crítica recai sobre os ministros do sacrifício, os sacerdotes e os profetas cultuais: "Os seus sacerdotes violam minha Lei e profanam os meus santuários" (Ez 22,26a). A pregação dos

---

94. A teologia dos sacramentos está intimamente ligada à reflexão sobre o sacrifício de Cristo. Este tema de soteriologia afeta a dimensão sacerdotal da vida do batizado-crismado, a compreensão da eucaristia, a noção do sacerdócio ordenado, a consagração matrimonial dos esposos, a efetivação do perdão sacramental e a Unção dos enfermos. Uma compreensão equivocada da noção de sacrifício resultaria numa teologia, celebração e pastoral litúrgico-sacramental-espiritual deficiente e problemática. Sobre isso o liturgista italiano posiciona que "todos os sacramentos estão em relação com a Páscoa de Cristo, da qual dependem radicalmente. Em última instância, os sacramentos não são mais do que a expressão e a extensão diversa do mistério único da morte e ressureição do Senhor" (ROCCHETTA, C., Os sacramentos da fé, p. 190).

95. SICRE, J. L., Profetismo em Israel, p. 403.

96. SICRE, J. L., Profetismo em Israel, p. 390.

profetas coloca em questão os rituais sacrificais israelitas e, sobretudo, a teologia que neles subjaz[97].

Em síntese, a teologia do sacrifício no Primeiro Testamento está fortemente baseada nos cultos do Oriente Próximo. Contudo, através da pregação profética, tal teologia sacrifical introduz, efetivamente, uma mentalidade nova. A exegeta Ina Willi-Plein afirma que "a crítica ao culto, em contexto profético, não visa à sua eliminação, mas à sua sublimação", ou seja, para a literatura profética, "o culto não deve ser suprimido, mas aperfeiçoado". Ela conclui, ainda, que "no Israel do fim do Antigo Testamento, sacrifício e culto tornaram-se elementos positivos da utopia"[98].

Realmente, o sacrifício cultual é uma "oração em ação", uma "ação simbólica" – comparável às ações simbólicas realizadas pelos profetas. Ele expressa a realidade interior – invisível, incomunicável e inacessível – e responde a vários imperativos presentes no relacionamento com Deus: no seu desejo de comunhão, de perdão e de ação de graças. Desta forma, a ação cultual sacrifical era um modo de expressar, diante de Deus e da comunidade dos fiéis, de forma performática, realidades interiores da relação com o Senhor[99].

Para enfrentarmos, justamente, o tema do sacrifício no Novo Testamento, precisamos abrir três reflexões: a concepção presente nos evangelhos sinóticos sobre a morte de Cristo, a teologia sacrifical da Carta os Hebreus e as duas entradas do termo grego *hilasmós* na Primeira Epístola de João (1Jo 2,2; 4,10). A concepção neotestamentária, de forma geral, usa do vocabulário sacrifical do Antigo Testamento para compreender a vida e a morte de Jesus. Contudo, o conteúdo e a originalidade presentes nos eventos da vida do Senhor superam e encerram a noção sacrifical antiga[100].

A teologia dos sinóticos apresenta Jesus na sequela da crítica profética. Ele insiste na relação entre experiência interna e rito – sem o primeiro, o segundo perde seu sentido (Mt 21,13). Na pregação apostólica primitiva e sinótica, a

---

97. SICRE, J. L., Profetismo em Israel, p. 403-404.

98. WILLI-PLEIN, I., Sacrifício e culto no Israel do Antigo Testamento, p. 140.

99. No sentido de ação de graças, sacrificar algo seria reconhecer, através de um ato exterior, a bondade e providência divina em todas as coisas. Quanto à comunhão, o culto sacrificial representava a maneira israelita de conceber a sua união com Deus. Ora, eles, acreditando na transcendência absoluta do Senhor, não esperavam uma união física com Ele. Logo, a comunhão com Deus era experenciada num banquete religioso, selando a amizade com Deus e com os convivas. A expiação, nascida do desejo de reparar o pecado e a inimizade com Deus, ocorria nos sacrifícios expiatórios com sangue. Ainda que a forma, sacrifício de animais e vegetais, firam a sensibilidade religiosa atual, os imperativos religiosos expressos nelas – gratidão, amizade e perdão – continuam dentro da experiência religiosa (DE VAUX, R., Instituições de Israel no Antigo Testamento, p. 489-491).

100. HAURET, C., Sacrifício, p. 954-959.

morte de Jesus é compreendida dentro das categorias do servo escatológico de Deus – segundo o texto de Is 53, o servo de Deus ofereceria sua vida em sacrifício de expiação pelos pecados do povo. A linguagem usada pelos evangelistas revela a identificação de Jesus com este personagem escatológico: "serve", "dá sua vida", morre "em resgate", "pelo bem de muitos" (Mc 10,45; Lc 22,37). Além disso, o contexto de refeição pascal da última ceia, correlaciona o cordeiro pascal com Jesus. A fórmula mosaica o "sangue da Aliança" (Ex 24,8) aparece nas palavras de Jesus (Mc 14,24). A obediência e a fidelidade, em nível martirial, ganham uma tônica de maior relevo para qualificar a morte de Jesus – "amá-lo de todo coração, de toda a inteligência e com toda a força e amar o próximo como a si mesmo, vale mais do que todos os holocaustos e todos os sacrifícios" (Mc 12,33). Isso nos leva a concluir que, na linguagem do Evangelho, a vida obediente de Jesus e a sua morte na cruz recapitulam e realizam a economia sacrifical do Antigo Testamento, pois elas são holocausto de ação de graças, oferenda expiatória e sacrifício de comunhão[101].

A teologia paulina é a responsável por vincular a visão sacrifical com a morte de Jesus. O apóstolo a direciona ao culto expiatório e utiliza seu vocabulário criando uma analogia direta: o sangue (Rm 5,8-11; Ef 1,7; 2,13; 5,2.25; Cl 1,20)[102] ou a morte voluntária de Jesus (Rm 5,6.8.10; 1Cor 15,3; Gl 1,4; 2,1) são equiparados ao cordeiro pascal (1Cor 5,7) na sua função de libertar, perdoar e reconciliar dos pecados (Rm 3,25) e constituir a Nova Aliança (1Cor 11,25)[103]. Numa leitura teológica mais profunda, a morte de Cristo efetiva o duplo movimento divino-humano: no primeiro, Ele, transbordando de amor, se apressa tomando a iniciativa em perdoar. E no segundo, Ele, consciente da vida dos homens distante da vontade divina, intercede ao Pai, pedindo o perdão[104].

---

101. HAURET, C., Sacrifício, p. 954-959.

102. A insistência no sangue de Jesus se explica pela concepção veterotestamentária. Segundo esta, o sangue é elemento material mais importante do culto sacrifical – a Aliança, os sacrifícios (holocaustos, de comunhão e de expiação) e os ritos de consagração foram celebrados com a aspersão do sangue sobre o altar. Nos evangelhos sinóticos, o cálice (antecipação ritual do sangue na cruz) está ligado à celebração da Nova Aliança. Na teologia paulina, a interpretação do sangue derramado está assentado, além da noção sinótica de Aliança, nos ritos expiatórios e de comunhão. Na Epístola aos Hebreus, a novidade em relação ao sangue de Cristo está na oferta dele no culto do Ressuscitado ao céu com valor intercessório. Na teologia de João, o sangue está ligado à origem da comunidade eclesial na cruz. No Apocalipse, o sangue do cordeiro se remete ao sangue dos mártires cristãos – a continuação do sacrifício do cordeiro em sua Igreja (GRELOT, P.; SPICQ, C., Sangue, p. 966-969).

103. IMSCHOOT, V., Sacrifício, p. 1.356-1.360.

104. L. Cerfaux conclui, através de suas pesquisas, que a morte de Cristo foi motivada por sua caridade para conosco: em 1Cor 8,11 e Rm 14,15 repete-se "esse irmão pelo qual Cristo morreu" e em Gl 2,20 e Ef 5,2.25, "que me (nós – a Igreja) amou e se entregou a si mesmo por mim (nós – ela)". Para o exegeta, as fórmulas paulinas "entregar-se" e "dar-se" remetem diretamente à caridade de Jesus. O amor de Deus Pai e de Je-

A Carta aos Hebreus, sob o pano de fundo da teologia judaica do culto, aplica categorias sacrificais à obra redentora de Cristo. A vida inteira de Jesus é entendida como dom sacrifical (*prosphorá*), desde sua encarnação (Hb 10,8-9) até o cume na cruz (Hb 10,10) e, para além disso, no santuário celeste. Ele apresenta a Deus seu sangue (Hb 9,11-14; 10,20). Não podemos fazer uma leitura superficial dessas passagens. Elas são uma interpretação dos eventos históricos e meta-históricos acontecidos com Jesus de Nazaré à luz de categorias cultuais judaicas. Ora, Jesus oferece a si mesmo a Deus – sua vontade está submetida à do Pai, em uma fidelidade ímpar. Essa vivência oblativa de Jesus foi equiparada, na Carta aos Hebreus, ao culto sacrifical judaico, pois, para o seu autor, a vida obediente de Jesus foi (e ainda é, no seu sacerdócio eterno) capaz de obter aos homens a comunhão e o perdão – desejo implícito no sacrifício judaico[105].

Na teologia joanina, em sentido geral, a vida de Jesus tem um valor expiatório. Nela, Jesus é denominado pela expressão "tira o pecado do mundo" (Jo 1,29.37; 6,51; 10,15-17; 11,51; 1Jo 1,7; 2,2; Ap 5,6.9.12; 12,11). Embora não se diga aqui explicitamente como Ele livra o mundo do pecado, a sua morte foi equiparada à do cordeiro pascal (Jo 19,14), e o seu sangue derramado, à purificação dos nossos pecados (1Jo 1,7). No Livro do Apocalipse, o título cristológico "Cordeiro" aparece vinte e oito vezes. Isso é sinal de uma interpretação redentora da vida de Cristo (Ap 5,6.9.12)[106]. Este título, no último livro da Escritura, recapitula a função sacrifical do cordeiro do Primeiro Testamento acrescido da entrega de si do servo (Is 53) e, mais ainda, sua condição "de pé" não permite uma leitura estanque da sua vida e morte independente da sua ressurreição – Ele possui a virtude messiânica enviando seu Espírito vivificador sobre os homens[107].

O termo *placatio* tem seu correlato bíblico na palavra grega *hilasmós*[108]. Ela aparece em apenas duas perícopes 1Jo 2,2 e 1Jo 4,10. Desta forma, *placatio* se equipara, no texto bíblico, com a vítima de expiação. Precisamos entender o que o autor da Primeira Carta de João entende por "vítima de expiação" para completar nosso estudo do termo em questão.

---

sus se confundem nas epístolas paulinas. Isto de tal maneira que a caridade do Pai está na do Filho quando se entrega pelos homens ainda pecadores (Rm 5,8; 8,32; Ef 5,2). Ademais, "esta caridade que se revela na paixão de Cristo é o movimento de amor que desabrocha na caridade, no coração dos fiéis" (CERFAUX, L., Cristo na teologia de Paulo, p. 104).

105. IMSCHOOT, V., Sacrifício, p. 1.356-1.360.

106. IMSCHOOT, V., Sacrifício, p. 1.356-1.360.

107. VANNI, H., Apocalipse, p. 123-124.

108. BEYER, W. H., ἱλασμός, p. 301-310.

O texto de 1Jo 2,2 ("Ele é a vítima de expiação pelos nossos pecados. E não somente pelos nossos. Mas também pelos de todo mundo")[109] pertence ao complexo sapiencial escrito em 1,5–2,29. Desta forma, o texto possui influência da visão sapiencial bíblica que, no caso, desenvolve a temática da liberdade do homem frente ao pecado usando a imagem dos dois caminhos[110].

O tema sapiencial dos "dois caminhos" apresenta as duas possíveis posturas diante dos mandamentos de Jesus. A intenção do autor da Primeira Carta é dissuadir seus leitores do caminho do pecado – desobediência aos mandamentos (1Jo 1,6). Por isso, a liberdade frente ao pecado (1Jo 1,6.8.10) consiste em não viver na hipocrisia (1Jo 1,6 – "Se dissermos que estamos em comunhão com Ele e andamos nas trevas, mentimos e não praticamos a verdade") e na arrogância (1Jo 1,8.10 – "Se dissermos: 'não temos pecado!' enganamo-nos e a verdade não está em nós". "Se dissermos: 'Não pecamos!', fazemos dele um mentiroso e sua palavra não está em nós"). Para cada uma dessas situações – hipocrisia e arrogância – o texto apresenta uma postura correspondente à luz divina: a comunhão com os irmãos e a confissão das nossas faltas. Além disso, diante de cada situação de trevas (hipocrisia e arrogância) e de luz (comunhão e confissão), uma afirmação do perdão dos pecados por meio de Jesus Cristo, pelo seu sangue purificador (1Jo 1,7 – "o sangue de Jesus, seu Filho, nos purifica de todo pecado"), e a intercessão de Jesus pelos homens (1Jo 2,1cd – "temos como advogado, junto do Pai, Jesus Cristo, o justo").

O termo *hilasmós*, vítima de expiação, está ligado, nesta passagem, exatamente, à intercessão de Jesus ao Pai pela humanidade. O autor da carta traça um paralelo entre o culto expiatório judaico e a morte-ressurreição de Cristo. Vejamos que o objetivo do texto é destacar a efetivação do perdão, no hoje, ao pecador. Assim, o sacrifício da cruz está em sintonia com a intercessão pelos pecadores – não só os fiéis, mas todos os homens. A morte e a ressurreição são pensadas de forma orgânica, em função do perdão divino e do arrependimento e conversão humanos[111].

---

109. O texto em grego de 1Jo 2,2: "καὶ αὐτὸς ἱλασμός ἐστιν περὶ τῶν ἁμαρτιῶν ἡμῶν, οὐ περὶ τῶν ἡμετέρων δὲ μόνον ἀλλὰ καὶ περὶ ὅλου τοῦ κόσμου".

110. PERKINS, P., As epístolas joaninas, p. 817-834.

111. O perdão alcançado em Jesus, em 1Jo 2,1-2, apresenta característica de permanência ("se alguém pecar, temos um advogado" – o perdão não se esgota, mas é sempre acessível ao homem), de totalidade ("pelos pecados" – não há exceção para o perdão de Deus ou falta que o possa detê-lo) e de universalidade ("não somente pelos nossos, mas também por todo mundo" – o perdão é para todos os homens e não um grupo fechado). Jesus não é uma taxa (vítima expiatória) paga ao Pai, ao contrário, o Pai é quem enviou o Filho para nos perdoar – isso perverte totalmente a lógica satisfatória (THEVISSEN, G.; KAHMANN, J. J. A.; DEHANDSCHUTTER, B., As cartas de Pedro, João e Judas, p. 203-204).

O texto de 1Jo 4,10 ("Nisto consiste o amor: não fomos nós que amamos a Deus, mas foi Ele quem nos amou e enviou-nos seu Filho como vítima de expiação pelos nossos pecados")[112] se encontra na quarta parte da carta dentro da parte que trata sobre os mandamentos (4,1-5,12). Na verdade, o versículo destacado procura fundamentar o amor divino manifestado em Cristo, fonte do mandamento novo (4,7-12)[113].

O ponto central aqui é desenvolver o tema da manifestação do amor de Deus na vida de Cristo. Para isto, o autor da Primeira Carta de João se concentra na interpretação da vida do Senhor na ótica do amor. Por isso, a afirmação da iniciativa divina em vir amar o homem pecador é decisiva. Deus ama com amor "ágape" e isso se manifesta no envio do seu Filho como "vítima de expiação". Ou seja, o amor de Deus se mostra no perdão, na expiação de nossas faltas. Isto tudo é próprio do amor ágape: realizar aquilo que é o melhor para o outro, levando em conta sua situação – não para diminuí-lo, mas para engrandecê-lo. Assim, Jesus é entendido como "vítima de expiação" porque Ele é a manifestação da iniciativa divina de nos alcançar na nossa condição pecadora – nunca para nos rebaixar, sempre para nos melhorar. Isto fica claro no versículo que segue, quando o ágape divino nos transforma de tal maneira que a nossa vida passa a ofertar o mesmo tipo de amor aos irmãos (1Jo 4,11)[114].

A forma como o Novo Testamento encara a questão do sacrifício pode ser sintetizada na prevalência do cumprimento da vontade divina, o amor, em detrimento do culto sacrifical israelita – quando o oráculo de Oseias é então pronunciado por Jesus: "Quero misericórdia, e não sacrifícios" (Mt 9,13; 12,7) e o autor da Carta aos Hebreus, citando o Sl 40,7-9, afirma a obediência de Jesus à vontade do seu Pai: "Eis-me aqui, eu vim, ó Deus, para fazer tua vontade" (Hb 10,7bd)[115]. Deus Pai não queria a morte dos pecadores, nem a de seu Filho Jesus, mas uma orientação interior de amor e amizade em relação a Ele e de responsabilidade

---

112. O texto grego de 1Jo 4,10: "ἐν τούτῳ ἐστὶν ἡ ἀγάπη, οὐχ ὅτι ἡμεῖς ἠγαπήκαμεν τὸν θεόν, ἀλλ' ὅτι αὐτὸς ἠγάπησεν ἡμᾶς καὶ ἀπέστειλεν τὸν υἱὸν αὐτοῦ ἱλασμὸν περὶ τῶν ἁμαρτιῶν ἡμῶν".

113. PERKINS, P., As epístolas joaninas, p. 817-834.

114. A afirmação de Deus como ágape é fruto de um amadurecimento teológico baseado na experiência da obra salvífica de Jesus. Tal compreensão de Deus é o mais perto de uma ontologia no Novo Testamento, fornecendo um ponto de partida para a compreensão das ações divinas. Deus amou o seu Filho, desde sempre (Jo 17,24) e amou o mundo, enviando seu Filho para salvá-lo (Jo 3,16-17). Para o Filho enviado, o desafio é revelar, em si e nas suas atitudes, esse amor incondicional (Jo 8,42; 14,9-10.23; 15,9) – essa, na verdade, é a missão do Filho: salvar é manifestar o ágape. Ademais, o ciclo só se completa, quando os discípulos passam a comunicar esse mesmo amor ao mundo (Jo 17,11.20.23.26). Desta forma, a realidade de Deus passa a ser a dos homens: o ágape (MOLONEY, F. J., Teologia joanina, p. 1.647-1.665).

115. SICRE, J. L., Profetismo em Israel, p. 406-407.

diante de sua vontade[116]. Não podemos deixar de citar esta mesma compreensão bíblica nas palavras de um liturgista:

> Mas que o Verbo da vida se entregue à morte, voluntariamente, sem lhe resistir, isso é escandaloso; e, sobretudo, que pela sua morte a morte seja destruída, eis a suprema loucura [...] Na hora em que a *kenose* se consuma, é a não violência do amor que se torna toda poderosa. No próprio instante em que o homem crê entregar à morte o autor da vida, este entrega-se para dar à vida aqueles que são escravos da morte[117].

Após aprofundarmos a teologia bíblica referente ao termo *placatio*, nossa atenção recai, agora, para o outro conceito presente na SC 5 em relação à missão terapêutica realizada por Jesus: *reconciliatio*. Para isto, adentraremos mais uma vez as páginas da Escritura, pois, como visto acima, é da teologia bíblica que o Concílio retira sua novidade. Reconciliação aparece no Novo Testamento com o termo *katallagé*. Sendo um termo paulino (Rm 5,11; 11,15; 2Cor 5,18-19), os Padres Conciliares o acrescentaram ao artigo quinto da Constituição litúrgica, completando o conjunto de termos soteriológicos do Novo Testamento – *placatio* e *reconciliatio*[118].

A necessidade da reconciliação nasce em virtude da ruptura da Aliança – "Não como a Aliança que concluí com seus pais, no dia em que os tomei pelas mãos para fazê-los sair da terra do Egito. Minha Aliança que eles próprios romperam, embora eu fosse o Senhor, oráculo do Senhor" (Jr 31,32). Deus apresenta-se, desde o Primeiro Testamento disposto ao perdão, a substituir sua ira pela paz e a estabelecer uma Nova Aliança eterna – "Eis que dias virão – oráculo do Senhor – em que concluirei com a casa de Israel e com a casa de Judá uma Aliança nova"

---

116. Explica-nos o teólogo brasileiro que "Jesus permaneceu firme em seu compromisso pelo Reino, abandonando-se numa obediência radical à vontade do Pai, mesmo quando esta lhe parece reservar um destino semelhante ao dos profetas. A entrega total a Deus foi elemento marcante em sua vida e em sua doutrina [...] A razão da paixão e morte de Jesus está, portanto, em sua fidelidade radical ao Reino de Deus, à sua experiência de Deus. Nos acontecimentos via a vontade do Pai, a ela obedecia e assim perseverava até o fim do desempenho de sua missão. Não quis a morte, mas a considerou com lucidez como pertencendo a realização do Reino de Deus" (MIRANDA, M. F., A salvação de Jesus Cristo, p. 157).

117. CORBON, J., A fonte da liturgia. p. 34-35.

118. O termo reconciliação, na teologia paulina, é uma maneira de se tentar compreender e explicitar o evento cristo. Os exegetas perceberam que Paulo retira o vocábulo *katallagé* do universo helenista. Sua etimologia expressa bem seu sentido: formada pela raiz *-all* (que significa outro), procura mostrar um "fazer de modo diferente" em relação a outro. Desta forma, no uso extrabíblico, *katallagé* significa uma passagem de uma postura hostil para uma de amizade e, no sentido religioso, a reconciliação entre os deuses e os seres humanos. No uso paulino, o conceito expressa o desejo divino da reconciliação com o homem. Este desejo divino se concretiza como ação reconciliadora no evento histórico da vida de Jesus, incluindo sua morte na cruz (FITZMYER, J. A., Teologia paulina, p. 1.579-1.645).

(Jr 31,31). A Escritura aponta para o dado dramático do pecado, não em nível de pecado original – concepções ontológicas sobre o ser humano – mas, de forma histórico-existencial, afirmando uma quebra de relação de amizade entre Deus e o homem[119].

A reconciliação plena – reestabelecimento da Aliança – acontece em Jesus Cristo. Isso está atestado, pelos sinóticos e por Paulo, nas afirmações interpretativas do rito instituído por Jesus na Última Ceia. A tradição sinótica vinculou o cálice ao sangue de Jesus. Na mentalidade oriental, o sangue era o elemento mais sagrado e íntimo de alguém. Nos evangelhos de Mateus e Marcos (Mc 14,24; Mt 26,27) existe um paralelismo com Ex 24,8, passagem na qual lemos o estabelecimento da Aliança do Sinai. O Evangelho de Lucas e a Carta de Paulo aos Coríntios, ao invés de priorizar o derramamento do sangue, enfocam a Aliança em primeiro plano, ressoando a passagem de Jr 31,31 – ligada ao estabelecimento da Nova Aliança: "E tomou um pão, deu graças, partiu e deu a eles, dizendo: 'Isto é o meu corpo que é dado por vós. Fazei isto em minha memória'. E depois de comer fez o mesmo com a taça, dizendo; 'Esta taça é a Nova Aliança em meu sangue, que é derramado por vós'" (Lc 22,19-20; 1Cor 11,25)[120].

A teologia paulina desenvolverá ainda mais a relação entre Cristo e a reconciliação – reestabelecimento da Aliança e da amizade com Deus. Em Rm 5,11 ("E não é só. Mas nós nos gloriamos em Deus, por nosso Senhor Jesus Cristo, por quem desde agora recebemos a reconciliação")[121], o *kýrios* exerce sua dupla função de mediador – por quem podemos louvar o Pai – e de doador da reconciliação. Este versículo nos permite inferir que Deus Pai, aceitando o louvor da Igreja, confirma a obra de reconciliação concretizada pelo Filho. Por isso, os fiéis se alegram pela abertura do Pai, no Filho. É, de fato, uma alegria vivencial pela reconciliação, pelo reestabelecimento da Aliança e da amizade com Deus[122].

Em Rm 11,15, a teologia paulina já trata da reconciliação em chave escatológica. O texto ao qual o versículo pertence (Rm 9,1–11,36) mostra a continuidade entre a Primeira e a Nova Aliança. Assim, Paulo trata do primeiro Israel e de sua salvação. Todavia, o versículo analisado ("Pois se sua rejeição resultou na reconciliação do mundo, o que será seu acolhimento senão a vida que vem dos mortos?")[123]

---

119. ROY, L., Reconciliação, p. 874-876.

120. ALDAZÀBAL, J., A Eucaristia, p. 64-68.

121. No texto grego encontramos assim: "οὐ μόνον δέ, ἀλλὰ καὶ καυχώμενοι ἐν τῷ θεῷ διὰ τοῦ κυρίου ἡμῶν Ἰησοῦ Χριστοῦ δι' οὗ νῦν τὴν καταλλαγὴν ἐλάβομεν".

122. FITZMYER, J. A., A Carta aos Romanos, p. 515-591.

123. Em grego, temos o texto assim: "εἰ γὰρ ἡ ἀποβολὴ αὐτῶν καταλλαγὴ κόσμου, τίς ἡ πρόσλημψις εἰ μὴ ζωὴ ἐκ νεκρῶν".

fala da "rejeição" temporária de Israel ao Evangelho, ocasionando dois momentos históricos: o da aceitação dos pagãos ao Evangelho e a futura aceitação dos judeus. Cada um desses momento se liga, respectivamente, aos seguintes eventos teológicos: a reconciliação e a ressurreição final dos mortos. Desta forma, em Rm 11,15, a reconciliação está ligada à aceitação dos pagãos ao Cristo – uma Aliança universal da qual os judeus se mantiveram temporariamente afastados[124].

A Igreja recebe o encargo de dispensar a graça da reconciliação aos homens no mundo. Nesse sentido, a reconciliação, em 2Cor 5,18-19 ("Tudo isto vem de Deus, que os reconciliou consigo por Cristo e nos confiou o ministério da reconciliação. Pois era Deus que em Cristo reconciliava o mundo consigo, não imputando aos homens suas faltas e pondo em nós a palavra da reconciliação")[125]. O versículo analisado se insere no tema do ministério da reconciliação exercido pela Igreja no mundo (2Cor 5,11–6,10). Novamente, Paulo entende Deus Pai como a fonte e a efetivação da reconciliação. Mas agora, em dois níveis no qual o primeiro é condição para o segundo: o nível crístico – mediador radical da Aliança com Deus, – e o nível eclesial – mediador dependente, cuja missão é comunicar a palavra da reconciliação no tempo e no espaço[126].

Desta forma, a soteriologia apresentada até aqui no artigo quinto, compreende o envio do Verbo para reconciliar – estabelecer a nova e eterna Aliança – e apaziguar – uma vida obediente e oferente a Deus – o relacionamento entre Deus e os homens. Não obstante, deve ficar bem claro, para não cairmos na armadilha das doutrinas da satisfação clássicas, que, existe um giro de enfoque na compreensão bíblica. Não é Deus Pai ferido e irado que exige dos homens uma justiça; bem sim, é o homem quem está ferido em seu prisma relacional – com a Trindade, com os outros, consigo e com a criação. Deus não vem exigir justiça, satisfação e punição. Ele, no envio de seu Filho, age terapeuticamente – reconciliando e apaziguando – o homem ferido. A tônica recai sobre a cura da ferida humana. Desta forma, a obra terapêutica realizada por Cristo é a cura radical do coração egocêntrico (fechado para o cosmos), egoísta (fechado para o outro), egoico (fechado para si) e egolátrico (fechado para Deus) do homem.

Os temas da *placatio* e da *reconciliatio* nos fizeram compreender a soteriologia negativa – aquela que procura relacionar a salvação em vista do pecado – presente na SC 5. Contudo, o parágrafo quinto ultrapassa essa visão negativa, in-

---

124. FITZMYER, J. A., A Carta aos Romanos, p. 515-591.

125. Em grego: "τὰ δὲ πάντα ἐκ τοῦ θεοῦ τοῦ καταλλάξαντος ἡμᾶς ἑαυτῷ διὰ Χριστοῦ καὶ δόντος ἡμῖν τὴν διακονίαν τῆς καταλλαγῆς, ὡς ὅτι θεὸς ἦν ἐν Χριστῷ κόσμον καταλλάσσων ἑαυτῷ, μὴ λογιζόμενος αὐτοῖς τὰ παραπτώματα αὐτῶν καὶ θέμενος ἐν ἡμῖν τὸν λόγον τῆς καταλλαγῆς".

126. MURPHY-O'CONNOR, J., Segunda Carta aos Coríntios, p. 487-513.

troduzindo um tema soteriológico positivo: a salvação está para além da cura do pecador. Ela apresenta o envio do Filho para a evangelização, a mediação e o culto pleno. Esta linha comunicativa entre Deus e o homem é, na realidade, a mais fundamental, pois existe independente do evento do pecado. Deus falou ao casal primitivo antes de sua desobediência, ao Povo de Israel (Primeira Aliança) e aos pobres (na pessoa do Cristo). Todavia, sua palavra (Verbo), já estabelecia, preenchia, significava toda a criação: "No princípio, o Verbo estava com Deus. Tudo foi feito por meio dele e sem Ele nada foi feito" (Jo 1,2). Por isso, no fundo, a relação Deus e homem é comunicativa por excelência. Nela, o próprio ser humano é fruto da palavra divina, se expressa por meio dela e para ela tende (ontologia dialogal): "Deus disse: Façamos o homem à nossa imagem, como nossa semelhança. Deus criou o homem à sua imagem, à imagem de Deus Ele o criou, homem e mulher Ele os criou" (Gn 1,26a.27)[127].

Este diálogo entre Deus e os homens encontra uma linguagem particular no culto, de acordo com a teologia bíblica. O vocabulário bíblico hebraico apresenta os verbos *šērēt* e *'ābad* para circunscrever o "serviço" prestado a Deus – na verdade, os dois verbos significam um serviço prestado a alguém: podendo ser a Deus ou aos homens. Na tradução dos LXX é que se faz uma diferenciação usando o termo *leitourgías* para se referir ao culto levítico-sacerdotal, determinado por um ritual, fixado na *Toráh* e celebrado no templo de Jerusalém[128]. Quando se trata do culto prestado pelo povo a Deus, o LXX utiliza as seguintes palavras gregas: *latréia* e *douléia*. Nestas referências, a liturgia passa a ser um conceito ligado ao serviço sacerdotal a Deus, ao seu nome, à tenda, ao templo ou ao altar[129].

Tal distinção entre liturgia e latría/doulía, respectivamente, culto prestado pelos sacerdotes e levitas e culto prestado pelo povo, presente na Bíblia alexandrina e não presente na hebraica, carrega um grande perigo. O termo liturgia ficou vinculado ao culto exterior e ritual, e os termos latría e dulía, ao culto interior. O perigo está na dissociação entre culto exterior e interior,

---

127. Nesse sentido, a soteriologia oriental desenvolveu de maneira mais profícua esta noção positiva da salvação. Partindo do conceito de encarnação do Verbo, ela chegou ao de divinização do homem, ou seja, o homem ferido pelo pecado – isto não é relegado na tradição cristã – vai sendo, por um lado, assemelhado – filiação divina – pelo Espírito Santo ao Cristo e, por outro pela imitação – *mímesis*, vai se assemelhando ao Senhor. Tal processo não se limitará apenas às consequências do pecado, mas na superação dele e na elevação da natureza humana. Essa elevação – "transfiguração" – significa a possibilidade máxima de manifestação de Deus através do humano. Segundo o grande orientalista, "dentro do vocabulário da divinização, vários temas podem encontrar sua expressão: o da criação do homem à imagem e semelhança de Deus, o da filiação adotiva, a da imitação de Deus e de Cristo, e ainda o da contemplação, da caridade, das virtudes e da oração" (SPIDLÍK, T., La espiritualidad del oriente Cristiano, p. 79).

128. O termo "liturgia" aparece cerca de 170 vezes na Bíblia dos LXX.

129. LAMERI, A., Liturgia. p. 15-28.

pois, caso se efetuasse tal dissociação, cairíamos numa experiência ritualista ou numa subjetivista. Sendo assim, é necessário ler os três termos levando em conta a interdependência, ou seja, afirmando que culto externo e interno são inseparáveis[130].

No contexto da Primeira Aliança, o êxodo do Egito tem como escopo, não só o dom da terra prometida, mas ainda a adoração ao Deus de Israel – "Tu lhe dirás: o Senhor, o Deus dos hebreus, me enviou a ti para te dizer: Deixa o meu povo partir, para que me sirva no deserto" (Ex 7,16; 9,1.13; 10,3). Ademais, Deus queria consagrar Israel como um povo sacerdotal – "Se ouvirdes a minha voz e guardardes minha Aliança, sereis para mim uma propriedade peculiar entre todos os povos, porque toda terra é minha. Vós sereis para mim um reino de sacerdotes, uma nação santa. Estas são as palavras que dirás aos israelitas" (Ex 19,5-6). O sacerdócio israelita, dom de Deus, se constituía de dois lados angulares indissociáveis: o serviço cultual e o cumprimento dos mandamentos – espiritualidade e ética são as características da vivência sacerdotal do povo.

A pregação profética, mais à frente, concentrará sua crítica exatamente na dissociação entre espiritualidade e ética. Para os profetas, o culto sacerdotal do povo se tornou, por um lado, superstição e, por outro, ritualismo[131]. A superstição consistia na tentativa de manipular o favor divino e o ritualismo era a observância formal do culto, na qual a vida não se deixava atingir pela Palavra de Deus: "O Senhor se compraz com holocaustos e sacrifícios como com a obediência à Palavra do Senhor? Sim, a obediência é melhor do que o sacrifício, a docilidade mais do que a gordura de carneiros" (1Sm 15,22, repetido em Am 5,21-26 e Is 1,11-20; 29,13). Por conta de tudo isso, a pregação profética inaugurou o sacrifício do coração: "Dar-vos-ei coração novo, porei no vosso íntimo espírito novo, tirarei do vosso peito o coração de pedra e vos darei coração de carne" (Ez 36,26). Neste culto interior – no qual o exterior encontra, por um lado, seu sentido e, por

---

130. Segundo S. Marsili, a gênese da diferença entre culto exterior (liturgia) e interior (latría e dulía), na espiritualidade veterotestamentária remonta ao clima da edificação do segundo templo e à necessidade de destacar a liturgia celebrada nele: a classe sacerdotal e o aparato ritual do culto (MARSILI, S., A liturgia, momento histórico da salvação, p. 45).

131. J. L. Sicre explica que não apenas o culto em si foi criticado pelos profetas, mas também os seus elementos: os espaços sagrados por serem locais onde se fomentavam práticas idolátricas e falsa religiosidade e concepções de Deus; o tempo sagrado porque seu cumprimento era apenas formal e não uma celebração da vivência da Palavra do Senhor; os atos de culto, em especial os sacrifícios, por vários motivos – criam uma falsa ideia de Deus, não correspondem à experiência originária no deserto e, no fundo, não agradam a Deus; e, os ministros do culto, sacerdotes, levitas e profetas, pelas seguintes razões: embriaguez, ambição, profanação do sagrado, violação da Lei, desencaminhar o povo, rejeitar o conhecimento de Deus, assassinatos, desinteresse por Deus, abuso de poder, fraude e impiedade (SICRE, J. L., Profetismo em Israel, p. 401-404).

outro, o fortalece – não se procura manipular Deus, mas, precisamente na observância de sua vontade[132].

O termo *leitourgías* ocorre 15 vezes no Novo Testamento e com quatro significados, a saber: o sentido comum de serviço prestado a alguém (Rm 13,6; 15,27; Fil 2,25.30; 2Cor 9,12; Hb 1,7.14), o culto oficial do templo de Jerusalém (Lc 1,23; Hb 8,2.6; 9,21; 10,11), o culto espiritual vivido pelos cristãos (Rm 15,16; Fil 2,17) e os ritos do culto cristão (At 13,2). Interessa, sobretudo, os últimos dois sentidos[133].

O culto espiritual, ainda seguindo S. Marsili, já apresenta suas raízes no Primeiro Testamento. O serviço litúrgico-sacerdotal, ligado ao templo e aos sacrifícios, precisou ser reelaborado durante o exílio, onde ele era impossível de ser praticado. Israel, então, consolidou uma nova atitude: o culto espiritual. Ele se caracterizava por um afastamento do culto oficial do templo, com sua casta sacerdotal e profética e seus rituais sacrificais e incentivava uma postura de humildade (diante de si), misericórdia-caridade (diante do próximo) e louvor (diante de Deus). Nesse sentido, temos: "Contudo, com a alma quebrantada e o espírito humilhado, possamos encontrar acolhida, tal como se viéssemos com holocaustos de carneiros e de touros, e com miríades de carneiros gordos" (Dn 3,39bc-40ab), "Porque é amor que eu quero e não sacrifícios, conhecimento de Deus mais do que holocaustos" (Os 6,6)[134] e "Louvarei com um cântico o nome de Deus, e o engrandecerei com ações de graças; isto agrada ao Senhor mais que um touro, mais que um novilho com chifres e cascos" (Sl 68,31-32; Sl 140,2)[135].

Importante destacar que durante o ministério de Jesus, podemos vê-lo circulando exatamente sobre a senda aberta pela espiritualidade judaica do culto espiritual. Ele frequentava a sinagoga (Lc 4,16-22), entende o culto da maneira profética (Mt 15,7-9), abre críticas ao Templo, falando até da sua destruição

---

132. Segundo A. Bergamini, "a tentação de Israel será sempre a de se apegar ao rito, descuidando-se do caráter inteiro das exigências da Aliança para vida. Daí as contínuas advertências dos profetas: sem as disposições do coração, o ato cultual do sacrifício se reduz a um gesto vão e hipócrita" (BERGAMINI, A., Culto, p. 274).

133. LAMERI, A., Liturgia. p. 15-28.

134. Bem interessante o estudo feito pelo biblista J. L. Sicre sobre a passagem de 1Sm 15,22 ("O Senhor se compraz com holocaustos e sacrifícios como com a obediência à Palavra do Senhor? Sim, a obediência é melhor do que o sacrifício, a docilidade mais do que a gordura dos carneiros"). Ele mostra como a tradição profética se utilizou desta passagem e a atualizou em diferentes momentos históricos. O autor chega a conclusão de que o homem quer se relacionar a Deus através de sacrifícios e holocausto, enquanto para os profetas a "via segura de acesso a Deus: a que passa através da sua palavra, da sua vontade, da sua Lei". Isto "obriga [...] a passar pelo próximo, pela justiça, pelo direito e a misericórdia". Assim, "somente quando o homem busca a Deus por essa via indireta (da misericórdia) tem sentido buscá-lo também pela via direta (do sacrifício)". Cf. em SICRE, J. L., Profetismo em Israel, p. 391-401.

135. MARSILI, S., A liturgia, momento histórico da salvação, p. 49-54.

(Jo 2,18-21) e prega um culto desvinculado das instituições sacerdotais-sacrificais de Jerusalém (Jo 4,19-26)[136].

Paulo, em Rm 15,16, faz uma analogia entre o culto sacrifical judaico e o culto espiritual cristão. Ele declara ter sido chamado a "de ser ministro de Cristo Jesus junto às nações, a serviço do Evangelho de Deus, a fim de que as nações se tornem oferta agradável, santificada pelo Espírito Santo"[137]. Primeiro, a palavra traduzida como ministro é *leitourgón*. Desta forma, como no culto judaico, o "ministro-liturgo" sacrifica algo a Deus; assim, no culto cristão, Paulo se identifica com essa unção sacerdotal de sacrificar às nações. Ora, é evidente que Paulo não se refere à matança das pessoas, mas a levá-las a viver na ação do Espírito Santo, obedecendo ao Evangelho. Embora, o apóstolo utilize o vocabulário do culto sacrifical do templo de Jerusalém, ele introduz um novo conteúdo, transportando os termos para a realidade do culto espiritual[138].

Em Fl 2,17, Paulo, mais uma vez, transloca o vocabulário técnico do culto sacrifical do templo de Jerusalém para a vivência do culto espiritual. No versículo citado, "Mas, se o meu sangue for derramado em libação, em sacrifício e serviço de vossa fé"[139], o termo serviço tem seu correspondente em *leitourgía*. O apóstolo não fala de sua morte sacrifical, como um animal morto em honra a Deus; mas de uma vida martirial, em sintonia com a de Jesus, ou seja, ele está disposto a ser fiel ao Evangelho e fazer tudo (até morrer) para que esse cresça na comunidade de Filipos. Nesse sentido, o culto espiritual é justamente essa vivência martirial em prol do Evangelho[140].

A liturgia, usada em chave cristã, está atestada em At 13,2ab: "Celebrando eles o culto em honra do Senhor e jejuando, disse-lhes o Espírito Santo"[141]. A celebração do culto em honra ao Senhor é a tradução do verbo *leitourgeín*. Embora, o Novo Testamento esteja repleto do testemunho da prática de oração da Igreja primitiva, esta é a primeira entrada do termo liturgia vinculado ao conjunto da celebração cristã, de uma ação litúrgico-cultual.

---

136. MARSILI, S., A liturgia, momento histórico da salvação, p. 49-54.

137. Em grego, a passagem se encontra assim: "εἰς τὸ εἶναί με λειτουργὸν Χριστοῦ Ἰησοῦ εἰς τὰ ἔθνη, ἱερουργοῦντα τὸ εὐαγγέλιον τοῦ θεοῦ, ἵνα γένηται ἡ προσφορὰ τῶν ἐθνῶν εὐπρόσδεκτος, ἡγιασμένη ἐν πνεύματι ἁγίῳ".

138. LAMERI, A., Liturgia, p. 29.

139. Em grego, o texto se apresenta assim: "Ἀλλ' εἰ καὶ σπένδομαι ἐπὶ τῇ θυσίᾳ καὶ λειτουργίᾳ τῆς πίστεως ὑμῶν, χαίρω καὶ συγχαίρω πᾶσιν ὑμῖν".

140. MARSILI, S., A liturgia, momento histórico da salvação, p. 49-54.

141. O texto citado está assim em grego: "Λειτουργούντων δὲ αὐτῶν τῷ κυρίῳ καὶ νηστευόντων εἶπεν τὸ πνεῦμα τὸ ἅγιον".

O que podemos concluir com o estudo bíblico do termo "liturgia" é que, na mentalidade da revelação, não existe separação entre o culto interno e externo. Embora a diferença conceitual tenha aparecido na tradução da LXX, o conteúdo na Bíblia hebraica e, depois, no ambiente cristão, visibilizou a indissociável relação entre vida e rito. Seja no aspecto sacerdotal do antigo Israel, seja no culto espiritual do novo Povo de Deus, a teologia bíblica não deixa espaço para uma fratura entre o íntimo do ser e sua expressão em linguagem religiosa-cultual[142].

A grande novidade cristã, nesse sentido, se apresenta no conteúdo do culto. Enquanto Israel, ainda que pela crítica profética, oferecia como expressão dos seus sentimentos religiosos a carne e o sangue de animais, o culto cristão, aboliu completamente essa prática e entendeu que a condição interior do fiel – louvor, comunhão, perdão – se expressa numa vida de obediência a vontade divina. Em síntese, a marca cristã do culto é, exatamente, vivê-lo, não como dois momentos estanques (rito e vida), mas como uma mesma realidade chamada liturgia – com duas faces: a ritual e a vivencial[143].

Quando o artigo quinto nos diz que "em Cristo [...] se nos deu a plenitude do culto divino", a interpretação acertada da expressão "culto" se encontra no sentido da teologia bíblica. Lembremos que este conceito está conectado com o envio do Filho em sua missão comunicadora e evangelizadora. Ora, Jesus, em sua humanidade, revela ao homem a plenitude do culto divino, isto é, o máximo de comunicação entre Deus e os homens: o seu interior, expresso por uma vida de amor obediente – o culto espiritual. A liturgia cristã pretende ser a expressão memorial, ritual e sacramental da inteira existência de Jesus.

A obra de salvação realizada por Cristo deve ser entendida de forma global em seu duplo aspecto, tal como os Padres Conciliares a legaram à Igreja. Um aspecto negativo, ligado ao pecado e à necessidade de curar o homem em seus relacionamentos (com Deus, com o próximo, consigo e com o cosmos) e um outro, positivo, ligado ao colóquio de amor e amizade estabelecido por Deus com os homens. Sintetizando estas ideias de reconciliação e culto divino atreladas a salvação, o abade S. Marsili nos explica que:

> Isto quer dizer que os homens encontram em Cristo a reconciliação perfeita com Deus e a sempre almejada plenitude do culto a Deus, que são

---

142. LAMERI, A., Liturgia, p. 31.

143. A ritualidade cristã encontra sua fundamentação na "liturgia existencial" da vida de Cristo. Ele mesmo recolheu sua entrega oferente em celebração. Por isso, o fiel é chamado a se aproximar do rito para que possa entrar em contato com tal entrega e se deixar configurar a ela. Desta maneira, temos a seguinte sequência: a liturgia existencial do Cristo se tornou liturgia sacramental cristã para possibilitar a liturgia existencial cristã (AUGÉ, M., Espiritualidade litúrgica, p. 29).

exatamente os dois elementos de que se constitui a salvação. Com efeito, salvação, como é querida pelo eterno desígnio do amor de Deus, é estar em perfeita e total amizade com Deus, amizade que permita, de um lado, o colóquio com o Pai (oração) e, de outro, o poder prestar a Deus aquele culto verdadeiro e perfeito, que não se esgota em sinais vazios, mas que preenche de verdade e de espírito cada sinal[144].

No segundo parágrafo do artigo quinto, a quarta e quinta frases são de importância capital para nossa pesquisa. Mais uma vez estamos diante de uma sentença cristológica-soteriológica: "Esta obra de redenção e de glorificação perfeita de Deus, realizou-a Cristo Senhor". Importante destacar que, enquanto no primeiro parágrafo, o contexto estava ligado ao evento da encarnação, neste segundo, a realização da obra salvífica, sem anular o transcurso da vida de Jesus, concentra sua máxima potência nos eventos da "paixão, ressurreição dos mortos e gloriosa ascensão" – eventos identificados com a expressão "mistério pascal"[145].

A obra de salvação, no primeiro parágrafo, estava expressa com o envio do Filho para evangelizar/comunicar e curar. Contudo, no segundo, o texto nos explica que, apesar de serem duas missões, elas pertencem a uma única obra divina (*opus*). Além disso, mais dois predicados – redenção humana e glorificação perfeita de Deus – completam e concluem as noções e as relações soteriológicas presentes no artigo quinto, nos possibilitando um panorama. Na linha terapêutica negativa, ligada ao pecado, temos as seguintes expressões conciliares: "cura dos contritos de coração" (*ad sanandos contritos corde*), "Jesus, médico da carne e do espírito" (*medicum carnalem et spiritualem*), "reconciliação" (*nostrae reconciliationis processit perfecta placatio*) e "redenção dos homens" (*humanae redemptionis*). Na linha comunicativa positiva, ligada à relação Deus e homem, encontramos estas expressões conciliares: "evangelizar os pobres" (*ad evangelizandum pauperibus*), "Jesus, mediador entre Deus e os homens" (*mediatorem Dei et hominum*), "plenitude do culto divino" (*divini cultus nobis est indita plenitudo*) e "glorificação perfeita de Deus" (*perfectae Dei glorificationis*). Desta forma, precisamos adentrar os conceitos de redenção e de glorificação para interpretarmos a soteriologia do parágrafo quinto.

---

144. MARSILI, S., A liturgia, momento histórico da salvação, p. 109.

145. Queremos chamar a atenção do leitor para o fato de não enfocarmos aqui, diretamente, o aposto "prefigurada pelas suas grandes obras no povo da Antiga Aliança" – apesar da sua importância teológica. Isto, para nos mantermos fiéis ao recorte proposto para a nossa pesquisa. Contudo, a noção de prefiguração, advinda da leitura tipológica bíblico-patrística, aparecerá, sim, durante o desenvolvimento da noção de "mistério pascal".

O tema teológico da redenção finaliza a linha terapêutica aberta no início do artigo quinto. Devemos procurá-lo na teologia bíblica, pois, como visto acima, os Padres reconectaram as afirmações magisteriais à fonte da revelação. Assim, a redenção, em grego *lytrósis* e *apolytrósis*, é o meio pelo qual se dá a salvação divina. O conceito está ligado às seguintes ideias: libertar e resgatar (*lytroussthaís*), comprar (*peripoéisis*) e adquirir (*agoradzeín*). Ele, no uso profano grego, está em conexão com a alforria de escravos e a emancipação social e, no judaico, em relação ao direito comercial onde o parente mais próximo resgata seu familiar e seus bens das mãos de estranhos[146].

No contexto do Primeiro Testamento, o termo "redenção" está ligado à Aliança. Deus resgata os israelitas da escravidão do Egito para fazê-los seu povo, por meio da celebração da Aliança no Sinai (Ex 15,16; Sl 74,2; 111,9; Ml 3,17). Esta noção de libertar para adquirir é uma importante característica da redenção bíblica. O objetivo final da redenção, no contexto do êxodo, é a constituição do povo eleito e sacerdotal, consagrado a Deus (Ex 19,5-6). Por ocasião do exílio, os profetas vão retomar a temática da redenção, qualificando Deus de "Redentor" (Is 41,14; 43,14; 44,6; 47,4; Sl 19,15; 78,35). Tal redenção, no contexto do exílio babilônico, é uma ação divina amorosa, gratuita e livre em favor dos pecadores, consolidando uma Nova Aliança (Sl 130,7; Ez 16,60-63; 36,21-38). A grande novidade dessa redenção é a comunicação da unção pneumática ao novo Povo (Jr 31,33; Ez 36,27). Desta maneira, a redenção, no Antigo Testamento, significa libertar e adquirir um povo: na experiência de escravidão no Egito, Deus liberta e adquire seu povo sacerdotal e, durante o exílio mesopotâmico, Ele liberta e adquire um povo ungido pelo Espírito[147].

No Novo Testamento, o termo "redenção" continua com seu sentido veterotestamentário. Contudo, progride no conteúdo histórico e recebe uma conotação escatológica. Em sentido histórico, a vida de Jesus é entendida como uma obra de redenção (Lc 1,68; 2,38; Rm 3,24), cuja expressão máxima se dá no evento da cruz (1Cor 6,20; 7,23). Ora, precisamos destacar, propriamente, que a vida e a cruz do Senhor possuem como *télos*, não só libertar o homem do pecado, mas adquirir um povo sacerdotal e pneumatológico (Jo 1,17.29-34; 7,37-38; Rm 8,2-4)[148]. Já, em

---

146. FITZMYER, J. A., Teologia paulina, p. 1.579-1.645.

147. LYONNET, S., Redenção, p. 954-959.

148. É necessária uma advertência em relação à compreensão de redenção, pois, a teologia da satisfação anselmiana permeou estes conceitos bíblicos, poluindo-os de uma carga muito pesada, dificultando para o leitor hoje alcançar o frescor da teologia fontal bíblica. Não nos é lícito pensar a redenção operada em Cristo como uma moeda de troca, dentro de um contexto comercial. Na verdade, são imagens para tentar explicar os eventos da vida do Senhor e suas consequências. Tais imagens não devem ser levadas à concretude a fim de evitar uma leitura fundamentalista equiparando pecado-dívida, morte de Cristo-pagamento,

sentido escatológico, a redenção se expressa na tomada de posse definitiva da comunidade sacerdotal-pneumatológica, por meio da parusia e da ressurreição dos corpos – eventos que marcam a pertença definitiva de tudo a Deus (Rm 8,19-23; 1Cor 15,28). Desta forma, redenção, no Novo Testamento, desenvolve as ideias do Primeiro, desenvolvendo a percepção sobre a ação de Deus para adquirir um povo para si: a Igreja (1Pd 2,9; Tt 2,14).

A redenção encontra, na teologia bíblica, uma concentração – nunca exclusividade – nos eventos da morte e ressurreição de Jesus. Como a celebração da Aliança do Sinai se deu no sacrifício do cordeiro pascal, a Nova Aliança é celebrada na oferta voluntária de Jesus – culminando na cruz (Mc 10,45; Mt 20,28; Hb 9,12; 1Pd 1,18-19). A ressurreição, por sua vez, é o fundamento da reunião da comunidade e a possibilidade de torná-la sacerdotal e pneumatológica (1Pd 2,5.9). Deus Pai resgata os homens do pecado, através do redentor Jesus, ofertando seu perdão e incorporando-os no seu Povo (Cl 1,14; Ef 1,7)[149].

A soteriologia do artigo quinto, em sua linha terapêutica, apresenta o envio do Filho, como médico, para uma obra de reconciliação, necessária em função da realidade do pecado. Ela entende a redenção como a libertação dos pecados e a entrada no povo sacerdotal e pneumatológico de Deus. A Igreja terrena aparece ligada à salvação, a comunidade das pessoas de coração contrito, em processo de cura e libertação dos pecados. Ela se encaminha para sua condição escatológica da libertação definitiva do pecado e da entrada plena na comunhão divina[150].

O tema da glorificação perfeita de Deus está vinculado à linha comunicativa soteriológica presente no artigo quinto: Cristo mediador, evangelização e culto. Assim como os conceitos anteriormente estudados, o tema da glorificação encontra seu tônus teológico nas páginas da Escritura. A noção de glória, em uso profano, está ligada ao peso de alguma coisa (Gn 31,1; Is 16,14). Daí a transposição para a linguagem sacra em que a glória se identifica com a importância e a honra de Deus (Sl 3,4; 24,6). Com a expressão glorificar – dar glória a alguém –, se pretende reconhecer a importância, o poder e autoridade de alguém (1Sm 8,5; 1Cr 16,28)[151].

---

redenção-resgate. Segue a seguinte explicação: "Queria, sem dúvida, dar a entender que nos tornamos propriedade de Deus [...] Mas é preciso notar que a metáfora para por aí; jamais se fala de um personagem" (LYONNET, S., Redenção, p. 878). O uso dos verbos comprar e aquistar está, exatamente, na noção de adquirir, ou seja, da formação do Povo de Deus.

149. NELIS, J., Redenção, p. 1.277-1.282.

150. Através da noção bíblica de redenção, acreditamos que os Padres Conciliares já estivessem conduzindo a reflexão para a conclusão do artigo quinto de cunho eclesiológico.

151. MOLLAT, D., Glória, p. 390-396.

No Primeiro Testamento, a atribuição de "peso" para Deus acontece, sobretudo, por causa dos atributos santidade e poder (Ex 14,4.17-18; 16,7; 29,43-46; Is 40,5; Sl 19,2; 29,3). Desta forma, quanto mais Israel percebe a manifestação visível da santidade e do poder divino, mais se maravilha com a glória divina – ela possui um caráter epifânico. Na história veterotestamentária, a glória divina é visibilizada em certos elementos mediadores: no fogo (Ex 24,17; Dt 4,12), na nuvem (Ex 16,10), tabernáculo da tenda (Ex 29,43; 40,34) e no templo (1Rs 8,11; Ez 9,3). Mesmo assim, a glória divina é uma realidade maior do que o homem consegue aguentar. Daí a necessidade de cobrir o rosto (Ex 33,22) ou da interdição de um lugar (Ex 40,35) onde ela se manifesta. Os profetas, em seu discurso messiânico, difundem a esperança na manifestação da glória de Deus sobre Jerusalém (Is 60,1-3.19-22; 62,1-2), que atingirá todos os povos e, ainda, os que não conhecem seu nome (Is 66,18; Sl 97,6). São as expectativas universalistas da salvação divina possibilitadas pelos atributos divinos[152].

Como visto acima, a glória de Deus é seu próprio ser, contudo manifestado na história, através de mediações, para que Israel o pudesse reconhecer. Sendo assim, a grande novidade trazida pelo Novo Testamento se encontra na concentração da manifestação da glória e na realidade mediadora em relação as mesmas realidades no Primeiro Testamento. Existe uma ligação direta entre a glória de Deus e Jesus Cristo como manifestção qualitativamente superior a todas as outras realidades epifânicas: "É ele o resplendor de sua glória e a expressão de sua substância" (Hb 1,3). Esta epifania crística da glória divina acontece em três fases interconectadas e progressivamente mais reluzentes[153].

A vida e o ministério público de Jesus ocupam um primeiro degrau da manifestação da glória de Deus. Os evangelhos sinóticos fazem questão de indicar tal realidade desde o momento da encarnação (Lc 1,35; 2,9.32), passando pelos ensinamentos e pelos milagres e, finalmente, atingindo o evento da transfiguração (Lc 9,32.35; 2Pd 1,17). No Evangelho de João, a relação Jesus como revelador da glória (Jo 1,14) fica ainda mais patente: nos sinais realizados (Jo 2,11), na íntima unidade entre o Pai e o Filho (Jo 10,30;14,10), na interpretação de sua morte e ressurreição (Jo 7,39).

Existe um segundo degrau, qualitativamente mais pleno, no evento pascal. O quarto evangelho entende que a decisão de Jesus (Jo 13,1.3), em consagrar-se a Deus (Jo 17,19), pela obediência (Jo 14,31), para glorificar ao Pai (Jo 12,28), por amor aos seus (Jo 13,1) é a hora da glorificação do Filho (Jo 12,23). De um

---

152. VAN SCHAIK, A., Glória, p. 638-642.

153. MOLLAT, D., Glória, p. 390-396.

lado, Jesus reconhece a identidade do Pai com sua vida amorosa e obediente até o extremo e, do outro, o Pai reconhece esse amor do Filho. Desta forma, existe o intercâmbio da glorificação: "Pai, chegou a hora, glorifica o teu Filho, para que teu Filho te glorifique" (Jo 17,1). O Livro dos Atos dos Apóstolos entende a glorificação de Jesus na exaltação, na elevação aos céus e na sede a direita de Deus (At 1,9.11; 3,13; 7,55). A ressurreição marca a entrada de Jesus na glória escatológica.

O terceiro e último nível da glória manifestada em Jesus é a escatológica. O Novo Testamento apresenta a afirmação do evento da parusia como momento definitivo da manifestação da glória de Deus, em Jesus Cristo (Mc 8,38; Tt 2,13s.; 1Pd 5,10). Ele partilha dos atributos divinos e se manifesta na sua identidade plena de Filho de Deus. A própria criação almeja a manifestação final da glória de Deus (Rm 8,19). Os homens visualizarão a glória divina; e a Igreja encontrará sua consumação na Jerusalém celeste (Ap 15,8; 18,1; 21,11), tudo e todos tendendo para a epifania final.

Essa glória divina, manifestada já em Jesus e em vias de plenitude escatológica, é reconhecida pelo homem em suas mediações. No Primeiro Testamento, como vimos anteriormente, a experiência da glória faz com que o homem reconheça a identidade divina – sentido da ação de glorificar. Agora, no Novo Testamento, como Jesus é o mediador superior da glória do Pai, ele se torna o centro da doxologia cristã. O reconhecimento de Deus, em Jesus, se manifesta no louvor, na ação de graças, nos cânticos espirituais e na celebração cúltica (Ef 1,4; 3,21).

Somos capazes, depois de iluminados pela teologia bíblica, de entender a expressão do artigo quinto "glorificação perfeita de Deus". A identidade de Deus, sua glória, manifestou-se, não mais através dos sinais do Antigo testamento, mas na encarnação, na vida, na Páscoa de Jesus – mediador qualitativamente superior. A Igreja é chamada a reconhecer esse Deus e suas epifanias e a expressar sua alegria na celebração do culto e do louvor divino.

Em síntese, a soteriologia presente no artigo quinto afirma que Deus envia seu Filho, na linha terapêutica (*sanatio*), como Cristo médico, aos contritos de coração a fim de revelar seu desejo de comunhão e perdão (*placatio*), de celebração da Nova Aliança (*reconciliatio*) e de introduzi-los no novo Povo de Deus (*redemptio*) e, na linha comunicativa, como Cristo mediador, aos pobres de coração, no intuito de abrir um diálogo (*evangelizatio*), expresso de forma existencial-celebrativo (*cultus*), reconhecendo à identidade divina (*glorificationis*). Esses sete termos latinos usados no texto do artigo quinto sintetizam o alcance da obra salvífica de Jesus Cristo.

No segundo parágrafo do artigo quinto, nós aprofundamos a ideia conciliar da concentração soteriológica no mistério pascal de Cristo. Assim, tanto a linha salvífica terapêutica quanto a comunicativa encontram no mistério pascal seu ápice. Nesse sentido, "se destaca assim o mistério pascal como ponto de acumulação da história da salvação e, por sua vez, como fundamento eficaz da redenção e como fonte da Igreja"[154].

A expressão "mistério pascal" é de uma densidade teológica fundamental para a teologia cristã. A SC 5 introduziu tal expressão pela primeira vez no texto conciliar, entendendo-a como o conjunto dos seguintes eventos da vida de Jesus: paixão, ressurreição, ascensão, pentecoste e a manifestação da Igreja, inclusive. Com isso, a encarnação está direcionada ao *mysterium paschale*, pois recebe nele uma qualidade ímpar; de tal forma que, encarnação e Páscoa se reúnem no único mistério de Cristo[155].

Ademais, os eventos pertencentes ao mistério pascal, diferente da postura corrente na teologia católica pré-conciliar, não deviam ser pensados de forma estanque. O sentido salvífico pleno se revela na vinculação entre os eventos da prisão até a entrada definitiva de Jesus no santuário celeste[156]. Além disso, o mistério pascal foi trabalhado, pela teologia conciliar, no contexto histórico-soteriológico, afirmando que todos os eventos anteriores, de cunho comunicativo e terapêutico, da Primeira Aliança e da vida de Cristo encontram sua máxima expressão na realidade da morte e ressurreição de Jesus (dimensão retroativa) e, ainda, que todos os eventos posteriores salvíficos encontram no mistério pascal seu fundamento (dimensão proativa) – destaque para a Igreja[157].

Nas décadas anteriores ao CV II, o Movimento Litúrgico recuperou a noção bíblico-patrística de *mysterium paschale*[158]. Apesar de não ser uma expressão

---

154. HAUNERLAND, W., Mysterium paschale, p. 116.

155. Os Padres Conciliares já tinham introduzido a expressão "mistério de Cristo" (SC 2). O termo "mistério" é a base da expressão e os qualificativos servem, na verdade, para focar determinado aspecto dele. Quando o qualifica "de Cristo" se refere a globalidade da vida do Senhor, desde sua Encarnação até sua parusia e quando usa "pascal" ou "da Páscoa" se destacam os eventos da morte e ressurreição. Na verdade, só existe um único mistério – Cristo Jesus, mas diversas possibilidades de enfocá-lo. Nesse sentido, o cristólogo afirma que: "Certamente foi com a Páscoa que Jesus manifestou definitivamente no que era, e foi à luz da Páscoa que os apóstolos compreenderam plenamente o sentido do que Ele dissera e fizera [...] É, porém, igualmente verdade que a Páscoa não anula toda a vida anterior de Jesus, mas a supõe e a ela positivamente remete" (SERENTHÀ. M., Jesus Cristo, p. 458).

156. A teologia católica clássica fez uma cisão entre os eventos da vida de Cristo. Dentro de suas problemáticas, encarava a morte do Senhor em sua perspectiva vicária à luz da doutrina anselmiana e/ou tomista. Já a ressurreição se une aos milagres para servir de "prova" da divindade de Cristo.

157. SORCI, P., Mistério pascal, p. 771-787.

158. O estudo da expressão "mistério pascal" ganhou expressivo relevo quando as pesquisas arqueológicas encontram o texto da homilia de Melitão de Sardes. Realmente, o uso da expressão dentro de uma parte da celebração eucarística de Páscoa – homilia – do século II, indica a inteligência eclesial quanto à manifestação do "mistério" – a identidade e as ações salvíficas divinas. De acordo com a homilia de Melitão, o mistério se desvela progressivamente nos eventos pré-figurativos do Primeiro Testamento, culminando

bíblica, ela reúne dois conceitos advindos do Novo Testamento e o conteúdo teológico das expressões paulinas "mistério de Cristo" (Cl 4,3; Ef 3,4) e "Cristo, nossa Páscoa" (1Cor 5,7). A origem da expressão está na teologia patrística do século II d.C. Na homilia de Melitão de Sardes encontramos a primeira aparição de "mistério pascal" na qual se interpreta os personagens e os eventos salvíficos veterotestamentário (Abel, Isaac, José, Moisés, os profetas perseguidos, o cordeiro do sacrifício) em relação a Páscoa de Cristo[159]. Na homilia de um autor desconhecido de postura quartodecimano se estende ainda mais a compreensão da expressão, levando-a abarcar, não só a história salvífica principiada em Israel, mas a todos os seres (mistério cósmico da Páscoa)[160]. Tal expressão será recolhida, conservada e utilizada pela Tradição[161].

Os Padres Conciliares entenderam o mistério pascal como o evento soteriológico mais importante. Por isso, como ele é o clímax dos atos do Pai e o ápice dos eventos do Verbo enviado, encarnado e exaltado, todas as temáticas do parágrafo quinto da Constituição litúrgica do CV II convergem em sua direção. Tanto a linha terapêutica – curar, reconciliar, apaziguar e redimir – quanto a comunicativa – evangelizar, cultuar e glorificar – se realizam e se visibilizam plenamente na potência do mistério pascal. E mais, pois, o tempo novo eclesial se origina, exatamente, de todas estas ações salvíficas concentradas nos eventos da morte e ressurreição do Senhor. Por sua força teológica ímpar, o *mysterium paschale* é o zênite da salvação e da sua efetivação na vida dos homens.

De fato, o intento divino de se comunicar com os homens, através do envio de seu Filho, anunciando-lhes a Boa-nova, estabelecendo com eles um diálogo cultual-existencial e se automanifestando a eles, encontra na morte e na ressurrei-

---

na morte e ressurreição de Jesus e se prolongando na celebração eucarística da Páscoa. Sobre o trabalho arqueológico deste texto indicamos BONNER, C., The homily on the passion by Melito Bishop of Sardis and some fragments of the apocryphol Ezekiel, p. 107-119. Em relação aos aspectos teológicos da referida homilia, citamos a obra clássica CANTALAMESSA, R., I più antichi testi pasquali della chiesa, p. 29-145.

159. "Ora, diletíssimos, deveis compreender como novo e antigo, eterno e temporal, perecível e imperecível, mortal e imortal é o mistério da Páscoa". Com este convite, Melitão convida sua assembleia litúrgica a compreender a Páscoa como o centro da história salvífica (CANTALAMESSA, R., I più antichi testi pasquali della chiesa, p. 31 e MÉLITON DE SARDES, Sur la pâques et fragments, p. 61).

160. A homilia do autor quartodecimano nos dá um sabor da celebração pascal de sua Igreja: "Por isso, um grande, eterno e luminoso dia, sem pôr do sol, se instaura entre todos nós que cremos n'Ele; a mística Páscoa, celebrada em figura sob a Lei, completa na realidade de Cristo; a Páscoa maravilhosa, prodígio da virtude divina, obra de sua potência, verdadeira festa memorial eterna" (CANTALAMESSA, R., I più antichi testi pasquali della chiesa, p. 65).

161. Segundo P. Sorci, tal expressão se vincula aos seguintes eventos nos textos eucológicos: a salvação realizada na morte e ressurreição de Cristo, a solenidade da Páscoa e os Sacramentos do Batismo e Eucaristia. Seria um uso dinâmico para destacar que o evento crístico se atualiza na Igreja e nos cristãos (SORCI, P., Mistério pascal, p. 773).

ção do Senhor seu ponto culminante. O "evangelho" presente no mistério pascal é o desvelamento máximo da identidade e da vontade divina acessível ao homem. Todavia, será sempre necessário fazer memória desse evento, pois sua fecundidade comunicativa atinge todos os tempos, os lugares e as culturas, sem se esgotar, até o ocaso da história. Esta fecundidade preenche todas as realidades fundamentais: a ecoantropológica, a religiosa, a própria presença do Verbo encarnado, a identidade e missão da Igreja no mundo e nas vicissitudes históricas e o fim dos tempos. A hermenêutica cristã sobre a existência se assenta sempre no sentido desvelado pelo mistério da morte e ressurreição de Cristo.

A obra terapêutica paterna, por meio do envio de seu Filho, objetivando curar os corações, reconciliar e apaziguar os homens e redimir a humanidade, tem sua impostação mais densa no mistério pascal do Senhor. O homem está fechado em si, na sua parte mais egoica. Sempre mais ele se torna enclausurado em seu próprio mundo doentio e mau, vítima de si mesmo, da pretensão de prescindir do cosmos, dos outros e de Deus, permitindo, em nível pessoal e social, uma série de situações difíceis, uma verdadeira cultura de morte. Ainda que o discurso sobre o pecado tenha caído em deturpações e manipulações durante o seu desenvolvimento, ele, no entanto, em sua dimensão concreta e ligado ao não diálogo, é real e se faz sentir na história nas dimensões intersubjetivas e culturais. Neste sentido, o Cristo-médico veio efetivar um processo terapêutico em quatro níveis: o perdão universal, o estabelecimento de uma nova e eterna Aliança, a afirmação da obediência-amor como saúde espiritual-relacional e a reunião de todas as pessoas em um único povo (ou ao menos fazer com que os reunidos se tornem servidores dos outros).

O artigo quinto da Constituição sobre a liturgia se fecha com uma frase de cunho eclesiológico – "Foi do lado de Cristo adormecido na cruz que nasceu o admirável sacramento da Igreja"[162]. Os Padres Conciliares vincularam salvação e Igreja por meio do mistério pascal. Desta forma, a comunidade eclesial tem sua origem na obra salvífica apresentada nas outras frases do parágrafo – prefiguradas na Primeira Aliança, iniciadas no envio do Filho e efetivadas na sua morte e ressurreição[163].

---

162. Indicamos sobre o tema da eclesiologia presente na SC a seguinte obra: SCARDILLI, P. D., I nuclei ecclesiologici nella costituzione liturgica del Vaticano II, p. 39-158.

163. A concepção de Igreja, na posição do magistério pré-conciliar, estava baseada na ideia de "sociedade perfeita" cunhada pelo jesuíta R. Belarmino (séc. XVII). Diante dos embates cada vez maiores dos Estados soberanos à Sé romana, durante a época moderna, o apologismo católico foi se autocentrando numa concepção irreal da relação Igreja-mundo. Com a concepção de Igreja como mistério, iniciada na SC e desenvolvida na LG, a doutrina católica passa da autopercepção belarminiana – jurídica, externa, social, clerical e triunfalista – para uma bíblico-patrística – a presencialização do plano do Pai em salvar os homens. A

A última frase da SC 5 – "Foi do lado de Cristo adormecido na cruz que nasceu o sacramento admirável de toda a Igreja" – está baseada na teologia patrística. Agostinho de Hipona desenvolveu suas considerações sobre o "Cristo total" e sobre a nupcialidade entre o Senhor e a Igreja no comentário ao Salmo 138[164]. Ele entende, baseado em 1Cor 12,27, que Jesus histórico (encarnação e morte) e meta-histórico (ressurreição e ascensão) se torna "cabeça" de seu corpo e os batizados enxertados nesse corpo na qualidade de membros do *Totus Christus*. De tal forma que a Igreja é a comunhão entre sua cabeça e seus membros. E, ainda, interpretando textos matrimoniais (Gn 2,24; Ef 5,31-32), Agostinho faz uma analogia, fundamentado em Rm 5,14, entre a criação de Eva (Gn 2,21-22) – esposa de Adão – e a da Igreja – esposa de Cristo (Jo 19,34). A marca distintiva do nascimento da Igreja está na água e no sangue compreendidos como os elementos dos sacramentos de iniciação. Desta forma, a eclesiologia agostiniana serviu para criar um nexo entre salvação e sacramentos, passando pelo mistério pascal e a Igreja[165].

Por isso, a comunidade eclesial encontra sua identidade no mistério pascal de Cristo. Ela é, em si mesma, obra comunicativa e terapêutica divina. Todavia, é necessário fazer uma distinção importante. Enquanto a Igreja está neste tempo, sua vocação está se perfazendo. Por isso, ela se aperfeiçoa e se constitui como, na linha comunicativa, povo dialogal, sacerdotal e anamenético-doxológico e, na linha terapêutica, povo santo, consagrado, obediente e agápico. Somente no *escathón*, sua identidade alcançará sua consumação[166].

A Igreja, oriunda também do mistério pascal de Cristo, exerce a sua missão, neste tempo, em favor dos homens. Ela prolonga as ações comunicativas e terapêuticas divinas até o fim da história. Desta forma, na linha comunicativa, ela se torna diaconisa da evangelização, do culto (existencial-litúrgico) e da manifestação divina. Já, na linha terapêutica, seu serviço se expressa no ministério da reconciliação (introdução na nova e eterna Aliança), do apaziguamento (proposta

---

Igreja se percebe diaconisa da humanidade, ligada ao projeto soteriológico divino (LIBÂNIO, J. B., Concílio Vaticano II, p. 107-110).

164. Enarr. in Ps., CXXXVIII, 2.

165. BAVEL, T. J., Iglesia, p. 666-667.

166. Na teologia pré-conciliar, vemos, em contrapartida à posição magisterial católica, um reflorescer da compreensão mistérica da Igreja. Autores como H. de Lubac, K. Rahner, E. Schillebeeckx e J. Ratzinger desenvolvem uma eclesiologia em conexão com a soteriologia. Dessa forma, o CV II, aproveitando dessa contribuição teológica, reconhece a Igreja em seu próprio ser como sacramento, pois através de seus elementos visíveis, ela presentifica sua realidade invisível divina e salvífica. A identidade eclesial mistérica está na condição sua de presença da salvação, isto é, de sacramento da salvação (BOROBIO, D., Da celebração à teologia, p. 303).

da senda da obediência e do amor a Deus e ao próximo) e da redenção dos homens (reunião no novo Povo)[167].

O parágrafo quinto da SC introduz o termo "mistério" adjetivado como "pascal". A base semântica, como foi explicitado mais acima, recai no *mysterium*: o desvelamento da identidade e da vontade salvíficas divinas realizadas por Cristo. A qualificação *paschale* precisa, na existência do Senhor, os eventos qualificativos mais densos nos quais o "mistério" se deixa conhecer e efetivar. Desta forma, o termo "mistério" e a expressão "mistério pascal" devem ser interpretados em profunda sintonia[168].

Os Padres Conciliares, penetrados pela teologia bíblico-patrística, atentos aos desafios de seu tempo, conscientes do débito histórico de uma teologia e de uma pastoral católica enfraquecidas, redescobrem a força motriz do tema da história da salvação. Nele, Deus Pai salvador, envia seu Filho, encarnando-o e ungindo sua humanidade, para efetivar o diálogo com os homens e a cura deles. O ápice dessa comunicação e dessa terapia está no mistério pascal de Cristo. Nele, como um vértice, se concentram as ações retroativas soteriológicas – a criação, a Primeira Aliança e a presença e o ministério do Senhor e se dilata, pró-ativamente, na comunidade eclesial e nos tempos escatológicos[169].

1.3. O mistério como Igreja: a celebração do culto cristão

Depois de termos estudado os artigos segundo e quinto da SC, nossa tarefa se volta, neste momento, para o artigo sexto no qual nos deparamos com duas ocorrências do termo *mysterium*. Procederemos na mesma linha metodológica aplicada anteriormente: partiremos de uma crítica ao texto para extrairmos seu patrimônio teológico. Assim encontramos o texto para análise:

---

167. Segundo a eclesiologia pré-conciliar, absorvida no texto do Vaticano II, a Igreja é sacramento também em sua atuação. Não apenas seus elementos constitutivos visibilizam a divindade, mas sua atuação diaconal entre os homens deve ser perpassada da força soteriológica. Seus sacramentos, sua palavra e sua práxis comunicam, no hoje, a salvação (BOROBIO, D., Da celebração à teologia, p. 304).

168. ZACCARIA, G., La dimensione teológica di Sacrosanctum Concilium, p. 33.

169. À guisa de conclusão da nossa pesquisa sobre a SC 5, precisamos reconhecer que a relação entre as categorias "história da salvação" e "liturgia" é fruto não só do movimento bíblico e teológico pré-conciliar, mas também das pesquisas dos grandes nomes do Movimento Litúrgico – com particular destaque para O. Casel. Partindo da afirmação de L. Beauduin que a liturgia tem como objeto a obra de salvação de Cristo, O. Casel desenvolve a tese de que a celebração da Igreja está inserida na história da salvação. Dessa forma, celebrar se torna, primeiramente, uma ação anamnética-memorial dos eventos salvíficos; e, em seguida, sua epiclese-presentificação nas celebrações eclesiais. Ora, como o mistério pascal é o evento soteriológico por excelência, a liturgia cristã se caracteriza, eminentemente, pela sua memória e presença no hoje eclesial (PISTOIA, A., História da salvação, p. 546-547).

Assim como Cristo foi enviado pelo Pai, assim também Ele enviou os apóstolos, cheios do Espírito Santo, não só para que, pregando o Evangelho a toda a criatura, anunciassem que o Filho de Deus, pela sua morte e ressurreição, nos libertara do poder de satanás e da morte e nos introduzira no Reino do Pai, mas também para que realizassem a obra de salvação que anunciavam, mediante o sacrifício e os sacramentos, à volta dos quais gira toda a vida litúrgica. Pelo Batismo são os homens enxertados no mistério pascal de Cristo: mortos com Ele, sepultados com Ele, com Ele ressuscitados; recebem o espírito de adoção filial que "nos faz clamar: Abba, Pai" (Rm 8,15), transformando-se assim nos verdadeiros adoradores que o Pai procura. E sempre que comem a Ceia do Senhor, anunciam igualmente a sua morte até Ele vir. Por isso foram batizados no próprio dia de Pentecostes, em que a Igreja se manifestou ao mundo, os que receberam a palavra de Pedro. E "mantinham-se fiéis à doutrina dos apóstolos, à participação na fração do pão e nas orações... louvando a Deus e sendo bem vistos pelo povo" (At 2,41-47). Desde então, nunca mais a Igreja deixou de se reunir em assembleia para celebrar o mistério pascal: lendo "o que se referia a Ele em todas as Escrituras" (Lc 24,27), celebrando a Eucaristia, na qual "se torna presente o triunfo e a vitória da sua morte", e dando graças "a Deus pelo seu dom inefável" (2Cor 9,15) em Cristo Jesus, "para louvor da sua glória" (Ef 1,12), pela virtude do Espírito Santo[170].

O artigo sexto da Constituição litúrgica do Vaticano II está redigido num único parágrafo, formado por seis frases. Ele continua a temática desenvolvida no artigo anterior sobre a história da salvação. No entanto, enquanto antes a salvação estava focada em chave cristológica (partindo da Encarnação e chegando ao mistério pascal); agora, o enfoque se apresenta de modo eclesio-litúrgico (do envio dos apóstolos até o hoje). Desta forma, nessas seis frases são desenvolvidas três ideias teológicas centrais relacionadas ao mistério: o envio dos apóstolos, o Sacramento do Batismo e a celebração eclesial.

O mistério pascal é o centro de ligação entre os artigos quinto e sexto. Primeiramente, os padres revelaram a concentração soteriológica comunicativa e terapêutica do evento da morte e ressurreição do Senhor, como ponto máximo das intervenções divinas anteriores (eventos da Primeira Aliança) e como gênese das futuras (tempo eclesial). Diante disso, o mistério pascal será o fundamento da vida e da missão da Igreja. Desta forma, ambos artigos possuem uma

---

170. SC 6.

unidade temática intrínseca, senão pelo qual seria impossível interpretar um sem a menção do outro.

Além disso, devemos pontuar que o termo *mysterium* possui duas ocorrências no artigo sexto. A primeira está em relação ao batismo: "mistério pascal de Cristo" – *paschali Christi mysterio*. A segunda, em relação ao conteúdo celebrativo eclesial: "mistério pascal" – *paschale mysterium*. Ademais, existe o enunciado "sua morte e ressurreição" – *morte sua et resurrectione* – equivalente a expressão "mistério pascal", porque exprime o seu conteúdo. Desta forma, temos duas ocorrências diretas ligadas ao âmbito litúrgico e uma indireta, referida ao anúncio.

No mesmo artigo sexto, encontramos cinco citações diretas da Escritura (Rm 8,15; At 2,41-47; Lc 24,27; 2Cor 9,15; Ef 1,12), oito indiretas (Mc 16,15; At 26,18; Rm 6,4; Ef 2,6; Cl 3,1; 2Tm 2,11; Jo 4,23; 1Cor 11,26), algumas implícitas (Jo 15; At 2) e uma citação do Concílio Tridentino (CT, XIII, 11). Isto destaca o desejo conciliar de retomar como fonte teológica a Escritura Sagrada e dialogar com a tradição magisterial anterior, completando-a e superando-a.

A primeira ideia teológica elaborada no artigo sexto está presente na sua primeira frase: "Assim como Cristo foi enviado pelo Pai, assim também Ele enviou os apóstolos, cheios do Espírito Santo, não só para que, pregando o Evangelho a toda a criatura, anunciassem que o Filho de Deus, pela sua morte e ressurreição, nos libertara do poder de satanás e da morte e nos introduzira no Reino do Pai, mas também para que realizassem a obra de salvação que anunciavam, mediante o sacrifício e os sacramentos, à volta dos quais gira toda a vida litúrgica". A teologia do envio abre o parágrafo sexto e se desenvolve em dois pontos, a saber, a relação apostólica entre Jesus, os discípulos e o Espírito Santo e a dupla finalidade do envio: anúncio-realização do mistério pascal.

Previamente, no artigo quinto, os Padres Conciliares já tinham afirmado que, dentro de um projeto salvífico universal, Deus Pai tinha enviado seu Filho para realizar uma obra comunicativo-terapêutica. Agora, na primeira frase do artigo sexto, eles estabelecem um paralelismo para compreender a missão da Igreja – sua origem e seu conteúdo. Com isso, o texto parece deixar claro que chegou o momento salvífico, planejado pelo Pai, precisamente é o "kairós" em que o seu Filho envia seus apóstolos. Está agora composto o quadro dos envios: o Pai é o emissor e princípio fontal; o Filho, o protótipo do enviado; os apóstolos, os enviados dependentes; o Espírito Santo, a potência apostólica. Desta forma, a missão da Igreja se origina e se subordina ao ministério de Jesus, apóstolo do Pai.

O termo "apóstolo" é muito caro à teologia bíblica. Sabemos que a sua escolha e a sua introdução no documento conciliar são deliberadas. O termo "apóstolo" se refere a "enviado" segundo a sua etimologia[171]. Neste sentido, se abre uma tipologia do envio no Novo Testamento. Em primeiro posto, se compreende o Senhor como o Apóstolo: "Considerai atentamente Jesus, o apóstolo" (Hb 3,1). Depois, o grupo dos Doze, como escolhidos – "Depois que amanheceu, chamou os discípulos e dentre eles escolheu doze, aos quais deu o nome de apóstolos" (Lc 6,13). Estes receberam o mandato missionário – "Ide, portanto, e fazei que todas as nações se tornem discípulos [...] ensinando-as a observar tudo quanto vos ordenei" (Mt 28,19-20) – e celebrativo – "batizando-as em nome do Pai e do Filho e do Espírito Santo (Mt 28,19) e "Fazei isto em memória de mim" (Lc 22,19). Segundo o biblista Léon-Dufour, esse grupo representa o "esforço da vontade de Jesus de multiplicar sua presença e difundir sua mensagem por meio de homens que fossem outro ele"[172]. Por fim, na Igreja primitiva, a noção de "apóstolo" se ampliou quando os Doze comunicaram o exercício de sua missão a outras pessoas – "Ao passarem pelas cidades, transmitia-lhes, para que as observassem, as decisões sancionadas pelos apóstolos e presbíteros de Jerusalém" (At 16,4). Respeitando a teologia bíblica, os Padres Conciliares introduziram o termo "apóstolo" para destacar este anseio de Jesus de propagar sua obra salvífica a todos os homens através das suas testemunhas escolhidas.

O Espírito Santo também foi enviado pelo Pai e pelo Filho: "Quando vier o Paráclito, que vos enviarei de junto do Pai, o Espírito da verdade, que vem do Pai, dará testemunho de mim" (Jo 16,26). Por isso, Ele pode ser compreendido como "apóstolo-enviado". Na verdade, sua missão consiste em dar as condições para que, primeiramente, Jesus realize sua obra soteriológica e, depois, para que os apóstolos a prolonguem no tempo. Neste sentido, o *Pneuma* aparece como potência apostólica – comunicativa e terapêutica – no ministério cristão[173].

O artigo sexto da Constituição litúrgica, consciente desta necessidade pneumatológica, destaca isso na fórmula "cheios do Espírito Santo". Segundo o liturgista J. Corbon, existe uma missão do Espírito Santo numa tríplice irradiação. A primeira energia pneumática procura iluminar "os olhos do nosso coração", ou

---

171. O termo apóstolo vem do grego *apostelló*, formando pelo prefixo *apo* (de longe) mais o radical *stelló* (ordenar). Desta forma, o termo quer comunicar uma realidade na qual alguém ou um grupo realiza alguma coisa através de uma outra pessoa ou outro grupo. Por isso, encontramos a tradução do termo grego como enviado, embaixador, encarregado etc.

172. LÉON-DUFOUR, X., Apóstolo, p. 71.

173. Segundo o liturgista A. M. Triacca, existe um princípio de correlação na História da Salvação pelo qual a presença e a atuação de Jesus Cristo estão diretamente ligadas à presença e à atuação do Espírito Santo. Por isso, o desvelamento do mistério divino na vida de Cristo é obra conjunta com o Espírito. Desta forma, o autor afirma que a teologia litúrgica precisa trabalhar e aprofundar esta certeza da presença conjunta do Senhor e de seu *Pneuma* (TRIACCA, A. M., Espírito Santo, p. 361).

seja, é força comunicativa divina que nos faz acolher a manifestação de Deus no tempo e cura nosso olhar superficial sobre os eventos, as pessoas e as coisas. A segunda é, propriamente, transfiguradora, isto é, provoca um processo comunicativo de comunhão e de cura das nossas realidades de morte. A última irradiação da energia pneumática nos torna comunicadores e terapeutas do mistério divino aos outros, nos vocacionando facilitadores para que se estabeleça na vida de outras pessoas o diálogo e a cura divina. Desta forma, se constata a atuação sinergética entre Espírito-Igreja na realização da obra de salvação à luz da constituição apostólica[174].

O conteúdo da missão eclesial se refere diretamente à obra soteriológica realizada por Jesus Cristo. O texto do artigo sexto destaca isso na expressão "Assim como [...], assim também [...]". Já vimos que a obra crística se orienta na linha comunicativa e terapêutica. Em relação à Igreja, estas linhas se prolongam como anúncio da libertação e da introdução no Reino do Pai e como realização desse anúncio através do sacrifício e dos sacramentos. Neste ponto os Padres Conciliares, a partir de categorias bíblicas, definiram o conteúdo da missão eclesial: anúncio e realização do mistério pascal.

A primeira missão da Igreja, manifestada após o evento de pentecostes, está descrita no texto da Constituição litúrgica no artigo sexto desta forma "pregando o Evangelho a toda a criatura, anunciando que o Filho de Deus, pela sua morte e ressurreição, nos libertara do poder de satanás e da morte e nos introduzira no Reino do Pai". Estamos diante de uma rica e densa proposição na qual se apresenta uma ação central (o anúncio), a modalidade do anúncio (pregando o Evangelho), os destinatários (toda a criatura), o fundamento do anúncio (o mistério pascal) e o conteúdo (obra terapêutica e comunicativa). Vejamos, agora, cada elemento desses e a importância do mistério pascal para a tarefa querigmática eclesial.

A teologia dos anos anteriores ao CV II tinha notado a distância entre o pensamento da academia teológica, produzido nas universidades, e o entendimento do Povo de Deus, religiosidade popular, bem como a diferença entre as áridas conferências acadêmicas produzidas pelos teólogos e o discurso salvífico--existencial, próprio da revelação bíblica. Por isso, as pesquisas se reorientaram, buscando uma fala em maior consonância com o discurso evangélico. Nisso, a teologia bíblica se concentrou na análise das pregações presentes nos textos neotestamentários. Sua conclusão dividiu tais discursos em três níveis, sempre acompanhado pela força de verbos: o anúncio-pregação (*keryssein* e *euangelízesthai*), a exortação (*parakaleîn*) e o ensino (*didaskaleîn*). Desta forma, a introdução no tex-

---

174. CORBON, J., A fonte da liturgia, p. 76.

to conciliar do termo "anúncio" está ligada diretamente à sua compreensão escriturística e à tentativa de produzir uma teologia mais comunicativa e existencial[175].

Segundo os exegetas X. Leon-Dufour e J. Audusseau, as pregações narradas no Novo Testamento, feitas tanto por Jesus como por João Batista, Pedro e Paulo, possuem um esquema orientador formado por dois eixos: o anúncio de um evento salvífico e um apelo à conversão. O evento salvífico está ligado ao Reino – João Batista e Jesus anunciam a sua proximidade (Mt 3,12; 4,17). Cabe à Igreja primitiva testemunhar sua chegada (At 2,14-36). De maneira geral, as profecias da Primeira Aliança estão cumpridas no ministério e nos eventos da morte, ressurreição, ascensão do Senhor e envio do Espírito Santo. Por sua vez, este anúncio do evento quer conduzir os ouvintes à uma adesão existencial. A pregação neotestamentária não é uma conferência ou palestra, mas um apelo ao engajamento. De fato, "em seu sentido bíblico, palavra e verdade têm valor de vida"[176].

Os Padres Conciliares entenderam que a tarefa da Igreja é, justamente, o anúncio do evento Cristo, capaz de provocar nos seus ouvintes um chamado à comunhão. As pregações neotestamentárias se tornaram um paradigma para a missão querigmática da Igreja. Mais ainda, a Igreja de hoje é vocacionada a continuar a pregação de seu Senhor e de seus primeiros anunciadores. Essa é a proposta do retorno às fontes (*ressourcement*) como inspiração para a missão da Igreja. Desta forma, longe de ser apenas científica, a teologia se constitui, também, por um anúncio – cristológico-soteriológico – no qual a existência das pessoas se enche de vida (Jo 10,10)[177].

---

175. A teologia católica, no século XX, ganhou uma impostação denominada teologia querigmática. A partir da metade da década de 1930, um grupo de teólogos de diversas áreas – J. A. Jungmann, Lakner, Dander, J. B. Lotz e H. Rahner – aprofundaram a inteligibilidade do anúncio cristão. Destaca-se no nosso tema a contribuição de J. A. Jungmann, pois, como historiador da liturgia, apresentou uma crítica ao desgaste da mensagem cristã como era veiculada no seu tempo e propôs a teologia querigmática, exatamente, como "alegre notícia" de cunho vivencial. Para isso, urgia recuperar o cristocentrismo do anúncio e o caráter soteriológico da fé cristã. Os outros autores mais dogmáticos vão postular uma teologia querigmática entre uma científica (busca pelo conhecimento de Deus em si) e o simples conhecimento da fé (conteúdo da catequese aos fiéis). O objetivo da teologia querigmática seria o conhecimento de Cristo e o alcance salvífico das verdades de fé – superando o abismo existente entre teologia científica e a fé simples do povo. No fundo, tal impostação teológica pretendia superar a aridez dos conteúdos escolásticos e fazer com que o anúncio cristão gerasse novamente vida nos homens. Sabemos que pensadores como K. Rahner e H. U. von Balthasar vão considerar seriamente este movimento querigmático e entender que a teologia precisa, realmente, ser existencial (GIBELLINI, R., La teologia del siglo XX, p. 227-233).

176. LEON-DUFOUR, X.; AUDUSSEAU, J., Pregar, p. 826-830.

177. K. Rahner, as vésperas do CV II, criticava o projeto da teologia querigmática de constituir uma forma ao lado de uma teologia científica. Ele, então, assumia a tarefa teológica de elaborar uma dogmática com valor existencial. Em suas palavras: "A teologia mais científica é aquela que se caracteriza por ser a mais querigmática" (RAHNER, K., Escritos de teologia I, p. 17).

Desenvolvendo o tema do anúncio querigmático, o texto do artigo sexto da Constituição litúrgica introduz uma referência direta a Mc 16,15 – "E disse-lhes: Ide por todo mundo, proclamai o Evangelho a toda criatura". Verdade é que esta passagem bíblica sintetiza, de forma excepcional, o mandato querigmático do Senhor ressuscitado à sua Igreja nascente. A necessidade da pregação, na linha de Jesus, se impõe para os primeiros discípulos. Por isso, eles precisaram articular este "Evangelho", mergulhar no alcance de sua "proclamação" e anunciá-lo por toda terra e a toda criatura. Estes quatro conceitos advindos desse único versículo bíblico são um patrimônio deixado pelo Vaticano II para a Igreja deste novo milênio: evangelho, proclamação, catolicidade-ecumenismo e salvação cósmica[178].

Antes de ser apenas um gênero literário, o Evangelho é a "Boa-nova" da presença do Reino de Deus em Jesus Cristo. A formação dos evangelhos escritos pressupõe o ministério de Jesus. Por isso, a dimensão querigmática da missão eclesial consiste em retornar sempre ao evento Jesus Cristo, através do testemunho escrito pelas primeiras comunidades – os evangelhos. O anúncio cristão não está centrado num livro, mas na pessoa de Jesus, no encontro com Ele e no seu seguimento[179].

O tema da proclamação é muito importante para elucidar e fundamentar a modalidade do anúncio. A pregação primitiva teve como *locus* privilegiado os atos litúrgicos sinagogais e as ceias cristãs dominicais. A liturgia serviu de local para a pregação do Evangelho vivo (os eventos salvíficos) e, depois, para a gestação do Novo Testamento. Nas assembleias eucarísticas, as tradições orais foram se conservando, transmitindo, repetindo e consolidando. O historiador da liturgia X. Basurko afirma que "uma boa parte do Novo Testamento se proclamou de viva voz nas assembleias cristãs antes de ser consignado por escrito"[180]. Obviamente que a proclamação não se reduz à liturgia, pois encontrou outras áreas como a pregação missionária e os discursos catequéticos. Todavia, seria igualmente reducionista (e fatal para a vida da Igreja) não destacar o papel do anúncio querigmático litúrgico[181].

---

178. Segundo o pensamento da exegese atual, esse versículo pertence ao complexo literário de Mc 16,9-20. Tais versículos, um acréscimo posterior ao texto de Marcos, talvez datem do século II d.C. Eles sintetizam os eventos narrados nos outros evangelhos. Esse acréscimo redacional se justificaria pela tentativa de se dar uma conclusão ao texto, visto que, em Mc 16,8, termina de forma abrupta e negativa (HARRINGTON, J. D., O Evangelho Segundo Marcos, p. 128-129).

179. SCHAIK, V., Evangelhos, p. 514-519.

180. BARSUKO, X., Historia de la liturgia, p. 46-47.

181. O Papa Francisco, imbuído do espírito conciliar, confirma e incentiva a pregação querigmática litúrgica: "Reveste-se de um valor especial a homilia, derivado do seu contexto eucarístico, que supera toda a catequese por ser o momento mais alto do diálogo entre Deus e o seu povo, antes da comunhão sacra-

A destinação do anúncio querigmático recebe uma dimensão espacial e universal: por toda terra (soteriologia católico-ecumênica) e a toda criatura (soteriologia cósmico-sócio-antropológica). Na história do cristianismo, percebemos sempre uma tensão na dimensão da destinação do anúncio eclesial. Sempre foi uma tentação impor um modelo cultural – aquele idealizado como o mais condizente para veicular a mensagem cristã. Na Igreja primitiva, temos a problemática entre os cristãos judaizantes e os pagãos, na Igreja patrística, a questão da romanização das instituições cristãs, na Igreja medieval, a imposição da Cristandade, na Igreja moderna, a necessidade de desenvolver uma apologética contra os ateus, os não cristãos e os não católicos.

Felizmente, os movimentos sadios de evangelização também se apresentaram: na Igreja primitiva, o acolhimento dos pagãos à fé cristã, na Igreja patrística, a convivência das igrejas com diferentes impostações culturais (Jerusalém, Antioquia, Alexandria, Capadócia, Cartago e Roma), na Igreja medieval, a convivência das três grandes religiões monoteístas (judaísmo, cristianismo e islamismo), na Igreja moderna, os movimentos contrários ao fechamento e à destruição das culturas dos povos recém-descobertos. Desde o último século, cresce o entendimento do anúncio cristão dentro das categorias de enculturação, transculturação e endoculturação, bem como a consciência sobre a liberdade religiosa e a necessidade de comunhão entre os crentes de diferentes confissões cristãs e religiosas e entre os homens de boa vontade.

Na linha da destinação espacial da mensagem cristã está o seu aspecto cósmico-antropológico. Durante muito tempo, a teologia católica centrou o discurso soteriológico no destino escatológico do homem. A partir do século passado, as reflexões dos teólogos ganharam duas novas perspectivas: uma sociológica e outra ecológica. Desta forma, o evento Jesus afeta toda a realidade da existência, não só a humana, mas também a cósmica e a social. As graves situações geradas pelos sistemas econômicos ocasionando uma inacreditável desigualdade social e um catastrófico desequilíbrio ecológico, instigaram o aprofundamento da soteriologia cristã a fim de entendermos nossa responsabilidade socioecológica e englobarmos isso em uma nova práxis evangelizadora[182].

---

mental. A homilia é um retomar este diálogo que já está estabelecido entre o Senhor e o seu povo. Aquele que prega deve conhecer o coração da sua comunidade para identificar onde está vivo e ardente o desejo de Deus e também onde é que este diálogo de amor foi sufocado ou não pôde dar fruto" (EG 137). Deve destacar que a maioria dos fiéis possuem na homilia sua única forma de anúncio cristão, nunca chegando a catequese ou a reflexão teológica.

182. O fato do anúncio cristão possuir uma destinação espacial (católico-ecumênico) e universal (pessoal, social e cósmico) é confirmado pelo Papa Francisco. De forma bastante prática, ele articula a contribuição multiaxiomática para se entender uma soteriologia profunda e ligada às questões intra-históricas: "Estas

O anúncio da Igreja se fundamenta no evento da morte e ressurreição do Senhor. De fato, na fórmula "pela sua morte e ressurreição", presente no texto do artigo sexto, encontramos uma ocorrência implícita da expressão "mistério pascal". O *kerygma* cristão está centrado exatamente no *mystérion*. A Boa-nova a ser comunicada aos homens é a salvação planejada pelo Pai, executada pelo Filho e dispensada pelo Espírito Santo, através da Igreja até a parusia, com a consumação definitiva. O anúncio é o desvelamento do mistério – o plano soteriológico trintário. Desta forma, tanto o discurso litúrgico, o catequético e o teológico dependem do mistério. Tais discursos, previstos na própria economia revelatória para o tempo da Igreja, são realidades místicas (desvelam o mistério) e mistagógicas (conduzem ao mistério), não se reduzindo à intelecção de verdades abstratas, mas se distinguindo por serem formas de comunicação da salvação cristã ao homem.

O conteúdo do anúncio é a obra salvífica realizada por Cristo, ou seja, o diálogo aberto entre Deus e os homens e a cura disponível ao coração humano. O artigo sexto da Constituição litúrgica aponta essas linhas soteriológicas, trabalhadas anteriormente no artigo quinto, com as expressões "introduzir no Reino de Deus" e "libertar do poder de satanás e da morte". Elas representam dois aspectos do mesmo ato salvífico realizado por Jesus e que os apóstolos recebem o encargo de anunciar: um aspecto positivo de introdução-comunhão e outro negativo de libertação-cura.

Na linha comunicativa, o anúncio da Igreja deve articular os elementos apontados no artigo quinto (evangelizar, cultuar e glorificar) com o do artigo sexto ("nos introduzir no Reino do Pai") da Constituição litúrgica do CV II. O texto latino desse artigo utiliza o termo *transtulisse* – forma imperfeita do verbo *transfero* (transportar, levar, conduzir, transplantar). A forma imperfeita do verbo latino denota um processo ainda não acabado. A virtude do mistério pascal, em sua dimensão comunicativa, é introduzir a pessoa no Reino de Deus. Ainda nessa vida é possível experimentar as realidades divinas através de uma vida evangelizada-evangelizadora, cultual e doxológica. Neste sentido, estamos diante de uma verdadeira mistagogia – um processo pelo qual as pessoas são

---

contribuições dos Papas recolhem a reflexão de inúmeros cientistas, filósofos, teólogos e organizações sociais que enriqueceram o pensamento da Igreja sobre estas questões. Mas não podemos ignorar que, também fora da Igreja Católica, noutras Igrejas e comunidades cristãs – bem como noutras religiões – se tem desenvolvido uma profunda preocupação e uma reflexão valiosa sobre estes temas que a todos nós estão a peito" (LS 7). Neste pequeno trecho, o pontífice destaca a contribuição católica, a das diversas denominações cristãs e religiosas, dos cientistas e das ONGs sobre uma pauta grave que ameaça a vida em todas as suas expressões. Fica visível a consciência do *kerygma* cristão destinado a todos os homens em favor de toda forma de vida.

iniciadas cada vez mais no Reino de Deus, passando da experiência desta vida para o estado escatológico[183].

Na expressão "Reino do Pai", presente na SC 6, se encontram os valores vividos e indicados por Jesus. Embora a totalidade dessa realidade seja prometida para o fim dos tempos, através da sinergia entre o Espírito Santo e a pessoa, ela se atualiza em cada processo de cristificação – entendemos por este termo, em sintonia com a teologia bíblico-patrística, o processo no qual a pessoa vai reproduzindo em si, respeitando suas características e singularidades, a pessoa de Jesus Cristo. Desta forma, o Reino se faz presente no tempo eclesial, quando o cristão atua em conformidade com Cristo, ao prolongar as atitudes do Senhor no "hoje". Isto, sobretudo, na medida em que encarna o mandamento do amor[184].

Ocorre a mesma relação na linha terapêutica, na qual os termos que abarcam a missão do Filho, apresentados no artigo quinto (curar, reconciliar, apaziguar e redimir) se relacionam com a expressão "libertar do poder de satanás e da morte" da SC 6. A compreensão conciliar de salvação, neste ponto, entra em contato com dois temas tradicionais e de difícil articulação para a teologia atual.

---

183. O termo "introduzir" assim como o "iniciar" querem marcar um sentido de realidade dinâmica. Quando se diz que "alguém" está sendo introduzido-iniciado quer se destacar uma dimensão processual, desenvolvida no tempo e no espaço – no caso, o arco inteiro da existência. Desta forma, durante toda a vida, a pessoa pode entrar em níveis cada vez mais estabelecidos de comunhão com Deus e com as outras pessoas e seres e também ser profundamente curado por Deus. Uma visão estática do tema da salvação, já afirmada algumas vezes, acarreta um prejuízo considerável para as relações intrínsecas existentes entre a soteriologia e a espiritualidade e a ética.

184. A expressão "Reino de Deus", ao longo da história ganhou várias impostações. Acreditamos que a sua apresentação no texto conciliar procura desfazer dois equívocos importantes. O primeiro é que o Reino não se confunde com um projeto de Cristandade, no qual, a religião cristã, em especial a católica, se impõe sobre as outras, desrespeitando valores fundamentais humanos e religiosos, entre eles, a liberdade de escolha e de prática religiosa. Sobre isso, os Padres Conciliares disseram: "Este Concílio Vaticano declara que a pessoa humana tem direito à liberdade religiosa. Esta liberdade consiste no seguinte: todos os homens devem estar livres de coação, quer por parte dos indivíduos, quer dos grupos sociais ou qualquer autoridade humana; e de tal modo que, em matéria religiosa, ninguém seja forçado a agir contra a própria consciência, nem impedido de proceder segundo a mesma, em privado e em público, só ou associado com outros, dentro dos devidos limites" (DH 2). O segundo equívoco é a compreensão do Reino como uma cultura religiosa cristã católica na qual, o mais importante, é uma religiosidade acomodada e apática diante das necessidades da realidade pessoal, social e cósmica. Também aqui os Padres Conciliares se posicionaram negando uma religião baseada no mero condicionamento social e na prática de preceitos mais culturais do que religiosos em si: "As novas circunstâncias afetam a própria vida religiosa. Por um lado, um sentido crítico mais apurado purifica-a duma concepção mágica do mundo e de certas sobrevivências supersticiosas, e exige cada dia mais a adesão a uma fé pessoal e operante; desta maneira, muitos chegam a um mais vivo sentido de Deus" (GS 7). Para a teologia do CV II, o Reino está expresso no duplo mandamento da caridade, implicando o homem e a sociedade numa construção de um projeto social de amor – "Eis a razão por que este sagrado Concílio, proclamando a sublime vocação do homem, e afirmando que nele está depositado um germe divino, oferece ao gênero humano a sincera cooperação da Igreja, a fim de instaurar a fraternidade universal que a esta vocação corresponde. Nenhuma ambição terrena move a Igreja, mas unicamente este objetivo: continuar, sob a direção do Espírito Consolador, a obra de Cristo que veio ao mundo para dar testemunho da verdade, para salvar e não para julgar, para servir e não para ser servido" (GS 3).

Precisamos aqui nos aproximar da demonologia e da tanatologia cristã a fim de aprofundar o sentido da libertação cristã operada no mistério pascal.

O primeiro destes temas é a figura de satanás. Sabemos que, dependente de uma reflexão metafísica clássica e apoiada por um certo sincretismo no qual temas bíblicos foram lidos à luz da religiosidade pagã, a figura do diabo possuía um acento extremamente confuso para se sustentar dentro dos novos métodos teológicos às vésperas do CV II. Por isso, encontramos posturas que negam completamente a existência de um ser personificador do mal; outras que identificam o "diabo" com uma influência externa ao homem mais de natureza puramente imanente (condicionamentos psicológicos e/ou movimentos culturais-políticos--sociais); e, por fim, uma última postura que, através de uma hermenêutica bíblica, procura, não anular o tema ou respondê-lo de forma psicológico-social-cultural, mas dar um sentido razoável à temática tradicional, postulando-o como um personagem narrativo, ao qual não temos condições de explicar totalmente, e que se configura por negar a existência do mal radical em Deus e no homem[185].

O termo usado pelos Padres Conciliares é "satanás", cujo significado em hebraico é "adversário" e encontra correlações, na Escritura, com o termo grego

---

185. O tema da existência do demônio e outros anjos maus recebe uma formulação dogmática no IV Concílio de Latrão, em 1215. O texto do referido Concílio, tratando sobre os albigenses e os cátaros, afirma que "o diabo e os outros demônios foram criados por Deus naturalmente bons, mas por si mesmos se transformaram em maus" (IV CONCÍLIO DO LATRÃO, A fé católica, p. 283). Esta afirmação, contudo, deve ser entendida dentro do espírito da época medieval e das suas polêmicas e não pode ser absolutizada. A partir do século XVIII, com um novo paradigma filosófico-científico, a demonologia clássica, de cunho tomista, passa por uma série de críticas. Citamos algumas correntes que burilaram a noção do demoníaco: a escola das religiões comparadas (revelam a intromissão de ideias pagãs dentro das compreensões dos personagens e eventos da escatologia cristã), a exegese crítica (os estudos sobre os textos que os Padres e os Teólogos medievais utilizaram para fundamentar os temas escatológicos trouxeram à tona uma série de interpretações forçadas e descontextualizadas), a psicologia e a sociologia (pesquisas mostraram o valor do medo do inferno e do diabo como mecanismo de controle e condicionamento de comportamento pessoal e social), a psicopatologia (identificou as causas, os sintomas e o tratamento de muitas doenças atribuídas como possessões), a psicanálise (a descoberta do inconsciente como produtor de sintomas) e a filosofia (eliminação do paradigma filosófico baseado no realismo clássico). Com todas essas críticas, a teologia católica não abandonou a temática. Todavia, trocou a postura predominantemente apologética e passou a assumir o diálogo com as outras ciências. Nesse sentido, a Congregação para a Doutrina da fé publicou um texto no qual, partindo da afirmação dogmática do quarto Concílio lateranense, busca na Escritura, na teologia patrística, nas formulações dos símbolos fundamentar a demonologia baseada em dois princípios teológicos: um de ordem criacional – no qual os seres foram todos criado bons por Deus – e outra de ordem ética – no qual o diabo e seus demônios optaram deliberadamente em se manter contrários aos planos divinos. Além disso, afirma que o CV II guarda esse conteúdo tradicional da existência do diabo e de seus anjos e a necessária luta contra essas forças (CONGREGAÇÃO PARA A DOUTRINA DA FÉ, Fé cristiana e demonologia). A teologia católica, atualmente, tem esse desafio de manter e articular esse dado tradicional da fé diante de um mundo extremamente crítico-científico. O teólogo A. Geschè é um exemplo dessa tentativa quando trabalha a questão do mal. Pois, consciente dos desafios do tema, escreve que "cada vez que utilizo o termo demônio, eu lhe reservo as aspas epistemológicas, trata-se de apontar o local de um enigma" (GESCHÈ, A., Deus para pensar, p. 49).

diábolos – "caluniador". Na teologia do Primeiro Testamento, ele é narrado como um anjo da corte divina cuja tarefa, no tribunal celeste, é exigir a justiça. Por isso, em primeiro lugar, ele surge como um personagem descrente do amor desinteressado do homem em relação a Deus – "Satã respondeu a Deus: É por nada que Jó temes a Deus?" (Jó 1,9). Depois, a teologia profética o compreende como contrário aos planos de amor de Deus em relação ao homem – "Satã que estava de pé para acusá-lo" (Zc 3,1). Por fim, a sabedoria vai identificá-lo com a figura da serpente, no relato da criação (Gn 3,1), inimigo da realização humana – simbolizada no sofrimento e na morte – e criatura invejosa, sedutora e mentirosa – "Foi por inveja do diabo que a morte entrou no mundo, e experimentaram-na aqueles que lhe pertencem" (Sb 2,24). Em síntese, na narrativa veterotestamentária, satanás é um adversário do homem, disposto a arruinar sua relação com Deus através de um pecado culpável para acusá-lo e levá-lo à responsabilidade e ao castigo divino. Ainda mais, é uma criatura descrente do ser humano, da sua capacidade de amar gratuita e incondicionalmente. Desta forma, satanás representa a pergunta duvidosa pela abertura do homem ao amor[186].

A encarnação e a atuação de Jesus são apresentadas como um combate contra satanás: "Por isso é que o Filho de Deus se manifestou: para destruir as obras do diabo" (1Jo 3,8). A narrativa da tentação no deserto se paraleliza com a narrativa da queda no jardim, mas, desta vez, o homem vence a inveja, a sedução e a mentira – "tendo acabado toda a tentação, o diabo o deixou até o tempo oportuno" (Lc 4,13). Os exorcismos realizados por Jesus representam a força que Ele tem sobre este inimigo – "O que queres de nós, Jesus nazareno? Vieste para arruinar-nos? Sei quem tu és: o Santo de Deus" (Mc 3,24). A cruz é entendida como o confronto final entre o Senhor e as forças satânicas, pela qual a humanidade é libertada de seu poder destruidor – "Se és o Filho de Deus" (Mt 27,39-44; Mc 15, 29-32; Lc 23,35-37). Na linha do Primeiro Testamento, Jesus é aquele homem que, por sua entrega radical, revela a capacidade do amor humano desafiada pelo Tentador. A vitória crística sobre o antigo adversário encontra na cruz e na ressurreição seu ápice, pois fica patente que Jesus não amava seu Pai por seus dons ou ajudas, mas por uma relação radical de amor, refletida na obediência e na fidelidade – "Contudo, não seja feita a minha vontade, mas a tua seja feita!" (Lc 22,42)[187].

Os cristãos, de todos os tempos, sofrem o mesmo descrédito e oposição de satanás no tocante à vivência de um relacionamento com Deus o qual não pode ser baseado no interesse e na instrumentalização do poder divino, mas na aber-

---

186. LYONNET, S., Satanás. p. 975-978.
187. LYONNET, S., Satanás, p. 975-978.

tura para um amor que se concretiza pela renúncia de si (negação do egoísmo, do egocentrismo e da egolatria) e se visibiliza no amor a Deus e ao próximo. O combate espiritual cristão está em vencer esta tentação demoníaca de se enclausurar em si e se fechar ao outro. Os livros neotestamentários testemunham quando Pedro (1Pd 5,8-10), Paulo (2Cor 12,7-10) e João (1Jo 5,18-19) escrevem sobre esta tentação maligna que insiste em opor o homem aos planos de Deus. De forma simbólica, o Livro do Apocalipse apresenta satanás como um dragão que, incapaz de vencer a mulher e o seu Filho (Ap 12,5), se volta, num segundo momento, contra a sua descendência (Ap 12,17)[188].

No ponto em que o artigo sexto do texto conciliar trata da libertação do poder de satanás, aparece um apoio teológico retirado de At 26,18 – "Para lhes abrires os olhos e assim se converterem das trevas à luz, e da autoridade de satanás para Deus. De tal modo, receberão, pela fé em mim, a remissão dos pecados e a herança entre os santificados". Este versículo se enquadra no discurso de Paulo diante do Rei Agripa (At 25,23–26,32). Mais precisamente na parte onde narra sua vocação e missão oriunda do encontro que teve com Jesus no caminho de Damasco (At 25,12-19). O apóstolo, então, recebe sua identidade de servo e de testemunha cuja tarefa é a de abrir os olhos de todos os povos. No tocante à sua tarefa, Paulo deve abrir os olhos das pessoas à conversão – das trevas para a luz, da autoridade de satanás para Deus.

Em At 26,18, temos duas expressões que precisam ser destacadas. A primeira – "abrir os olhos" – faz ressoar o oráculo do Dêutero-Isaías sobre a efetivação salvífica universal (Is 42,7.16). A segunda – "da luz para as trevas" – menciona uma fórmula parenética presente na liturgia batismal da Igreja primitiva, atestada em Cl 1,12-14; Ef 5,8; 1Pd 2,9. Por conseguinte, esta citação, articulando os temas da salvação, do anúncio e da liturgia, foi utilizado pelos Padres Conciliares com o intuito de mostrar que a missão outrora paulina continua na comunidade eclesial. Esta missão, através do anúncio e da liturgia, deve levar a salvação a todos os povos, "abrindo-lhes os olhos" (dimensão querigmática), fazendo-os passar da luz para às trevas (dimensão litúrgica) e libertando-os da autoridade de satanás (dimensão ética)[189].

Concluímos o tema da libertação do poder de satanás, presente no parágrafo sexto da Constituição litúrgica, interpretando que a principal questão destacada é a dimensão ética. Satanás, o adversário, é aquele descrente do ser humano, da sua capacidade de amor bondoso e desinteressado. A vitória de Jesus sobre esse

---

188. LYONNET, S., Satanás, p. 975-978.

189. DILLON, J. R., Atos dos apóstolos, p. 392.

adversário está exatamente na entrega oferente da vida, em colocar a vontade do Pai em primeiro lugar, como uma opção radical de amor. O cristão, por sua vez, deve prolongar na própria vida a vitória de Jesus. Isso acontece quando é capaz de superar o fechamento egoísta, egocêntrico e egolátrico e abrir-se a Deus, ao próximo, ao social e ao cosmos. Essa dimensão ética é um distintivo da existência batismal e do anúncio eclesial.

O segundo tema introduzido pelo texto conciliar é o da libertação da morte. A impostação da teologia clássica, às portas do CV II, defendia uma concepção dualista antropológica segundo a qual o homem era formado por um princípio espiritual e um material onde o primeiro princípio teria um valor ontológico maior do que o segundo. A salvação cristã estava orientada ao prêmio eterno recebido pela alma, num primeiro momento, e, depois, a possibilidade da união de alma e corpo ressuscitado[190].

As dificuldades de aceitação desta impostação dualista se fizeram notar quando o paradigma filosófico que a sustentava foi superado por outras impostações antropológicas. A teologia, então, procurou retomar o sentido bíblico do "morrer" a partir de uma antropologia e soteriologia teológicas, destacando o conteúdo de fé presente nos enunciados e evitando absolutizar as linguagens filosóficas e antropológicas utilizadas até então[191]. Nesse sentido o homem é com-

---

190. Os teólogos, durante o século XX, perceberam que esse dualismo antropológico, com consequências escatológicas, foi introduzido no pensamento ocidental através do platonismo. Por isso, muitos pensadores, motivados pelas críticas nietzschianas sobre a metafísica clássica, procuraram desenvolver abordagens teológicas total ou parcialmente independentes desse dualismo, acusando-o de ser estranho à mentalidade bíblica. Em relação ao posicionamento conciliar, ele não rompeu definitivamente com a linguagem clássica – mantendo termos como "alma" e "corpo". Contudo, matizou consideravelmente a noção negativa do corpo e afirmou a unidade total da pessoa. Tudo isso, tentando integrar as concepções escriturísticas com os dados da tradição cristã. Nele, encontramos uma antropologia mais desenvolvida e integral: "o homem será o fulcro de toda a nossa exposição: o homem na sua unidade e integridade: corpo e alma, coração e consciência, inteligência e vontade" (GS 3). Atualmente, a reflexão teológica sobre a morte ainda está aberta, tentando articular melhor os conteúdos de fé em novas compreensões antropológicas e escatológicas, em diálogo com a filosofia e outras ciências. (BRANCATO, F., La questione della morte nella teologia contemporânea, p. 15-25).

191. A teologia bíblica sobre a morte é extremamente rica e fecunda. Sendo a morte experiência passível para todo ser humano (justos e injustos), o Primeiro Testamento a concebeu de forma muito desoladora, pois, primeiro, a afirmava como o fim da existência (Sl 39,14; Jó 7,8.10.21) e, mais tarde, a formulou como uma permanência da "sombra" do falecido no *sheol* – lugar de esquecimento (Sl 88,6.12). Por fim, a fé do antigo Povo de Deus registra a morte vicária do servo do Senhor com a qual cria um paralelo com os sacrifícios expiatórios para mostrar seu valor redentor para o povo (Is 53,8-12). O Novo Testamento, por sua vez, trabalha com a noção de um "reino da morte" – a universalidade da morte (Mt 14,16; Lc 1,79; Rm 15,14.22). Existe uma relação de consequência entre o pecado e a morte (Rm 6,16.21.23; 1Cor 15,56). A novidade trazida por Cristo está precisamente em que Ele experimentou e venceu as forças da morte (Cl 1,18; Ap 1,15). Assim, as aspirações do homem bíblico se realizam, em duplo sentido: a morte de Jesus é a expiação dos pecados (Rm 5,10) e a abertura definitiva para a ressurreição e a vida eterna (Jo 3,16). Como servo do Senhor, a morte de Jesus, comparada aos rituais de expiação, serviu para efetivar o perdão divino ao pecado do homem. Sua morte, transforma definitivamente tal experiência de desoladora para esperançosa, de

preendido como uma unidade e, por isso, tanto sua morte como sua ressurreição futura são eventos que o afetarão de modo total[192].

Além dessa preocupação com a morte e a salvação como eventos totais, a teologia precedente ao Concílio, abriu-se para duas provocações feitas pela filosofia de Heidegger – o homem é um ser para a morte e a sua identidade se revela diante da sua finitude[193]. Com isso, se passou a refletir sobre a vida cristã como preparação para morrer em Cristo e o fim da vida como momento desvelador da identidade da pessoa em Cristo. A dimensão da finitude humana e da necessária inserção histórica passaram a ser tematizada em linguagem teológica[194].

Diante disso, a espiritualidade cristã pode retomar em chave existencial o tema do martírio cristão (Fl 1,21; Gl 2,20). Essa impostação martirial se desenvolveu em duas direções complementares: a primeira diz respeito sobre a qualidade da vivência cristã, ou seja, o período entre o nascer e o morrer – ele deve ser uma configuração total a Cristo, uma vida auto-oferente. A segunda, uma compreensão de que os poderes aniquiladores não são propriamente a morte

---

finitude e esquecimento para eternidade e alegria. Percebamos que os enunciados teológicos não usam uma linguagem de separação entre corpo e alma, de retribuição póstuma para alma em detrimento do corpo e outros equívocos baseados numa interpretação antropológica dualista. A ressurreição, assim como a morte, é um evento total – atinge a pessoa em sua completude. O tema da morte de Cristo desemboca na compreensão dos sacramentos. No universo neotestamentário, os Sacramentos do Batismo (Rm 6,3-5), da Eucaristia (Mc 14,22-24; Mt 26,26-28; Lc 22,19-20) e do Matrimônio (Ef 5, 25) se articulam profundamente com o evento da cruz. Nesse sentido, a realidade do batismo revela a condição cristã paradigmática em relação a morte: o desejo de se configurar à morte e ressurreição de Cristo. A Eucaristia guardava a memória exata da morte do Senhor, de sua entrega voluntária inculcando nos cristãos a mesma disposição interior de oferta da vida por amor a Deus e ao próximo. O matrimônio, o amor entre os cônjuges, aparece como sinal da oferta na cruz feita por Cristo.

192. BLANK, R. J., Escatologia da pessoa, p. 96-97.

193. Dentro da analítica existencial de Heidegger, a morte não é pensada de forma isolada da vida, mas ela é um evento da existência, a sua conclusão. Desta forma, a morte está dentro da existência vital da pessoa, como processo de seu fechamento. Uma existência autêntica, antes de se assustar com a sua finitude, experimenta tal realidade final como angústia, ou seja, a possibilidade da originalidade e da singularidade da história de cada um. Para uma maior compreensão desse tema indicamos ABDALA, A., A morte em Heidegger, p. 15-71 e HEIDEGGER, M., Ser e o Tempo, 243-300.

194. K. Rahner, provocado pelas propostas existencialistas sobre a morte, transferiu o acento do discurso teológico do "depois da morte" para a "morte em si" e suas consequências para a vida. Para o jesuíta alemão, a morte está sempre no horizonte compreensivo, das pessoas, não somente como ponto final, mas em cada momento do transcurso vital – somos um ser para morte, um ser morrendo. Contudo, essa experiência de morte durante o tempo qualifica as decisões humanas, caracterizando-as como irrepetíveis. Nesse sentido, do ponto de vista teológico, a vida humana, em cada instante de vida, se posiciona de forma original e autêntica diante do mistério divino. No final, no último momento de vida-morte, se pode compreender o conjunto das várias respostas dadas a Deus durante a existência. A morte em si é um desvelamento da identidade de alguém, a manifestação do sentido de uma vida vivida. Para aprofundar a teologia da morte do autor citado indicamos RAHNER, K., Sulla teologia della morte.

física em si – as situações sociais e culturais que ameaçam a vida, exigindo do cristão um engajamento na transformação da cultura da morte para a da vida[195].

Por tudo isso até aqui verificado, afirmamos que o tema da libertação da morte deve ser interpretado de forma ampla. A morte compromete o ser humano em sua globalidade, trazendo sérias ressonâncias para o modo como se vive. No fundo, sendo a morte o evento final do processo da existência, ela se reveste de singular importância. A morte de Jesus se torna paradigmática como aceitação desse evento, como direcionamento existencial para o bem, como engajamento contra as forças destrutivas do ser humano. Esta tanatologia cristã é fundamental na compreensão da salvação efetuada por Cristo e anunciada por sua Igreja.

De forma sintética, seguindo o parágrafo sexto da Constituição sobre a liturgia, a primeira missão legada por Cristo aos seus discípulos é a do anúncio. Através da pregação (discurso evangelizador, catequético, litúrgico e teológico) do mistério pascal (o diálogo aberto com a humanidade e a cura dos corações em virtude da morte e ressurreição de Jesus), os discípulos – enviados (apóstolos) e pneumatizados (sob a virtude do Espírito Santo) – anunciam uma dupla libertação: a do poder de satanás (adversário que representa o descrédito na capacidade de amar incondicionalmente do homem) e a da morte (uma vida fadada ao esquecimento, ao aniquilamento)[196].

A segunda missão eclesial consiste na realização da obra salvífica: "mas também para que realizassem a obra de salvação que anunciavam, mediante o sacrifício e os sacramentos, à volta dos quais gira toda a vida litúrgica"[197]. A partir

---

195. A grande peculiaridade da teologia da libertação no tocante à compreensão da morte está exatamente na recuperação do tema do martírio. Ela propõe uma noção de salvação que engloba o engajamento nas transformações sociais em favor dos mais empobrecidos, tornando a comunidade humana mais justa e fraterna. Por isso, o destino escatológico não é algo meramente futuro, mas se concretiza na terra, antecipando-o no Reino de Deus. Ao cristão cabe atuar para que o Reino se desenvolva cada vez mais não obstante os poderes religiosos, políticos, econômicos, sociais e culturais que tentam fazer à manutenção das misérias e sofrimentos dos mais empobrecidos. Nesse confronto entre a luta pela justiça social e os poderes alienantes e dominadores, a figura do mártir – aquele que morre na luta pela libertação do pobre – ganha destaque. Deve-se dizer que na América Latina as graves consequências das desigualdades sociais fizeram com que teólogos e pastores sofressem mortalmente por conta do seu trabalho de denúncia das mazelas de uma sociedade baseada no lucro às custas dos mais pequenos e de suas intervenções com o intuito de gerar uma melhor qualidade de vida para as pessoas. Para aprofundar tais questões, sobretudo, a modificação da tônica realizada pela teologia da libertação nos temas clássicos da escatologia cristã, apontamos o livro de BOFF, L., Vida para além da morte.

196. A. Beckhäuser interpreta essa missão querigmática eclesial como um memorial testamentário do mandamento novo. Esta sua intuição sintetiza bem estas linhas da SC 6. O anúncio cristão será tanto mais autêntico, na sua natureza de prolongamento da obra missionária crística, quanto mais fiel for ao mistério pascal, proclamado nos diversos âmbitos. O objetivo desse memorial do mandamento novo é a comunhão entre os homens e Deus e a conversão do homem à medida de Jesus (CONCÍLIO VATICANO II, Constituição Dogmática Sacrosanctum Concilium, p. 22).

197. SC 6.

deste momento, o texto conciliar entra propriamente na sua teologia litúrgica – "O discurso litúrgico verdadeiramente e próprio do CV II inicia-se de fato somente no artigo 6 da *Sacrosanctum Concilium*"[198]. Anteriormente, os Padres desenvolveram, em chave histórico-salvífica, suas concepções cristológicas, soteriológicas e eclesiológicas como fundamento para a realidade da liturgia.

O magistério, com isso, realiza uma troca de impostação sobre o lugar da liturgia dentro do edifício teológico. A impostação clássica considerava a liturgia no âmbito das questões da virtude do culto (teologia moral) e de suas realizações (interno, externo, privado e público). Os Padres Conciliares, abandonando esse tom, embasados no Movimento Litúrgico, de forma especial, no liturgista O. Casel, compreendem a liturgia como um momento da *historia salutis*. Como estudado na análise precedente do artigo quinto, a missão de Cristo, culminada no seu mistério pascal, dá origem à Igreja e à liturgia[199].

A temática litúrgica será desenvolvida, primeiramente, como uma missão eclesial destinada a realizar a obra de salvação anunciada. O termo usado no texto latino é *exercerent* – forma imperfeita do verbo *exerceo* na 3ª pessoa do plural. A forma imperfeita do verbo está ligada à noção de finalidade do envio dos apóstolos por Cristo, ou seja, a liturgia é a ponte entre o mistério pascal e o hoje. A terceira pessoa do plural (eles) vincula, simultaneamente, a percepção de uma ação colegial (todos os apóstolos) e particular (cada apóstolo), introduzindo a nuance de que tal efetivação da salvação é um ato comunitário mesmo quando exercido por uma única pessoa. O mais importante, no entanto, é o significado do termo *exerceo* que encontra um campo semântico rico: perseguir, administrar, empregar, praticar, exercitar e trabalhar. Os termos em português carregam um sentido dinâmico, nos possibilitando inferir que a liturgia comunica a salvação em cada ato celebrativo, de maneira processual e histórica. Do verbo latino *exerceo* podemos concluir que a liturgia é uma tarefa eclesial-comunitária, realizada de forma processual e dinâmica e totalmente vinculada ao mistério pascal de Cristo.

Precisamos entender teologicamente o alcance da realização do mistério pascal na liturgia, da concretização da salvação no "hoje" através da celebração sacramental do mistério pascal. A teologia litúrgica do Vaticano II avança na compreensão até então em voga do tema da eficácia salvífica dos sacramentos. Os Padres Conciliares enriquecem a linguagem escolástica e manualística com

---

198. MARSILI, S., A liturgia, momento histórico da salvação, p. 110.

199. MARSILI, S., A liturgia, momento histórico da salvação, p. 107-110.

uma compreensão no âmbito das categorias bíblico-patrísticas: Páscoa, mistério, memorial e símbolo[200].

Segundo a Constituição litúrgica, a Páscoa é entendida como uma intervenção divina de alcance soteriológico em três níveis: a hebraica, a cristã e a eterna. A Páscoa hebraica, além do seu caráter salvífico para o Povo de Israel, goza de uma condição de profecia e anúncio em relação à Páscoa cristã e à eterna. Os eventos da libertação do Egito, da peregrinação no deserto, da vocação e da congregação de um povo santo e sacerdotal, do pacto da Aliança e do culto memorial e existencial ao Deus Verdadeiro carregam uma força soteriológica, cujo esplendor se revelará mais adiante, em Cristo.

A Páscoa cristã, por sua vez, realiza a hebraica e permite a eterna. Deus Pai, livre e amorosamente, intervém na história para libertar os homens do poder de satanás e da morte, introduzi-los no seu Reino, convocar as nações a se tornarem um povo universal, santo e sacerdotal, celebrar a nova e eterna Aliança e prestar o culto em espírito e verdade. Por isso, a encarnação do Verbo manifesta a comunhão plena de Deus com o homem e vive-versa e surge o homem sadio, sem as feridas do egoísmo, do egocentrismo e da egolatria. Na sua morte, ressurreição e ascensão, por conseguinte, se desvela totalmente a peculiaridade da comunhão e da saúde de Jesus Cristo. Ele, em sua vida e morte, será o paradigma da obra de salvação. Este desvelamento será então chamado de mistério e, por se dar nos eventos pascais, de mistério pascal, ou seja, a revelação dos desígnios soteriológicos do Pai na vida de Jesus, exemplar da salvação destinada aos homens.

A Páscoa eterna, por sua vez, anunciada pela hebraica e concretizada na cristã, será o momento final no qual todos chegarão à medida da estatura de Cristo (Ef 4,13). A salvação não estará mais atuando de forma processual-histórica, ou seja, se comunicando aos homens no tempo e no espaço, mas, será vivida na meta-história após a consumação final deste éon. Nesta altura, os homens gozarão do seu desenvolvimento pleno, em todas as usas dimensões, partilhando da

---

200. O movimento bíblico, patrístico, litúrgico e teológico precedentes ao Concílio, assim como as novas correntes filosóficas, o surgimento das ciências humanas e a modificação da sensibilidade social e religiosa influíram para que a relação entre a salvação e os sacramentos superassem uma explicação baseada na causalidade instrumental e adquirissem novos contornos. Do ponto de vista teológico, dois grandes autores podem ser citados como influenciadores do pensamento conciliar. O primeiro seria O. Casel, uma vez que o beneditino substitui a chave de compreensão dos sacramentos. Ele não mais estudava a sacramentária sob a ótica da eficácia instrumental, mas a partir da categoria de "mistério". Desta forma, a teologia do mistério pervade a sacramentologia elevando-a a outro patamar e possibilitando um novo paradigma para ela. O segundo autor importante, baseado no primeiro, o jesuíta K. Rahner, introduz na reflexão mistérica as contribuições da antropologia e da semiótica. Desta forma, a teologia litúrgica e dos sacramentos recebe uma impostação rica e abrangente tanto do ponto de vista estritamente teológico quanto do antropológico. Estes dois autores são decisivos para a compreensão do texto conciliar (BOROBIO, D., Da celebração à teologia, p. 374-388).

comunhão escatológica com Deus e com os outros seres, reestabelecidos da sua condição pecadora.

Pela centralidade da Páscoa cristã, como cumprimento da hebraica e condição de realização da eterna, ela se define por ser o centro da história da salvação. O tempo eclesial, que decorre entre a Páscoa cristã e a eterna, se caracteriza por sua dependência radical do mistério pascal. A Igreja goza da comunhão e da saúde de Cristo como referências diretas da obra salvífica que Deus está efetivando na humanidade. Por isso, o mistério pascal é o centro do seu anúncio e da sua liturgia[201].

Desta forma, a realização do mistério pascal pela liturgia acontece quando ela cria as condições para um diálogo eficaz entre Deus e os homens, gerando entre eles a comunhão, e também cura o coração humano de seu fechamento, impulsionando-o para uma vida de amor incondicional e oferente a Deus e aos outros seres. A liturgia é, antes de qualquer coisa, a continuação da ação soteriológica do Pai, manifestada em Cristo e destinada a atingir toda a humanidade, pela força do Espírito Santo. Desta forma, ela é uma potente força de comunhão e cura. O mistério pascal continua atingindo o hoje salvífico quando possibilita que Deus e os homens entrem num diálogo capaz de renovar o coração humano da experiência do pecado.

O conjunto de celebrações que compõe o edifício litúrgico, as disposições da *ars celebrandi*, a participação ativa, consciente e frutuosa, estão atreladas às dimensões dialogal e terapêutica da salvação. De tal forma, que uma ação litúrgica, seja pelo seu conteúdo, seja pelo modo como está sendo celebrada, caso não proporcione o diálogo salvífico entre Deus e os celebrantes – a assembleia: ministros e leigos – e não realize uma intervenção terapêutica nos seus participantes, desfigura sua natureza mais íntima de continuadora da ação soteriológica de Cristo.

Devemos dizer também que o elo entre o evento histórico e sua continuidade no tempo se estabelece no denso conceito bíblico de memorial. Desde o Primeiro Testamento, Israel, no seu diálogo com Deus, entendeu que os eventos históricos em torno da celebração da Aliança precisavam ser evocados anualmente para que todas as gerações assumissem sua identidade de povo santo, sacerdotal e aliançado com Deus: "Este dia será para vós um memorial, e o celebrareis como uma festa para o Senhor; nas vossas gerações o festejareis; é um decreto perpétuo" (Ex 12,14). A este propósito, o texto da Bíblia hebraica apresenta mais de 230 vezes a raiz *zkr-*, cujo significado nunca se limita ao de uma simples recordação de um evento passado. Na verdade, em seu campo semântico, *zkr-*, quando ex-

---

201. MARSILI, S., A liturgia, momento histórico da salvação, p. 116-119.

pressa ação, pode ter como sujeito tanto Deus quanto o homem. Quando Deus "lembra", Ele volta agir na história na linha da salvação anteriormente iniciada. A lembrança divina garante a temporalização e eternização das ações soteriológicas. Sendo o sujeito o homem, sua lembrança obriga internamente a reafirmar seu compromisso com a Aliança e a cooperação com a ação salvífica divina. No culto, de acordo com as páginas do Antigo Testamento, o memorial expressa uma ambivalência, pois, ao mesmo tempo, Deus recorda, mantendo e atualizando no "hoje" da celebração a sua disposição soteriológica. A comunidade de Israel e cada um dos participantes, por sua vez, renovam o seu engajamento com a ação divina em seu favor[202].

A experiência memorial veterotestamentária é o *background* da celebração da Nova Aliança. É dentro da mentalidade memorial da Páscoa hebraica que Jesus estabelece o novo memorial, ligado aos eventos da cruz, da ressurreição e da ascensão: "Todas as vezes, pois, que comeis desse pão e bebeis desse cálice, anunciais a morte do Senhor até que ele venha" (1Cor 11,26)[203]. Assim, a assembleia apostólica recebe o mandato de celebrar em memória dele – "Fazei isto em memória de mim" (Lc 22,19; 1Cor 11,24-25). O *zikkaron* hebraico encontra seu correspondente no termo grego *anámnesis*, encontrado quatro vezes, em contexto litúrgico (Lc 22,19; 1Cor 11,24-25; Hb 10,3). A passagem de Lc 22,19 garante, por um lado, uma analogia entre a memória da Aliança Antiga e a da Nova Aliança e, por outro, uma substituição do sinal do cordeiro, partido e comido, pelo pão eucarístico. Já na passagem paulina, se destaca propriamente

---

202. A reflexão sobre o memorial possui um desenvolvimento histórico semelhante a muitos conceitos teológicos. Em virtude de polêmicas com a teologia reformadora, que insistia em compreender o caráter memorial da celebração em detrimento do sacrifical, a teologia católica da contrarreforma passa a rejeitar ainda mais a abordagem da liturgia em viés memorial. Somente no século XX, com o despontar do movimento bíblico e patrístico, foi possível compreender a dimensão teológica do conceito. Nesse sentido, em 1918, temos a publicação da obra *O memorial do Senhor na liturgia cristã antiga* de O. Casel que analisou o termo "memorial" e o entedeu como *representatio*, ou seja, a celebração memorial reapresenta o mesmo e único evento salvífico no "hoje" histórico – "a presença real do que é historicamente passado e que aqui e agora se nos comunica de modo eficaz" (NEUNHEUSER, B., Memorial, p. 724).

203. A passagem Paulina de 1Cor 11,26, ainda que não mencione a fórmula "Fazei isto em memória de mim", apresenta de forma sintética os aspectos da comunicação da salvação no "hoje". Primeiro, a expressão "todas as vezes" mostra que o ritual é reiterado. No tempo, ele é novamente celebrado pelas novas gerações de cristãos, comunicando sua força em cada uma das celebrações. O sintagma "que comeis deste pão e bebeis deste cálice" carrega os sinais e os gestuais rituais evocativos, isto é, o pão para ser comido e o vinho para ser bebido. Esses gestos e sinais caracterizam a celebração. Em relação à "anunciais a morte do Senhor até que Ele venha", marca um duplo aspecto litúrgico: a sua dimensão querigmática e sua dependência do mistério pascal. O anúncio litúrgico é o querigma celebrado. A dimensão simbólico-existencial própria dos gestos e das palavras rituais dispõe os seus celebrantes diante dos eventos salvíficos. No fundo, para Paulo a finalidade da liturgia cristã é este anúncio do mistério pascal, isto é, apresentar no hoje, através dos sinais e gestos rituais, a força de salvação da Páscoa (morte-ressureição-ascensão) do Senhor na esperança escatológica da parusia (ALDAZÀBAL, J., A eucaristia, p. 85-101).

a mentalidade cultual judaica, que serve como condição para a interpretação da liturgia cristã[204].

O conceito teológico de memorial permite o discurso sobre a evocação e a atualização, no *hodie*, da força soteriológica. De fato, a salvação inaugurada em Cristo, estende-se e atinge diversos tempos e lugares na fase atual da história salvífica pela mediação do rito litúrgico. Completando todo esse patrimônio teológico encontrado nos conceitos de "Páscoa", "mistério pascal" e "memorial", a teologia se serviu da antropologia e da semiótica para compreender o valor dos ritos – dos gestos, das palavras e dos sinais litúrgicos. O rito, então, surge como o conjunto de palavras, gestos e sinais que carrega essa força evocativa e atualizadora, uma linguagem simbólica capaz de conectar e unir os diversos momentos históricos-temporais.

As ciências humanas, durante o século XX, desenvolvem consideravelmente as reflexões sobre o símbolo e a linguagem simbólica[205]. Apesar de inúmeras tentativas de definição e compreensão do tema, alguns pontos são considerados comuns entre os pesquisadores. Em conformidade com isso, compreendendo os sacramentos como símbolos e o culto como expressão da linguagem simbólica, os teólogos desenvolveram a teologia litúrgica e a sacramentologia a partir das contribuições das demais ciências humanas, alcançando um denso componente antropológico-social pertinente à celebração cristã[206].

---

204. NEUNHEUSER, B., Memorial, p. 723-736.

205. O século XX foi marcado por uma tentativa de romper com o paradigma científico imposto pelo kantismo, culminando no positivismo e no cientificismo. Por isso, as ciências humanas se esforçaram em desenvolver novos métodos de pesquisa que rompessem com as exigências limitantes do paradigma Iluminista. Através do método fenomenológico, abriu-se um modo novo de produzir conhecimento científico mais adequado aos estudos sobre o homem e a sociedade. Um dos resultados obtidos com a aplicação do método fenomenológico é de que o homem é um animal simbólico, ou seja, a sua maneira de compreender e de se manifestar é através de símbolos. Neste quadro apontamos como indicadores do interesse do tema o trabalho dos seguintes pesquisadores: M. Eliade e D. Martin Velasco (fenomenologia das religiões), S. Freud e G. Jung (psicanálise), J. Piaget (pedagogia), F. Saussure (semiótica), E. Cassirer e P. Ricouer (antropologia). A teologia dentro do paradigma iluminista tinha se tornado uma história da religião, concentrando seu discurso só no que era provado, documentado e explicado pela razão. Com o advento da contribuição das ciências humanas, a reflexão teológica incorporou o método fenomenológico e o conceito de símbolo e de linguagem simbólica. Neste sentido, se destacam autores como K. Rahner, L. M. Chauvet e L. Boff (BOROBIO, D., Da celebração à teologia, p. 323-324).

206. O professor D. Sartore afirma que a aproximação entre a teologia e as ciências humanas no tocante aos sinais e símbolos produziu uma maior compreensão dos aspectos psicológicos, antropológicos e sociais da ritualidade cristã. De tal forma que o CV II, na SC 7, definiu a liturgia como "um conjunto de sinais sensíveis, significantes e, ao seu modo, eficazes". Por isso, os Padres provocaram uma "reforma geral dos símbolos litúrgicos" a fim de que conseguissem, adaptados aos novos tempos, expressar com maior clareza seu sentido transcendental e salvífico (SC 21). Desta forma, as reflexões sobre a linguagem simbólica permitem identificar os elementos mutáveis da liturgia e adaptá-los à melhor compreensão e participação da assembleia (SARTORE, D., Sinal/símbolo, p. 1.147-1.150).

A teologia formulou uma relação entre o simbolizado (realidade mais densa de sentido) e o símbolo (mediador). Assim, a Trindade, o Cristo e a Igreja podem ser, cada um ao seu nível um "simbolizado", ou seja, uma realidade tão carregada de ser e de sentido que, para se comunicar, precisa de um símbolo que os presentifique e manifeste. Esses símbolos seriam, para a Trindade, o próprio Cristo; para este, a própria Igreja; e para esta última, a liturgia e seus sacramentos. Desta maneira, a liturgia como expressão simbólica cria uma estrutura trifacetada na qual temos a realidade simbolizada (a salvação trinitário-histórica), o símbolo (os ritos sacramentais) e o destinatário (a assembleia, o mundo e o cosmos). De fato, as realidades divino-salvíficas ultrapassam as condições de conhecimento humano. Por isso, o homem precisa que tais realidades se lhe manifestem nas categorias interpretativas e comunicativas próprias da sua condição. Nesse sentido, as celebrações sacramentais, abandonando uma linguagem lógico-conceitual, utilizam da linguagem simbólica para criar uma ligação entre o simbolizado e o homem em categorias de comunicação e compreensão que o envolvem integralmente[207].

O artigo sexto da SC trata da missão eclesial de realizar da salvação. No tocante à teologia litúrgica, a realização da salvação tinha sido trabalhada com o tema clássico da eficácia dos sacramentos. Todavia, agora, longe de se basear na doutrina da causalidade, de cunho aristotélico-tomista, os Padres Conciliares se aproximam das análises feitas pelos movimentos teológicos precedentes ao Concílio e afirmam a realização da salvação operada pela liturgia com as seguintes características: histórico salvífica (o centro é o mistério pascal de Cristo), memorial-anamnética – (o mistério pascal atinge o hoje eclesial) e antropológico-ritual (a linguagem simbólica que implica a totalidade comunicativa do ser humano)[208].

Continuando a leitura do artigo sexto da Constituição litúrgica, observamos a liturgia sendo nomeada como "sacrifício e sacramentos"[209]. Estas duas categorias – "sacrifício" e "sacramentos" – dizem muito mais do que uma simples interpretação que iguale a primeira à Eucaristia e a segunda aos outros seis sacramentos. Os dois termos são conceitos teológicos amplos que permitem uma compreensão mais profunda da vida cristã. A evidência textual, que nos permite

---

207. BOROBIO, D., Da celebração à teologia, p. 323-343.

208. A. Cardita afirma que a Constituição litúrgica do CV II abriu a reflexão litúrgica para um contexto pós-moderno. O abandono das explicações baseadas na filosofia, a compreensão histórico-salvífica e o recurso à categoria de símbolo para explicação da mediação entre Deus e o homem garantem ao conjunto ritual da Igreja um caminho teológico fecundo para o diálogo com o homem pós-moderno (CARDITA, A., Símbolo e diferença, p. 159-183).

209. SC 6.

abarcar uma compreensão mais pertinente para esses dois termos, é esta: "à volta dos quais gira toda a vida litúrgica"[210]. A gravitação da vida litúrgica em torno do sacrifício e dos sacramentos mostra a importância capital da relação vida-celebração.

Partindo da reflexão bíblico-cristológica, os Padres reconhecem a relação que existe entre o sacrifício de Cristo, a liturgia (e dentro dela a iniciação cristã – batismo e eucaristia) e a vivência do sacerdócio batismal comum aos fiéis. A realização do mistério pascal no tempo eclesial conecta, por intermédio da celebração litúrgica, a vida de Jesus à do fiel, através das noções de sacerdócio e de sacrifício. Por isso, essa realização acontece em dois níveis: ritual e vivencial. Devemos dizer que a liturgia não é um fim em si mesma, mas condição para que exista a vida cristã. A oferta de Cristo – sua vida em conformidade com a vontade do Pai – se ritualiza na celebração litúrgica – sinais e símbolos sacramentais – para que a assembleia e cada fiel ofereça (sacerdócio batismal) a si mesmo (vivência da vocação e da missão) ao Pai. O mistério pascal se torna o mistério da vida da Igreja e dos iniciados.

A noção de sacramento ganha uma profundidade maior na teologia do Vaticano II. Inspirando-se na teologia patrística, a Igreja reconhece a sacramentalidade de toda a realidade. Contudo, articula tais realidades descobrindo seus níveis de abertura e comunicação do sagrado. Desta maneira, Cristo, a Igreja, a liturgia, o setenário sacramental, a história, a sociedade, o homem, a natureza e o cosmos ganham um estatuto sacramental, ou seja, são, em ordem ontológica, possibilidades de encontro e comunhão com Deus[211].

A teologia litúrgica impõe uma contemplação sacramental de toda a realidade. Seria empobrecedor continuar concebendo como "sacramento" apenas o setenário sacramental. Nesse sentido, de forma descendente, Jesus Cristo, a Igreja, a liturgia, o cristão, a sociedade, os homens, a cultura, a história, o tempo e o cosmos são realidades sacramentais. De fato, quando o pensamento católico recuperou a

---

210. SC 6.

211. No tocante à concepção sacramental da realidade, destacam-se os teólogos K. Rahner e E. Schillebeeckx. O primeiro, a partir da categoria de símbolo, entende a Igreja como símbolo do Cristo escatológico e os sacramentos como instâncias mediadoras entre o *Kýrios* glorificado e a comunidade eclesial. Esta dimensão simbólica permite ler diferentes aspectos da realidade com referência a um outro em densidade ontológica maior, sendo a Trindade Divina a maior portadora de sentido e de ser. O teólogo E. Schillebeeckx introduz a categoria de encontro na sacramentologia. Para ele, o Cristo é o lugar onde os homens encontram a Deus. Por sua vez, a Igreja é o local de encontro com Cristo, através dos sacramentos. Nos dois pensadores, temos um modo de reflexão no qual toda realidade poder ser percebida em níveis simbólicos-relacionais, tendo como último referente o mistério trinitário. Estas reflexões acima possibilitaram a teologia extrapolar uma visão sacramental reduzida ao setenário tridentino. Para aprofundar indicamos o livro referência dos autores nesta matéria: RAHNER, K., Saggi sui sacramenti e sull'escatologia, p. 51-107 e SCHILLEBEECKX, E., Cristo, sacramento dell'incontro con Dio.

categoria teológica de "história da salvação", ele concebeu toda a realidade de forma sacramental, isto é, as realidades materiais se abrem para um sentido maior e aberto em decorrência da ação criadora, salvadora e consumadora de Deus. Desta forma, a teologia sacramentária, além de tratar dos sete sacramentos, precisa articular de forma ampla essa condição epifânica de todas as realidades criadas.

No período anterior ao Concílio, a teologia católica se abriu para as relações entre história e revelação. Ela foi distanciando-se de uma concepção rígida e monolítica na qual se compreendia a revelação divina como um conjunto de afirmações dogmáticas de cunho objetivo dada por Deus aos homens. Paulatinamente a teologia católica foi abrindo-se para o valor fundamental da Escritura e da história da salvação. Os teólogos católicos, recuperando ainda a reflexão patrística sobre a história da salvação e o método tipológico, entendem que o evento Cristo é o ponto hermenêutico de toda a história – passado, presente e futuro[212].

No âmbito da teologia litúrgica, o primeiro autor a propor a história da salvação como objeto de estudo foi L. Beauduin[213]. Contudo, por não ter sido recebido bem e ainda não ter desenvolvido mais suas observações sobre o tema, coube a O. Casel a tarefa de articular a história da salvação e a compreensão eclesiolitúrgica. Para ele, os eventos soteriológicos narrados na Escritura se re-atualizam, sacramentalmente, nas celebrações eclesiais, até a plenificação escatológica[214].

Esta noção está na base da compreensão apresentada pelos Padres Conciliares no texto do artigo sexto. Segundo A. Pistoia, o referido texto trabalha a liturgia em uma dupla valência, síntese e realização. Ela é síntese na medida em que o conjunto dos eventos salvíficos – desde a criação até à parusia, sendo o mistério pascal o seu ápice – são conteúdos celebrativos. Ela é realização porque a força soteriológica dispensada no mistério pascal atinge o "hoje" através da celebração e da mediação sacramental. Desta forma, nas páginas conciliares, encontramos "o restabelecimento pleno e autorizado da relação intrínseca e orgânica entre liturgia e história da salvação"[215].

---

212. O destaque especial para reintrodução da categoria de história da salvação na teologia católica recai sobre o teólogo J. Daniélou. Por isso, deixamos a referência principal dele sobre o tema: DANIÉLOU, J., Saggio sul mistero della storia, p. 33-381.

213. FLORES, J. X., Introdução à teologia litúrgica, p. 106-115.

214. Para O. Casel, em Cristo se encontra a concentração mistérica máxima: "Cristo é o mistério em pessoa, manifestando em nossa carne humana a divindade que nós não podemos ver. Suas ações humanas, sobretudo sua morte e seu sacrifício na cruz, são um mistério porque Deus se revela de um modo que ultrapassa todo o entendimento humano. Sua ressurreição e sua ascensão são um mistério porque a glória divina se manifesta no homem Jesus. Mas tudo isso se reveste de uma maneira escondida ao mundo e conhecida apenas pela fé. Os apóstolos anunciaram esse mistério de Cristo, e a Igreja o transmite a todas as gerações" (CASEL, O., O mistério do culto no cristianismo, p. 19).

215. PISTOIA, A., História da salvação, p. 547.

O CV II oferece fortes intuições sobre o sentido da liturgia, quando os Padres escrevem "para que realizassem a obra de salvação que anunciavam, mediante o sacrifício e os sacramentos, à volta dos quais gira toda a vida litúrgica" (SC 6). Eles substituem as noções tridentinas por outras apoiadas na recuperação da teologia bíblico-patrística, na valorização das ciências humanas e na tentativa de adaptar, em seu aspecto mutável, a linguagem litúrgica. Dessa forma a teologia conciliar opera as seguintes modificações em matéria litúrgico-sacramental: da noção clássica de eficácia sacramental para a teologia do memorial, da noção de sacrifício incruento para a compreensão do sacerdócio de Cristo como vida oferente ao Pai e a mudança da impostação fechada e enrijecida do setenário sacramental para uma cosmovisão sacramental da realidade. Notadamente, existe um grande salto qualitativo na teologia litúrgica do Vaticano II em relação ao paradigma tridentino, permitindo uma reforma potente para a teologia e a vida da Igreja[216].

Depois de estudarmos a missão eclesial de realizar o mistério pascal, a redação do artigo sexto utiliza o termo "mistério" ligado tanto ao batismo – "Pelo Batismo são os homens enxertados no mistério pascal de Cristo" – quanto à celebração litúrgica – "Desde então, nunca mais a Igreja deixou de se reunir em assembleia para celebrar o mistério pascal". Assim, para prosseguir na nossa análise da teologia do mistério presente no artigo sexto precisamos relacionar mistério e batismo e, depois, mistério e celebração.

O artigo sexto, conectando mistério e batismo, afirma que[217]:

> Pelo Batismo são os homens enxertados no mistério pascal de Cristo: mortos com Ele, sepultados com Ele, com Ele ressuscitados; recebem o espírito de adoção filial que nos faz clamar: Abbá, Pai, transformando-se assim nos verdadeiros adoradores que o Pai procura. E sempre que comem a Ceia do Senhor, anunciam igualmente a sua morte até Ele vir. Por isso foram batizados no próprio dia de Pentecostes, em que a Igreja se manifestou ao mundo, os que receberam a palavra de Pedro. E se mantinham fiéis à doutrina dos apóstolos, à participação na fração do pão e nas orações... louvando a Deus e sendo bem vistos pelo povo[218].

---

216. A. Beckhäuser interpreta essa missão litúrgica-eclesial como um memorial celebrativo-ritual do mandamento novo. A celebração e a ritualidade cristã estão em referência direta com o mistério pascal de Cristo (CONCÍLIO VATICANO II. Constituição Dogmática *Sacrosanctum Concilium*, p. 22).

217. Antes de iniciarmos esta relação mistério e batismo-eucaristia, precisamos ser bem claros com o leitor que nossa pesquisa não é nem sobre teologia batismal nem mesmo eucarística. Nosso objetivo, apresentado anteriormente para este capítulo, é estudar a teologia do mistério na SC. Posto isto, estudaremos, então, aquilo que for tocante ao mistério cristão, ou seja, a teologia litúrgica e sacramentologia geral sem nos debruçarmos em temas específicos da teologia dos sacramentos específicos.

218. SC 6.

Esta parte destacada do artigo sexto da Constituição sobre a liturgia apresenta inúmeras referências bíblicas. Listaremos, em seguida, a temática e as passagens: o enxerto no mistério pascal (Rm 11,17.19.23.24); a participação na morte e ressurreição de Jesus (Rm 6,4; Ef 2,6; Col 3,1; 2Tm 2,11); a adoção filial (Rm 8,15; 8,23; 18,5; Gl 4,5; Ef 1,5); os verdadeiros adoradores (Jo 4,23); o evento de Pentecostes (At 2,1-4); a primeira comunidade cristã (At 2,42-47); a Eucaristia como ceia e anúncio da morte do Senhor (1Cor 11,26). Esta análise revela, mais uma vez, como os Padres tinham como projeto refletir os temas litúrgicos a partir do patrimônio escriturístico.

Para o nosso estudo – a relação "mistério-batismo" – o trecho principal é: "Pelo batismo são os homens enxertados no mistério pascal de Cristo" (SC 6). O enxerto batismal vem explicado pela participação na morte e ressurreição de Jesus, pela recepção da adoção filial e pela transformação dos homens em adoradores verdadeiros. Agora, a salvação, descrita no artigo quinto da SC, e a sua efetivação através da liturgia, presente na SC 6, encontram no batismo sua aplicação teológica e ritual.

O ponto de contato genético entre o mistério pascal e o fiel é o Sacramento do Batismo. A celebração batismal tem a virtude de "enxertar" os homens no mistério de Cristo. Como dito acima, esta noção de "ser enxertado" nasce da teologia paulina. Por isso, precisamos descobrir o que Paulo quis dizer com esta noção na Epístola aos Romanos para, em seguida, compreender a escolha dos Padres Conciliares por este termo.

O texto paulino de Rm 11,1-36 trata da questão do lugar do Povo de Israel no âmbito da salvação cristã. Através da imagem da oliveira silvestre (já apresentada no Primeiro Testamento em Jr 11,16; Os 14,6), Paulo aborda a questão da rejeição temporária dos judeus e da adesão dos pagãos ao Cristo. Desta forma, a oliveira – o Povo de Deus – teve os galhos secos podados – israelitas incrédulos – e foram enxertados nela a oliveira selvagem – os gentios. Temos nessa imagem o uso de técnicas de horticultura do tempo na qual se podava os ramos secos e se enxertava ramos jovens para dar vitalidade à planta. No trecho mais concernente à nossa pesquisa (Rm 11,11-24), a ideia de "ser enxertado" está ligado à de ser introduzido na história da salvação iniciada na criação, desenvolvida na escolha de Abraão e tendo em Jesus seu clímax[219].

Os Padres Conciliares trouxeram à tona, deliberadamente, com a expressão "ser enxertados", a noção de "introduzir na história da salvação". Por conseguinte, aquilo que foi expresso por eles no artigo quinto da Constituição litúrgica sobre

---

219. FITZMYER, J. A., A carta aos romanos, p. 574-579.

a história da salvação se atualiza em cada fiel por meio da celebração do batismo. O pensamento conciliar entende que, assim como Deus, outrora, enxertou os pagãos na história da salvação, da mesma maneira, Ele continua enxertando, hoje, cada fiel na mesma história. A salvação, entendida como ação comunicativa e terapêutica, é iniciada na vida do batizado. Desta forma, podemos concluir que o batismo, enxertando a pessoa na *historia salutis*, faz como que nela se inicie um processo de comunicação e de cura, atualizando a virtude do mistério de Cristo em cada novo cristão[220].

De forma mais clara, a dispensação da cura divina é elaborada como participação na morte e ressurreição do Senhor. O texto conciliar – retomando Rm 6,4; Ef 2,6; Cl 3,1; 2Tm 2,11 – ensina que, com o batismo nos tornamos "mortos com Ele, sepultados com Ele, com Ele ressuscitados". As quatro passagens que servem de substrato bíblico para o tema da participação no mistério pascal de Cristo expressam um visão espiritual-escatológica. Antecipa-se o estado glorioso do Senhor na medida em que, no tempo eclesial, o cristão morre para o pecado e vive uma vida nova em consonância com Cristo. Mais uma vez o pensamento orgânico dos Padres revela a dimensão terapêutica divina como processo de cristificação, em vista da conversão do eu fechado em si para a abertura crística.

O texto do artigo sexto ainda explica a inserção do fiel na história da salvação através do diálogo aberto com Deus Pai. Para isso, partindo da teologia bíblica – em particular dos textos de Jo 4,23; Rm 8,15.23; 9,4; Gl 4,5; Ef 1,5 – ele aborda a dimensão pneumatológica da adoção filial e da adoração verdadeira. Nele, o batismo é visto como um momento que dá início a um processo transformador na vida dos fiéis, pois efetiva uma relação nova entre Deus Pai e seus filhos. Esta transformação relacional se caracteriza por uma nova visão, pois a relação entre Deus e homem não se reduz simplesmente a um nível ontológico (nível do Ser, entre criador e criatura), mas alcança o nível agápico (nível do amor incondicional e oferente). De fato, a vida cristã, iniciada no batismo, é um processo de comunhão de amor cada vez mais profundo e dinâmico com Deus[221].

---

220. O liturgista J. Castellano posiciona o batismo como "realidade fundamental da vida cristã; como fonte e causa da vida cristã; viver em razão do Batismo [...]. O Batismo e a Confirmação transformam-se, assim, nos sacramentos iniciais e iniciáticos da vida em Cristo e segundo o Espírito" (CASTELLANO, J., Liturgia e vida espiritual, p. 35).

221. M. Paternoster reafirma a inciativa livre e salvífica divina da abertura dialogal com a humanidade. Para ele, "a vida espiritual, na concepção bíblica e sacramental, está sempre direcionada à iniciativa salvífica divina. Assim, a resposta do homem, que se exprime na fé e na conversão do coração, se configura como adesão ao projeto de amor" (PATERNOSTER, M., Liturgia e spiritualita cristiana, p. 98). O diálogo divino-humano tem como *télos* a capacitação do homem à vivência do amor, tal qual manifestado em Jesus Cristo.

Nesse sentido, a recuperação da temática joanina da adoração verdadeira mostra uma marca existencial de uma relação baseada no amor: a gratidão vivencial. O texto de Jo 4,23, considerado no contexto do encontro entre Jesus e a Samaritana, abre um polêmico capítulo em relação à questão do lugar do verdadeiro culto. Sabemos que nem Jerusalém nem Garizim possuem o direito ao culto novo trazido por Jesus. Ele, na qualidade de revelador do Pai, em breve inauguraria o culto em Espírito (dimensão pneumatológica) e verdade (dimensão cristológico-existencial). Então, os verdadeiros adoradores do Pai receberão o influxo da força do *Pneuma*, e estarão impulsionados a adorar o Pai por meio de Cristo[222].

Os Padres Conciliares, utilizando essa concepção dos verdadeiros adoradores, entendem que a experiência batismal de imersão na história salvífica coloca o batizado na dimensão do culto novo trazido pelo próprio Filho de Deus. Este culto é um dom – obra do Espírito Santo recebido – e, ao mesmo tempo, uma tarefa existencial – resposta filial ao Pai. E ainda é cristocêntrico, uma vez que tem Jesus como paradigma. O diálogo de amor aberto entre Deus e a humanidade – cuja resposta máxima foi dada por Jesus, na cruz – encontra na Igreja e nos seus filhos uma nova fase. Nela, em virtude do *Pneuma*, os iniciados são chamados a entrar no diálogo soteriológico e a respondê-lo com uma vida oferente na "medida de Cristo".

Ainda na temática mistério-batismo, o artigo sexto do documento conciliar interpreta o evento de Pentecostes como o batismo inaugural da Igreja: "Foram batizados no próprio dia de Pentecostes, em que a Igreja se manifestou ao mundo, os que receberam a palavra de Pedro". Com essa posição interpretativa, entendemos que a obra salvífica entra na fase eclesial, marcada pela celebração da liturgia. Agora se atualiza o diálogo comunicativo com Deus e a terapia no coração dos homens. Enquanto no artigo quinto da SC a gênese da Igreja está no mistério pascal, no artigo sexto, ela se manifesta ao mundo, através da celebração da liturgia

---

222. O texto de Jo 4,23 apresenta alguns pontos interessantes que fundamentam nosso pensamento. O primeiro é a relativização do *locus* cultual – não será num santuário – e a afirmação do *actum* cultual – a adoração aparece em primeiro plano. Essa adoração não se reduz a uma ritualidade; também, não a dispensa. Contudo, "adorar" ganha contornos cristológicos, pneumatológicos e existenciais mais fortes e claros. O Evangelho de João apresenta Cristo como a Verdade, o Espírito Santo como *Pneuma* e o homem como futuro adorador querido pelo Pai. A ação do Espírito tem como modelo o Cristo e o homem é o seu destinatário. Todavia, o homem é um destinatário ativo no processo de cristificação pelo Espírito Santo. Adorar consiste numa sinergia entre o Espírito e a pessoa, na maneira como essa última reproduz em si a vida do Cristo. Nas palavras de P. Fernandez "o homem encontra a plenitude humana e cristã na glorificação de Deus, levando-se em conta que o mistério litúrgico é a Aliança de amor que Deus formou com os homens. Por isso celebrar a liturgia é recordar Jesus Cristo, bem como recordar o homem, entrando em contato com o plano salvífico de Deus e com o processo de libertação humana e cósmica" (FERNANDEZ, P., Um culto em espírito e verdade, p. 266).

batismal e da pregação de Pedro. A conclusão é que a comunidade eclesial é parte do mistério e dispensadora dele no mundo[223].

Permeando esta parte do artigo sexto, temos um tema eucarístico que se vincula ao mistério: "E sempre que comem a Ceia do Senhor, anunciam igualmente a sua morte até Ele vir". A base dessa afirmação está em 1Cor 11,26, provavelmente a fórmula eucarística mais antiga. Ela subentende o ritual celebrativo – comer – e o seu significado teológico – anúncio do mistério pascal; e engloba a totalidade dos eventos crísticos; o passado (morte, ressurreição, ascensão) e o futuro (parusia). O rito da Ceia do Senhor, o comer o pão em assembleia, possui uma força comunicativa evocadora dos eventos aos quais ele remete. Tal rito eucarístico anuncia (o termo usado no grego é *katanggelló*), ou seja, aquele conjunto de gesto proclama um evento salvador cumprido – é uma Boa-nova – cuja a força está presente. Nestes termos, a Eucaristia é, junto com o Batismo, apresentada pelos Padres Conciliares, como um sacramento cuja referência teológica se encontra totalmente vinculada ao mistério pascal de Cristo[224].

O último desenvolvimento da teologia do mistério dentro do artigo sexto da Constituição litúrgica, a relação mistério e celebração, assim se apresenta:

> Desde então, nunca mais a Igreja deixou de se reunir em assembleia para celebrar o mistério pascal: lendo o que se referia a Ele em todas as Escrituras, celebrando a Eucaristia, na qual se torna presente o triunfo e a vitória da sua morte, e dando graças a Deus pelo seu dom inefável em Cristo Jesus, para louvor da sua glória, pela virtude do Espírito Santo[225].

Esta derradeira parte da SC 6 está fundamentada em três referências escriturísticas (Lc 24,27; 1Cor 9,15; Ef 1,12) e uma magisterial[226]. Dessa vez, os Padres querem articular a celebração com o mistério, mostrando que este é o fundamento daquela. O tema da celebração é de suma importância, pois ele vem substituir as noções da teologia tridentina de "administrar" e de "ministrar" sacramentos e

---

223. Um paralelismo importante que queremos destacar é o início do ministério do Senhor e da Igreja num contexto litúrgico. No Evangelho de Lucas, o ministério de Jesus se abre na sinagoga em Nazaré, interpretando a Escritura em função de si e atualizando-a no *hodie* salvífico (Lc 4,16-30). Não obstante, a manifestação inicial da comunidade eclesial ocorre na assembleia orante de Pentecostes (At 2,1-4), se desdobra no discurso de Pedro (At 2,14-36) e culmina na celebração batismal dos novos convertidos (At 2,41). A experiência litúrgica como fonte e cume da vivência eclesial está expressa na mentalidade da comunidade primitiva (At 2,42-47).

224. ALDAZABAL, J., A Eucaristia, p. 93-101 e LÉON-DUFOUR, X., O pão da vida, p. 36-41.

225. SC 6.

226. CONCÍLIO TRIDENTINO, Decreto sobre o Sacramento da Eucaristia, p. 419-426.

vai se desenvolver até a noção de *ars celebrandi*[227]. Aqui, sem dúvida, há um esforço de enraizar a celebração litúrgica às suas origens bíblicas, recuperar a experiência viva das comunidades patrísticas e superar modelos litúrgicos reducionistas[228].

O Movimento Litúrgico, nos anos antecedentes ao CV II, já tinha desenvolvido uma compreensão madura sobre a noção de "celebração". Naquela ocasião, alguns liturgistas se perguntaram sobre a natureza, o sujeito, o conteúdo, o tempo, o modo, o como, a finalidade e o lugar do ato celebrativo eclesial. De forma condensada, as respostas a estas questões estão no próprio parágrafo sexto da Constituição litúrgica[229].

O pensamento conciliar apresenta as respostas como verdadeiras notas teológicas constituintes da relação mistério-celebração. Tais notas estarão em qualquer celebração litúrgica a fim de conectá-la com o evento soteriológico primordial – o mistério pascal. Embora elas não sejam apresentadas de forma conceitual no texto, a introdução de certas noções e expressões nos auxiliam a captá-las. Passamos a destacar tais notas constitutivas a partir da análise do texto estudado.

A questão sobre o sujeito da celebração é respondida pela noção de reunião assembleial – "Nunca mais a Igreja deixou de se reunir em assembleia". O texto latino não apresenta a palavra "assembleia", mas sim uma expressão: *"Ecclesia qui in unum convenerit"*. Esta expressão *"in unum convenerit"* tenta dar conta da realidade de se tornar um. A tradução mais literal seria: "A Igreja que se converte em um"[230]. Desta forma, durante o ato de culto, os participantes daquela reunião se tornam um único sujeito celebrativo.

Sem dúvida, nessa noção de "um", estamos tratando da afirmação que o sujeito da celebração é o "Cristo total": a união ocorrida no transcurso do ato celebrativo entre o Cristo-cabeça, a Igreja-corpo, os cristãos membros e o Espírito, virtude unificante. Tal afirmação teológica, embasada na teologia paulina e agostiniana, foi recuperada por O. Casel na tentativa de fundamentar teologicamente o tema do sujeito da celebração. Esta concepção caseliana, assumida no CV II, retira a ênfase celebrativa reducionista, centrada na relação entre o minis-

---

227. O verbo "celebrar" aparece 22 vezes e o substantivo "celebração" 12 vezes na SC.

228. LAMBERTS, J., *Ars celebrandi* or the art to celebrate the liturgy, p. 7-14.

229. Na verdade, os pesquisadores estudaram o uso do termo *celebrare* em alguns padres latinos, como; Tertuliano, Cipriano, Ambrósio, Cassiano, Agostinho e Leão Magno. Eles se dedicaram a descobrir o sentido do verbo e de seus sinônimos, o sujeito e o objeto da ação de celebrar. Um livro que retoma a empresa realizada para a recuperação do conceito teológico de celebrar é POTTIE, S., La célébration, p. 1-416.

230. Segundo os estudos etimológico e semântico do termo "celebrar", a ideia de reunião de pessoas e de uma comunidade reunida para fazer algo público está inerente ao termo. O liturgista M. Sodi destaca o valor essencial da assembleia na celebração quando afirma que "a dimensão comunitária é, sem dúvida, a dimensão que mais emerge de forma mais imediata" da celebração (SODI, M., Assembleia, p. 189).

tro ordenado e o Cristo, e transpõe a tônica para a assembleia como comunidade sacerdotal que participa do culto prestado ao Pai pelo Filho. Desta forma, para os Padres Conciliares, em consonância com a recuperação da teologia bíblico-patrística, realizada pelo Movimento Litúrgico, o sujeito da celebração é o Cristo total, cuja a expressão visível é a assembleia reunida. Assim, a celebração do mistério pascal supõe, necessariamente, a reunião dos fiéis e a participação deles no sacerdócio de Cristo[231].

Quanto à reflexão acerca do conteúdo da celebração, o texto do parágrafo sexto responde que a Igreja se torna "um" para "celebrar o mistério pascal". De fato, este tema do conteúdo celebrativo teve uma importância muito grande para o Movimento Litúrgico. Isto porque a liturgia, por muitas vezes, se desfigurou, trazendo pseudoconteúdo para dentro de si (lendas baseadas na vida de santos e personagens e eventos históricos particulares) ou não conseguindo articular seu conteúdo de forma orgânica (eventos importantes da história da salvação sendo relegados a segundo plano). Com a recuperação do tema da história da salvação e a compreensão de que o evento Cristo é o centro da *historia salutis*, a teologia litúrgica recuperou e reafirmou o mistério pascal como conteúdo verdadeiro de sua celebração[232].

---

231. A noção teológica do "Cristo total" é de importância decisiva para a fundamentação da liturgia no paradigma do Vaticano II. A relação cristologia-eclesiologia-liturgia é a grande intuição dos Padres para afirmar um novo *status* teológico para as celebrações da Igreja. Na verdade, fundamentados na eclesiologia paulina e agostiniana, os liturgistas, no século XX, vão compreender o "Cristo total" formado pelo Cristo *caput* – o Ressuscitado, prestando culto ao Pai, o corpo místico – a Igreja, e os membros do corpo – cada cristão. Com a efusão do Espírito, em Pentecostes, a Igreja, se tornando o corpo místico do Ressuscitado, por um lado, participa da apresentação do sacrifício do Cristo nos céus (aspecto escatológico da liturgia) e, por outro, a comunidade eclesial continua a oferecer-se, no tempo, até à parusia (aspecto histórico da liturgia). Este sacrifício eclesial completa o sacrifício histórico de Jesus. De tal forma que, somente no fim dos tempos, se revelará a plenitude do sacrifício do "Cristo total", ou seja, a vida oferente de Jesus e da Igreja. Neste sentido, O. Casel afirma que "o santo mistério é a representação mais concreta do Corpo místico, ao mesmo tempo em que é sua suprema atividade: a Cabeça e os membros se unem e não formam senão um, para oferecer o sacrifício ao Pai, para o qual sobem, pelo Filho e no Espírito Santo, toda honra e toda glória. Do Pai descem sobre a *Ecclesia*, por Cristo, no Espírito, todas as graças e bênçãos. Eis por que a inteligência cada vez mais profunda e a participação cada vez mais viva no *mysterium* devem tornar-se o centro mesmo da vida cristã e constituir este sacrifício agradável a Deus" (CASEL, O., O mistério do culto no cristianismo, p. 68).

232. Segundo B. Neunheuser, o conteúdo do culto cristão enfrenta problemas desde a Idade Média. A reforma tridentina, por exemplo, tentou refrear os abusos em relação às festas e memórias dos santos, bem como o excesso de missas votivas. Contudo, essa tarefa de fundamentar o conteúdo da celebração litúrgica no mistério pascal só foi possível graças ao ML e sua recepção na SC. Apesar de termos, atualmente, critérios teológicos claros para qualificar um conteúdo em sua relação com o mistério pascal em solenidade, festa, memória e dia ferial, constantemente, percebemos manipulações nesses critérios. A centralidade do mistério pascal na celebração é constantemente ameaçada por certas iniciativas ditas "criativas", mas que, no fundo, carecem de um conhecimento profundo sobre a recuperação do tema e a organização do Ano Litúrgico (NEUNHEUSER, B., História da liturgia através das épocas culturais, p. 178).

Os estudos sobre o conteúdo celebrativo do Primeiro e do Novo Testamento apontaram para dois elementos essenciais da sua atualização: a palavra e o sinal. O primeiro elemento "encerra em si uma realidade dialógica como interlocutores Deus e o homem"[233]. Na celebração ocorre, verdadeiramente, um processo de comunicação e de comunhão entre os participantes. O diálogo entre Deus e o homem não é realizado apenas por "palavras, porém bem mais de palavras e acontecimentos"[234]. Nesse sentido, a palavra divina dirigida aos homens modifica a história, conduzindo-a ao seu final escatológico. Assim, o mistério pascal de Cristo, Aliança nova, eterna e definitiva, "espera realizar-se nos indivíduos de todos os tempos e lugares, até que tudo se cumpra"[235] no *eschaton*.

O segundo elemento referente ao conteúdo celebrativo é o sinal. Na Primeira Aliança, o sangue do cordeiro e o seu rito de aspersão serviam como sinal da disposição salvífica gratuita divina e da resposta obediente do povo. Todavia, esse sangue era também um símbolo da efetivação da Aliança eterna e definitiva em Cristo – simultaneamente, manifestação do amor gratuito e salvador de Deus e da resposta amorosa e oferente ao Pai. Com isto, o sinal, assim como a palavra, serve para atualizar o conteúdo celebrativo. Em nosso caso, o mistério pascal – ato comunicativo e terapêutico do Pai, realizado por Jesus, comunicado no tempo e no espaço pelo Espírito Santo – se atualiza na celebração, através da palavra e dos ritos[236].

Segundo os Padres Conciliares, a celebração litúrgica está vinculada ao mistério pascal de forma necessária. A partir disso, foi possível posicionar o conteúdo celebrativo fazendo com que todas as celebrações litúrgicas (os sacramentos, a liturgia das horas e o Ano Litúrgico), os sacramentais, as leituras bíblicas dos lecionários, os ritos e as eucologias estivessem vinculados ao mistério pascal[237].

A indagação sobre a importância do tempo celebrativo se desenvolveu também a partir da redescoberta da relação história da salvação e liturgia. O texto conciliar, no parágrafo sexto da Constituição litúrgica, escreve "Desde então, nunca mais". Todavia, no original latino está: *"Numquam exinde omisit"* – "A partir

---

233. SODI, M., Celebração, p. 187.
234. SODI, M., Celebração, p. 187.
235. SODI, M., Celebração, p. 187.
236. SODI, M., Celebração, p. 186-188.
237. J. Flores nos explica que a teologia do mistério possibilitou entender a presença do Senhor "em todos os sacramentos e em todos os atos do culto cristão". Ele afirma que "nesse horizonte particular, Casel concebeu a presença mistérica como um conceito análogo que se realiza de maneira diferente nos diversos atos litúrgicos". Como conceito análogo, podemos entender que, em todos os atos litúrgicos, o Ressuscitado se faz presente; todavia, em cada um de maneira particular. (FLORES, J. X., Introdução à teologia litúrgica, p. 201).

daí, nunca deixou". Esta parte do texto revela que desde a assembleia de pentecostes até hoje, a Igreja entra na última fase da história da salvação – a eclesiolitúrgica, caracterizada pela celebração do mistério pascal de Cristo[238].

S. Marsili, comentando os artigos cinco e seis da Constituição litúrgica do Vaticano II, concebe o tempo eclesial formado pela síntese e consumação dos eventos escatológicos. O tempo eclesial é síntese à medida que o anúncio (característica particular dos eventos do Primeiro Testamento) e a Boa-nova (cumprimento das promessas em Jesus Cristo) são reapresentados aos fiéis. E é consumação porque tal reapresentação dos eventos permite que a salvação divina atinja todos os homens. Nesse sentido, a liturgia é uma realidade mistérica (nela ocorre a universalização da revelação do plano de amor do Pai, anunciado pelos profetas, cumprido em Jesus e efetivado pelo Espírito) e mistagógica (nela os homens se aprofundam no diálogo com Deus e na cura de seus corações)[239].

A reflexão sobre o modo como ocorre a celebração abre a temática de re-apresentação do mistério de Cristo. O texto do artigo sexto, citando o Concílio Tridentino, escreve que a celebração "torna presente o triunfo e a vitória da sua morte". Apesar de estar se referindo diretamente ao Sacramento da Eucaristia, podemos extrapolar o texto afirmando que a presença de Cristo acontece também na celebração de todos os outros sacramentos, no Ano Litúrgico e nas horas do ofício divino. Mais para frente, na SC 7, os Padres vão desenvolver o tema da presença, permitindo compreender melhor, como em toda vida litúrgica, a salvação cristã se atualiza na presença do Ressuscitado[240].

A teologia da presença passou por muitos desenvolvimentos até chegar à maturidade proposta pelo CV II. Ela, sem dúvida, se desenvolveu nas polêmicas pós-tridentinas sobre a presença real de Cristo na Eucaristia. Apesar disso,

---

238. O tempo eclesial, marcado pela celebração da liturgia, segundo o professor J. L. Martín, é sempre uma Páscoa, pois todo dom e graça vem do Pai em função da morte-ressurreição de Jesus. Também sempre um Pentecostes, porque o Espírito é doado, permanentemente, a igreja e aos fiéis (MARTÍN, J. L., La liturgia de la iglesia, p. 21-22).

239. MARSILI, S., A liturgia, momento histórico da salvação, p. 110-112.

240. Apesar de não estar dentro do nosso recorte epistemológico, a SC 7 apresenta os cinco lugares nos quais Cristo se faz presente, em mistério, na ação litúrgica: "Cristo está sempre presente na sua igreja, especialmente nas ações litúrgicas. Está presente no sacrifício da Missa, quer na pessoa do ministro – o que se oferece agora pelo ministério sacerdotal é o mesmo que se ofereceu na Cruz – quer e sobretudo sob as espécies eucarísticas. Está presente com o seu dinamismo nos Sacramentos, de modo que, quando alguém batiza, é o próprio Cristo que batiza. Está presente na sua palavra, pois é Ele que fala ao ser lida na igreja a Sagrada Escritura. Está presente, enfim, quando a igreja reza e canta, Ele que prometeu: Onde estiverem dois ou três reunidos em meu nome, Eu estou no meio deles". É evidente que os Padres superaram a visão da presença reduzida apenas aos sinais eucarísticos do pão e vinho consagrados. Desta forma, a teologia do Vaticano II afirma cinco tipos de presença: no ministro, na assembleia, no dinamismo sacramental, na palavra e nas orações.

no início do século XX, ocorreu um deslocamento de perspectiva, tratando, em primeiro plano, da presença do Ressuscitado no culto e, depois, nas realidades sacramentais. Esse deslocamento permite uma abordagem mais fundamentada e profunda[241].

Dentre as propostas nascidas para a fundamentação da presença de Cristo na celebração litúrgica, a teologia do mistério de O. Casel é aquela que vai se impor e permitir uma nova compreensão sobre o tema. A presença *in mystero* está baseada num *ethos* antropológico e numa epifania soteriológica. A partir da observação das religiões em geral é possível identificar um componente ritual que serve como "elo de ligação" entre a comunidade celebrante e a salvação transcendente. O rito é a linguagem humana que permite a experiência com a manifestação da divindade[242].

No caso do cristianismo, o próprio Jesus, na plenitude dos tempos, é a presença de Deus *in mystero* porque Ele é a linguagem humana (rito) capaz de manifestar a salvação divina. Na fase atual do plano soteriológico, a Igreja, unida ao Cristo, pelo Espírito Santo, se torna a presença mistérica da salvação e, como sujeito da celebração litúrgica, confere aos seus ritos a possibilidade de manifestar ao mundo a *actio salutis*. Nesta visão, a presença recai primeiro na comunidade eclesial e dela atinge as realidades sacramentais e celebrativas[243].

---

241. A trajetória da compreensão do tema da presença de Cristo na liturgia, do Concílio de Trento até hoje, pode ser dividida, sinteticamente, em duas etapas. Na primeira etapa, influenciados pelos cânones tridentinos, sobretudo os da sessão XXII, os teólogos procuram fundamentar a relação sacrifício da cruz e eucaristia. A diferença entre eles se dá no modo de conceber o *momentum* no qual no rito da celebração eucarística ocorre a presença do evento da cruz: teoria da fração do pão e consumação das espécies eucarísticas, teoria das palavras consacratórias e teoria do corpo de Cristo. Todavia, esta primeira etapa, em todas as suas teorias, caiu em desuso porque estava embasada na teologia da satisfação. A segunda etapa, já dentro do Movimento Litúrgico, buscava os fundamentos da presença não mais ligados à teologia sacrifical no sentido anselmiano e tomista, mas nas suas raízes bíblico-patrísticas. Nesse sentido, encontramos a teoria da oblação (DE LA TAILLE, M., Esquisse du mystère de la foi: suivie de quelques éclaircissements), teoria do banquete-memorial (BOUYER, L., Eucaristia. Teologia e spiritualità della preghiera eucarística e THURIAN, M., L'Eucaristia) e teoria da reapresentação mistérico-sacramental (CASEL, O., O mistério do culto no cristianismo e Il mistero dell'ecclesia). Atualmente, os autores da segunda etapa do desenvolvimento do tema da presença articulam os temas caselianos com as raízes espirituais do Povo de Israel para compreender as bases da liturgia cristã (GIRAUDO, C., Num só corpo, p. 461-498).

242. Atualmente, existe uma concentração no estudo do rito e a base antropológica da liturgia. Citamos alguns autores e obras importantes nesse sentido: BONACCORSO, G., La liturgia e la fede; BOZZOLO, A., Mistero, símbolo e rito in Odo Casel; CHAUVET, L.-M., Symbole et sacrement; GRILLO, A., La nascita della liturgia nel XX secolo. Os pesquisadores, apoiados no valor que O. Casel deu ao rito para o culto cristão, procuram, em diálogo com as ciências humanas, entender o seu valor expressivo, estético, emocional e inter-relacional.

243. Citamos um trecho elucidativo sobre a relação mistério-Cristo-Igreja do pensamento de O. Casel: "*Mysterium* pode ser enunciado na única palavra *Christus*, designando ao mesmo tempo a pessoa do Salvador e seu corpo místico que é a Igreja" (CASEL, O., O mistério do culto no cristianismo, p. 22).

O modo como se celebra está vinculado à proclamação da Palavra de Deus. No texto da SC 6, encontramos: "Lendo o que se referia a Ele em todas as Escrituras". A reintegração da Escritura na liturgia é um dos pontos centrais da teologia do CV II. De fato, uma série de problemas históricos-teológicos tinha afastado o culto católico da força viva da proclamação bíblica. No início da Idade Média, a leitura da Escritura vai se elitizando e se tornando patrimônio do clero regular e dos monges. Com a reforma protestante e o princípio da *sola scriptura*, a autoridade eclesial vai atuar de forma mais controladora sobre a interpretação bíblica, fazendo-a depender de critérios externos, reduzindo-a ao papel de *autorictas* para os dogmas e as normas proclamadas. Por fim, com o advento das ciências hermenêuticas, a Igreja, inicialmente, entra por um caminho de litígio e de condenação. Tudo isto contribuiu para que, durante mais de mil anos, a proclamação da Escritura e a relação entre a Palavra e o sinal sacramental ficassem de fora da vida espiritual dos crentes, gerando problemas graves com os quais lidamos até hoje[244].

Superando os embates entre a posição católica e o lugar da Escritura no culto, o Movimento Litúrgico, retomando a teologia bíblica e patrística, entende a proclamação do texto bíblico como aspecto fundamental da celebração litúrgica. A. M. Triacca, comentando a tarefa da teologia conciliar em relação à reinserção da palavra na vida eclesial, afirma que existe uma correlação de importância entre a mesa da palavra e da Eucaristia. Fica desse modo superada a visão centrada apenas no sinal e que coloca a palavra num nível menor. De fato, nosso autor afirma a unidade intrínseca entre a palavra e o sacramento, de tal forma que essas duas realidades constituem um único ato de culto. Ele conclui afirmando que "a celebração nada mais é do que a Palavra de Deus atualizada e realizada do modo máximo"[245].

S. Marsili, comentando textualmente o parágrafo sexto da Constituição litúrgica, escreve que "a liturgia precisamente por este aspecto de realização de um anúncio exige uma leitura da Sagrada Escritura [...] Ela é um elemento indispensável da liturgia cristã" e justifica dizendo que: "Cristo é a realidade anunciada pela Escritura e Cristo se torna a realidade confirmada-comunicada pela liturgia"[246]. Desta forma, assim como o gesto sacramental, a proclamação da Palavra

---

244. Quando comparamos o texto da SC 7 com o da MD 17, percebemos que a grande novidade entre eles está na confirmação da proclamação da palavra como lugar da presença e atuação do Cristo na Igreja. Esta comparação dos dois documentos eclesiais nos leva a perceber que o tema espinhoso da palavra de Deus no culto católico foi elaborado pelos liturgista e teólogos nos anos anteriores ao Concílio, possibilitando sua recuperação e vitalizando, assim, a experiência cultual das comunidades (AGNELO, M. G., L'Encíclica Mediator Dei a cinquant'anni dalla promulgazione, p. 70-77).

245. SODI, M., Celebração, p. 139.

246. MARSILI, S., A liturgia, momento histórico da salvação, p. 124.

goza de uma força memorial-anamnética – lembra e torna presente o mistério pascal – e de uma virtude evocativa-epiclética, pois torna presente e atualiza a salvação no "hoje".

O *locus* onde ocorre a celebração não está propriamente vinculado ao espaço físico, mas à ação do Espírito Santo. O artigo sexto se fecha com essa nota pneumatológica sobre a relação entre mistério e celebração: "pela virtude do Espírito Santo". Uma das características da teologia pré-conciliar que influenciará as páginas do vaticano II é sua preocupação trinitário-pneumatológica. Isto porque a teologia medieval e a moderna são classificadas como cristomonistas, ou seja, centrada apenas em Cristo, esquecendo o lugar soteriológico do Pai e do *Pneuma*[247].

Segundo A. M. Triacca, a pneumatologia bíblico-patrística, notadamente trinitária-econômica, oferece recursos para articular o tema da celebração e do mistério. Ele diz que "não existe ação litúrgica que não seja ação do Espírito Santo"[248]. A virtude pneumática é a condição de possibilidade para que o mistério seja celebrado, pois o Espírito exerce sua tríplice irradiação: a manifestação do corpo místico (epifania eclesial); a transfiguração em Cristo (epifania terapêutica); e a comunhão do corpo de Cristo (epifania agápica)[249].

Finalmente, a última nota constitutiva da relação entre mistério e celebração é a sua finalidade – dar graças "a Deus pelo seu dom inefável em Cristo Jesus, para louvar da sua glória"[250]. O *télos* da manifestação e da celebração do mistério é a doxologia. A primeira coisa a ser dita é que os biblistas e teólogos reconheceram que a missão de Jesus, na Terra, era glorificar o Pai, por meio do cumprimento da obra de salvação (Jo 17,4-5). Desta percepção cristológica se admite que a Igreja é

---

247. Dois fatores contribuíram para a superação do cristomonismo na teologia católica. O primeiro, a crítica feita por autores ortodoxos (V. Lossky e N. Nisiotis) ao pensamento católico sobre a ênfase da relação salvação-Cristo, atribuindo ao Senhor tarefas que pertenciam ao Espírito Santo. O outro fator foi a redescoberta da categoria de História da Salvação, permitindo entender a missão de cada uma das pessoas da Trindade. Nesta transformação do cristomonismo para uma compreensão mais rica da ação soteriológica trinitária participaram teólogos como U. H. von Balthasar e Y. Congar. O CV II se beneficiou dessa mudança de perspectiva e demonstrou isso em vários momentos. Acreditamos que na SC 5 e 6, temos um exemplo feliz da superação do cristomonismo quando apresenta o Pai como fonte da salvação, atuando por meio do Filho e do Espírito; o Filho como realizador da salvação do Pai na ação conjunta com o Espírito; e o Espírito, como condição para que se viva, proclame e atualize a salvação do Pai e do Filho no "hoje" (IAMMARRONE, G., Cristomonismo, p. 161-162).

248. TRIACCA, A. M., Espírito Santo, p. 360.

249. J. Corbon é quem introduz este tema da tríplice irradiação do Espírito Santo. Para ele existe uma sinergia entre o Espírito e a Igreja em relação ao Cristo. Citamos o autor: "Os três grandes momentos de um sacramento são, em primeiro lugar, aquele que o Espírito Santo manifesta o Cristo e que hoje se chama liturgia da palavra; a seguir, aquele que o Espírito transforma em Cristo o que a Igreja lhe apresenta, e é a epiclese, que atua no coração de cada sacramento; finalmente, a sinergia de comunhão na qual Cristo é comunicado e que transborda em liturgia vivida" (CORBÓN, J., A fonte da liturgia, p. 106).

250. SC 6.

um povo doxológico. Ela poderia ser compreendida pela realidade da sua consumação, simbolizada nos cantos e hinos de louvor, conforme a proposta do Livro do Apocalipse (Ap 15,3-4; 19,1-2.4). Desta forma, a Igreja peregrina, comprometida pela continuação em si da vida de Jesus e pela sua expectativa escatológica, está marcada pelo louvor, ou seja, pelo reconhecimento e pela celebração das maravilhas de Deus em seu favor (Lc 1,49).

Este aspecto doxológico revela a condição final e consumada da Igreja. A liturgia é, como dito anteriormente, o exercício do sacerdócio de Cristo (SC 7). Ora, o sacerdócio da Cabeça consiste em apresentar seu sacrifício vivo ao Pai, como intercessão pela humanidade e como glorificação da ação soteriológica do Pai. A comunidade eclesial, na celebração litúrgica, através dos ritos e palavras, sacramentalmente, faz com que os seus fiéis, participando do culto do Filho, intercedam pelo mundo e deem glória a Deus. No fim dos tempos, quando tudo for submetido ao Pai (1Cor 15,28), a oração de intercessão de Cristo e, consequentemente a da Igreja, findará. Restará apenas a oração de louvor, de reconhecimento pela obra salvífica e pelo estado de comunhão pleno. Desta forma, a doxologia é a oração que antecipa no "hoje" celebrativo a condição futura da Igreja e dos fiéis[251].

Cada fiel batizado, à medida que vai se cristificando, é impelido internamente, por si e pelo Espírito, ao reconhecimento das obras de Deus em sua vida e na história, abrindo-se à admiração e à gratidão. Nesse sentido, o "homem encontra a plenitude humana e cristã no louvor a Deus"[252], pois a transformação interior e o crescimento humano-espiritual preenchem as palavras e os ritos da liturgia de verdade e de sentido. A ausência de um espírito doxológico na liturgia esvazia a experiência celebrativa e a faz cair num mero ritualismo árido[253].

---

251. O tema da glória de Deus foi trabalhado com o da salvação humana pelo CV II. A teologia pré-conciliar afirma também a glória de Deus como finalidade máxima do culto litúrgico. Todavia, não conseguia articular bem tal temática, apresentando a imagem de um Deus, sedento de reconhecimento em detrimento das situações humano-sociais. A teologia do Vaticano II, por sua vez, entende que a glória divina é a fonte da salvação humana, que, retomando a teologia patrística, mais precisamente de Ireneu, a glória de Deus é o homem vivo. Com esta interconexão entre glória e salvação foi possível compreender melhor o aspecto doxológico da vida cristã (FERNANDEZ, P., A celebração da glória de Deus, p. 264-267).

252. FERNANDEZ, P., A celebração da glória de Deus, p. 266.

253. O J. P. Rosato vincula a salvação à transformação pessoal e social e, desta forma, entende que uma vida em consonância com os preceitos evangélicos é uma vida doxológica. Ele reafirma que "a tentativa dos cristãos de fazer de sua própria existência uma doxologia contínua ao Criador, até o advento definitivo do Reino, pode ser entendida agora, seja como condições para as dimensões epicléticas, anamnésicas e de prognose da liturgia sacramental, seja como objetivo delas" (ROSATO, P, J., Introdução à teologia dos sacramentos, p. 103). Desta forma, o autor vincula culto e vida, de tal forma que existe uma retroalimentação, a vida dá sentido ao culto e este qualifica a vida. Em ambos, vida e culto, se caracterizam a dimensão doxológica cristã.

O último tema desenvolvido pelos Padres Conciliares no artigo sexto – a relação entre mistério e celebração – permite uma compreensão da natureza da ação litúrgica da Igreja. Ele compreende ser a liturgia a última etapa da história da salvação e a vincula diretamente ao mistério de Cristo. Por isso, o texto conciliar oferece, ainda, as notas constitutivas de uma celebração verdadeiramente mistérica: a assembleia, o memorial, a presença de Cristo, o louvor ao Pai e a sinergia com o Espírito Santo.

Como dito no início do estudo da SC 6, a teologia do mistério foi trabalhada em três direções conectadas e interdependentes: a efetivação do mistério pela liturgia, a participação dos fiéis no mistério pelo batismo e a relação entre a celebração e o mistério. Em síntese, tudo isto possibilitou entender, como imbuídos da teologia bíblica, centrados na tradição viva patrística, beneficiados pela empresa teológica do Movimento Litúrgico, dispostos a reinterpretar temas clássicos da teologia e atualizá-los às novas gerações, os Padres Conciliares desenvolveram, verdadeiramente, uma teologia litúrgica cuja linha mestra é a teologia do mistério.[254]

---

254. Apesar de não estar dentro do nosso recorte epistemológico, gostaríamos de dizer que a teologia do mistério desenvolvida na SC 2, 5 e 6 é condição *sine qua non* para interpretar os artigos subsequentes. Neles o que temos, na verdade, é a aplicação desses princípios teológicos-litúrgicos gerais às realidades celebrativo-cultuais específicas. Nesse sentido, destacamos os seguintes artigos e a sua respectiva aplicação: SC 48 – mistério e eucaristia; SC 61 – mistério e sacramentos e sacramentais; SC 102 – mistério e Ano Litúrgico; SC 99 – mistério e ofício divino.

Capítulo 2 | Mistagogia: compreensões e práticas hodiernas

Neste segundo capítulo, pretendemos trabalhar o tema da mistagogia na nossa práxis eclesial hodierna. Para isso, contudo, estudaremos, num primeiro momento, o fenômeno da mistagogia antiga, visto que ela é a fonte de inspiração para as concepções atuais. Como os pesquisadores apontaram, nos últimos decênios, por "mistagogia antiga" se entende uma tríplice acepção: a celebração litúrgica dos sacramentos de iniciação cristã; a catequese feita na celebração eucarística, na oitava de Páscoa, com o intuito de formar sobre os sacramentos de iniciação cristã; e, por fim, uma teologia de cunho espiritual cujo ponto central é a experiência litúrgica[255]. Deste estudo sobre a prática antiga, poderemos, então, conceber como no pós-concílio, ou seja, nos últimos cinquenta anos, a Igreja de hoje se mobilizou, tanto no nível teológico quanto no pastoral, a recuperar o fenômeno mistagógico antigo e a se inspirar nele, conseguindo romper certos paradigmas obsoletos, e a inovar, adaptando a Tradição aos novos contextos de evangelização[256].

Como se sabe os Padres Conciliares não introduziram o termo "mistagogia" nas linhas dos documentos do CV II. Todavia, a grande recuperação da teologia do mistério, realizada pelo Movimento Litúrgico, injetando um fluxo novo de intuições sobre a teologia litúrgica e sacramental, ocasionou um robusto projeto de *aggiornamento* eclesial[257]. Neste sentido de atualização, encontramos três fortes orientações dadas pelas páginas conciliares que se desenvolveram nas compreensões e práticas mistagógicas atuais[258].

---

255. GY, P. M., La mystagogie dans la liturgie ancienne et dans la pensée liturgique d'aujourd'hui, p. 137-143.

256. SARTORE, D., Mistagogia, p. 1.208.

257. Como visto no segundo capítulo de nossa tese, a teologia do mistério é aquela corrente da teologia que parte do significado bíblico-patrístico do termo "mistério" para pensar a natureza da liturgia. Tal corrente perpassa toda a teologia litúrgica do CV II.

258. Queríamos deixar desde o começo a afirmação de que o retorno às experiências antigas é um movimento mais de inspiração do que de uma mimese. O professor I. Oñatibia esclarece bem o sentido do

A primeira orientação se mostra quando os Padres Conciliares pediram a renovação do processo de iniciação cristã: "Restaure-se o catecumenato dos adultos, com vários graus, a praticar segundo o critério do ordinário do lugar, de modo que se possa dar a conveniente instrução a que se destina o catecumenato e santificar este tempo por meio de ritos sagrados que se hão de celebrar em ocasiões sucessivas"[259] (SC 64). Aqui, realmente, ocorreu um estudo dos diversos modelos de processo de iniciação cristã antigos para se estabelecer um modelo mais adequado para os dias atuais. A grande marca deste trabalho é a promulgação do Rito de iniciação cristã de adultos (RICA). A partir deste marco, a teologia e a pastoral vão se organizar para implementar o processo catecumenal nas diversas comunidades locais e realidades eclesiais.

O segundo pedido dos Padres Conciliares que favoreceu a nossa atual práxis mistagógica foi este: "Nesta reforma, proceda-se quanto aos textos e ritos, de tal modo que eles exprimam com mais clareza as coisas santas que significam, e, quanto possível, o povo cristão possa mais facilmente apreender-lhes o sentido e participar neles por meio de uma celebração plena, ativa e comunitária"[260]. A teologia litúrgica, sobretudo após a virada do milênio, se dedica à teologia do rito, ou à *lectio ritualis*[261].

A terceira requisição feita pelos Padres Conciliares está presente na relação liturgia e espiritualidade da Igreja: "A participação na sagrada liturgia não esgota, todavia, a vida espiritual"[262]. Uma das questões centrais que levaram ao CV II foi, exatamente, a relação entre vida espiritual e liturgia – expressa em debates sobre piedade subjetiva e objetiva e liturgia e mística. A atual impostação da Igreja coloca a liturgia como cume e fonte da vida eclesial e subordina as diversas escolas de espiritualidades e demais devoções e práticas piedosas ao culto eclesial – "Importa, porém, ordenar essas práticas tendo em conta os tempos litúrgicos, de modo que se harmonizem com a sagrada liturgia, de certo modo derivem dela, e a ela, que por sua natureza é muito superior, conduzam o povo"[263].

---

retorno à mistagogia e é por esse viés que enveredamos: "Não se trata, claro está, de copiar servilmente estruturas e métodos do passado. A história não pode nos dar soluções pastorais pré-fabricadas. Mas pode sim ajudar-nos a discernir na experiência pastoral de outros tempos, para além das contingências culturais caducas, algumas intuições de valor permanente, que podem servir para enriquecer as tentativas e os projetos de nossos dias" (OÑATIBIA, I., Actualidad del catecumenado antiguo, p. 24).

259. SC 64.

260. SC 21.

261. SARTORE, D., Mistagogia, p. 1.208-1.215.

262. SC 12.

263. SC 13.

Desta forma, a mistagogia atualmente se desenvolve nestes três núcleos principais: a teologia catecumental, a litúrgica e a espiritual. Nossa pesquisa, consciente de seu recorte epistemológico, se concentrará neste momento em duas dessas três linhas abertas desde o Concílio e desenvolvida nos últimos cinquenta anos de teologia e de pastoral pós-conciliar: a mistagogia como iniciação cristã e como teologia litúrgica. O tema da mistagogia como espiritualidade e mística deixaremos para o quarto capítulo de nossa tese porque é justamente onde queremos contribuir de maneira mais própria.

Sabemos que a mistagogia é uma realidade "viva", isto é, não é um fenômeno cristalizado no tempo, mas está em constante atualização e modificação. Desta maneira, nossa tese doutoral se coloca tanto numa tentativa de compreensão do desenvolvimento do tema quanto de contribuição para uma práxis mistagógica mais eficaz. Dito isto, pedimos ao leitor que reconheça esse difícil lugar de síntese do que já ocorreu e de contribuição para o que há de vir.

2.1. A mistagogia antiga: fonte para a mistagogia atual

O tema da mistagogia precisa ser abordado dentro da tensão entre a tradição e a adaptação. A retomada da teologia do mistério e a forte crise vivida pelo cristianismo no Ocidente fizeram com que a reflexão teológica voltasse às fontes patrísticas a fim de introduzir novas intuições para o processo de acolhimento, de formação e de vivência da fé cristã[264]. Por isso, uma análise da retomada de uma teologia mistagógica e da implementação do processo mistagógico na práxis eclesial hodierna precisa vislumbrar, ainda que de forma geral, o fenômeno da mistagogia antiga. Passamos, então, a apresentar os traços gerais do modelo patrístico – fonte na qual muitos pesquisadores obtiveram fecundos *insights* para a ação evangelizadora da Igreja situada em contexto pós-moderno[265].

Os Padres da Igreja não fizeram uma reflexão sistemática sobre a teologia mistagógica. Eles, na sua produção teológico-pastoral, foram intuindo as intervenções necessárias para conduzir os seus fiéis ao encontro com Jesus. Por isso,

---

264. Quando se fala em retornar aos padres, objetivamente, se trata de acessar as fontes patrísticas que, no caso do nosso estudo, são os escritos canônicos-litúrgicos, os textos das catequeses de iniciação, os tratados exegéticos-doutrinais e os livros litúrgicos (FLORISTÁN, C., Para compreender o catecumenado, p. 60-66).

265. O retorno ao processo de iniciação cristã patrístico ocorre pela necessidade de compreender a sacramentária em chave mistérica, em consonância com a teologia do mistério – razão de cunho teológico – e por uma tentativa de responder a crise de descristianização do mundo Ocidental, repensando o processo de introdução eclesial dos novos membros – razão de índole pastoral (GY, P. M., La notion chrétienne d'initiation, p. 33-34).

para nós, hoje, é uma empresa árdua identificar, compreender e conceituar realidades muito complexas da vivência da Igreja patrística. Em continuidade aos trabalhos de outros pesquisadores, abordaremos, de forma mais acurada, num primeiro momento, a mistagogia dentro do processo de iniciação cristã – a celebração sacramental e as catequeses mistagógicas – e, depois, a natureza própria da mistagogia como teologia mistérico-salvífica.

Os estudiosos que se dedicaram ao tema da mistagogia antiga concluíram um tríplice sentido para o termo: ela é, em primeiro lugar, a própria celebração dos sacramentos – a ação cultual em ato; depois, se caracteriza pela pedagogia de formação na qual os novos cristãos se tornam conscientes das realidades celebradas – a catequese mistagógica; e, por fim, um fazer teológico, dentro da celebração litúrgica, experimentando e entendendo a atualização da salvação no hoje. Passamos a abordar essa gama de sentidos para o fenômeno da mistagogia antiga[266].

Realmente, não é possível adentrar nas práticas mistagógicas sem compreender a riqueza do processo iniciático criado, desenvolvido e consolidado pelas igrejas do tempo antigo. Acompanhando os trabalhos de pesquisa sobre a temática da iniciação, destacamos o esforço de se produzir um vocabulário técnico atual a partir da análise das experiências deixadas nos textos dos Padres da Igreja e dos formulários litúrgicos mais antigos. Dentre os conceitos e as expressões recuperadas da Igreja patrística e atualizados para os dias atuais, os mais importantes para o nosso tema de estudo são: a iniciação cristã, o catecumenato, a catequese mistagógica e a mistagogia[267].

Em 1889, o pesquisador L. Duchesne, estudando os documentos do final do século II d.C., cunhou a expressão iniciação cristã para se referir à celebração na qual novos fiéis recebem os Sacramentos do Batismo, da Crisma e da Eucaristia[268]. De fato, atualmente, sabemos que os Padres dos séculos I ao III d.C., usavam

---

266. MAZZA, E., La mistagogia, p. 11-16.

267. Não é nosso objetivo aqui descrever de forma pormenorizada todos os aspectos que compunham as diversas experiências das igrejas antigas. Todavia, queremos deixar uma indicação preciosa nesse sentido. O professor G. Cavallotto organizou, em forma de quadros sintéticos, os processos de iniciação do Oriente e do Ocidente, antes e depois da paz constantina, revelando as diversidades de modelos utilizados. Por isso, se o leitor quiser sair dos aspectos mais gerais e adentrar propriamente em uma das realidades eclesiais específicas, indicamos a seguinte obra: CAVALLOTTO, G., Catecumenato antico, p. 301-323.

268. O Padre L. Duchesne foi um professor, historiador e liturgista do século XIX, pioneiro em adotar os novos métodos de pesquisas do tempo, sendo o responsável pela primeira edição crítica do *Liber Pontificalis*. Ele foi um dos muitos que sofreram pelo posicionamento apologético magisterial por serem modernistas demais. Para a nossa temática de estudo, escreveu um livro onde dedicou o nono capítulo à compreensão da iniciação na liturgia antes do império de Carlos Magno, chegando à conclusão que a iniciação era entendida como a celebração dos Sacramentos do Batismo, Crisma e Eucaristia. Segue a referência da obra vanguardista naquele momento: DUCHESNE, L., Origines du culte chrétien. Étude sur la liturge avant Charlemagne.

de maneira comedida os termos provenientes das religiões de mistérios com o intuito de evitar uma participação supersticiosa e mágica nos ritos cristãos. Já, no século IV e V d.C., eles não tinham essa necessidade pastoral de salvaguardar o patrimônio cristão do paganismo e franquearam o uso dos termos mistério, mistagogia, místico, mistagogo, místes, entre outros, dentro desse campo semântico. Todos os Padres, contudo, independente do vocábulo usado, entendiam que a celebração do Batismo-Crisma e da Eucaristia tornavam, realmente, uma pessoa cristã, ou seja, a recepção destes sacramentos é verdadeiramente uma iniciação[269].

Neste sentido, se destacam três termos patrísticos importantes: *teleté, mystagogía* e *initiatio*. O primeiro termo grego *teletés* provinha do verbo *teléo* que significa levar a termo, terminar, concluir, executar e cumprir (em sua voz ativa); realizar e celebrar (em sua voz média) e ser introduzido, ser iniciado aos mistérios e ao culto, ser consagrado e ser celebrado (em sua voz passiva). Segundo os filólogos, o termo *teleté* corresponde à ação de levar para um fim, para um *télos*. Mas, esse fim já é atuante no sentido de direcionamento processual. Foi um termo usado, em seu sentido passivo, dentro do mundo das religiões de mistérios com o qual o cristianismo patrístico conviveu. Tal termo foi importado, pela escola de Alexandria, para o processo de iniciação cristã para dar conta da experiência litúrgica do batismo-crisma e eucaristia[270].

O segundo termo, também da língua grega, *mystagogia*, formados pelos nomes *myst-* (ligado diretamente com *mýo* e *mystérion*) e *agogía* (vinculado com o verbo *ágo* – cujo sentido ativo seria conduzir, guiar, educar e formar; o sentido médio apresentaria a ideia de conduzir junto consigo, levar consigo; o passivo significaria ser conduzido, ser guiado, ser levado) carrega um sentido de conduzir, de celebrar e de iniciar nos mistérios[271]. Sabemos que, embora o cristianismo a

---

269. Os Padres Justino (1ª Ap., LVI; LXVI) e Tertuliano (Apolog. VII), no século II d.C., apesar de entenderem o Sacramento do Batismo como iniciação cristã, evitam usar os termos das religiões de mistério a fim de proteger o culto cristão de concepções supersticiosas e mágicas. Tertuliano, se resguardando do termo *mysterium*, prefere *sacramentum*; mas, não deixa de utilizar a palavra latina *initiationes*. No século III d.C., encontramos Clemente (Pedag. I, 5; Protep. XII, 118-120) e Orígenes (In jud. hom. 5,6; C. Cels. III, 50) explorando o termo iniciação, pois este já estava inserido no universo catequético-litúrgico da Igreja de Alexandria. No século IV d.C., o uso da iniciação para se referir à celebração dos sacramentos se generaliza nas igrejas. Para os Padres iniciar é batizar, crismar e eucaristizar, ou, em síntese, cristificar alguém (HAMMAN, A., Iniciação cristã, p. 713-714).

270. BAILLY, A., Dictionnaire grec-français, p. 860; CHANTRAINE, P., Dicitionaire étymologique de la langue grecque, p. 1.000-1.001; LIDDELL, H. G.; SCOTT, R., A Greek-English lexicon, p. 1.771-1.772; RUSCONI, C., Dicionário do grego do Novo Testamento, p. 452-453.

271. Queríamos explorar um pouco mais o significado do termo *agogía* e sua relação com o verbo *ágo*. Existe um triplo campo semântico ligado a eles que possibilitam uma interpretação mais rica do termo mistagogia. O primeiro campo semântico está ligado ao mundo da medicina. Neste contexto, podemos entender o verbo *ágo* como medicar, tratar, nutrir, curar (sentido ativo) e ser tratado, medicado, nutrido e cuidado (sentido passivo). O segundo campo semântico se refere ao universo matrimonial. Aqui, o verbo

princípio tenha evitado o uso de forma extensiva do léxico das religiões de mistério, paulatinamente, ele vai penetrando e se impondo. De tal forma que, o termo mistagogia é usado para designar o conjunto de ritos que introduzem as pessoas na vida cristã – os Sacramentos do Batismo-Crisma e Eucaristia[272].

O termo *initiatio* foi usado em ambiente cristão latino para designar a celebração dos sacramentos de iniciação cristã – Batismo-Crisma e Eucaristia. Ele, correspondendo aos termos gregos citados acima, utilizado dentro das formulações das religiões de mistério em língua latina, foi tomado, posteriormente, pelos Padres Latinos dentro do universo cultual cristão. A ideia de iniciação porta a noção de receber os primeiros elementos de uma ciência, de uma arte ou de um estilo de vida, começando um processo cujo desenvolvimento está previsto e esperado. Desta forma, os sacramentos conferiam a participação na salvação divina, começando um processo de transformação da pessoa[273].

Todo esse estudo filológico dos termos usados nos coloca diante de uma primeira assertiva sobre a mistagogia antiga. Ela era a celebração dos sacramentos de iniciação[274]. Os Padres nutriam uma consciência do *locus* fundamental da liturgia como realização do mistério pascal de Cristo aos homens. Qualquer tentativa de formulação teológica ou de preparação e formação de novos membros parte desse dado de fé no qual a celebração da iniciação cristã era o lugar privilegiado da epifania de Deus aos homens, uma experiência de revelação e comunhão com a vida de Deus através de sinais simbólicos-sacramentais[275].

---

grego ganha as noções de desposar, conduzir a esposa (sentido ativo) e ser conduzido, ser desposado (sentido passivo). O terceiro campo de sentidos é o cultual no qual encontramos os sentidos de celebrar (sentido ativo), de ser convocado para uma assembleia e ser estimado (sentido passivo). Desta maneira, o termo mistagogia ligaria a ação eclesial com o mistério dentro de um *status* de compreensão terapêutica, matrimonial e celebrativa.

272. BAILLY, A., Dictionnaire grec-français, p. 582; CHANTRAINE, P., Dicitionaire étymologique de la langue grecque, p. 728; LIDDELL, H. G.; SCOTT, R., A Greek-English léxicon, p. 1.156 e RUSCONI, C., Dicionário do grego do Novo Testamento, p. 315.

273. GAFFIOT, F., Dictionnaire latin français, p. 822 e TORRINHA, F., Dicionário latino português, p. 426.

274. Nos séculos XIX e XX, o tema da iniciação nas religiões primitivas chamou a atenção de muitos pesquisadores de diversas áreas. Assim, se estabeleceram uma série de estudos que comparavam o processo de iniciação das religiões de mistérios com o do cristianismo dos primeiros séculos. Apesar de se admitir hoje influências dos cultos gregos na liturgia cristã, os autores afirmam também notáveis diferenças. Dentre estas diferenças citamos a relação direta com o evento histórico da vida de Jesus Cristo, a utilização de sinais próprios do contexto cristão, a importância decisiva da comunidade de fé no processo e a cooperação da pessoa num caminho de conversão. Tudo isto, faz com que a iniciação ao mistério de Cristo seja ritual – Cristo ressuscitado incorpora através do rito os novos fiéis ao seu corpo místico, definitiva – o dom do Espírito Santo comunicado passa a agir na vida da pessoa e escatológica – o processo iniciado nos sacramentos tende a sua consumação na vida eterna, sendo ao mesmo tempo antecipação e promessa (RUSSO, R., A iniciação cristã, p. 15-22).

275. Gostaríamos de deixar esse testemunho de Máximo Confessor sobre a compreensão da celebração litúrgica como ação teológica e mistério em ato: "Grandes são os mistérios que a graça permanente do

Podemos, então, a partir de agora, pontuar uma distinção importante entre a iniciação cristã em sentido estrito – o ato celebrativo dos Sacramentos do Batismo-Crisma e da Eucaristia – e a iniciação cristã em sentido lato, identificada com todas as etapas do processo: do acolhimento inicial, passando pelo catecumenato e resultando na experiência sacramental por meio da qual uma pessoa se torna cristã. Esta distinção entre a iniciação cristã em sentido estrito e em sentido lato nos permite vislumbrar o duplo aspecto de crescimento na fé e recepção dos sacramentos, conforme o entendimento dos Padres[276].

Embora o termo "catecumenato" não seja encontrado nos textos patrísticos, ele foi inferido da designação "catecúmeno". Esta, sim, está presente na Escritura (Rm 2,18; Gl 6,6) e, abundantemente, nos escritos dos Padres, gozando de certa universalidade na Igreja antiga. O *katechoumenos* (ou os *katechoumenoi*), em sentido profano, era aquele que recebia uma instrução oral. Adaptado à fé cristã, a partir do século II d.C., esse termo grego designava aquele que se preparava para receber os Sacramentos do Batismo-Crisma e Eucaristia. Em contexto latino, o catecúmeno recebia a designação de *audiente*[277].

O catecumenato, na verdade, era parte integrante de um processo maior – da iniciação cristã em sentido lato. Ele se desenvolveu a partir das experiências de preparação batismal narradas no Novo Testamento, cujo *íter* era o anúncio evangelizador, a conversão e o banho batismal. No afã de realizar o mandato missionário, a Igreja primitiva preocupou-se em levar, através da formação catequético-espiritual, à fé cristã aos homens de então[278].

Espírito Santo realiza e leva à perfeição nos fiéis que se reúnem, com fé, por meio dos ritos que têm lugar na santa sinaxe" (MÁXIMO CONFESSOR, Mistagogia).

276. CAVALLOTTO, G., Catecumenato antico, p. 245-250.

277. Na teologia patrística, o termo catecúmeno aparece, pela primeira vez, na pena de Clemente Romano, caso a carta seja de sua autoria, em 2ª Clem. 17,1. Todavia, as formas de ser um "catecúmeno" foi se transformando ao longo do tempo e encontrando formas variadas, por exemplo, desde a formação dada pelo Diácono Felipe ao eunuco com o objetivo batismal (At 8,37) até os três anos exigidos pela Trad. Apos. 17. As pesquisas atuais apontam as seguintes razões para essa diferenciação de tempo, forma e conteúdo nas diversas realidades eclesiais antigas: na fase anterior à paz constantina, a necessidade de impedir que pessoas hereges – sem a maturidade necessária ou com intenções duvidosas – tivessem acesso aos sacramentos e de selecionar bem os iniciados para evitar os inúmeros casos de apostasia ocorridos face às perseguições; e, na fase pós-paz constantina, a urgência de acolher um número cada vez maior de pessoas no cristianismo e a maior tranquilidade social para desenvolver um processo mais profundo e refinado de iniciação cristã. No século IV d.C., as igrejas dividem o processo do catecumenato em duas partes: a preparação longa dos *catechumenus* ou *audientes* e a preparação imediata dos *illuminati* ou *electi* – essa última ligada diretamente com o tempo da Quaresma. Existem testemunhos de pessoas que esperavam o momento da morte para ser iniciado, nomeados por João Crisóstomo de "batismo dos clínicos" (HAMMAN, A., Catecúmeno (Catecumenato), p. 271-272).

278. FLORISTÁN, C., Para compreender o catecumenato, p. 59-70.

No século II já se tinha amadurecido a consciência de que um cristão não nasce formado. Tertuliano assim se expressou: "Não se nasce cristão, mas se torna"[279]. Desta maneira, no entendimento patrístico, o objetivo central da iniciação cristã em sentido lato era o de tornar alguém cristão. Para isto era necessário introduzir as pessoas na história da salvação, ou seja, participar do mistério pascal de Cristo, receber a efusão do Espírito, se integrar na comunidade eclesial e começar o processo de conversão[280].

Na história da Igreja antiga, o processo de iniciação cristã em sentido lato conheceu uma forma básica, antes da paz decretada pelo Imperador Constantino. Ele era composto do acolhimento inicial, do catecumenato e da celebração dos sacramentos. Com o edito de Milão, após a celebração da iniciação estrita – a celebração do Batismo, Crisma e Eucaristia – se acrescentou, em algumas igrejas, as catequeses mistagógicas[281]. De forma geral, o pastoralista C. Floristán afirma quatro etapas gerais comuns em todas as realidades eclesiais antigas: a etapa missionária, de cunho evangelizador e de acolhimento inicial; a etapa catecumenal, cujo objetivo era formar o candidato; a etapa quaresmal, ligada à preparação mais intensa do fiel; e a etapa pascal, quando acontecia a celebração da iniciação e as catequeses mistagógicas[282].

O momento inicial de acolhimento no processo de iniciação cristã em sentido lato consistia no movimento mesmo dos cristãos em evangelizar as outras pessoas (familiares, amigos e vizinhos), procurando despertar o interesse pelo Cristo e por seu Evangelho. A contrapartida, então, do evangelizando era uma sincera busca e descobrimento da fé a partir do testemunho de seu evangelizador. Nesta relação evangelizador-evangelizando consistia o período primeiro da iniciação, sem intervenção institucional direta, objetivando alcançar o despertar da fé e de um processo de conversão[283].

---

279. Apolog. 18,4.

280. CAVALLOTTO, G., Catecumenato antico, p. 248-249.

281. O historiador da liturgia X. Basurko afirma que durante os séculos II e III d.C., antes da liberação do cristianismo no Império Romano, possuímos quatro grandes testemunhas do que acontecia nas igrejas locais em relação ao processo de iniciação: Clemente e Orígenes (Alexandria), Tertuliano (norte da África) e a Traditio Apostolica (Roma?). Já, após a liberação do cristianismo no Império, durante o século IV e V d.C. possuímos uma série de testemunhos mais fortes, pois, de fato, este foi o chamado "período de Ouro" da iniciação cristã. Assim, os principais nomes que contribuíram, nessa fase, foram: Cirilo e João (Jerusalém), Ambrósio (Milão), Teodoro de Mopsuéstia e João Crisóstomo (Antioquia) e Basílio, Gregório Nazianzeno e Gregório de Nissa (Capadócia). As diferenças entre os dois períodos podem ser encaradas como um desenvolvimento orgânico decorrente das mudanças político-sociais causadas pelo Edito de Milão (BASURKO, X., Historia de la liturgia. Barcelona, p. 82-89 e 122-129).

282. FLORISTÁN, C., Para compreender o catecumenato, p. 59-60.

283. BASURKO., X., Historia de la liturgia, p. 83.

A etapa do catecumenato, após a acolhida inicial, demanda um estudo mais profundo. Durante este período de formação, vemos, na experiência das Igrejas antigas, um rico processo que conjuga, satisfatoriamente, elementos litúrgicos, catequéticos, espirituais e morais. É verdade que tais experiências se configuraram de formas distintas ao longo do tempo e nos diversos contextos eclesiais. Todavia, tudo isso compõe o quadro das intuições e práticas realizadas na igreja dos Padres – fonte para se repensar a relação entre liturgia, catequese e espiritualidade para a realidade atual.

A celebração de um rito litúrgico – atestada em várias igrejas – marcava o início do catecumenato. Contudo, tal rito não era universal e gozava da compreensão teológica e dos aspectos mais apropriados segundo as necessidades de cada contexto local. No século IV d.C., nas igrejas do Oriente, o rito consistia num sinal da cruz na fronte do candidato. Nas igrejas da África, provavelmente por influência de Ambrósio via Agostinho, além do sinal da cruz, se acrescentou a imposição das mãos, o exorcismo e o *sacramentum salis*[284].

Uma figura que surge e permanece no transcorrer do processo de iniciação catecumenal é a do *sponsor*. Realmente, o padrinho possuía uma dupla função: era o "elo de ligação" entre o candidato e a instituição e uma testemunha da vida cristã, apoiando o catecúmeno nas situações concretas do dia a dia. Desta forma, essa pessoa mais madura na fé exerce a função de pai e testemunha, comprometendo-se com a igreja (em nome do catecúmeno) e, também, com ele (em nome da instituição eclesial)[285].

Antes da *pax costantinae*, o candidato era examinado para ser aceito ou não no catecumenato. Em geral, esta função era exercida pelos responsáveis da catequese, normalmente os diáconos e o bispo local. A Trad. Apos. 15 apresenta uma avaliação das motivações interiores e de alguns aspectos da vida pessoal, familiar e profissional do candidato. Os Padres do século II e III d.C. tentavam selecionar os candidatos que tivessem as disposições para viver dentro de um contexto de perseguição e que tivessem uma vida condizente com os valores evangélicos.

---

284. HAMMAN, A., Catecúmeno (Catecumenato), p. 271-272.

285. A questão dos padrinhos é algo que deve se desconstruir visto que suas funções de mestre e testemunha do início dos processos de iniciação viriam a se desfigurar totalmente, mais para frente, se identificando com a função de tutor. Atualmente, encontramos graves problemas pastorais sobre a identidade do padrinho. Apesar dos esforços enveredados para recuperar o *status* religioso dessa figura, ainda vigora na consciência geral a função social da tutela. Uma possibilidade seria a introdução de um novo nome, fundamentado no *sponsor*, compreendido dentro das funções de mestre e testemunha, nos processos de iniciação contemporâneos, fazendo com que a ideia de padrinho, paulatinamente, dê lugar a uma outra figura que cumpra este papel religioso próprio.

Mais para frente, depois da liberação do cristianismo, o catecúmeno do século IV e V d.C., concluindo sua preparação, entregava seu nome ao diácono responsável, antes do início da quaresma, para que o bispo decidisse sobre a permissão para começar a preparação próxima e chegar até à recepção dos sacramentos na Vigília Pascal. Os critérios desta época, em consonância com o novo *status* da religião cristã, estavam baseados em discernir se a pessoa se tornava cristã por fé ou por interesse político-social. Caso fossem aceitos pelo ordinário local, mudavam sua designação de catecúmenos para *fotizomenoi* (no Oriente), *competentes* (no Ocidente) ou *electi* (em Roma)[286].

Uma das peculiaridades mais características do catecúmeno é a sua condição de ouvinte[287]. A noção que subjaz no termo grego *katechoûmenos* e no latino *audientes* manifesta a condição espiritual da vida cristã – a escuta. Sem dúvida, a condição de ouvinte do iniciando (e também do iniciado) pressupõe um relacionamento fecundo e satisfatório entre Escritura e liturgia como proclamação e manifestação do mistério de Deus[288]. No fundo, o que se queria era conduzir os novos membros a uma experiência viva de comunhão e conversão, através da celebração da Palavra, lida aos moldes da *lectio divina*, com uso da metodologia tipológica[289].

---

286. Esses designativos – *fotizomenoi*, *competente* e *electi* – carregam uma carga teológica própria que nos auxilia a compreender como as igrejas antigas enxergavam a obra de salvação acontecendo nos seus processos de iniciação. A ideia que subjaz nestes três designativos se relaciona com conceitos teológicos importantes – a noção da luz, da iluminação e da eleição.

287. Os designativos *katechoumenos* e *audientes* estão relacionados com uma das características mais próprias da espiritualidade cristã: a escuta da voz do Ressuscitado. Nesse sentido, tomamos a conclusão feita por E. Bianchi a respeito dessa *auditus fidei*: "Eis, então, delineado o movimento global da oração cristã: da escuta à fé, da fé ao conhecimento de Deus, e do conhecimento de Deus ao amor, resposta derradeira do seu amor gratuito e primordial pelo homem. Não nos cansaremos de afirmar: onde não está bem esclarecido a primazia da escuta da Palavra de Deus, a oração tende a tornar-se atividade humana e é obrigada a alimentar-se de atos e fórmulas, nos quais o indivíduo procura a sua satisfação e segurança; ela se torna epifania de sua arrogância espiritual, o sucedâneo da execução pessoal da vontade de Deus" (BIANCHI, E., Por que rezar, como rezar, p. 35).

288. Na experiência de iniciação da Igreja de Alexandria, por exemplo, a Escritura era compreendida como verdadeiro mistério. Ela possuía um conteúdo místico, que era acessível apenas aos iniciados. Estes eram instruídos e guiados pelo próprio Lógos (Cristo), como um pedagogo e um mestre, aos sentidos mais profundos do conhecimento e da salvação: "Toda a Escritura inspirada possui [...] um significado claro, que transparece diretamente do texto observado na sua exterioridade, e um significado obscuro e misterioso, escondido na sua interioridade sob a forma de parábolas, símbolos, enigmas. E, enquanto o primeiro significado é percebido pelas pessoas e contém indicações de ordem moral e ascética que estimulam a conversão dos vícios e a prática das virtudes, o segundo é um dom reservado aos eleitos que permite a revelação e inculcação pelo Lógos. Assim, o primeiro significado é objeto do serviço do pedagogo, o segundo requer um serviço do mestre" (GARGANO, G. I., Clemente e Origene nella chiesa cristiana alessandrina, p. 50-51).

289. O Professor I. Gargano, em seu estudo sobre a exegese bíblica patrística, comenta que todos os Padres condividiam a convicção de que o sentido espiritual da Escritura era mais significativo do que o sentido literal. E isto se explica pelo fato de que os Padres não queriam fazer uma exegese arqueológica, mas estavam preocupados com o *hic et nunc* da história salvífica, ou seja, com as demandas culturais e dos contextos eclesiais nos quais se inseriam. O texto bíblico nunca estava preso à sua objetividade, mas ao

Durante a semana, antes do trabalho, os catecúmenos se reuniam para celebrar a Palavra de Deus. Esta celebração consistia na reunião dos iniciandos, da proclamação da Escritura, da explicação do texto lido e de orações de exorcismo junto com o gesto da imposição das mãos. A formação ferial dada ao catecúmeno era responsabilidade dos *doctores audientium* – mestres dos ouvintes. Eles poderiam ser clérigos ou leigos[290].

Apesar da regra do arcano[291], os catecúmenos, também, tomavam parte da liturgia da Palavra aos domingos. Imediatamente após a sua conclusão ocorria a *dimissio*, isto é, a saída dos não iniciados da celebração da Eucaristia dominical. Isso mostra a importância crucial que tinha a escuta litúrgica para os Padres da Igreja. Realmente, após a celebração da iniciação, o neófito viveria sua vida cristã tendo a proclamação da palavra no culto dominical como referência direta[292].

Todavia, a escuta, apesar de subordinada, não se esgotava na experiência litúrgica; ela se prolongava no exercício da *lectio divina*. A vida de oração do fiel era sustentada pela resposta dada à voz do Ressuscitado. Por isso, os Padres estimulavam os fiéis (catecúmenos ou iniciados) à escuta, meditação e oração. Dentro deste contexto, a oração, para os Padres da Igreja, é, na verdade, uma resposta – em palavras e atos – ao que foi escutado por meio da Escritura[293]. Não

---

compromisso com o hoje histórico, teológico e espiritual (GARGANO, G. I., Il sapore dei Padri della chiesa nell'esegesi bibica, p. 196-198).

290. FLORISTÁN, C., Para compreender o catecumenado, p. 67.

291. A regra do arcano era um dispositivo importante para se poder compreender a importância da celebração da liturgia na época patrística. Importada do culto dos mistérios, tal regra proibia a participação e a divulgação da celebração – das formas e dos conteúdos – às pessoas não iniciadas. Assim, os pagãos e os iniciandos não tinham acesso direto aos ritos, às orações e à doutrina cristã. Esta prática contrasta totalmente com a disciplina vigente atualmente na igreja e até choca a nossa sensibilidade atual. Todavia, ela simboliza uma consciência eclesial na qual os sacramentos e a fé possuem um valor tão alto que só poderiam ser abordados e participados por pessoas iniciadas. Para os Padres, essa disciplina do arcano garantiria uma relação profícua entre informação e transformação, ou seja, o conteúdo objetivo e a devida maturação da pessoa. Entre as testemunhas que valorizavam tal abordagem, ainda que não chamem pelo nome de disciplina ou regra do arcano, encontramos Tertuliano, Orígenes, Gregório de Nissa, Cirilo de Jerusalém, Ambrósio de Milão, Agostinho (RECCHIA, V., Arcano (disciplina do), p. 147).

292. A *dimissio* era uma prática comum na Igreja dos Padres. De acordo com a regra do arcano, os catecúmenos eram admitidos à liturgia da Palavra, mas não eram ainda aceitos na liturgia eucarística. A *dimissio*, então, corresponderia ao momento celebrativo no qual os catecúmenos deixavam a assembleia após a liturgia da Palavra dominical.

293. Segundo o Professor V. Bonato, a leitura da Escritura era considerada um compromisso normal para todos os batizados. A leitura litúrgica e a orante estavam unidas no mesmo propósito de escuta da voz do Ressuscitado. Existe um esforço dos Padres para que os fiéis não se sintam satisfeitos apenas com a *lectio liturgica*, mas que a continuem na *lectio divina* (BONATO, V., L'amico dela parola, p. 47-48). Orígenes é um dos exemplos dessa relação entre Palavra, liturgia e vida espiritual: "Desejamos que, depois de ter escutado estas coisas, apliquem-se não somente em escutar na igreja a Palavra de Deus, mas a colocá-la em prática em suas casas e a meditar dia e noite sobre a Lei do Senhor. Lá está o Cristo, e a todos os que o procuram Ele se faz presente" (Hom. sur le Lev. 9,5).

é possível pensar na estrutura do catecumenato antigo sem essa relação entre liturgia da Palavra e *lectio divina* e sem a experiência da escuta e da resposta à Palavra de Deus. Durante o período do catecumenato, o catecúmeno vai se tornando um hermeneuta da Palavra, isto é, alguém que se torna capaz de ler a Escritura na centralidade cristológica e de atualizá-la para o *hodie salutis*, conforme o que se pode verificar em Lc 24,27[294].

A preparação próxima, presente nas igrejas após a liberação do cristianismo no Império romano (após o Edito de Milão), recebia, no Oriente, o nome de *fotizomenato* e estava intrinsecamente relacionada ao tempo da quaresma[295]. Assim, o objetivo central era formar vivencialmente, não apenas intelectualmente, a pessoa. Para isso, se inter-relacionavam aspectos doutrinais, morais e litúrgicos-espirituais centrados principais nas passagens da História da Salvação, dos artigos do símbolo batismal e das *mirabilia Dei* – os sacramentos. Concretamente, se estabelecem exercícios ascéticos inspirados em Mt 6,1-18; se realizam verdadeiras catequeses sob a responsabilidade dos bispos. Nessas catequeses se procurava apresentar, de forma sintética, o *symbolum fidei*, através da Escritura e da celebração da liturgia. Tudo isto para que o ordinário local entregasse o símbolo aos catecúmenos (*traditio*), e estes professassem tal regra de fé (*reditio*) diante da assembleia reunida. Além disso, é possível encontrar testemunhos de uma catequese de inspiração bíblico-litúrgico sobre o Pai-nosso que terminava na *traditio* da oração

---

294. A redescoberta da importância da Escritura na Igreja dos Padres movimentou, durante o século passado, um debate sobre o seu modo de interpretação feito por dois grandes teólogos, cujos trabalhos inspiraram o Vaticano II, J. Daniélou e H. de Lubac. O primeiro defendia que para os Padres existiam apenas dois sentidos para a interpretação da Escritura: o literal e o tipológico. Para esse autor ainda, o sentido tipológico, além de ser mais importante, procurava interpretar todas as passagens da Escritura tendo como centro o evento Cristo em cinco perspectivas: a histórica – os textos prefiguravam eventos da vida de Jesus, desde a encarnação até a ascensão; a salvífica – as passagens profetizavam realidades misteriosas da realização da salvação por Cristo; a eclesiolitúrgica – as perícopes anunciavam a economia eclesial e seus sinais celebrativos; a espiritual – os relatos apontavam para a vida espiritual dos que creem em Cristo; e, por fim, o escatológico – as leituras revelavam os eventos finais da história salvífica (DANIELOU, J., Les divers sens de l'Escriture dans la tradition chrétienne primitive, p. 118-126). H. de Lubac, por sua vez, defendia quatro sentidos na exegese dos Padres, em consonância com o dístico medieval *littera gesta docet, quod credas allegoria, moralis quid ages quo tendas anagogia* e apoiado no testemunho de Tomás de Aquino. Estes sentidos seriam o literal, o alegórico, o moral e o anagógico (DE LUBAC, H., Esegesi medievale, p. 181-230). A posição dos autores conflitava no tocante ao uso e à diferença entre a tipologia e a alegoria. J. Daniélou negava a existência de uma verdadeira alegoria nos Padres e H. de Lubac sustentava não só a existência como a importância dela. Esse debate se consolidou nas páginas do CV II, em especial, no parágrafo doze da DV e na redação do CIC, parágrafo de 115 ao 119.

295. Na Igreja de Jerusalém, parece que a preparação remota tinha uma duração maior do que as outras igrejas: oito semanas. Todavia, a conclusão estava sempre vinculada a festa da Páscoa, mostrando a consciência universal da Igreja sobre a íntima relação entre mistério pascal e celebração da iniciação cristã. Além disso em todos os casos, a Quaresma era compreendida como um grande retiro para a celebração pascal, cujo centro era a iniciação cristã (BASURKO, X., Historia de la liturgia, p. 124).

do Senhor. Na igreja de Nápoles, encontramos ainda um testemunho da entrega dos Salmos, vinculando a oração dominical à do saltério – *traditio psalmi*[296].

Além disso, na quaresma, entendida como um grande retiro cujo escopo era conduzir os *electi* às fontes pascais, a igreja de Roma organizou um conjunto de leituras próprias, dispostas no terceiro, quarto e quinto domingo quaresmal para servir de formação bíblico-litúrgico-espiritual sobre os sacramentos de iniciação. Nesses domingos eram proclamadas as passagens da Samaritana (Jo 4,4-42), do cego de nascença (Jo 9,1-41) e da ressurreição de Lázaro (Jo 11,1-45). Tais textos eram interpretados a partir do método tipológico a fim de revelar os mistérios sacramentais como água-viva, iluminação e ressurreição[297].

Dentro do período quaresmal, ainda, os catecúmenos eram submetidos aos escrutínios. Estas peças litúrgicas, ocorridas dentro da celebração, queriam imprimir naqueles que se preparavam para o Batismo-Crisma e Eucaristia um compromisso sempre maior e um exame das suas disposições. Dentro desses escrutínios, ocorriam os exorcismos que buscavam ressaltar o papel da ação do Espírito Santo na luta contra o mal e no empenho de transformação interior[298].

A iniciação cristã em sentido amplo era um processo ligado à experiência comunitária. Nenhuma de suas etapas pode ser pensada sem a conexão com a comunidade local e a inserção do candidato nela. O tornar-se cristão subentendia a pertença à Igreja. A imagem da mãe que gera no seu ventre e dá à luz ao filho é usada, abundantemente, pelos Padres, para se compreender a essência da iniciação cristã, a missão da comunidade e a situação dos iniciandos. O candidato, desde seu acolhimento, passando pelas etapas do catecumenato e chegando à sua eleição para os sacramentos e a preparação quaresmal, era compreendido como um feto se desenvolvendo no ventre eclesial. A formação pela Escritura, as orações de exorcismo e de intercessão pelos catecúmenos eram comparadas com a tarefa nutricional materna. Por conseguinte, a celebração do Batismo, como ponto máximo do processo, seria o parto eclesial dos seus novos filhos[299].

---

296. HAMMAN, A., Catecúmeno (Catecumenato), p. 271-272.

297. Esta intuição de montar um lecionário em correlação direta com a experiência batismal revela o alcance da consciência mística dos Padres a respeito da celebração como lugar da atualização da história da salvação. Isto só se tornou possível mediante uma interpretação alegórico-tipológica na qual a força de salvação dispendida pelo Senhor em relação à Samaritana, ao cego e ao seu amigo Lázaro era, igualmente, concedida aos batizandos no transcurso da celebração sacramental, ou seja, a Igreja acreditava que o Ressuscitado era atuante em relação aos fiéis da mesma forma que atuara no encontro com os personagens bíblicos: dando a água-viva, iluminando e ressuscitando.

298. Em Roma e em Milão são atestadas a celebração de três escrutínios durante a Quaresma. Encontramos no *Sacramentarium Gelasianum*, datado do século VI d.C., a liturgia própria desses escrutínios, o qual remonta às experiências do século V d.C. (CAVALLOTTO, G., Catecumenato antico, p. 278).

299. Entre os Padres que utilizam a imagem da mãe grávida para o processo de iniciação estão Agostinho, Cirilo de Jerusalém, João Crisóstomo e Dionísio Aeropagita (CAVALLOTTO, G., Catecumenato antico, p. 280).

A instituição da iniciação cristã e do catecumenato visavam conduzir o candidato à celebração dos sacramentos. Porém, tal condução não concebia seu destinatário como um sujeito passivo no processo. Ao contrário, era necessário um desenvolvimento humano, social e espiritual do simpatizante, do catecúmeno e do eleito – cada etapa demandava uma maturidade própria do candidato. Por isso, as etapas formativas e os ritos respeitavam a história e as condições de cada um e as possibilidades reais de *feedback* ao processo. O processo catecumenal, por conseguinte, poderia se prolongar por três ou mais anos, e isso para que houvesse um tempo razoável para um amadurecimento humano do catecúmeno. Logo, o que estava em questão não era apenas o aspecto doutrinal[300].

Após o término da Quaresma e do catecumenato, a iniciação em sentido estrito ocorria, propriamente, na celebração da Vigília Pascal. Na "mãe de todas as vigílias"[301], os catecúmenos se tornavam realmente cristãos através do banho batismal, da unção com óleo e da comensalidade eucarística. Os Padres tinham uma consciência muito viva de que os Sacramentos do Batismo, da Crisma e da Eucaristia, celebrados na Vigília Pascal, enxertavam às pessoas no mistério da Páscoa de Cristo, no qual toda a economia veterotestamentária se realizava, e do qual tal economia, profusamente, se projetava no tempo da Igreja em direção ao *eschatón*[302].

Desde o século III d.C., os traços fundamentais do complexo celebrativo dos sacramentos de iniciação estavam montados. Nos séculos IV e V d.C., ocorre a consolidação e o enriquecimento dos ritos. A liturgia solene da Vigília Pascal constava da celebração unitária dos Sacramentos do Batismo, Crisma e Eucaristia. De tal forma que encontramos testemunhos do ritos pré-batismais, batismais e pós-batismais – dos quais a unção crismal fazia parte – e da primeira participação dos neófitos no memorial eucarístico da paixão, morte e ressurreição do Senhor[303].

---

300. Gregório de Nissa, por exemplo, compreende que "o nascimento espiritual depende da vontade do gerado" (Or. Cat. Mag. 39,1). Longe de ser uma sentença na qual se afirma um voluntarismo pelagiano, se quer salientar o necessário engajamento do catecúmeno no processo de iniciação.

301. "A Vigília Pascal, na noite santa em que o Senhor ressuscitou, seja considerada a mãe de todas as vigílias" (NUAL 21). Este texto está baseado em Agostinho: "Como deve ser grande a nossa alegria por estarmos de vela nesta vigília, que é, de certo modo, a mãe de todas as santas vigílias" (Sermão 219).

302. Agostinho de Hipona nos ensina o sentido da Vigília Pascal em sua relação com a ressurreição e a parusia: "Nesta nossa vigília não estamos à espera do Senhor, como se tivesse de ressuscitar, mas renovamos solenemente, uma vez no ano, a recordação da sua ressurreição. No entanto, nesta celebração, tornamos o passado de tal modo presente que a nossa própria vigília é figura da realidade que vivemos na fé. Com efeito, durante todo este tempo, no qual o século presente transcorre sob a forma de noite, a igreja está de vela, com os olhos da fé postos nas Sagradas Escrituras, como se fossem lâmpadas que brilham na obscuridade, até o dia em que o Senhor virá" (Sermão 233 D).

303. CAVALLOTTO, G., Catecumenato antico, p. 287-293.

Os ritos pré-batismais da iniciação cristã antiga atestavam o rito do *Éfeta*, a renúncia a satanás e adesão ao Cristo e a unção pré-batismal. O rito do *Éfeta*, chamado de *mysterium aperitionis* – mistério da abertura, atestado em Roma e em Milão, baseado numa leitura tipológica de Mc 7,32-35, conectava a cura do surdo-mudo com a salvação oferecida ao batizando. Os Padres acreditavam que, como aquele personagem bíblico recuperou a visão e a audição pela ação do Cristo, o batizando começa a ver e a ouvir a partir da experiência salvífica celebrada, possibilitada pela ação do mistério pascal de Cristo.

A renúncia a satanás e a adesão ao Senhor são universalmente atestadas. Em algumas Igrejas orientais, todavia, eram proferidas a renúncia, em direção ao Ocidente, e a adesão, ao Oriente; e isso em alusão à luz pascal e ao paraíso primitivo. Os objetivos desses ritos eram reafirmar o compromisso na luta contra o adversário e o esforço de configuração a Jesus. O rito da unção, encontrado também em algumas Igrejas orientais, consistia em usar um óleo perfumado – uma prefiguração à noção bíblica do odor de Cristo (2Cor 2,15) – para assinalar a fronte do batizando. Esse rito possuía também valor de exorcismo, de comprometimento e de obediência a Cristo[304].

Os ritos batismais consistiam na bênção da água, na unção corporal e no banho batismal. Desde o século III d.C., os textos patrísticos relatam as orações feitas sobre a água com o intuito de prepará-la para a imersão dos catecúmenos. Tais eucologias utilizam-se dos significados comuns do elemento água (lavar, limpar, umedecer...) e de imagens da Escritura para efetuar uma leitura alegórica e tipológica do significado litúrgico-espiritual da imersão batismal[305]. A noção dos Padres acerca da fonte batismal como útero acrescenta-se aquela do esperma (semente) do Ressuscitado. Ele, em sua virtude, fecunda e gera na Igreja os seus novos filhos cujo o parto acontece na saída dos neófitos do *locus* batismal[306].

---

304. CAVALLOTTO, G., Catecumenato antico, p. 288-289.

305. Em Tertuliano, encontramos a oração sobre a água do batismo. Ele recorre a elementos tipológicos do Primeiro Testamento – a criação, o Mar Vermelho e a libertação do Egito – e do Novo Testamento – o batismo do Jordão, o sinal de Caná, a água-viva da Samaritana no poço de Jacó, o copo de água dado ao próximo, o caminhar sobre as águas, o lava-pés, a água que jorrou do lado do Cristo na cruz. Estes sinais vão se impondo, se desenvolvendo e se consolidando nas fórmulas de oração batismal ao longo do tempo (NOCENT, A., Os três sacramentos de iniciação, p. 30-31). O testemunho mais antigo da tradição ocidental de uma oração sobre a água e a sua relação com a vinda do Espírito Santo é esta: "Feita a invocação, o Espírito vem logo do céu e paira sobre as águas, santifica-as pela sua presença e, assim santificadas, elas impregnam-se, por sua vez, do poder de santificar" (TERTULIANO, "O Baptismo").

306. "Destas núpcias nasce o povo cristão pela virtude do Espírito do Senhor que desce do alto. Com o gérmen celeste, que desce às nossas almas e nelas se infunde, vamo-nos formando no seio maternal da Igreja, que nos dá à luz para a vida nova em Cristo" (PACIANO DE BARCELONA, "Sermão sobre o batismo").

Os Padres descrevem um rito de unção completa sobre o corpo nu do iniciando. Neste contexto, a unção feita nas mulheres era realizada pelas diaconisas; enquanto que, para os homens, os responsáveis eram os diáconos. Esta unção tinha vários sentidos como passamos a esclarecer agora: Ambrósio e João Crisóstomo afirmavam que o fiel se fortificava na luta contra o mal; Cirilo dizia que era o enxerto da pessoa na boa oliveira, ou seja, o próprio Cristo; Teodoro de Mopsuéstia e Proclo de Constantinopla compreendiam como um sinal da imortalidade e da vida nova do neófito; e, por fim, Efrém concebia tal unção como um ato de pertença ao Ressuscitado[307].

O banho batismal consistía, geralmente, de uma tríplice imersão na qual, em cada uma, o bispo perguntava ao batizando se ele cria no Pai, e no Filho e no Espírito Santo. Existia também uma outra fórmula na qual, depois da imersão, se declarava, habitualmente, com o verbo no passado, "foi batizado em nome do Pai e do Filho e do Espírito Santo". A data da celebração – na Vigília Pascal – e o rito – o tríplice mergulho e a invocação trinitária – querem destacar essa atualização do mistério da salvação no hoje eclesial, tanto na vida do neófito quanto na vida da Igreja. O batismo era encarado como um evento pertencente à História da Salvação, continuada no *tempus ecclesiae*. Ele era a imersão do fiel no mistério pascal[308].

Em relação aos ritos pós-batismais, existe uma série de diferenças entre os testemunhos antigos. Todavia, a unção crismal e a vestição do hábito branco se destacam entre todos os outros. A imposição das mãos, seguida da unção com o óleo da crisma, é atestada por diversos Padres e está sempre em conexão com a transmissão do dom do Espírito Santo. A unção ocorria na fronte do batizado e, em seguida, se dava o ósculo da paz – sinais retirados da Escritura e entendidos como se atualizando no transcurso da celebração. De fato, esta unção crismal revelava a atuação do Espírito Santo na vida do iniciado e a efetivação da salvação e da paz cristã em sua vida. Somente a partir do século VI d.C., é que o Sacramento da Crisma se separará da sua unidade com o Batismo e se constituirá num sacramento independente[309].

---

307. FLORISTÁN, C., Para compreender o catecumenado, p. 68-69.

308. Para J. Danièlou, "o simbolismo do rito é aquele que já foi indicado por São Paulo; ele é a configuração sacramental à morte a à ressurreição de Cristo. É o tema que aparece em toda parte. [...] O batismo é um antítipo da paixão e da ressurreição, isto é, semelhança e diferença. E o texto explica qual é a semelhança e qual é a diferença. Há na morte e na paixão de Cristo dois aspectos a serem distintos: a realidade histórica e o conteúdo salvífico. A realidade histórica é somente imitada; o rito sacramental a simboliza, representa-a. Mas o conteúdo salutar, ao contrário, comporta uma participação real. Os dois aspectos do sacramento são assim perfeitamente definidos. É um símbolo eficaz da paixão e da ressurreição, que as representa corporalmente e as realiza espiritualmente" (DANIÉLOU, J., Bíblia e liturgia, p. 69-71).

309. Para aprofundar a temática do desenvolvimento histórico-teológico do Sacramento da Confirmação, indicamos NOCENT, A., Os três sacramentos de iniciação, p. 100-133.

O rito da vestição do hábito branco, atestado na Igreja antiga, permitia múltiplos sentidos, a saber: Teodoro de Mopsuéstia o entendia como um sinal da incorrupção e da imortalidade; Ambrósio afirmava o sentido da inocência batismal; Agostinho acreditava que ele revelava o esplendor da alma; João Crisóstomo e Gregório Nazianzeno o liam dentro de uma mística esponsal na qual o neófito se vestia para o noivo Jesus[310].

A Eucaristia era celebrada na mesma Vigília Pascal e entendida como o memorial do mistério pascal de Cristo. Logo após o batismo, os neófitos eram recebidos pela comunidade, sentavam num local reservado para eles e participavam pela primeira vez do banquete eucarístico. A participação no corpo e sangue do Senhor oferecidos era compreendida num tríplice sentido: o crístico – comunhão com a vida do Ressuscitado que se entregou à morte pela humanidade; o eclesio--espiritual – a adesão e a permanência no corpo místico do Senhor; e o oblativo-sacrifical – o compromisso da autoentrega de si no cumprimento do mandato do amor[311]. Os neófitos podiam participar das orações, intercambiar a paz, apresentar as ofertas e tomar parte no banquete eucarístico. Em algumas igrejas, os iniciados recebiam leite e mel – mais um sinal bíblico introduzido diretamente na celebração, visto que se entendia que a promessa veterotestamentária da terra (Ex 33,3) se cumpria ali na celebração da Eucaristia como sinal do banquete escatológico do Reino de Deus[312].

Depois desse percurso de apresentação da iniciação cristã na Igreja antiga – primeira evangelização, catecumenato (preparação remota e próxima) e a celebração dos sacramentos – finalmente, podemos adentrar o fenômeno das catequeses mistagógicas. Já vimos, anteriormente, que o primeiro sentido para a mistagogia antiga estava ligado à celebração dos sacramentos de iniciação. Passaremos, agora, a desenvolver o segundo sentido: as catequeses mistagógicas.

O contexto para o surgimento e o estabelecimento de uma práxis catequética mistagógica na Igreja patrística está relacionado com a oficialização da religião pelo Império Romano. O Edito de Milão, em 313 d.C., modificaria totalmente a situação das comunidades eclesiais: de um contexto de perseguição – cujo modelo de iniciação se apoiava na espiritualidade martirial – para uma comunidade

---

310. É possível encontrar nos escritos parísticos mais dois ritos pós-batismais: a lavagem dos pés do neófito, citado por Ambrósio e Agostinho, e o acender a chama da lâmpada, testemunhados por Gregório Nazianzeno e Proclo de Constantinopla. Ambos são ritos inspirados nas páginas evangélicas, respectivamente, Jo 13,4-17 e Mt 25,1-13. Essas práticas revelam a consciência dos Padres de que os eventos salvíficos escriturísticos se atualizam na vida da comunidade eclesial e dos batizados.

311. ALDAZÁBAL, J. A., A Eucaristia, p. 166-173.

312. FLORISTÁN, C., Para compreender o catecumenado, p. 69.

construtora da sociedade civil e da cultura, onde se necessitava refletir e criar um tipo de espiritualidade condizente com os novos tempos. As catequeses mistagógicas nascem da urgência pastoral de qualificar os novos cristãos em relação ao testemunho.

As catequeses mistagógicas são um fenômeno próprio do processo de iniciação em sentido amplo, presente nos séculos IV e V d.C., em ambiente ierosolimitano, ambrosiano e antioqueno. Apesar disso, sabemos que em outras comunidades locais (Roma, Capadócia, Alexandria e Cartago) encontramos outras experiências mais ou menos afinadas com tal práxis mistagógica. Isto nos leva a conclusão de que tais catequeses não foram uma realidade universal e, nas práticas encontradas, não possuímos também um único modelo[313].

Na Igreja de Jerusalém e de Milão, por exemplo, as catequeses mistagógicas de Cirilo de Jerusalém e de Ambrósio de Milão ministravam uma formação aos neófitos, durante a oitava de Páscoa a fim de que eles compreendessem a ação soteriológica sacramental. Já na Igreja de Antioquia, João Crisóstomo e Teodoro de Mopsuéstia instruíam, durante a Quaresma, os eleitos sobre o Sacramento do Batismo-Crisma e, na oitava da Páscoa, os já iniciados sobre a Eucaristia. Agostinho, por sua vez, se aproximava mais das práticas realizadas na Igreja de Antioquia. Estamos, portanto, diante de modelos catequéticos diversos e de uma práxis pastoral adaptada às diversas realidades.

Atualmente, os pesquisadores definem as catequeses mistagógicas como o conjunto de textos patrísticos que correspondem às homilias feitas pelos bispos aos neófitos durante a oitava de Páscoa com o intuito de lhes explicar a relação existente entre a salvação, os ritos da celebração da iniciação cristã e a vida nova do fiel. Os pesquisadores destacam o uso da interpretação tipológica nas catequeses mistagógicas. Este grupo de textos patrísticos caracterizam, então, as catequeses mistagógicas em sentido próprio[314].

Podemos encontrar outros textos patrísticos que se assemelham às catequeses mistagógicas em sentido próprio. Contudo, são dirigidos aos catecúmenos e aos

---

313. SARTORE, D., Mistagogia, p. 1.209.

314. A classificação dos escritos em catequese mistagógica apresenta-se como uma tarefa difícil. Pois, os critérios estabelecidos para tal discernimento nem sempre são apresentados em todos os textos. De forma estrita, somente os seguintes textos podem ser caracterizados como catequeses mistagógicas: as *Catequeses mistagógicas* de Cirilo de Jerusalém, algumas partes da *Peregrinação de Etéria*, o *Sobre os sacramentos* e o *Sobre os mistérios* de Ambrósio de Milão, as *Catequeses batismais* de João Crisóstomo e as *Homilias catequéticas* de Teodoro de Mopsuéstia. De forma mais ampla, podemos indicar também os discursos pascais de Agostinho de Hipona, as homilias litúrgicas de Zeno de Verona, de Gaudêncio de Brescia e de Cromácio de Aquileia, a *Hierarquia eclesiástica* do Pseudo-Dionísio, as homilias pascais de Asterio Sofista, as explicações sobre o batismo de Proclo de Constantinopla e os grandes comentários litúrgicos da tradição oriental, em especial a bizantina (SARTORE, D., Mistagogia, p. 1.208-1.209).

iniciados e não aos neófitos propriamente. Eles versam sobre temas variados da vida cristã e não necessariamente sobre a celebração da iniciação. Em geral, eles são homilias realizadas fora do tempo da oitava de Páscoa. Tais testemunhos escritos são chamados de catequeses patrísticas ou catequeses de cunho mistagógico em sentido comum. Esse grupo ratifica que a mistagogia antiga não se reduz às catequeses mistagógicas, mas foi um fenômeno mais amplo de produção teológico-pastoral.

O interesse de diversas áreas da teologia contemporânea pelas catequeses mistagógicas está no contexto vital da sua práxis. Como elas eram homilias – uma peça do universo cultual e o seu conteúdo versava sobre temas litúrgicos e sacramentais – a teologia litúrgica nutre grande interesse em compreendê-las a fim de aprender com suas intuições mistagógicas e delas se servir para o *ars celebrandi* de nossos dias. Ademais, elas eram homilias cujo conteúdo pertencia ao projeto de formação orgânico e integrado da iniciação cristã. Este dado despertou o empenho dos catequetas em reestabelecer o tempo da mistagogia na recuperação do processo catecumenal nas experiências atuais de iniciação cristã. Por fim, a teologia espiritual concentrou seu interesse pela experiência mística ocorrida dentro das celebrações dos sacramentos de iniciação, nas quais os sinais se apresentam como lugares epifânicos do mistério, capazes de tocar profundamente a pessoa e a comunidade, proporcionando-lhes uma experiência nova de vida[315].

Esta inter-relação entre liturgia, catequese e espiritualidade torna as catequeses mistagógicas um modelo importante de inspiração para a comunidade eclesial de nossos dias na sua tentativa de superar graves problemas de sua práxis evangelizadora: a superação do hiato fé e vida; a distância entre culto litúrgico e engajamento pessoal e comunitário; a tendência intelectualista de formação cristã, relegando ao segundo plano a experiência místico-espiritual; o divórcio entre a liturgia e a espiritualidade. O estudo das catequeses mistagógicas, como paradigma de integração entre fé, formação e vida, contribui para que novas perspectivas se abram ajudando-nos a superar os desafios pastorais de nosso tempo.

As catequeses mistagógicas possuem uma estrutura metodológica baseada em cinco etapas. O seu contexto era a celebração litúrgica e elas se caracterizavam como discursos orais que procuravam, sobretudo, estabelecer a relação vital entre o evento salvífico e a sua atualização-presença através do rito. O método destas catequeses consistia em dois grandes movimentos: do rito para o evento salvífico (etapas primeira, segunda e terceira) e do evento salvífico para o rito (etapas quarta e quinta)[316].

---

315. MAZZA, E., La mistagogia, p. 18-22.
316. MAZZA, E., La mistagogia, 194-198 e SARTORE, D., Mistagogia, p. 1.209-1.210.

Desta forma, a primeira etapa consistia em descrever o rito (ou parte dele, ou algum de seus elementos, como os gestos ou as eucologias). Na verdade, o que se fazia era uma memória da experiência vivida pelos neófitos na celebração da Vigília Pascal. O segundo momento servia para criar a ponte entre o rito e um evento salvífico – podendo ser mais de um evento. Neste sentido, o mistagogo se servia das narrativas da Escritura e desvelava o mistério de Cristo, que fundamentava a celebração do rito. O terceiro passo era a composição de uma teologia do evento salvífico. Desta forma, os mistagogos procuravam entender como a salvação foi atualizada naquele evento particular. Esses três passos têm como objetivo ir da celebração ritual para a compreensão do evento salvífico, constituindo uma aproximação anamnética.

O quarto passo buscava estabelecer a ligação entre o evento e a celebração do rito. De posse das reflexões sobre o evento salvífico, os Padres entendiam que a parte material era modificada – lá, os elementos narrados na Escritura, aqui os elementos litúrgicos – enquanto que a parte mistérica – o mesmo conteúdo salvífico – se tornava presente no hoje. Sem dúvida, esse quarto passo mistagógico estabelece uma analogia na qual a força salvífica permanece em meio às diferenças. Desta forma, o quarto passo fazia a aplicação da categoria salvífica aos elementos rituais da iniciação cristã. Por fim, o quinto passo tentava construir uma linguagem interpretativa sintética dos quatro passos anteriores, oferecendo uma chave linguística unificada para os fiéis de determinada igreja. Esses dois últimos passos visavam conduzir do evento salvífico para a celebração ritual, por meio de uma dinâmica epiclética.

Este método das catequeses mistagógicas se fundamentava numa rica percepção da relação salvação, evento e rito. Existe uma progressiva modificação dos termos usados pelos Padres. Eles começam utilizando conceitos pertencentes ao universo filosófico do médio-platonismo – imitação, participação e comunhão. Aos poucos, mesmo perdendo de um lado as categorias científicas-filosóficas em voga no tempo, os Padres preferem usar o termo "presença" para articular melhor sua compreensão da liturgia[317].

---

317. O tema da relação entre os Padres da Igreja e o platonismo foi, inicialmente, compreendido como uma influência direta da filosofia na reflexão teológica. Atualmente, contudo, esta posição foi matizada. Os pesquisadores tentam identificar as correntes platônicas, médio-platônicas e neoplatônicas do tempo de cada Padre e perceber o diálogo existente entre eles – seja a utilização de termos e conteúdos filosóficos para explicar algo do patrimônio cristão, seja, ainda, um embate de ideias e concepções. Na verdade, os estudiosos estão mais inclinados a entender que a teologia patrística importou conceitos da filosofia quando não conseguia articular e comunicar as noções teológicas advindas da Escritura. Por isso, muitas vezes, encontramos um longo caminho de desenvolvimento de um conceito na tentativa de encaixá-lo da melhor maneira possível com o intuito de fazer compreensível as realidades da fé cristã (LILLA, S., Platonismo e os Padres, p. 1.156-1.171).

Numa leitura superficial, pareceria que a troca de nomenclatura não modifica absolutamente nada. Contudo, presos à linguagem platônica, os Padres estabeleceram uma diferença ontológica entre o evento narrado na Escritura e a sua celebração no culto. Os eventos salvíficos gozavam de um *status* fundante e mais denso soteriologicamente, enquanto que as celebrações teriam um *status* dependente e menos portador de carga salvífica. Isto se deixa perceber pelos conceitos de imitação, participação e comunhão, pois expressam uma relação desigual entre duas realidades em que uma segunda depende da primeira.

Com a percepção desse esquema, acontece, paulatinamente, uma introdução da teologia da presença. Ela procurava afirmar algo próprio da fé cristã patrística, isto é, a identidade entre o evento salvífico e o rito litúrgico e a compreensão de que a celebração é, por si mesma, um evento da história da salvação. Desta forma, a relação que se estabelece entre os eventos narrados e os atos celebrados não estão no âmbito de uma relação de conexão ontológica aos moldes da metafísica platônica. O rito celebrado possui uma força evocativo-anamnética e atualizadora-epiclética, que presentifica as mesmas energias salvíficas nos diversos momentos do *ordo salutis*. O evento passado e a celebração presente não diferem ontologicamente, mas gozam da mesma força soteriológica[318].

Além disso, o próprio ato celebrativo gozava do padrão de evento da história da salvação. A liturgia não era apenas memória de um evento que se passou e que se atualiza no hoje. Ela é propriamente uma epíclese, ou seja, a salvação em ato, acontecendo para aquelas pessoas reunidas e atingindo a história, o mundo e o cosmos. Essa visão teológica qualifica a liturgia colocando-a num lugar privilegiado no plano salvífico divino. No tempo da igreja, a celebração é o *locus* no qual a *história salutis* não só se atualiza, mas prossegue ganhando novas dimensões. A partir dessa cosmovisão litúrgica é que os Padres percebem que a celebração é, realmente, um modo privilegiado de fazer teologia – a *theologia prima*[319].

Uma vez abordado o tema da mistagogia antiga enquanto sua manifestação teológico-pastoral, no âmbito da iniciação cristã, como celebração dos sacramentos de iniciação e catequese mistagógica, podemos aprofundar nossa reflexão nos aproximando da natureza própria da mistagogia como método para atingir a inteligência do mistério. Sem dúvida, as catequeses mistagógicas foram uma das

---

318. MAZZA, E., La mistagogia, p. 199-204.

319. Citamos S. Marsili para nos esclarecer o que seja a liturgia como teologia primeira: "Na verdade, é o que se encontra no plano histórico, porque a chamada teologia dos Padres da Igreja nasceu e chegou até nós como explicação do conteúdo de fé expresso e vivido na liturgia. Por isso, podemos dizer, com razão, que da teologia pregada e vivida na liturgia, brotou a teologia como reflexão sobre a liturgia" (MARSILI, S., Teologia litúrgica, p. 1.178). Para o liturgista italiano, a liturgia é teologia na medida em que é a celebração da salvação em ato, experiência revelatória e soteriológica.

formas de os Padres exercerem seu fazer mistagógico, mas seria uma postura reducionista parar por aqui. A mistagogia antiga é um fenômeno maior e mais complexo, o qual não só abarca as catequeses mistagógicas, mas manifesta o modo de ser Igreja da época patrística, no qual o grande interesse está em ser mediadora da presença e da comunicação da salvação no hoje.

Começando em Gregório de Nissa (séc. IV d.C.), presente em Teodoro de Mopsuéstia (séc. IV-V d.C.), com muito vigor no Pseudo-Dionísio (séc. V-VI d.C.) e influenciando a teologia litúrgico-sacramental oriental, a mistagogia vai se desenvolver de uma etapa da prática de iniciação cristã para um modo de se fazer teologia histórico-salvífica. Para estes autores, a questão não se esgota exclusivamente no encaminhamento de pessoas aos sacramentos ou na explicação desses, mas na "inteligência do mistério"[320]. Apoiamos nossa afirmação no liturgista D. Sartore:

> Faz bem notar que as catequeses mistagógicas antigas não cobrem apenas as áreas da catequese e da espiritualidade. A mistagogia é dotada de um particular método teológico com o qual essa elabora a inteligência do mistério [...] O método mistagógico é apto a elaborar também conteúdos teológicos; a mistagogia pode ser considerada uma teologia verdadeira e própria, uma teologia litúrgica.[321]

Este modo de fazer teologia propõe um método teológico baseado na relação Escritura-igreja-eschatón, alicerçado pela leitura tipológica. Sendo o mistério a revelação do plano salvífico de Deus, em etapas progressivas e concatenadas, cujo ápice está em Jesus Cristo, cabe ao teólogo-mistagogo entrar nesta realidade mística, percebendo o "elo de ligação" entre os eventos da Primeira e da Nova Aliança, da Igreja e do fim dos tempos. Para nós, que estamos no tempo eclesial, a celebração litúrgica é, ao mesmo tempo, um dos eventos da História Salvífica e, ainda, uma realidade recapituladora dos eventos anteriores e antecipadora dos eventos futuros. A mistagogia, em perspectiva teológica, segundo esses autores, concebe a celebração litúrgica como o lugar teológico principal[322].

---

320. Este sentido da mistagogia como fazer teológico é bem atual e precisa ainda ser mais desenvolvido. A teologia latino-americana pode oferecer um contributo neste sentido, visto que a recuperação do fazer teológico dos Padres deve ser adaptado às condições histórico culturais próprias dos determinados contextos. No sentido da atualidade da pesquisa sobre a mistagogia como teologia citamos as palavras de A. Grillo: "Uma valorização da perspectiva teológica da mistagogia está ainda longe de ser adequadamente considerada e completamente articulada. Isto se deve precisamente pela novidade que este termo traz para a experiência eclesial do último século, que gerou, gradualmente, um profundo repensar da teoria e da práxis dos sacramentos" (GRILLO, A., Mistagogia e prospettiva teológica, p. 237).

321. SARTORE, D., Mistagogia, p. 1.209.

322. A problemática da liturgia como *locus theologicus* precisa ser entendida aqui. A teologia cientificista, nascida com ímpetos iluministas, trata os documentos litúrgicos como testemunho da fé da Igreja. Apesar

A relação entre teologia do mistério e a mistagogia antiga nos Padres da Igreja é de fundamental importância. Enquanto a primeira procura identificar o conteúdo salvífico, a segunda estabelece os meios através dos quais a Igreja experimenta a força soteriológica no hoje. Essa preocupação salvífica rege o espírito da mistagogia antiga e se caracteriza por um esforço de interpretação espiritual-existencial em prol da vivência dos cristãos. De fato, quando falamos do fazer teológico-mistagógico não se pode pensar numa produção intelectualista, desvinculada do contexto histórico-cultural e sem interesse ético-espiritual. A mistagogia produzia seu conteúdo exatamente da vida cristã – da sua manifestação na celebração e no testemunho.

Introduzimos aqui quatro aspectos fundamentais do fazer teológico segundo o paradigma mistagógico antigo: a celebração litúrgica é ponto de partida da reflexão teológica; o método tipológico imprime o caráter experiencial-místico na linguagem celebrativa; a constante preocupação na integração dos diversos momentos da história da salvação com o hoje; a sensibilidade humano-social ancorada numa antropologia integral e global. Desenvolveremos cada um desses aspectos a fim de clarificar a mistagogia como inteligência do mistério[323].

A mistagogia parte sempre de um dado litúrgico, ou seja, da experiência mística vivida na comunidade reunida para a escuta da Palavra e a celebração do sinal sacramental. Isto porque a consciência desses teólogos mistagogos concebiam a liturgia como um evento próprio da História da Salvação. Para eles, o ato celebrativo não era uma simples cerimônia, mas um *opus trinitatis*, ou seja, era uma experiência epifânica acontecendo, em ato, carregando um aspecto objetivo – a salvação de Cristo – e um aspecto subjetivo – as disposições dos celebrantes e as contingências históricas. Nesse sentido, nós percebemos o primeiro aspecto da teologia mistagógica: a relação entre a história da salvação e o "hoje celebrativo".

A liturgia é, ao mesmo tempo, uma realidade mistérica (conecta os fiéis à força soteriológica) e mistagógica (efetua uma progressão dinâmica da salvação na vida dos seus participantes). Por isso, segundo os Padres, se revestia de impor-

---

de ser uma abordagem rica, pois faz emergir uma série de percepções teológicas que foram cristalizadas nas eucologias e nas formas rituais, a sensibilidade teológica mistagógica trata a celebração litúrgica como lugar teológico de uma outra forma. Ela não se limita a ser um testemunho da fé das gerações antigas. A teologia está acontecendo no transcurso da celebração como experiência e compreensão do mistério de Deus. Nesse sentido o teólogo A. Stenzel afirma que essa característica da liturgia – ser um encontro pessoal com Deus no meio da comunidade reunida – recebe um *status* de fonte que produz um crescimento autêntico no conhecimento da fé, visto que o cristão e a Igreja se conhecem a si mesmos em relação direta ao mistério divino, numa posse sempre nova da mesma e única fé (STENZEL, A., As maneiras de transmitir a revelação, p. 105-118).

323. Seguimos aqui o pensamento do professor A. Grillo presente em GRILLO, A., Mistagogia e prospettiva teológica, p. 237-241.

tância máxima a contemplação, a compreensão e a linguagem para descrever, no que era possível – visto o apofatismo da experiência com o divino – a experiência vivida dentro da celebração litúrgica[324].

Para nós, soa estranho conceber o fazer teológico dentro da liturgia eclesial. Somos herdeiros do pensamento escolástico – preocupação em estabelecer a teologia no âmbito da academia, tirando-a da vida das comunidades – e do iluminista-positivista – necessidade de defender a cientificidade da teologia. Por isso, acreditamos que o fazer teológico é acadêmico e seu produto está em livros, artigos, dissertações, teses etc. O paradigma teológico-mistagógico, segundo a Igreja dos Padres, está em outra sintonia, pois busca compreender a salvação em relação à experiência ritual e ao proveito da assembleia litúrgica, chegando ao seu compromisso ético, social e cósmico[325].

A homilia tem uma função especial nesta forma mistagógica de se fazer teologia. Ela será o grande vinculador da produção teológica. Isto nos atesta a grande produção de homilias e comentários bíblicos realizados pelos Padres. Pregador e comunidade estavam em contato com o desvelamento do mistério divino diante deles. Os ritos e a homilia serviam como chave de interpretação e de apropriação das realidades mistéricas. Nesse sentido, a homilia não era uma prédica aos moldes da oratória clássica, mas uma ação divino-humana, comportando um dom divino de penetração nos mistérios e as condições próprias de cada pregador e assembleia. Todavia, o fazer teológico está acima da produção de um conteúdo homilético. Mais importante do que a verbalização dos conteúdos conscientes da experiência de Deus, na sinaxe, era o conteúdo da própria experiência como efetivação da salvação[326].

---

324. A mística cristã se desenvolveu em termos apofáticos: era o reconhecimento de que a realidade divina ultrapassa os limites da sua experiência, conscientização e expressão linguística. Desta forma uma grande tradição mística, passando por Orígenes, Clemente de Alexandria, Macário, Evágrio Pôntico, Basílio, Gregório de Nissa, Gregório Nazianzeno, Máximo confessor e o Pseudo-Dionísio, reconhecem os limites da conscientização e expressão da experiência diante da própria realidade divina. De fato, Gregório de Nissa é reconhecido como o "pai da mística cristã" e influenciou toda a geração futura com sua doutrina das três etapas de crescimento na vida espiritual, escrita no seu livro *De Vita Moises* (DANIELOU, J., Platonisme et théologie mystique, p. 17-25). Segundo este autor, lendo a experiência de Moisés no deserto em chave tipológica e aplicando-a à vida litúrgica, nos Sacramentos do Batismo-Crisma e Eucaristia, se pode passar por três etapas na vida espiritual: a da iluminação (batismo), a da nuvem (crisma) e a da escuridão (eucaristia). Embora não possamos adentrar aqui este tema de forma pormenorizada, destacamos que, para o monge nisseno, a etapa máxima da vida espiritual é a da escuridão na qual nenhuma linguagem consegue englobar a experiência de presença diante da divindade. Ademais, esta presença retirava o batizado do intelectualismo, levando-o para um conhecimento no amor (MATEO-SECO, L. F., Mística, p. 627-643).

325. O liturgista J. Corbon confirma a teologia mistagógica ao escrever que "Eis a primeira sinergia onde o Espírito nos transforma em discípulos e teólogos, não por um discurso sobre Deus, mas pela fé amorosa no seu Cristo" (CORBON, J., A fonte da liturgia, p. 78).

326. A homilia patrística era enquadrada dentro da experiência da *lectio divina*. Inicialmente, o pregador se preparava para o ato litúrgico através da leitura, escuta e oração com o texto a ser proclamado na

Além disso, não é possível se aproximar da liturgia como se ela fosse um objeto, mas é necessário entrar na sua dinâmica celebrativa para se poder fazer teologia-mistagogia. A produção teológica está inserida num contexto celebrativo e comunitário, sendo uma obra, de fato, eclesial, cuja revelação do mistério divino, através dos ritos e alcançando seus participantes – clérigos e leigos – é acolhida numa dupla instância interdependente e interconectada: a celebração em ato e a metacelebração[327].

A celebração em ato é produção teológica em instância máxima porque é o desvelamento divino acontecendo diante de uma assembleia. Desta forma, palavras, gestos, ritos e condições interiores são, ao mesmo tempo, lugar e condição de interpretação e conscientização da manifestação de Deus. Neste âmbito, o mistagogo está interessado na experiência singular da celebração como atualização e presença do mistério de Cristo. A metacelebração é a interpretação e o entendimento dos elementos da celebração dentro da própria dinâmica ritual. Neste sentido, a teologia expõe a verdade de um sinal já experimentado e vivido. Neste nível, o mistagogo quer explicar os elementos que compõem a celebração ritual.

Em síntese, mistagogia é inteligência do mistério. Esta impostação, baseada em Dionísio Aeropagita, remonta à atitude do Cristo ressuscitado que, durante o caminho para Emaús, abria a inteligência da salvação aos seus dois discípulos (Lc 24,45). A teologia, para os mistagogos da Antiguidade, ao prolongar a vivência bíblica, acredita que a celebração litúrgica tem a força de "abrir" a inteligência dos cristãos para a compreensão do mistério presente nas Escrituras, sempre na presença do Ressuscitado[328].

---

celebração e, depois, a própria homilia procurava encaminhar a assembleia à *lectio*, isto é, a aprofundar, nas vicissitudes da vida, a mensagem ouvida na liturgia. Este esquema se fundamenta na experiência da revelação do mistério divino no ato litúrgico, no qual o pregador, atingido primeiramente pela Palavra, se torna um facilitador para que o povo reunido também a escute, realizando um discernimento sobre ela. Esta escuta ativa, na verdade, consiste na participação dos fiéis na mesa da palavra. O liturgista L. Della Torre sintetizou a experiência teologal comunicativa ocorrida durante a homilia da seguinte maneira: o emitente divino seria o Pai que, no Filho e pelo Espírito Santo, fala e santifica a assembleia; o emitente humano é o pregador que, imbuído da força pneumática na assembleia, apresenta e atualiza a revelação de Deus no mistério pascal; a linguagem utilizada era a bíblica, litúrgica e ritual; o conteúdo é sempre a salvação; e, o destinatário humano é a assembleia cuja participação ocorre na escuta, no discernimento e na adesão vivencial e o destinatário divino é a Trindade glorificada (DELLA TORRE, L., Omelia, p. 1.325-1.328).

327. Baseado em R. Guardini, o liturgista J. J. Flores afirma: "Por ser a liturgia uma realidade de vida, não podemos nos aproximar dela como de um objeto que tem de ser explicado, como se fosse um elemento isolável e depois analisável. Também não é suficiente uma pesquisa histórica carente da paixão hermenêutica. O único método é o de reviver a experiência e, ao revivê-la, deixa-la falar" (FLORES, J. J., Introdução à teologia litúrgica, p. 133).

328. Segundo I. Gargano, uma das preocupações da exegese patrística era a atualização do Evangelho, ou seja, o sentido para o hoje salvífico. Nesse sentido, o patrólogo afirma que "se utiliza o passado, a história

O segundo aspecto fundamental do fazer teológico segundo o paradigma mistagógico é a utilização da tipologia como linguagem para a experiência místico-celebrativa. Para os Padres, na verdade, a utilização da leitura tipológica não se reduzia a um método de hermenêutica no sentido moderno. Ela era uma cosmovisão, ou seja, uma forma de entrar em contato com a realidade, possibilitando uma maneira particular de compreender, sentir e experimentar a história salvífica, a Igreja, a celebração e a vida. A tipologia permite uma atitude de abertura de sentido transcendente dos eventos passados, presentes e futuros, inter-relacionando-os, interconectando-os e intersignificando-os[329].

A origem da cosmovisão tipológica encontra-se na própria Escritura. De transfundo judaico, tanto Paulo quanto João são testemunhas de um olhar tipológico para os eventos da salvação. Por isso, brotando da experiência bíblica com o mistério, a tipologia se estabelece no mundo patrístico, introduzindo a linguagem das experiências fontais escriturísticas como fundamento linguístico para as experiências de então. Assim, a tipologia se associa intrinsicamente à mistagogia, pois ela é a forma linguística da experiência mistérica. Desta forma, não é raro encontrarmos um sinônimo sugestivo para o termo tipologia: leitura espiritual ou leitura mística[330].

Tal leitura tipológica, espiritual ou mística se concentrava sobre dois grandes núcleos do patrimônio cristão: a Escritura e o rito sacramental. Através dessa leitura se procurava identificar os eventos salvíficos que estavam na base da celebração de determinado sacramento, rito ou gesto litúrgico, ressaltando a relação de identidade, a progressão de sentido salvífco e as diferenças materiais entre eles[331].

A *lectio scripturae* procurava compreender a comunicação da salvação no hoje. Não era uma pesquisa histórica sobre os acontecimentos do passado. Mas

---

presente no texto bíblico, para compreender o presente, que é ponto de partida e ponto de chegada da consciência da Escritura" (GARGANO, G. I., Il sapore dei padri della chiesa nell'esegesi biblica, p. 294). Nesse sentido, a teologia mistagógica tem uma tarefa em relação ao hoje da comunidade cristã. Ela não se prende ao passado numa arqueologia histórica, nem se lança ao futuro de forma descontextualizada e desencarnada. O decisivo num discurso mistagógico é o hoje, a força de salvação dispensada na celebração.

329. GRILLO, A., Mistagogia e prospettiva teológica, p. 237-241.

330. A forma como a tipologia serve de "elo de ligação" entre um evento ou personagem do passado e o presente do intérprete e dos seus ouvintes está na identificação, ou seja, existe uma experiência em comum que permite que o leitor-ouvinte se aproprie em primeira pessoa – singular (experiência pessoal) ou plural (experiência comunitária) – daquela realidade passada como chave de leitura para o momento presente (MARTIN, A., Mistagogia e scrittura, p. 13-35).

331. O liturgista G. Boselli afirma a riqueza dessa dupla leitura – da Escritura e do rito: "A mistagogia é consequentemente o conhecimento do mistério narrado nas Escrituras e celebrado na liturgia. Assim como a exegese espiritual das Escrituras é conhecimento de Cristo, do mesmo modo a mistagogia, enquanto exegese espiritual da liturgia, é também ela conhecimento e entendimento espiritual de Cristo" (BOSELLI, G., O sentido espiritual da liturgia, p. 29).

um retorno ao evento em função da sua atualização e da sua presentificação na celebração e na vida da comunidade eclesial. Ademais, estava em relação direta com os ritos sacramentais da celebração eclesial – a interpretação bíblica jamais prescindia da sua vinculação com a liturgia.

A *lectio ritualis*, no intuito de compreender a dinâmica salvífica atual, se coordenava de forma retroativa – voltando aos eventos do Primeiro e do Novo Testamento – e de forma proativa – projetando para o fim dos tempos e os eventos futuros. De tal maneira, que a liturgia era entendida como recapituladora dos eventos anteriores e antecipadora dos eventos futuros. Sobre ela recaía a noção de transitoriedade em relação aos eventos futuros dos quais ela seria, como conjunto, um sinal sacramental.

Enfim, a tipologia era uma cosmovisão – e não apenas um mero método – cuja vantagem era permitir que a linguagem usada na experiência bíblico-fontal com a salvação continuasse a ser um paradigma de interpretação e conscientização para o acolhimento da manifestação, presença e atualização do mistério de Cristo nas vivências da comunidade cristã, em especial no culto em que se lia a Escritura e o rito em função do *hodie*. A tipologia nasce da Escritura, se manifesta na liturgia e visa comprometer vivencialmente as pessoas.

A consciência da integração da celebração na história da salvação é mais um dos aspectos fundamentais do fazer teológico segundo o paradigma mistagógico. Esta noção de história da salvação para o paradigma teológico mistagógico permite enxergar a celebração litúrgica dentro do seu lugar na economia da salvação, encarnando-a no tempo e nas suas condições próprias. Entender a celebração como um evento pertencente a um conjunto maior de intervenções divinas – sabendo que a celebração, ao mesmo tempo, recebe seu sentido salvífico dos eventos anteriores e projeta para os posteriores, permite dimensionar o lugar central e particular de cada ato celebrativo em sua dinâmica revelatória e salvífica[332].

Neste sentido, a teologia mistagógica não pretende ser um discurso fechado e acabado sobre Deus. Ela se compreende como formuladora de uma experiência que se dá no tempo, que está se perfazendo. Com isto, Deus Pai, revelando-se em Cristo, na plenitude dos tempos, e comunicando tal revelação aos homens, no

---

332. A celebração, do ponto de vista da teologia mistagógica, coloca a pessoa, necessariamente em relação com a Trindade, consigo e com a comunidade. Nesse sentido, o professor J. Castellano escreve assim: "Na experiência litúrgica, por prévia iniciação catequética e mistagógica a partir da Palavra reveladora e da fé, entramos em comunhão com a Trindade, que nos fala pelo Pai, age em Cristo, e nos envolve com sua ação pelo Espírito; supõe que formamos juntos uma comunidade, que é a igreja [...] Tudo isto supõe que a experiência litúrgica e sacramental seja vivida desde o pressuposto essencial, do qual a comunidade celebrante e cada um dos fiéis estão convencidos e acolhem com certeza absoluta, isto é, uma presença e uma ação dos protagonistas do diálogo da salvação, o Pai, o Cristo, e seu Espírito. E essa mesma convicção, garantida pela fé da igreja, compromete e convoca a uma participação plena, a fim de acolher e responder esse diálogo" (CASTELLANO, J., A liturgia e vida espiritual, p. 92-93).

tempo da Igreja, na força do Espírito Santo, não será nunca totalmente desvelado pela mistagogia. Embora o conjunto de celebrações ao longo de toda história da Igreja permitirá antever algo da esfera do divino, o conhecimento mistagógico é sempre parcial – humilde por excelência[333].

O transcurso do tempo é uma condição para se conhecer e se formular, mesmo que de forma parcial e limitada, o mistério de Deus. Daí a teologia mistagógica se configurar como uma iniciação, não simplesmente no senso de preparação ou recepção dos Sacramentos do Batismo-Crisma e Eucaristia. Na verdade, ela se mostra como realidade processual, dinâmico, temporal e interpretativa daquilo que foi revelado por Deus Pai, em Cristo, acessível na atuação do Espírito[334].

Pesa sobre toda essa noção de mistagogia como integração na história da salvação os condicionamentos histórico-culturais condizentes com cada momento, impedindo toda cristalização do conteúdo salvífico em categorias linguísticas datadas. As formulações – instâncias mediadoras do revelado – precisam sempre se adaptar às sensibilidades e capacidades dos seus destinatários, pois, caso contrário, a mistagogia se desconfigura como processo de comunicação do divino e descamba numa doutrinação, na qual a experiência não tem valor algum e a repetição de fórmulas desvinculadas com a vida se torna uma exigência.

Além disso, o próprio crente precisa se integrar na história da salvação não apenas por enunciados formais. Através de um caminho histórico, de decisões e comprometimentos diante do revelado, em comunhão com uma comunidade de fé e em fraternidade com o mundo social e cósmico, o cristão desenrola sua história da salvação dentro do arco da história da salvação universal. Por isso, a

---

333. A expressão "inteligência do mistério" utilizada pelos autores para fundamentar a mistagogia como um fazer teológico é baseada nos escritos de Dionísio Aeropagita. Este, inspirado por Gregório de Nissa, afirma a experiência mística dentro de uma via negativa, tornando a narrativa teológica consciente de sua limitação: "Não há palavras para ela, nem nome, nem conhecimento [...] Nada em absoluto se pode negar ou afirmar dela, mas quando afirmamos ou negamos as coisas inferiores a ela, não lhe acrescentamos nem tiramos nada, pois a Causa perfeita e única de todas as coisas está por cima de toda afirmação e também a transcendência de quem está sensivelmente a parte de tudo está por cima de toda negação e bem além de todas as coisas" (DIONISIO AEROPAGITA, Obras completas, p. 252).

334. A História da Salvação se expressa nas categorias de "hodie" e de "maranathá". Esta afirmação coloca, em primeiro lugar, o sentido do presente – o hoje, o agora. Com a encarnação de Jesus, o tempo atinge seu clímax, pois a salvação se manifesta em categorias temporais. Todavia, em segundo lugar, a noção de plenitude da revelação em Cristo esconde uma noção de promessa de realização futura – "Vem, Senhor Jesus!" (1Cor 16,22; Ap 22,20). A teologia mistagógica trabalha articulando estas noções de presente e futuro e compreende que a salvação está presente e atuante se desenvolvendo em direção ao futuro. Nesta relação entre presente e futuro no Novo Testamento, o Teólogo H. Fries afirma que "este agora plenifica-se de tal maneira que nele se integra todo o passado – e na mesma medida pode-se falar de pleroma dos tempos. Este mesmo agora não pode ser superado por nenhum futuro, pois todo futuro é futuro dele" (FRIES, H., A Revelação, p. 220).

categoria de tempo é fundamental para que haja uma integração real entre a experiência do sujeito e da comunidade com a *historia salutis*.

O último dos aspectos fundamentais do fazer teológico segundo o paradigma mistagógico antigo é a necessária sensibilidade humano-sócio-espiritual. Os Padres viviam num mundo no qual a consciência simbólica e a experiência comunicativa do rito não tinham sofrido ainda o esvaziamento causado pelo academicismo escolástico e o cientificismo iluminista-positivista. Por isso, existia no fazer teológico uma integração profunda – e só precisamos destacar isso porque perdemos essa riqueza – entre o culto, a fé e a vida. A mistagogia, como teologia, parte de uma antropologia simbólica e de uma valorização do rito celebrativo[335].

A consciência simbólico-sacramental patrística entende o *corpus ritualis* como uma linguagem – não reduzida à lógica dos conceitos, mas aberta à composição de sentidos – capaz de mediar a relação entre o numinoso e o homem. O rito compromete toda a potencialidade comunicativa humana, pois, não sendo uma linguagem meramente racional, implica as dimensões emocionais, corporais e sociais para se realizar. Por outro lado, a abertura ritual para o transcendente permite que este se mostre, ainda que de forma limitada, dentro de categorias comunicativas compreensíveis às pessoas. A teologia mistagógica tem como referência, então, o ato comunicativo, no qual a linguagem litúrgico-ritual permite uma compreensão que está para além das faculdades cognitivas e dos enunciados racionais[336].

Na Igreja patrística, a celebração ritual não se reduzia ao culto em si. Ela era concebida num contexto mais amplo – como experiência espiritual máxima da comunidade cristã – visto que a vida pessoal e comunitária dos seus participantes, no âmbito da fé e da moral, recebia o seu influxo direto. É assim que o pa-

---

335. PIANA, G., Iniciação cristã, p. 627-635.

336. Nos dois últimos séculos, a teologia cristã reconheceu que a sua antropologia tinha um caráter dualista. Este dualismo se constituía por uma desvalorização do corpo e do mundo em relação à alma. Por isso, a teologia católica quer construir um discurso que respeite o homem em sua integralidade. Nesse sentido, a retomada da teologia bíblica e patrística possibilitou a reintrodução de uma visão antropológica integrada. Com isso, a experiência de fé foi reinterpretada. Ela deixou de caracterizar por uma aceitação racional do dogma para uma experiência de diálogo com Deus. Desta forma, a linguagem racional (base da relação dogma-verdade) está sendo substituída por uma linguagem simbólica (fundamento da possibilidade de comunicação entre Deus e o homem). O teólogo G. Rubio aprofunda a importância dessa linguagem simbólica: "O símbolo é a expressão das experiências mais profundas do ser humano, das pulsões, instintos e desejos mais radicais [...] O símbolo nos coloca em contato com as raízes mais profundas do ser humano, num domínio ainda pré-conceitual e atemático. Expressa, por uma parte, instintos e desejos mais íntimos, mas, por outra, também desencadeia e estimula, em sentido inverso, essas experiências básicas e viscerais. Os símbolos impulsionam o dinamismo emocional da pessoa. Pacificam e estimulam os afetos, instintos e desejos mais profundos" (RUBIO, A. G., Unidade na pluralidade, p. 587-588). Esse retorno ao simbólico faz recair o interesse sobre a dimensão linguístico-terapêutica do culto litúrgico para a fé cristã, chamando à atenção dos liturgistas para o poder do rito na comunicação da experiência de Deus.

radigma teológico-mistagógico afirmava que a liturgia era um eixo que mediava fé – ortodoxia – e vida – ortopráxis. Desta maneira, podemos afirmar que, para os Padres Mistagogos, a liturgia proclamava e realizava a vida cristã – *lex orandi, lex credendi, lex agendi*[337].

A moral cristã, entendida como vida em Cristo – realização e expressão da salvação em cada fiel e na constituição da comunidade – tinha seu início na celebração dos sacramentos de iniciação e seu desenvolvimento no Sacramento da Eucaristia. O Batismo vinculava a vida do fiel ao mistério pascal de Cristo, iniciando um caminho místico-teológico de negação do pecado – egoísmo, egocentrismo e autossuficiência – e de conversão à vida divina – vivência do amor. A Crisma, como atualização da efusão pneumatológica, retira a pessoa da heteronomia, ou seja, de uma codificação legislativa externa, e a transpõe para uma teonomia, na qual a lei do amor está inscrita no coração (Ez 36,27). Por último, a Eucaristia, como memorial da entrega de Cristo, é o sacramento que acompanhará o iniciado até sua morte, configurando-se assim na experiência paradigmática da vida em Cristo.

A celebração da eucaristia dominical, no transcurso da iniciação até à morte, quer aprofundar a comunhão com Deus e os irmãos, ocasionando a divinização (cristificação, santificação) que se caracteriza em libertar o homem da sua prisão egoica e narcisista e permeá-lo do amor, tanto em direção a Deus – expresso no louvor – quanto em relação aos homens – a caridade. Desta forma, louvor (Eucaristia) e amor (comunhão) são *télos* para aonde se dirigem as energias do sacramento, caracterizando, assim, o paradigma espiritual da teologia mistagógica[338].

Nesse sentido, a profunda visão dos Padres Mistagogos que entende a mistagogia como o processo de amadurecimento cristão. O desenrolar da vida cristã desde o acolhimento até a celebração dos sacramentos de iniciação cristã – chamado de iniciação em sentido lato – e o processo desde a celebração dos sacramentos de iniciação cristã até a morte – chamado de "vida em Cristo" – concebe o amadurecimento da pessoa diante do Evangelho. Não se tinha, no tempo dos Pa-

---

337. Duas posturas perigosas seriam a abstração celebrativa – o conteúdo celebrativo e o rito não dizem respeito em nada à vida concreta das pessoas – e a celebração ideologizada – instrumento de controle e manipulação em nome do sagrado. A liturgia corre sempre um risco de perder sua condição mistagógica. O liturgista C. Floristán nos afirma o valor real da liturgia quando escreve que "A tradição antiga da Igreja, especialmente, a oriental, considera a liturgia como *theologia prima* e a reflexão dogmática como *theologia secunda*. Isto significa que a liturgia é o lugar primário no qual se realiza a fé autêntica, ou a fonte e norma primeira da doutrina" e, mais para frente, ele acrescenta que "a liturgia é, por conseguinte, práxis simbólica, isto é, ortopráxis profundamente unida à ortodoxia à medida que não se reduz à mera cerimônia ritual – já que expressa, atualiza e torna operativa a práxis pascal de Cristo" (FLORISTÁN, C., Pastoral litúrgica, p. 428).

338. "O mesmo Cristo que nós celebramos é aquele que vivemos, aqui e lá, é sempre o seu mistério. Assim como os sacramentos são os seus mistérios, também a sua vida em nós é mística ou não é vida" (CORBON, J., A fonte da liturgia, p. 155).

dres, a crença equivocada de que a pessoa se tornava cristã de forma instantânea e que subitamente ela alcançava o pico da moral cristã[339]. A visão de um processo, de um perfazer, respeita a integralidade do desenvolvimento humano, sobretudo, as condições de resposta aos mandamentos de Cristo de modo consciente, maduro, responsável e livre, impossibilitando uma prática de doutrinação – uma verdadeira violência religiosa[340].

A mistagogia antiga, como inteligência do mistério, se caracterizava, então, por um esforço teológico que acontecia durante o ato celebrativo-litúrgico – como momento epifânico-soteriológico eclesial. Ela possuía uma linguagem própria – a tipológica – que era aplicada tanto na Escritura quanto no rito. O objetivo da mistagogia era integrar a história do fiel e da comunidade no *ordo salutis* e atingi-los, não apenas em sua dimensão intelectual, mas, de forma global e comprometê-los, eticamente, num desenvolvimento humano-social. Esta teologia mistagógica não é simplesmente um método técnico de produção teológica, mas uma integração entre fé, conhecimento e vida.

A vivência mistagógica antiga foi uma realidade complexa e multifacetada; ela compreendia a celebração da iniciação cristã, a catequese mistagógica e a teologia mistagógica. O seu declínio começa por volta da segunda metade do século V quando o processo de iniciação cristã sofre modificações estruturais que o descaracterizam por completo: a separação entre o batismo e a crisma, a desvinculação da celebração da iniciação do tempo pascal; e a configuração social de um cristianismo proforma.

A mistagogia, enquanto teologia, também não resistirá aos influxos culturais dos inícios da Idade Média, no Ocidente. No âmbito litúrgico, a *lectio* do rito, e mesmo da Escritura, se deslocará de uma hermenêutica tipológica para uma leitura alegorizante, transformando, muitas vezes, a celebração litúrgica em

---

339. O paradigma teológico medieval acredita que um cristão, por ter recebido os sacramentos, se encontra no patamar máximo da moral cristã – estado de graça. Isso acarreta um olhar muito pesado e desumano sobre os cristãos, como se não houvesse um caminho de crescimento e a possibilidade real de não corresponder à altura das exigências propostas pelo Evangelho. A moral decorrente dessa maneira medieval de compreender a vida está longe de ser uma moral processual, dinâmica e histórica. Na verdade, a moral medieval julga a pessoa pelo déficit, colocando a sua vida inteira em relação ao pecado. Para nós hoje, a partir da teologia mistagógica, se faz necessário uma nova compreensão do desenvolvimento da vida cristã.

340. A noção de processo foi sofrendo um declínio durante a Idade Média e Moderna. Os fatores responsáveis por isso seriam a progressiva intelectualização da fé cristã – saída da consciência simbólica para a racional; separação entre liturgia, fé e moral – o culto se distanciou da vida; o projeto de Cristandade que acreditava na doutrinação e na coação social para manter o *status* cristão da sociedade, entre outros. A fé, entendida na mistagogia como um crescimento orgânico, passa a ser uma realidade baseada em verdades cristalizadas, frias e distantes da vida. A moral, entendida como desenvolvimento da vida em Cristo, torna-se um poder, muitas vezes violento, de coação e constrangimento, impedindo o exercício real da liberdade (PIANA, G., Iniciação cristã, p. 627-635).

experiência devocional ou supersticiosa. No âmbito catequético, a força social do cristianismo não vai mais cuidar da sensibilidade humana e da maturação espiritual e da fé dos cristãos. A imposição da fé e da moral, com força penal, acarretará num processo de doutrinação e moralização da sociedade. Por fim, no âmbito teológico, a reflexão migrará da vida das comunidades para as exigências frias da academia, pondo fim a uma teologia viva e pungente.

Em síntese, historicamente, o declínio da mistagogia antiga ocorreu pelas transformações sofridas no processo de iniciação cristã – mudança para o estabelecimento da cristandade medieval – e pela mudança no paradigma científico, colocando a teologia dentro das exigências escolásticas.

2.2. A reintrodução da mistagogia na teologia e na pastoral hodierna

O tema da mistagogia reaparece no século passado e ganha vitalidade por uma série de fatores. Eles vão desde as questões litúrgico-teológico-pastorais alavancadas pelo Movimento Litúrgico, passando pelo interesse dos historiadores pela origem e pelo desenvolvimento do cristianismo e das vivências da Igreja patrística, chegando até à necessidade de se compor um processo de iniciação mais condizente com as demandas pastorais dos missionários e dos contextos sociais de descristianização, de indiferentismo ou de minoria religiosa. Isso tudo contribuiu para que, hoje, pudéssemos estar diante do fenômeno da mistagogia: rico, profundo e exigente. Vejamos os principais elementos que desencadearam o crescente interesse pela mistagogia no século passado.

O mundo católico pré-conciliar apresentava características que demandaram um repensar da vida eclesial. O Movimento Litúrgico quis apresentar propostas mais fecundas e condizentes com o Evangelho para a situação então vigente: a carente concepção teológica da liturgia de Pio V; o clericalismo da celebração; a ausência da Escritura em favor de uma doutrinação e moralização dos fiéis; a falta de formação para a vida litúrgica; a desvinculação entre fé e vida; o sentimentalismo, as devoções e as superstições litúrgico-sacramentais. Para esta complicada realidade, os liturgistas propuseram caminhos novos e, com isso, foram balizando a recuperação da mistagogia: a fundamentação teológica da liturgia, a recuperação da teologia do sacerdócio batismal dos fiéis, a reintrodução da Escritura no culto e na vida da Igreja; a formação para a celebração e a vida de fé; e, a espiritualidade litúrgica[341].

---

341. Citamos aqui um testemunho a respeito da grave situação espiritual da Igreja que suscitou as renovações do último século: "Seja como for, no que se refere às responsabilidades, o mal era profundo. Não

A teologia católica, por sua vez, passou por uma profunda transformação. O estudo de historiadores e patrólogos sobre a teologia e a pastoral da Igreja dos Padres fez emergir uma série de críticas às práticas daquele período, gerando um conjunto de intuições novas para reavivar a teologia e a vida cristã. Nesse sentido, o movimento de retorno às fontes, às experiências mais antigas da Igreja como inspiração para o modo de ser Igreja hoje, fecundou de tal modo a consciência eclesial que possibilitou repensar temas cristalizados pela dogmática e moral advindos da Igreja medieval e moderna. Este sopro de criatividade, inovação e atualização, a partir da viva Tradição eclesial, também foi um fator forte para recuperação e estabelecimento da mistagogia atual.

Além disso, os séculos XIX e XX viram o projeto de Cristandade ruir de forma drástica. A práxis de iniciação cristã nos países europeus se baseava num costume social. As famílias cristãs batizavam seus filhos por um costume social e não, necessariamente, por uma consciência viva de fé. Por outro lado, com o surgimento do ateísmo e das fortes críticas ao cristianismo, cresceu o número de famílias que deixavam de ser cristãs. Fora da Europa, nas terras de missão, os evangelizadores sentiram a necessidade de desenvolver métodos mais adequados aos contextos. Dessa forma, por razões evangelizadoras e missionárias, a temática da iniciação cristã de adultos ressurge na reflexão católica. Neste cenário, a mistagogia foi recuperada como tentativa, baseada na Tradição, de responder os diferentes desafios pastorais da iniciação cristã tanto no contexto europeu quanto nos lugares de missão[342].

O texto da *Sacrossanctum Concilium* apresenta três indicações importantes para a formulação da mistagogia atual. A primeira está ligada à recuperação da experiência do catecumenato com sua implementação na Igreja pós-conciliar; a segunda, ligada às relações entre liturgia e catequese – mostrando a relação entre rito e Palavra; a última, ao posicionamento da liturgia dentro do edifício espiritual cristão. Indubitavelmente, tudo isto já era fruto da renovação teológica, litúrgica e pastoral, oficialmente atestada na vida da Igreja. Tais indicações conciliares serão a base para a promulgação do RICA, as transformações catecumenais vividas na

---

somente as cerimônias eram executadas de qualquer jeito; mas o povo cristão não tinha, para sustentar a sua fé, senão alimentos substitutivos, e isso fazia perder o sentido de certos valores. O Apostolado da Oração lançou, um dia, este *slogan* contestável: A missa no domingo por dever, na sexta-feira por amor. É bem isso. A missa era uma obrigação pessoal de cada cristão, imposta, arbitrariamente, por uma lei positiva da Igreja [...] Os fiéis, entregues a si mesmos, isolavam-se cada vez mais num individualismo religioso e num moralismo estreito, cujo ideal era procurar sua própria salvação, evitando o pecado mortal". Poderíamos indicar todo o primeiro capítulo de onde extraímos este trecho, pois exemplifica bem o cenário litúrgico-espiritual ao qual o Movimento Litúrgico era chamado a transformar (BOTTE, B., O movimento litúrgico, p. 18).

342. FLORISTÁN, C., Para compreender o catecumenado, p. 199-200.

catequese e a renovação da espiritualidade eclesial, que começava a sair do polo devocional e se enraizava no batismo-eucaristia[343].

Após o Concílio, o magistério eclesial produziu textos importantes para a gestação da consciência de uma práxis mistagógica, a saber: o RICA (1972) e as introduções dos livros litúrgicos. Na verdade, o espírito da reforma dos ritos estava impregnado da teologia do mistério, o que logo se refletiu nos novos livros litúrgicos. Com efeito, a teologia apresentada nas introduções gerais dos livros litúrgicos é um exemplo da recuperação do paradigma teológico mistagógico na vida da igreja[344].

Ademais, outros textos importantes do magistério também podem ser citados: o 1º Diretório Geral da Catequese (1971), a Exortação Apostólica *Evangelii Nuntiandi* (1975), a Exortação Apostólica *Catechesi Tradendae* (1978), o Catecismo da Igreja Católica (1992), o 2º Diretório Geral da Catequese (1997) e a Exortação Apostólica *Sacramentum Caritatis* (2007). Estes documentos discutiram o valor da catequese na ação evangelizadora da Igreja vislumbrando tal ação catequética a partir de uma perspectiva de iniciação catecumenal.

Devemos destacar a importância do Sínodo extraordinário ocorrido em 1985 com o objetivo de comemorar o vigésimo ano do CV II e, ainda, avaliar suas conquistas e promover seus pedidos e intuições. No documento final desse Sínodo, os bispos pediram que a formação para a participação ativa e frutuosa, querida pela SC, tivesse como inspiração as catequeses mistagógicas dos Padres da Igreja. Esse pedido desencadeou uma série de estudos e pesquisas sobre o tema.

No tocante à Igreja na América Latina, os marcos documentais referenciais são os textos das conferências episcopais da América Latina e do Caribe que visavam implementar a proposta do Vaticano II de forma inculturada às necessidades e potencialidades do seu contexto social. Desta forma, os textos das conferências episcopais de Medelín (1968), Puebla (1979), Santo Domingo (1992) e, sobretudo, de Aparecida (2007) se tornam indicações precisas para entendermos as aplica-

---

343. Citamos aqui os parágrafos da SC nos quais encontramos o tema da recuperação do catecumenato. Eles se explicitam em três temáticas: a recuperação do catecumenato (SC 64 e 66), a relação entre liturgia e catequese (SC 35, 56, 68 e 109) e a espiritualidade litúrgica (SC 11, 12 e 13). Além desses, o CV II retoma o tema do catecumenato ainda em LG 14, AG 13 e 14 e PO 5 e 6.

344. O grupo 22 da reforma litúrgica ficou responsável pelo rito de iniciação cristã de adultos. Ele era formado por teólogos, historiadores e missionários. Esse grupo trabalhou desde 1964 até a aprovação do rito em 1972. Uma das precauções mais fortes era o cuidado para não se cair num arqueologismo, uma vez que o objetivo do rito era conduzir o homem moderno ao mistério de Cristo. Foi nesse contexto, que a palavra mistagogia entrou, pela primeira vez, no universo pós-conciliar. Segundo A. Bugnini, alguns se levantaram contrários à iniciação e à mistagogia, classificando-as de "sabor de arqueologismo", "incompreensível" e "ambíguas com os cultos mistéricos". Todavia, a resposta a estas críticas era muito consciente da novidade do processo catecumenal: uma progressiva introdução não apenas intelectual, mas vital no mistério de Deus e da Igreja (BUGNINNI, A., La reforma litúrgica (1948-1975), p. 571-577).

ções e as adaptações do Concílio em solo latino-americano[345]. Deve se dizer que o texto da última conferência confirmou o processo de iniciação catecumenal como paradigma para a América Latina[346].

Concernente à prática mistagógica brasileira, destacamos o esforço da Conferência Episcopal dos Bispos do Brasil. Desde 2006, com a promulgação do Diretório Nacional da Catequese, bem como suas últimas diretrizes gerais da ação evangelizadora da Igreja no Brasil (2011-2015; 2015-2019), propondo a iniciação cristã como caminho para as comunidades eclesiais. Por fim, em 2009, temos o Estudo 97 sobre a iniciação à vida cristã e, o texto mais atual, de 2017, o documento sobre a iniciação à vida cristã[347].

Desde o CV II, encontramos duas posturas muito resistentes ao paradigma mistérico-mistagógico. De fato, sabemos que um grupo, por não aceitar os documentos aprovados no Concílio, se separou da comunhão da Igreja, tornando-se uma instância que, mantendo o paradigma tridentino como linguagem e norma de fé oficial, apresenta duros ataques à Igreja pós-conciliar. Além disso, movimentos de conservadorismo intraeclesiais, não cismáticos, comungando de certos princípios oriundos do pensamento do grupo cismático, oferecem críticas aos apontamentos feitos pelos Padres Conciliares e pela reforma produzida a par-

---

345. De forma sintética, apresentamos as conclusões do professor R. Fernandez sobre a reforma litúrgica nos documentos das conferências episcopais da América Latina e Caribe. O documento de Medelín apresentaria três problemáticas principais: a inter-relação entre a liturgia e a vida dos fiéis, a inculturação da liturgia nos contextos latino-americanos e a valorização da piedade popular dos povos americanos. O texto de Puebla introduz a liturgia no contexto da evangelização e da missão, entendendo-a como meio de comunicação e participação. Já o documento de Santo Domingo, apesar de não ter um capítulo dedicado à questão litúrgica, se preocupa com a liturgia como linguagem do mistério. A conferência de Aparecida propõe uma renovação na linguagem da liturgia a fim de melhor servir para comunicar o mistério da salvação (FERNANDEZ, R. R., Sacrosanctum Concilium e reforma litúrgica in America Latina, p. 219-246).

346. O documento da conferência episcopal de Aparecida destaca: "Assumir esta iniciação cristã exige não só uma renovação de modalidade catequética da paróquia. Propomos que o processo catequético de formação adotado pela Igreja para a iniciação cristã seja assumido em todo o Continente como a maneira ordinária e indispensável de introdução na vida cristã e como a catequese básica e fundamental. Depois, virá catequese permanente que continua o processo de amadurecimento da fé, na qual se deve incorporar um discernimento vocacional e a iluminação para projetos pessoais de vida" (Doc. Ap. 294).

347. Deixamos aqui um parágrafo que sintetiza bem o esforço da CNBB em relação ao processo catecumenal e a mistagogia: "Essa mesma inspiração implica, também, uma estreita relação entre a catequese e a liturgia. Ela assume o caráter de eco do mistério experimentado e vivenciado na liturgia e se abre para a missão: a formação catequética ilumina e fortifica a fé, nutre a vida segundo o espírito de Cristo, leva a uma participação consciente e ativa no mistério litúrgico e desperta para a atividade apostólica. Por sua vez, a celebração litúrgica, ao mesmo tempo que é atualização do mistério da salvação, requer, necessariamente, uma iniciação aos mistérios da fé. Neste contexto, sobressai a formação litúrgica, em todos os níveis da vida eclesial, num processo mistagógico, integrando na ação ritual o sentido teológico e litúrgico nela expresso. Nessa perspectiva, compreende-se que a melhor catequese litúrgica é a liturgia bem celebrada" (CNBB, Doc. 102, 86).

tir deles[348]. Atualmente, a situação se agravou, pois, o Papa Bento XVI, num afã de trazer à comunhão plena com a Igreja o grupo que se separou durante Concílio, reabilitou-os e possibilitou-os celebrarem os sacramentos com os livros pré-conciliares da última revisão feita durante o papado de Pio XII[349]. Desta forma, desde o ano de 2007, a Igreja e as conquista do Vaticano II passam por um momento difícil, de fortes ataques ou de interpretações pouco científicas e críticas[350].

De fato, a mistagogia atual é um fenômeno em construção. A teologia, em todas as suas áreas, procura oferecer conteúdos e meios para a mediação entre a salvação cristã e o mundo hodierno. No ponto histórico que estamos, é possível perceber o desenvolvimento de três núcleos nos quais a mistagogia ganha importância, desenvolvimento e valor teológico-pastoral. O primeiro núcleo mistagógico está na iniciação cristã – seja como a celebração, seja ainda como o tempo da mistagogia recuperado e previsto no Rito de iniciação cristã de adultos (RICA). Outro núcleo mistagógico está ligado à teologia litúrgica e possui como referência máxima a teologia dos ritos litúrgicos presentes nas Introduções gerais dos livros rituais e o parágrafo sessenta e quatro da exortação *Sacramentum Caritatis* bem como grandes liturgistas que se constituíram como referências no tema. O último núcleo mistagógico pertence à compreensão místico-espiritual da vida cristã, em seus elementos de comunhão e aprofundamento do mistério pascal na vida do fiel.

Como já anunciado anteriormente, apresentaremos, agora, dois desses três núcleos a fim de termos um panorama da recuperação, da reintrodução e da vivência da mistagogia na realidade eclesial atual, deixando, deliberadamente, a relação entre a mistagogia e a espiritualidade para um capítulo à parte, no qual reuniremos as conclusões do segundo capítulo com as do terceiro e desenvolveremos a temática da mística litúrgica cristã.

---

348. Segundo J. A. da Silva, o inconsciente coletivo do nosso povo ainda não foi reevangelizado e, por isso, carrega um forte tom medieval na sua base, ou seja, uma espiritualidade individual, devocional, supersticiosa e clerical. E isto explicaria certa reticência e leniência do episcopado com as conquistas do Movimento Litúrgico, visto que, os bispos acreditariam que uma mudança drástica feriria a consciência religiosa de muitos (DA SILVA, J. A., Avanços e limites do movimento litúrgico no Brasil, p. 45-65).

349. BENTO XVI, PP., *Motu proprio summorum pontificum*.

350. Apesar de não podermos discorrer sobre a problemática da reabilitação do rito de Pio V dentro do paradigma do CV II e da incorporação de grupos que se pautam por uma teologia tridentina, rejeitando ou minimizando as afirmações nucleares e as inspirações fortes do último Concílio, queríamos deixar registrado esta situação nessa reflexão introdutória sobre a mistagogia atual. Sem dúvida, todos os teólogos, liturgistas, catequistas, pastoralistas e os agentes de pastoral sabem da forte oposição que o modelo tridentino faz sobre o mistagógico e das graves diferenças teológicas e pastorais entre eles. Indicamos um artigo do professor M. Faggioli que pode servir de introdução para o leitor das problemáticas da concepção teológica da liturgia dos neotradicionalistas no contexto do pontificado do Papa Francisco: FAGGIOLI, M., Um enorme fosso separa o Papa Francisco e os tradicionalistas litúrgicos.

2.2.1. A mistagogia como iniciação cristã

Enquanto concretização, o RICA representa o primeiro esforço oficial para a recuperação e a implementação do processo catecumenal na Igreja pós-conciliar – em profunda consonância com o pedido do CV II. Através dos estudos das experiências patrísticas foi possível estabelecer, atualmente, um processo de iniciação mais adaptado às exigências do homem contemporâneo[351]. Destacamos que, neste processo, além de suas etapas e tempos, existe um conjunto de ritos próprios. Além disso, a formação dispensada durante o processo catecumenal recebe contornos novos, pois está em profunda harmonização com as etapas, os tempos e os ritos do RICA[352].

O processo catecumenal segundo o RICA procura relacionar o desenvolvimento humano-espiritual dos catecúmenos com a formação e a celebração litúrgica adequada. Não existe uma pressa ou mesmo uma intenção de doutrinar alguém, mas uma preocupação de respeitar o amadurecimento das condições de fé dos catecúmenos e catequizandos. Acreditamos que essa sensibilidade é um dos pontos centrais da experiência catecumenal recuperada pelos Padres Conciliares: o respeito pela história, pelas condições de resposta e pelas motivações de cada um. No contexto contemporâneo, em que vivemos, ainda que seja uma tarefa árdua, esse acompanhamento pessoal, condizente com as possibilidades e limites de cada um, é uma percepção irrenunciável para uma eficaz evangelização. O RICA está mais preocupado em utilizar da riqueza litúrgico-formativa eclesial para possibilitar experiências reais de transformação de vida em sintonia com Jesus Cristo do que com uma doutrinação, moralização e liturgização dos novos fiéis[353].

Com isso, os estágios de amadurecimento humano-espiritual são denominados, no RICA, de "etapas", comparadas com a imagem dos passos para se chegar a cruzar uma porta e dos degraus de uma escada para se subir em algum lugar. Interessantíssimo é que a própria linguagem do documento se utiliza de imagens para dar conta de uma realidade complexa, a do amadurecimento humano[354]. É

---

351. Sobre as dificuldades encontradas para implementação da iniciação cristã em contexto pós-moderno indicamos BUSANI, G., La rilettura del rito di iniziazione cristiana degli aduti a confronto com il postmoderno, p. 213-235.

352. RICA 2.

353. Quando o processo de iniciação cristã se reduz a passar fórmulas cristalizadas, preceitos morais frios e deveres espirituais, estamos desfigurando a real experiência de iniciação cristã. Esta é, na verdade, uma ação soteriológica, que se dá na vida concreta da comunidade e de cada fiel, na qual se estabelece um diálogo entre Deus e os homens. Tal diálogo compromete o homem de forma tão radical que ocorre uma transformação vivencial nele.

354. Tanto a imagem dos passos de um caminho quanto a da escada são de substrato bíblico. O próprio cristianismo foi conhecido como a religião do caminho na igreja de Antioquia (At 9,2; At 18,25-26; At 19,9;

uma abordagem psicológico-espiritual do crescimento dos candidatos que são acolhidas dentro do processo catecumenal. Embora o documento preveja três etapas do amadurecimento do fiel durante o processo, ele se limita a dar conceitos gerais, entendendo que é necessário sempre uma análise a partir das vicissitudes próprias de cada um. Teria sido imprudente e até contraproducente encher o texto do RICA de características pré-definidas sem levar em conta que os contextos influenciam profundamente o que se entende por maturidade[355].

Correspondendo às etapas de amadurecimento dos catecúmenos e dos catequizandos, existe o trabalho de formação catequética da comunidade eclesial, denominada de "tempos". Durante os "tempos", é previsto um conjunto de esforços para a informação, a formação e o amadurecimento dos candidatos. Esses "tempos" possuem uma função de conduzir para um nível maior de amadurecimento humano-espiritual. Desta forma, tempos e etapas se encaixam dando forma ao processo catecumenal[356].

A primeira etapa, passo ou degrau, se caracteriza, segundo o texto do RICA, por uma "conversão inicial", entendida como uma vontade de se tornar cristão. Essa disposição é suficiente para que a comunidade eclesial receba alguém para iniciar o processo catecumenal. Por isso, corresponde à primeira etapa, o tempo chamado de pré-catecumenato; nele ocorre um primeiro conhecimento entre o candidato e a Igreja, o que possibilita a ação evangelizadora[357].

O tempo do pré-catecumenato está destinado a duas tarefas: ao conhecimento mútuo entre os participantes do processo catecumenal e ao início da ação evangelizadora. Este tempo conduz o sujeito ao ingresso no catecumenato, marcado pelo rito de admissão. Este arco de tempo não possui uma definição quanto à sua duração, pois se caracteriza por um acompanhamento mais personalizado do candidato e por um discernimento das suas disposições.

At 22,4; At 24,22); a compreensão do ministério de Jesus e da Igreja, na narrativa lucana, é tematizada à luz da imagem do caminho (Lc 9,51; 18,35; 19, 11.29.37.41; 22,1.7.14; At 1,7-8), o Cristo se apresenta como o caminho (Jo 14,6) e, por fim, a paradigmática caminhada dos discípulos de Emaús com o Ressuscitado, caminhada de formação litúrgico-espiritual (Lc 24, 13-35). Todas estas referências nos ajudam a compreender a iniciação cristã como processo dinâmico de crescimento na fé. Já a imagem da escada remete diretamente ao sonho de Jacó (Gn 28,10-22) e as interpretações tradicionais do crescimento espiritual. A regra de São Bento, por exemplo, diz que "essa escada erguida é a nossa vida nesse mundo, que elevada pelo Senhor até o céu, quando nosso coração é humilde. Os lados da escada, podemos dizer, são nosso corpo e nossa alma, nos quais a vocação divina inseriu, para que subamos por eles, os diversos degraus da humildade e da disciplina" (RB, prol.).

355. RICA 5 e 6.

356. RICA 7.

357. RICA 7 e 9.

O conteúdo da formação pensado para o período do pré-catecumenato, segundo o RICA, está fundamentado no parágrafo 13 do decreto conciliar *Ad Gentes*. E se caracteriza como o anúncio "do Deus vivo e de Jesus Cristo, enviado por Ele para a salvação de todos" e tem como finalidade "que os não cristãos, cujo coração é aberto pelo Espírito Santo, creiam e se convertam livremente ao Senhor, aderindo lealmente àquele que, sendo o caminho, a verdade e a vida, satisfaz e até supera infinitamente a todas as suas expectativas espirituais"[358]. A partir disso, sabemos que o conteúdo formativo do pré-catecumenato, chamado de evangelização ou primeira evangelização no RICA, se caracteriza pelo querigma. A proclamação querigmática consta do anúncio da *historia salutis*, ou seja, do mistério divino da salvação, realizado nos eventos da morte, ressurreição e ascensão do Senhor e comunicado, pelo Espírito, aos fiéis, através da Igreja. Esta prática querigmática se fundamenta nas pregações apostólicas testemunhadas nas Sagradas Escrituras[359].

Um dos pontos que queremos destacar aqui é o constante apelo do RICA à liberdade da pessoa. Esta característica rompe, completamente, com uma práxis catequético-espiritual vivida no segundo milênio, na qual o cristianismo era transmitido por pressão social, e as experiências divergentes da fé cristã eram rechaçadas, muitas vezes de forma violenta. Nesse sentido, a valorização da liberdade dentro do processo catecumenal revela a que grau de maturidade chegou a comunidade eclesial. No contexto plural hodierno, com diversas possibilidades religiosas, filosóficas e éticas, o cristianismo deve ser escolhido e não imposto. Ainda que as condições sociais se configurassem, novamente, para uma união entre o poder civil e o religioso, a Igreja já sabe, por experiência própria, que deve zelar pela dignidade da pessoa humana, pela liberdade religiosa e para que a tentação de se impor sobre os outros credos e opções éticas não se efetive[360].

O objetivo do tempo do pré-catecumenato é introduzir o candidato num processo de conversão. Nesse sentido, o anúncio querigmático ajuda o candidato a entrar em contato com a mensagem cristã e perceber a grandeza da vida nova. Desta forma, cada um, na força do Espírito Santo, pode se abrir livremente para a adesão ao Senhor e à conversão de vida. Tal experiência de *metanoia*, por sua

---

358. AG 9 e RICA 9.

359. Segundo o Diretório geral para a catequese, existe uma nítida diferença entre o primeiro anúncio – querigmático – e a formação catequética. Enquanto o querigma visa anunciar a salvação divina e a necessária conversão, o ensino catequético procura, além de amadurecer essa conversão inicial, educar à fé e incorporar o sujeito na comunidade eclesial. É possível concluir, com as palavras do próprio documento, que existe entre querigma e catequese uma "relação de distinção na complementariedade" (DGC 61).

360. DH 6.

vez, é entendida como uma obra de amorização. O texto do RICA afirma categoricamente que "a pessoa se sente chamada do pecado para o mistério do amor de Deus"[361]. Desta forma, a adesão ao Senhor e a conversão de vida devem ser compreendidas dentro desse cenário de abertura para o amor – seja a experiência do Deus que me ama e a do Deus que nos ama; seja a do Deus que me faz capaz de me amar e de amar ao próximo. Dessa forma, o objetivo do pré-catecumenato está em sintonia com o da iniciação cristã e, na verdade, com o da vida cristã: o duplo mandamento do amor (Mc 12,30-31).

Durante o pré-catecumenato, a formação querigmática está embasada na Escritura, em especial, nos livros do Evangelho. Sendo o querigma a proclamação da salvação realizada em Jesus Cristo, a leitura, a meditação e a oração com as narrativas evangélicas gozam de uma referência central na vida do candidato. Os encontros, na modalidade do que for entendido pelas igrejas locais, não encontrarão melhor fonte para possibilitar o encontro com o Senhor do que a sua presença, suas palavras e suas ações. Mais do que falar de Jesus, trata-se de deixar que o Ressuscitado ressoe a sua voz.

Para isso, a responsabilidade do primeiro anúncio recai sobre a comunidade cristã. Os catequistas, os diáconos e os sacerdotes são encarregados pela formação direta. As famílias e os grupos cristãos responsáveis por uma formação indireta. Entendemos aqui que, enquanto a formação direta se caracteriza pelo anúncio da Palavra de Deus, a formação indireta, talvez a mais forte, está no testemunho do modo de ser Igreja. Desta forma, uma cultura do Evangelho encarnado, ou seja, o modo de viver na comunidade e no mundo, contribui fortemente para a eficácia do anúncio da formação catequética[362].

Até aqui temos chamado o sujeito que entra no tempo do pré-catecumenato como candidato ou como catequizando ou catecúmeno. Contudo, o RICA denomina este com o epíteto de "simpatizante". Dele se espera, minimamente, um desejo de crescimento espiritual; uma disposição em amadurecer a vontade de seguir o Cristo e, posteriormente, de pedir o batismo; uma abertura para participar da formação direta – as modalidades de encontros combinados previamente pela comunidade eclesial – e da indireta – a vida da comunidade cristã; e, finalmente, uma inclinação mínima para a fé cristã. O mais importante de tudo é a reta intenção de conhecer a fé cristã[363].

---

361. RICA 10.
362. RICA 13.
363. RICA 12.

Está indicado um encontro de acolhimento do simpatizante. Depois de transcorrido certo tempo – do estabelecimento de um relacionamento de amizade entre a pessoa e a comunidade – ocorreria esta reunião de recepção na qual se pede que o sacerdote ou um leigo dirija palavras de saudação ao candidato. Os responsáveis pelo processo de iniciação cristã podem atuar, em consonância com os bispos, na elaboração desse momento eclesial. O RICA aponta a existência de um "amigo" do simpatizante. Somos levados a concluir que seja aquela pessoa da comunidade cristã a qual ocorreu uma identidade emocional-espiritual própria. Este "amigo" teria participação na reunião de acolhimento do simpatizante, apresentando-o a comunidade de modo oficial[364].

O RICA abre uma perspectiva profunda de cunho litúrgico-espiritual. Consciente da profunda relação entre liturgia e catequese, entre vida espiritual e formação, entre oração e ação, está prevista a promoção de momentos de oração pelos simpatizantes. Neste ponto, os responsáveis pela vida litúrgico-catequética das igrejas podem atuar se utilizando das celebrações da Palavra, das preces da liturgia comunitária e de outras formas de oração litúrgica – as bênçãos e as horas do ofício divino[365].

A contextualização do pré-catecumenato em cada contexto eclesial é uma das riquezas trazidas pelo RICA. Apesar do texto oferecer um conteúdo litúrgico-pastoral comum, a introdução geral da iniciação cristã de adultos está consciente de que cada igreja local possui suas potencialidades e desafios evangelizadores, e que é impossível universalizar, com normas rígidas, o processo de iniciação cristã. Por isso, essa sensibilidade cultural se destaca no trabalho de acolhimento e de formação do simpatizante no pré-catecumenato[366].

A conferência episcopal brasileira, nos seus textos mais recentes sobre a iniciação cristã, apresentou seu entendimento sobre a importância desse tempo, a necessária maturidade esperada do simpatizante nesta etapa e o trabalho litúrgico-catequético requerido. No estudo sobre iniciação cristã, os bispos brasileiros, em sintonia profunda com o RICA e no exercício da missão de encarnar o processo catecumenal em suas realidades, entendem o pré-catecumenato como um momento do itinerário catecumenal, no qual se acolhe alguém para anunciar-lhe o querigma, a fim de que nele se desperte a experiência da fé e da conversão de vida, permitindo-lhe descobrir a vida da igreja. Desta forma, após um período, diante da manifestação de alguns sinais de maturidade humano-espiritual – a confirma-

---

364. RICA 12.
365. RICA 12 e 13.
366. RICA 12.

ção da disposição de seguir Jesus, a manifestação da fé inicial e pequenos sinais de adesão pessoal ao Evangelho – o simpatizante será convidado para ingressar no catecumenato. No pré-catecumenato, se destaca a figura do introdutor como agente pastoral responsável direto pela formação dos simpatizantes[367].

O documento 107 da CNBB, sobre a iniciação à vida cristã, discorre sobre a temática do querigma. Os bispos do Brasil, em primeiro lugar, destacam uma mudança de perspectiva: não esperar que as pessoas venham buscar o processo de iniciação, mas, à semelhança da atitude de Jesus em relação à samaritana (Jo 4,1-42), é necessário ir até as pessoas para com elas dialogar a partir das suas necessidades, apresentando-lhes, neste contexto, o querigma. O centro desse anúncio querigmático, seja em ambiente formativo, celebrativo ou missionário, é Jesus Cristo, e o seu objetivo é formar discípulos capazes de se abrir para a fraternidade e o amor ao próximo e, ainda, de se aprofundar mais na Boa-nova da salvação. A responsável pelo anúncio é a comunidade cristã, em sua vocação missionária constitutiva. Na comunidade, os introdutores são os responsáveis pela formação humano-bíblico-doutrinal e pelo acompanhamento personalizado dos candidatos, através de uma relação de proximidade, cordialidade e escuta, respeitando a sua liberdade[368].

A segunda etapa, passo ou degrau do processo catecumenal, segundo o texto do RICA, se caracteriza por uma formação e um exercício da vida cristã mais intensos, os quais visam a maturidade humano-espiritual do candidato. Esse tempo é denominado de catecumenato e, apesar de não ter uma duração pré-fixada, se estende desde o rito de admissão ao catecumenato até o candidato demonstrar uma vivência da fé e da conversão mais profundas. O simpatizante pode se tornar catecúmeno quando apresenta os seguintes sinais: a acolhida do primeiro anúncio, a manifestação da fé no Cristo, acompanhada por uma vida de conversão, de fé e de senso eclesial, o estabelecimento de laços de amizade com o sacerdote e com alguns membros da comunidade[369]. Na verdade, o catecumenato pode ser traduzido e interpretado como "cuidado pastoral com os catecúmenos"[370]

---

367. Como não temos espaço nesta pesquisa para apontar, pormenorizadamente, a implementação da iniciação cristã em contexto brasileiro, mas sem, também, deixar passar isso em branco, queremos deixar ao leitor uma chave de leitura dos parágrafos do Estudo sobre a iniciação Cristã da CNBB sobre o pré-catecumenato e sua dinâmica: n° 78 – a natureza do pré-catecumenato; n° 79 – objetivos do pré-catecumenato; n° 125 – sinais de maturidade exigidos para a passagem do pré-catecumenato para o catecumenato; n° 127 – a identidade do introdutor; n° 128 – a missão do introdutor; n° 129 – a espiritualidade do introdutor e seu perfil psicológico; n° 130 – escolha e formação do introdutor; n° 131 – o conteúdo da formação do introdutor (CNBB, Est. 97).

368. CNBB, Doc. 107, 154-163.

369. RICA 68.

370. RICA 98.

Na mentalidade do RICA, a celebração do rito de admissão ao catecumenato é de suma importância, visto que é a primeira experiência do candidato na assembleia cristã. Tal celebração busca manifestar a intenção do candidato de se tornar cristão, bem como a atitude de acolhida de toda a comunidade cristã. Por isso, é necessário que a comunidade eclesial se faça presente para a celebração do rito[371]. Cabe ao introdutor apresentar o simpatizante à igreja reunida[372]. Desta forma, ocorre a admissão e consagração dos simpatizantes como catecúmenos[373].

A estrutura do rito de admissão ao catecumenato consta de três partes: acolhida dos candidatos, liturgia da Palavra e despedida[374]. O clima da celebração deve ser de alegria pelo novo passo de maturidade espiritual dos simpatizantes. A primeira parte é a acolhida dos candidatos. Ela se inicia na porta da igreja e termina com o ingresso do candidato no templo para a proclamação e escuta da Palavra de Deus. O sentido do paralelismo "entrada no catecumenato" e "entrada na igreja" quer destacar que o candidato passa a fazer parte da família de Deus e se torna filho da igreja[375]. Segue, então, o diálogo com o candidato, a primeira adesão e a assinalação com a cruz. Ingressando no templo, após a proclamação das leituras e da homilia, se procede a entrega da Escritura Sagrada aos candidatos. Este sinal, no início do catecumenato, marca o lugar central que a leitura orante da Sagrada Escritura tem na formação dos catecúmenos[376]. Por fim, após as preces e a oração conclusiva, acontece a despedida dos catecúmenos da celebração. É indicado que, após a celebração, ocorra um momento de confraternização entre os candidatos e a comunidade[377].

A formação durante o tempo do catecumenato se desenvolve em quatro direções inter-relacionadas, cujo objetivo é levar o catecúmeno à vivência da fé cristã, isto é, "introduzir na vida da fé, da liturgia e da caridade do Povo de Deus"[378]. O processo formativo visa esclarecer a fé, incentivar a participação no mistério

---

371. RICA 70.

372. RICA 71.

373. RICA 14.

374. A estrutura e a descrição do rito de admissão ao catecumenato pode ser encontradas no RICA, parágrafos 73 até 96. É possível ainda uma quarta parte no rito de admissão catecumenato, a liturgia sacramental da Eucaristia. Todavia, os catecúmenos são despedidos antes dela e só participarão dessa última parte a comunidade presente. Isto porque na mentalidade do catecumenato somente os iniciados podem participar dos sacramentos (RICA 72 e 97).

375. A igreja se sente gestando o catecúmeno e o catequizando, esperando o parto no dia da celebração batismal (RICA 18).

376. RICA 93.

377. RICA 96.

378. RICA 98.

litúrgico e animar para o apostolado e a vida segundo o Espírito de Cristo[379]. Desta forma, as quatro direções do catecumenato são o conhecimento da fé, a vida espiritual, a celebração da liturgia e o compromisso missionário.

A primeira direção é de cunho catequético. Nela os responsáveis (sacerdotes, diáconos, catequistas e leigos), tendo como referência o Ano Litúrgico e a celebração da Palavra, distribuem o conteúdo catequético em etapas a fim de que os candidatos tenham uma profunda percepção do mistério da salvação. A articulação entre o conteúdo catequético, o Ano Litúrgico e a vinculação com a liturgia da Palavra mostra a profunda conexão que existe entre liturgia e catequese. Na verdade, a celebração da Palavra, em consonância com o tempo litúrgico, é parte essencial da formação catecumenal[380].

A segunda direção da formação durante o período do catecumenato é a espiritual. O candidato deve ser formado para a oração, para o testemunho, para a esperança, a fim de seguir as inspirações divinas e para a caridade cristã. Neste sentido, a catequese não se limita a conteúdos memorizados e cristalizados, mas deve ser capaz de provocar uma vida nova, em consonância com o Evangelho. O testemunho dos introdutores, catequistas, padrinhos e da comunidade cristã é de fundamental importância para que o candidato perceba como o mistério pascal de Cristo se prolonga no corpo eclesial e na sua vida[381].

A vivência litúrgica é a terceira direção da formação no período do catecumenato. No catecumenato, além do rito de admissão, há outras celebrações que ajudarão os catecúmenos a chegar a uma participação ativa, consciente e frutuosa da liturgia. Durante o catecumenato estão previstas, ordinariamente, as celebrações da Palavra, as celebrações das bênçãos e os exorcismos e, como uma antecipação, a unção com o óleo dos catecúmenos e as entregas do símbolo e da oração do Senhor. Apesar de tratarmos dessas celebrações mais para frente, o mais importante neste momento é salientar que a participação nestas celebrações é de importância capital para a vida daqueles que se preparam para receber os sacramentos de iniciação cristã[382].

A última direção apresentada pelo RICA para a formação durante o período catecumenal é a de cunho diaconal-missionário. Os catecúmenos são chamados a aprender com a comunidade eclesial a atuar em dupla direção: a missão *ad extra* – cooperar ativamente com a evangelização – e a *ad intra* – a edificação da

---

379. RICA 99.
380. RICA 19.
381. RICA 19.
382. RICA 19.

Igreja. Esta dupla direção está baseada diretamente no decreto *Ad Gentes* do CV II, cujo anseio é que os catecúmenos sejam "introduzidos na vida da fé, da liturgia e da caridade do Povo de Deus", não por uma "mera exposição de dogmas e preceitos, mas uma formação e uma aprendizagem de toda vida cristã"[383]. Desta forma, a vida de caridade, a dimensão de serviço e de engajamento no serviço eclesial em favor do mundo, não só dos irmãos de fé, são requisitos irrenunciáveis da formação catecumenal[384].

É nítido o tom litúrgico nas quatro direções da formação prevista para o catecumenato na mentalidade do RICA. Ele se mostra, por exemplo, na relação entre o Ano Litúrgico e a celebração da Palavra de Deus; nos esforços para formar os catecúmenos no espírito de oração, sabendo que a liturgia é "escola de oração cristã"[385]; na educação litúrgica a fim de que, já durante o processo, mas, sobretudo, depois da recepção dos sacramentos de iniciação, a participação na liturgia seja, realmente, ativa, consciente e frutuosa; e, por fim, no impulso que o culto eclesial pretende dar para a missão e para a vida de caridade. Todas estas ações indicam a íntima relação entre catequese e liturgia no processo catecumenal na Igreja de hoje.

Dito isto, podemos adentrar o universo ritual previsto para o tempo do catecumenato, ou seja, as celebrações da Palavra, as bênçãos e os exorcismos. Em primeiro lugar, o RICA prevê a celebração da Palavra de Deus, em harmonia com a espiritualidade do Ano Litúrgico, como lugar de instrução para os catecúmenos. Não se trata de transformar a celebração em aula ou encontro, nem reduzir os encontros catequéticos à celebração da Palavra. A percepção do processo catecumenal valoriza a experiência vivida na celebração. A reunião em assembleia e a proclamação da Palavra, acompanhadas pela oração, possibilitam uma profunda vivência da celebração do mistério de Cristo. A estrutura da celebração da Palavra é descrita da seguinte maneira: canto inicial e liturgia da palavra[386]. As bênçãos, os exorcismos e a unção pré-batismal são, preferencialmente, precedidas pela celebração da Palavra[387].

---

383. AG 14.

384. RICA 19.

385. Embora tenha a pretensão de aprofundar mais este tema quando tratarmos da mistagogia em relação com a espiritualidade, deixamos já citado um trecho que apresenta uma das expressões cruciais da relação mistagogia-liturgia-espiritualidade: "A liturgia com seu caráter mistérico e eclesial quer ser verdadeira escola de oração para a totalidade dos membros do Povo de Deus" (LÓPEZ, J., La liturgia, escuela de oración, p. 6).

386. RICA 100.

387. RICA 108, 119 e 128.

O RICA explica ainda o valor das celebrações para a vida dos catecúmenos. A contribuição formativa da celebração da Palavra pode ser descrita assim: "Gravar no coração dos catecúmenos o ensinamento recebido quanto aos mistérios de Cristo e a maneira de viver que daí decorre", "levá-los a saborear as formas e as vias de oração" e "introduzi-los, pouco a pouco, na liturgia da comunidade cristã"[388]. As celebrações da Palavra podem ocorrer no domingo com o objetivo de ensinar a guardar esse dia, como também, depois dos encontros catequéticos[389]. Sem dúvida, a práxis atual da Igreja precisa incorporar a consciência de que a celebração da Palavra oferece uma inteligência do mistério de Cristo, de maneira experiencial e vivencial. O que vemos, muitas vezes, é uma primazia dos encontros de catequese em detrimento do valor catequético da celebração.

A celebração da bênção, prevista no RICA, expressa "o amor de Deus e a solicitude da Igreja"[390]. A sua finalidade é encorajar, alegrar e pacificar os catecúmenos a fim de que continuem na caminhada[391]. Uma grande abertura do RICA é que tais bênçãos podem ser conferidas não só pelo ministro ordenado, mas também por leigos, em especial, os catequistas; em ambos os casos, elas são conferidas no final do encontro catequético. O rito de bênção está composto de uma oração eucológica e o gesto da imposição das mãos[392]. Estas bênçãos podem ser conferidas também aos simpatizantes durante o tempo do pré-catecumenato[393].

Os exorcismos, também denominados de primeiros exorcismos ou exorcismos menores, "manifestam aos catecúmenos as verdadeiras condições da vida espiritual", descritas como "luta entre a carne e o espírito, a importância da renúncia para alcançar as bem-aventuranças do Reino de Deus e a necessidade contínua do auxílio divino"[394]. Esta celebração retira o catecúmeno de uma visão voluntarista do crescimento espiritual, destacando a ação divina em sua vida[395]. Deve-se cui-

---

388. RICA 106.
389. RICA 107 e 108.
390. RICA 102.
391. RICA 102.
392. RICA 119.
393. RICA 120.
394. RICA 101.
395. Como a noção de exorcismo é um tema delicado à consciência do homem moderno, acreditamos que seria importante analisar a oração prevista para esse momento do processo catecumenal e entender melhor assim sua condição. Primeiramente, a oração se destina ao Pai: "Deus todo poderoso e eterno". Depois, ela apresenta a seção anamnética: "que nos prometes o Espírito Santo por meio do vosso Filho Unigênito". Enfim, se abrem as intercessões pelos catecúmenos: "atendei a oração que vos dirigimos por estes catecúmenos". São basicamente dois pedidos por eles, a saber: a libertação do Mal – "afastai deles todo o espírito do mal, todo erro e todo pecado, para que se tornem templos do Espírito Santo" – e a

dar, todavia, que não haja uma interpretação dualista da luta entre carne e espírito. Há uma referência direta ao epistolário paulino (1Cor 5,3; 7,34; 2Cor 12,2-3) que contextualiza a luta entre carne e espírito na antropologia bíblica, não permitindo uma leitura dualista aos moldes do pensamento grego[396]. O rito do exorcismo ocorre após a homilia e se caracteriza pela oração silenciosa da assembleia, a imposição das mãos do sacerdote sobre os catecúmenos e a oração prevista[397].

Uma outra questão importante no universo celebrativo do tempo do catecumenato é a recuperação da *dimissio* – despedida dos não iniciados da celebração sacramental. Ela se aplica aos catecúmenos, pois, não sendo ainda iniciados, não podem participar da celebração dos sacramentos. Essa, sem dúvida, é uma das propostas do RICA mais difíceis de se adequar à pastoral da igreja[398]. Historicamente, ocorreu uma centralidade excessiva na celebração da Eucaristia e, parece ferir a sensibilidade católica tradicional essa despedida dos catecúmenos da celebração dos ritos sacramentais[399].

Algumas celebrações previstas para o tempo da purificação e iluminação, podem ser antecipadas por razões pastorais próprias: a entrega do Símbolo e da Oração do Senhor, o rito do *Éfeta* e a unção com o óleo dos catecúmenos. Porém, manteremos a estrutura básica do processo catecumenal no intuito de destacar as propostas teológico-pastorais do RICA (de modo ordinário)[400].

Para o período do catecumenato se prevê a escolha do padrinho/madrinha. Ele ou ela tem a função de ensinar familiarmente ao catecúmeno como praticar o Evangelho, auxiliá-lo nas dúvidas e inquietações, dar-lhe testemunho cristão e zelar pela sua futura vida batismal. Desta forma, são afirmadas quatro missões próprias do padrinho: ensino, aconselhamento, testemunho e acompanhamento. Além disso, o padrinho acompanhará seu afilhado, dando testemunho da sua fé na celebração da eleição, dos sacramentos de iniciação e na mistagogia. Os crité-

---

confirmação da palavra que está sendo anunciada – "fazei que a palavra que procede da nossa fé não seja dita em vão, mas confirmai-a com aquele poder e graça com que vosso Filho unigênito libertou do mal este mundo". No fundo, as preces pedem que os catecúmenos se tornem templos do Espírito Santo e que a Palavra da fé seja confirmada neles. A oração termina com a fórmula de mediação: "Por Cristo, nosso Senhor" (RICA 113).

396. SIERRA, A. M., Antropología teológica fundamental, p. 87-88.

397. RICA 109 e 113.

398. A celebração da Eucaristia, atualmente, está aberta a todos. Com isso, queremos dizer que qualquer um pode tomar parte da missa. Frequentemente, encontramos pessoas não iniciadas (e até de outras religiões e mesmo ateus) participando da celebração. Para os Padres da Igreja, a celebração da eucaristia deveria ser participada apenas pelos cristãos, por aqueles que foram iniciados. Esta é uma das diferenças mais acentuadas entre a Igreja antiga e a nossa.

399. RICA 107.

400. RICA 103.

rios para se tornar padrinho são: a maturidade humano-espiritual adequada, a iniciação cristã completa e a pertença à comunidade cristã[401].

A Conferência Nacional dos Bispos do Brasil compreende o catecumenato como um tempo para que se crie no candidato ao batismo uma familiaridade com a Palavra de Deus, receba formação catequética, seja iniciado na vida litúrgica e pratique a vida cristã[402], e rechace a mera doutrinação para que faça uma experiência de encontro vivencial com o Senhor Jesus[403]. Nossa conferência episcopal faz uma distinção importante entre catecúmenos – aqueles que vão receber os três sacramentos de iniciação – e catequizandos. Estes podem ser divididos em três grupos, a saber: os que vão ser eucaristizados e crismados, os que vão ser crismados e, os que, já tendo recebido a iniciação, vão renovar seus compromissos batismais diante da comunidade[404]. O conteúdo próprio do período do catecumenato versa sobre a História da Salvação, o símbolo da fé, a oração do Pai-nosso e a moral cristã[405]. Ele deve sempre estar relacionado com a vida pessoal e social do candidato[406].

A nossa conferência episcopal compreende que o rito de admissão ao catecumenato é a primeira grande celebração dos que querem se tornar cristãos. Ela destaca três momentos do rito e explica a importância deles: a assinalação da fronte com a cruz como sinal do mistério pascal de Cristo, a entrada na igreja como lugar da escuta da Palavra de Deus e a recepção das Escrituras como símbolo da condição espiritual do candidato como ouvinte da Palavra[407].

A terceira etapa, passo ou degrau do processo de iniciação cristã está em função da recepção dos Sacramentos do Batismo, Crisma e Eucaristia. Por isso, os tempos correspondentes com esta etapa é o da purificação e da iluminação. O seu escopo é a preparação mais imediata para a celebração pascal. O que se exige, então, para que o catecúmeno seja admitido entre os que vão receber a salvação na Vigília Pascal, é o seguinte: uma progressão no conhecimento de si, a conversão

---

401. OPGIC 8, 9 e 10 e RICA 43.

402. CNBB, Est. 97, 82.

403. CNBB, Doc. 107, 164.

404. De fato, a realidade da iniciação brasileira precisa pensar a evangelização dos batizados e dos iniciados, visto que, muitas vezes, apesar da recepção dos sacramentos, os cristãos não conseguiram entrar na dinâmica própria da evangelização, deixando lacunas importantes no modo de ser cristão e Igreja (CNBB, Est. 97, 80-81).

405. CNBB, Est. 97, 82.

406. CNBB, Doc. 107, 165.

407. CNBB, Est. 97, 80.

dos costumes e da mentalidade, o conhecimento adequado da doutrina cristã e o senso de fé e caridade[408].

O tempo da Quaresma foi designado e estruturado não só com o objetivo penitencial para quem já foi iniciado, mas também com o intuito de conduzir os candidatos do catecumenato aos sacramentos pascais[409]. Dentre os tempos do Ano Litúrgico, nenhum outro corresponde melhor à noção de preparação. Assim sendo, os ritos previstos – eleição, escrutínios e entregas – foram distribuídos durante o tempo quaresmal a fim de conduzir os candidatos ao amadurecimento necessário para a recepção dos sacramentos de iniciação[410].

O rito de eleição marca o início do tempo da purificação e iluminação, que se estenderá, então, do primeiro domingo da Quaresma até a Vigília Pascal. Durante este rito se manifesta publicamente o desejo do fiel de receber os sacramentos, além de sua eleição pela igreja.

O rito pode se chamar também de "inscrição do nome" visto que está previsto um livro no qual se anota o nome daqueles que foram confirmados pela igreja para a recepção dos sacramentos de iniciação[411]. Os catecúmenos que são admitidos passam a se chamar "eleitos", termo que retoma a teologia da eleição. Ainda são denominados "competentes", no sentido de estar na luta para chegar aos sacramentos. São nomeados também "iluminados", em relação à recepção da luz da fé. É possível criar ou escolher um outro nome para os eleitos respeitando questões culturais de cada igreja particular[412]. O rito da eleição é o ponto capital do catecumenato e se reveste de importância máxima[413].

A estrutura do rito de eleição consta de proclamação da Palavra, homilia, exame e petição dos candidatos, admissão ou eleição, oração pelos eleitos e *dimissio*. O rito acontece durante a celebração da Eucaristia dominical. Após então, a proclamação do Evangelho de Mt 4,1-11 (Jesus no deserto), seguida da homilia dirigida tanto aos candidatos quanto à comunidade, chegamos aos momentos constitutivos da eleição. A apresentação dos candidatos é feita por alguém da comunidade (diácono, catequista ou outra pessoa), que chama os eleitos pelo nome e os apresenta ao presidente da celebração. Este interrogará os padrinhos sobre a conduta de seus afilhados, no tocante à escuta da Palavra de Deus, à vivência na

---

408. RICA 23 e 155.
409. SC 109 e RICA 22.
410. RICA 21, 25 e 152.
411. RICA 22.
412. RICA 24.
413. RICA 23.

presença de Deus e à participação na vida e na oração da comunidade. Segue o momento do exame e da petição dos candidatos, onde o presidente os questiona sobre a vontade de receber os sacramentos da fé e de continuar na comunidade. Finalmente, dá-se a inscrição do nome dos eleitos. Terminado este momento, o presidente declara solenemente sua admissão para a recepção dos sacramentos de iniciação na próxima Vigília Pascal. As preces da comunidade se voltam para os eleitos. Por fim, ocorre a *dimissio*, a fim de que a Eucaristia dominical seja celebrada como prevista[414].

Este período de quarenta dias se reveste de intensa preparação espiritual para o eleito em dois aspectos: a purificação e a iluminação. O primeiro visa a transformação do coração e do espírito através da penitência e do exame de consciência. O segundo, pretende proporcionar ao eleito um conhecimento mais profundo de Cristo. Esses aspectos se complementam e objetivam mais à vida interior do eleito do que um mero conhecimento catequético, no sentido doutrinal e acadêmico. Em vista disso é que a Igreja estabelece ritos próprios para cumprir sua missão[415].

A celebração dos três escrutínios procura conduzir os eleitos para os sacramentos de iniciação. Eles são celebrados, respectivamente, no terceiro, quarto e quinto domingos da quaresma e possuem a função de curar aquilo que está imperfeito, fraco e mau no coração do eleito e consolidar o que se encontra bom, forte e santo. Desta forma, os escrutínios são peças litúrgicas com fim terapêuticos: a libertação do pecado e do demônio e a conformação de vida ao Cristo[416].

Os exorcismos, parte integrante dos escrutínios, são chamados de "exorcismos maiores" – aqueles do período do catecumenato são os "menores". Eles são celebrados pelo ministro ordenado e pela comunidade. As orações dos exorcismos buscam fortalecer os eleitos contra as tentações demoníacas, orientar os bons propósitos, estimular a vontade e livrar do pecado, libertando de suas consequências e da influência diabólica. Tudo isto para que os eleitos se unam mais a Cristo, cresçam no desejo de amar a Deus, sejam fortalecidos no caminho espiritual e abram os corações para os sacramentos pascais[417].

Para a celebração dos escrutínios foi recuperado o modelo do antigo lecionário da Igreja de Roma. Ele consta de três leituras extraídas do Evangelho de João, em vista de três temas batismais: a água viva – o encontro de Jesus com a

---

414. RICA 140-151.
415. RICA 25 e 153.
416. RICA 25 e 157.
417. RICA 154, 156 e 158.

Samaritana; da iluminação – a cura do cego; e da ressurreição e da vida eterna – a ressurreição de Lázaro. Tais leituras, lidas em chave tipológica, visam antecipar os dons sacramentais e servem para instruir os catecúmenos sobre o mistério do pecado e de suas consequências, bem como sobre a redenção trazida por Cristo[418].

A estrutura da celebração dos três escrutínios consta da proclamação da Palavra, homilia, oração silenciosa, preces pelos eleitos, exorcismo e a *dimissio*. De acordo com o domingo da Quaresma, o Evangelho dá o tom das eucologias presentes nos escrutínios. Por isso, é vital a proclamação das perícopes evangélicas acima mencionadas para se estar em sintonia com as orações. Isto revela a fé eclesial na atualização da força salvadora do Cristo no presente, no *hodie* da celebração. Nesse sentido, a homilia serve de ponte para a percepção da relação entre o evento salvífico e sua atualização na vida dos eleitos[419].

Terminada a homilia, os eleitos, acompanhados por seus padrinhos, se ajoelham diante do presidente, que convoca a assembleia para a intercessão silenciosa. Depois desse momento de oração, seguem-se as preces da comunidade, cuja temática está alicerçada na narrativa evangélica proclamada no domingo correspondente. Segue-se a oração de exorcismo e a imposição das mãos. A eucologia dos exorcismos também se fundamenta na proclamação do Evangelho[420]. Tudo termina com a despedida dos eleitos e a continuação da celebração da Eucaristia da comunidade como de costume[421].

Em relação à iluminação estão previstas as entregas do símbolo da fé e da oração do Senhor. Sabendo que o símbolo faz memória das maravilhas salvíficas de Deus e que a oração dominical revela nossa condição de filhos de Deus, a

---

418. RICA 157 e 159.

419. Para aprofundar o trabalho de recuperação das antigas fontes litúrgicas realizado no pós-concílio para o tempo da Quaresma, indicamos a seguinte obra AUGÉ, M., Quaresma, Páscoa, Pentecostes, p. 15-34.

420. Queremos mostrar esta íntima relação entre o Evangelho do domingo da Quaresma e a eucologia do exorcismo. No terceiro domingo, o evangelho da Samaritana inspira a seguinte oração de exorcismo: "Senhor Jesus, que em vossa admirável misericórdia convertestes a Samaritana, para que adorasse o Pai em espírito e verdade, libertai agora das ciladas do demônio estes eleitos que se aproximam das fontes da água-viva; convertei seus corações pela força do Espírito Santo, a fim de conhecerem vosso Pai, pela fé sincera que se manifesta na caridade" (RICA 164). No quarto domingo, o evangelho do cego de nascença alicerça a respectiva oração de exorcismo: "Senhor Jesus, luz verdadeira, que iluminais toda a humanidade, libertai, pelo Espírito da verdade, os que se encontram oprimidos pelo pai da mentira, e despertai a boa vontade dos que chamastes aos vossos sacramentos, para que, na alegria da vossa luz, tornem-se, como o cego outrora iluminado, audazes testemunhas da fé" (RICA 171). No quinto domingo, a eucologia se liga ao evangelho da ressurreição de Lázaro: "Deus Pai, fonte da vida, vossa glória está na vida feliz dos seres humanos e o vosso poder se revela na ressurreição dos mortos. Arrancai da morte os que escolhestes e desejam receber a vida pelo batismo. Livrai-os da escravidão do demônio, que pelo pecado deu origem à morte e quis corromper o mundo que criastes bom. Submetei-os ao poder do vosso Filho amado, para receberem dele a força da ressurreição e testemunharem, diante de todos, a vossa glória" (RICA 178).

421. RICA 160 -183.

Igreja crê que a entrega dessas fórmulas realiza a iluminação dos eleitos diante dos mistérios da fé[422]. Só à guisa de lembrança, estes ritos da entrega do símbolo e da oração do Pai-nosso podem ser antecipados para o tempo do catecumenato, em virtude do acúmulo de ritos no tempo da Quaresma, e, também, para melhor compor a catequese do candidato. Aqui fizemos a opção de apresentá-los no seu lugar comum para entendermos o sentido de cada parte no todo do processo[423].

As celebrações das entregas – *traditio* – devem ser realizadas com a presença da comunidade, em dia ferial. Essas celebrações possuem um conjunto de leituras próprias. A primeira celebração é a entrega do símbolo, na qual os eleitos recebem da comunidade os enunciados centrais da fé cristã. A segunda é a da oração do Senhor, na qual os candidatos escutam a maneira mais própria de se dirigir a Deus Pai, em comunhão com Cristo, na força do Espírito Santo. As entregas do símbolo e do Pai-nosso terão sua recitação (*reditio*), por parte dos candidatos, durante a celebração dos sacramentos, na Vigília Pascal. A *reditio* do símbolo ligada à liturgia batismal e a *reditio* do Pai-nosso, à liturgia eucarística[424]. A entrega do símbolo está prevista para a semana após o primeiro escrutínio. A entrega da oração do Senhor, para a semana após o terceiro escrutínio[425].

A estrutura da celebração de entrega consta da proclamação da Palavra, da homilia, da entrega, da oração sobre os catecúmenos e a *dimissio*. O lecionário dessas celebrações são próprios e apresentam leituras que mostram as relações entre o evento salvífico e o *hodie* litúrgico. Para a entrega do símbolo, estão elencadas as seguintes leituras: Dt 6,1-7 (1ª leitura); Sl 18 (Salmo); Rm 10,8-13 ou 1Cor 15,1-8 (2ª leitura); Mt 16,13-18 ou Jo 12,44-50 (Evangelho). Um leitor mais familiarizado com a teologia bíblica notaria a relação das leituras, pois temos o credo de Israel, o louvor pela Palavra de Deus, a salvação pela confissão de fé ou o testemunho mais antigo da formulação do credo cristão e a confissão petrina no Cristo ou a iluminação de quem escuta a Palavra de Cristo.

O elenco das leituras da entrega da oração dominical está formado pelas seguintes passagens: Os 11,1b-3.-4.8c-9 (1ª leitura); Sl 22 ou 102 (Salmo); Rm 8, 14-17.26-27 ou Gl 4,4-7 (2ª leitura); Mt 6,9-13 (Evangelho). Mais uma vez existe uma profunda relação teológica entre as leituras e a entrega. Os textos versam sobre: o Deus misericordioso, que trata Israel como filho; o Deus que é pastor e pai; a recepção da filiação divina pelo Espírito Santo; e a entrega da oração dominical aos

---

422. RICA 25.
423. RICA 125 e 184.
424. RICA 183 e 188.
425. RICA 183 e 189.

discípulos. Fica nítida a consciência da Igreja em relacionar palavra e rito, uma vez que ela acredita na atualização do evento no "hoje" da comunidade celebrante.

A homilia feita durante as entregas deve estar em sintonia com as leituras proclamadas. Segundo o RICA, quem faz a homilia parte do texto bíblico e de seu sentido teológico. Dessa forma é que se poderia compreender a realidade daqueles eventos atualizados na vida dos eleitos e da comunidade cristã, em forma de intervenção salvífica.

A entrega do símbolo é feita com a recitação do credo pela assembleia. Trata-se de um gesto simbólico de recepção: a assembleia, sinal do Cristo e da Igreja, ensina, oferece e entrega ao eleito as palavras milenares que sevem como guia da sua fé. Estas palavras têm suas raízes na Primeira Aliança e encontram sua plenitude em Jesus. Elas se desenvolveram e serviram de base para a interpretação da vida cristã à luz da história da salvação. Agora, elas pertencem também àquele eleito, que, tornando-se cristão, terá a missão de entregar, futuramente, tais palavras aos novos membros da comunidade.

A entrega da oração do Senhor é bem emblemática, pois, entre a proclamação da segunda leitura e o Evangelho, o diácono ou o catequista chama os eleitos e lhes dirige a seguinte munição "Aproximem-se os que vão receber a oração do Senhor". Quem preside acrescenta "Caros catecúmenos, vocês vão ouvir agora como o Senhor ensinou seus discípulos a rezar". Então, dá-se a proclamação do Evangelho[426]. Esta construção ritual está embasada num dado da teologia litúrgica presente na SC: Cristo "está presente na sua Palavra, pois é Ele que fala ao ser lida na igreja a Sagrada Escritura"[427]. Desta forma, o próprio Senhor Ressuscitado, através da mediação litúrgico-celebrativa, continua ensinando o modo de se rezar a fim de confirmar a identidade filial de seus discípulos.

Em ambas as entregas estão previstas uma oração sobre os eleitos. O presidente convoca a assembleia para rezar silenciosamente pelos candidatos. A monição desse convite enfatiza a necessidade da graça divina para que eles se tornem capazes de receber os sacramentos pascais. Após este momento, o presidente, em voz alta, reza uma oração em consonância com o respectivo rito: numa se pede a ciência e a verdadeira fé, na outra, a filiação divina[428].

O tempo da purificação e da iluminação conduzem os eleitos até a celebração dos sacramentos pascais. A Vigília Pascal é o ponto ápice do processo de iniciação cristã, pois é nela que, de fato, são celebrados o Batismo, a Crisma e a

---

426. RICA 191.

427. SC 7.

428. RICA 187 e 192.

Eucaristia. Todavia, antes disso, se faz necessária uma preparação imediata, prevista para o sábado santo.

De um lado, se pede uma atitude espiritual que, segundo o RICA, consiste em deixar os afazeres normais e reservar o dia para oração, recolhimento e jejum. De outro, o RICA prevê uma série de ritos próprios: a recitação do símbolo, o *Éfeta*, a escolha do nome cristão e a unção com o óleo dos catecúmenos. A celebração desse conjunto de ritos requer um espírito de escuta e contemplação, pois, assim como temos visto com os outros ritos do processo de iniciação, a sua estrutura é a da relação entre evento salvífico (proclamação da Palavra) e gesto ritual (atualização da salvação)[429].

A celebração da preparação imediata começa com os ritos iniciais: procissão de entrada, o sinal da cruz e a saudação inicial. Em seguida, temos a oração de coleta na qual se faz memória do desejo do Pai de recapitular tudo no Filho (Ef 1,10) e se pede a integração dos eleitos ao Reino de Deus. Tem lugar, então, a liturgia da Palavra com as seguintes leituras: Fl 3,4-15 (1º leitura), Sl 62 (Salmo responsorial) e Mc 8,27-31 (Evangelho). Os temas da vantagem suprema do conhecimento de Cristo (a gnose cristã), do desejo por Deus, da proclamação de fé petrina e do anúncio do mistério pascal são a base para a homilia e demais ritos que se seguirão.

A recitação do símbolo – *reditio* – ocorre na seguinte disposição: primeiro, o diácono ou catequista convoca os eleitos, lembrando-os do rito da entrega do símbolo (quando eles ouviram da assembleia a síntese da fé cristã); depois, o presidente convoca a assembleia para uma oração silenciosa sobre os eleitos, e após algum tempo, ele reza, em alta voz, fazendo memória do processo catecumenal – "estes eleitos tendo acolhido o vosso plano de amor e os mistérios da vida do vosso Cristo" – e intercedendo para que se tornem testemunhas – "possam sempre proclamá-las com palavras e vivê-los pela fé, cumprindo em ações a vossa vontade"[430]; e, por fim, os eleitos professam, pela primeira vez, na celebração, o símbolo assumindo-o como norma de fé e vida[431].

Após a *reditio* do símbolo da fé, segue o rito do *Éfeta*. O seu significado, segundo o próprio texto do RICA, é "a necessidade da graça para se ouvir e professar a Palavra de Deus a fim de se alcançar a salvação"[432]. O rito parte da leitura evangélica de Mc 7,31-37 na qual temos a narrativa da cura do surdo-mudo. O

---

429. RICA 26 e 193.
430. RICA 197.
431. RICA 199.
432. RICA 200.

paralelismo é claro: o surdo-mudo do Evangelho é um sinal do eleito; o toque do Senhor está presente no gesto litúrgico do ministro ordenado; e a alegria da cura do surdo-mudo se faz presente na salvação presente na vida do eleito. Nesse sentido, o gesto litúrgico do ministro consiste em tocar os ouvidos e a boca do eleito enquanto usa a fórmula *"Éfeta"*, isto é, abra-te, a fim de proclamares o que ouviste para louvor e glória de Deus". Esta fórmula proclama a condição espiritual da escuta-anúncio, constitutiva da espiritualidade cristã.

Segue o rito da imposição de um nome cristão. A mentalidade da iniciação cristã é intrinsicamente bíblica e, por isso, procura atualizar os eventos bíblicos na vida dos eleitos. Sabemos que, na Escritura, em diversos momentos importantes da história salvífica, Deus muda o nome dos seus eleitos, impondo um nome novo de acordo com a vocação e missão deles. Assim sendo, estão dispostas várias leituras para serem proclamadas no intuito de fazer memória dessa imposição de um nome novo nas páginas sagradas: Gn 17,1-7 (de Abrão para Abraão), Is 62,1-5 (o nome novo de Jerusalém), Ap 3,11-13 (o nome novo gravado na nova Jerusalém), Mt 16,13-18 e Jo 1,40-42 (de Simão para Pedro). O presidente impõe o nome novo com a seguinte fórmula "N., daqui em diante te chamarás N.". Esse novo nome quer também sublinhar a vocação cristã e missionária do neobatizado[433].

O último rito da preparação imediata é a unção com o óleo dos catecúmenos. Os eleitos são ungidos com o óleo consagrado na missa do Crisma pelo bispo. Essa unção é feita no peito, ou em ambas as mãos, ou ainda em outras partes do corpo.

O rito começa pela ação de graças – ação salvadora do Pai. Depois, ele faz memória da unção conferida àqueles que iam para o combate. Por fim, o ministro ordenado intercede pelos eleitos pedindo que recebam a força, a sabedoria e as virtudes divinas[434]. Para que isto tudo fique mais claro, o presidente antes da unção revela o sentido de tal unção através da eucologia: "O Cristo Salvador lhes dê a sua força"[435]. A unção com o óleo dos catecúmenos está relacionada com o tema da luta espiritual, do combate na fé e da força divina.

Em contexto brasileiro, a CNBB destaca, em consonância com o RICA, a Quaresma como o tempo para se desenvolver a purificação e a iluminação[436]. Para isso, ela direciona, para os catecúmenos, os ritos de eleição ou inscrição do nome (no primeiro domingo), os escrutínios (no terceiro, quarto e quinto domingos), as

---

433. RICA 203, 204 e 205.

434. RICA 130.

435. RICA 131.

436. CNBB, Est. 97, 84 e CNBB, Doc. 107, 168.

entregas e os ritos de preparação imediata (no sábado santo) enquanto que, para os catequizandos, o Sacramento da Reconciliação[437]. O rito de eleição tem grande importância no processo catecumenal, pois, nele, os candidatos declaram seu desejo e sua decisão de se tornarem cristãos[438]. Na celebração dominical, se dá preferência ao lecionário "A", aquele que melhor expressa os conteúdos dos ritos[439].

A celebração dos sacramentos de iniciação se realiza na Vigília Pascal. Verdadeiramente, a mentalidade da Igreja compreendeu a interconexão entre o amadurecimento humano-espiritual do candidato, o tempo litúrgico, a celebração dos sacramentos de iniciação e o mistério pascal. Por isso, de forma tão categórica, a Igreja afirma que o batismo "recorda e realiza o mistério pascal"[440]. Dessa forma, a Vigília Pascal é a ocasião natural e ordinária para a celebração da iniciação cristã[441]. A celebração dos sacramentos da iniciação cristã marca a última etapa do processo de iniciação e dá início ao seu último tempo: o tempo da mistagogia[442].

O RICA retoma a tradição catecumenal romana e prevê que os catecúmenos recebam os três sacramentos de iniciação durante a celebração da vigília. Essa orientação não é simplesmente de ordem disciplinar, mas traz em si uma profunda visão contemplativo-espiritual da relação rito-tempo-evento salvífico. A celebração, devemos recordar que ela torna presente o evento da morte e ressurreição de Jesus, confere ao eleito o perdão dos pecados, a incorporação ao Povo de Deus, a filiação divina, a participação na história da salvação e a antecipação dos bens futuros escatológicos.

A estrutura celebrativa da Vigília Pascal se divide em quatro partes: a liturgia da luz, a liturgia da Palavra, a liturgia do batismo e a liturgia da eucaristia. Ela celebra a salvação do Senhor em chave simbólico-ritual mediando o sentido soteriológico através da luz, das narrativas da história da salvação, do banho e da unção pascal e do banquete eucarístico. Dentre todas as celebrações do Ano Litúrgico, ela é a que mais apresenta uma carga de sinais, símbolos, ações, gestos e palavras[443].

Na terceira parte da Vigília Pascal, estão previstos os ritos que compõem o batismo e a confirmação dos eleitos. Os ritos que compõem a celebração do

---

437. CNBB, Est. 97, 85-86 e CNBB, Doc. 107, 170-171.

438. CNBB, Est. 97, 83.

439. CNBB, Doc. 107, 169.

440. IRICA 6.

441. RICA 208.

442. RICA 37.

443. Para aprofundar a recuperação da Vigília Pascal feita pela reforma litúrgica do CV II, sugerimos TENACE, M., La veglia pasquale e l'ispirazione patristica del concilio vaticano II, p. 49-64.

batismo são: oração sobre a água, renúncia, unção batismal, profissão de fé, banho batismal, unção depois do batismo, recepção da veste batismal e a entrega da luz. Já em relação à confirmação, temos: imposição das mãos, assinalação com o óleo e troca da paz. Batismo e confirmação precisam ser vistos em sua unidade de sentido.

A bênção da água é o primeiro momento da celebração do batismo e da iniciação cristã[444]. O texto eucológico dessa bênção é fortemente marcado pela anamnese da história salvífica, ou seja, a memória da ação soteriológica divina. De fato, Deus usou a água para comunicar sua salvação ao Povo de Israel. Por isso, encontramos no texto eucológico referências aos seguintes eventos salvíficos: a criação, o dilúvio, a travessia do Mar Vermelho, o batismo de Jesus no Rio Jordão, a água vertida do coração traspassado do Cristo na cruz e o mandato batismal. Já a parte epiclética da bênção pede que a água nova do batismo, cheia do Espírito Santo, seja capaz de efetivar a salvação na vida dos batizados. O RICA vincula diretamente a bênção da água com o mistério pascal[445].

Durante a parte epiclética da bênção da água, o sacerdote introduz o círio pascal na água três vezes ou apenas uma vez. Este gesto retoma do tema sexual advindo da Tradição na qual o círio fecunda a água com o Espírito Santo à semelhança do coito sexual humano. Dessa forma, o batizado nasce, não da carne, mas da palavra/sêmen divino, do útero batismal da Igreja, para ser filho de Deus e irmão dos homens. Também é possível uma analogia entre a encarnação do Verbo e o nascimento batismal, onde, assim como o Espírito cobriu Maria, sempre Virgem, com sua sombra, e gerou nela o Cristo, o mesmo Espírito desceria sobre a Igreja e gera, nela, os novos filhos espirituais de Deus[446].

Em seguida, temos um conjunto de gestos interligados: a renúncia ao demônio, a unção com óleo do batismo e a profissão de fé. Estes gestos, diante da assembleia reunida, visa fazer com que o eleito se comprometa com a vida nova batismal. Nesse sentido, se destaca o caráter livre e decisório do processo de iniciação, da recepção dos sacramentos e da vivência cristã. O RICA se afasta de uma mentalidade de cristandade da imposição da fé por pressão social. Ele destaca que o iniciando, no seu processo de adesão a Cristo, vive uma dimensão passiva – a fé

---

444. Antes da bênção da água batismal, podemos ter a litania dos santos. Esta peça, além de ter uma função de intercessão, revela o caráter eclesial da celebração. A noção de santidade, na raiz dessa experiência, está vinculada à ação do Espírito Santo. Por isso, evocar a intercessão dos santos, no momento em que novos cristãos serão pneumatizados, mostra a união entre as gerações de cristãos, a Tradição viva.

445. RICA 29 e 215.

446. Agostinho afirma que "O Cristo, nascido do Espírito Santo e de sua mãe virgem, fecunda com o mesmo sopro a Igreja pura, a fim de que o parto batismal gere a multidão dos filhos de Deus" (In Ioan. Evan. Trac. VI, 1).

da comunidade eclesial – e uma ativa – a expressão de sua vontade e desejo. A fé ativa é condição *sine qua non* para a efetivação e a vivência da salvação, isto é, a renúncia dos pecados e a prática do bem. O encontro entre essas duas dimensões da fé possibilita o crescimento espiritual real de cada cristão[447].

O rito, então, tem um caráter de comprometimento com a luta contra o mal e a prática do bem. Nesse sentido, a renúncia a satanás se vincula ao combate contra o mal e pode ser entendida, segundo suas possíveis fórmulas, como combate contra o pecado, a desunião e ao próprio demônio, suas obras e seduções. Em contrapartida, a profissão de fé procura implicar a resposta do eleito através das fórmulas que sintetizam a história da salvação com as ações divinas para salvar o homem. As respostas são dadas sempre na primeira pessoa para sublinhar o aspecto pessoal do esforço espiritual[448].

A unção com o óleo dos catecúmenos pode ser conferida em vários momentos do processo, como já mostramos anteriormente. Todavia, seu sentido de unção para a luta ganha maior visibilidade quando ela é ministrada entre a renúncia e a profissão de fé. O simbolismo bíblico da unção dos guerreiros foi transposto para a linguagem e a experiência espiritual cristã. Agora, o iniciado viverá seu combate espiritual na luta contra o mal – simbolizado na renúncia – e na prática do bem – simbolizado na profissão de fé.

O cume da celebração do batismo é a ablução da água com a invocação da Santíssima Trindade[449]. Neste banho, o Pai efetua a salvação conquistada por Cristo na força do Espírito Santo. Tal salvação se expressa como "adoção filial" e "integração no Povo de Deus". Com isso, a mística batismal da filiação divina se constitui na vida do fiel. Tal mística se desenvolverá durante toda a existência do neobatizado. O RICA aprofunda o sentido dessa mística batismal, chamando-a de "mística da participação na morte e ressurreição de Cristo" e caracterizando-a como a morte para o pecado e o ressurgimento para a vida eterna[450].

Após o banho batismal, estão previstos três ritos complementares, recuperados de práticas tradicionais da Igreja patrística: a unção com o óleo da crisma, a imposição da veste branca e a entrega da vela acesa. A unção com o crisma só pode ser ministrada se, por motivos lícitos, não ocorrer a celebração da confirmação seguida do batismo. Ela se refere ao tríplice múnus evangelizador de Cristo, a saber: o real, o profético e o sacerdotal. Tal unção coloca o batizado em relação

---

447. RICA 30 e 211.
448. RICA 211, 217 e 219.
449. RICA 28.
450. RICA 32.

concreta com a tríplice missão de Cristo, transmitida à sua Igreja e, através dela, a cada novo cristão. O rito da veste branca retoma a longa compreensão teológica bíblico-patrística sobre a vida santificada, sem a prática do pecado. O rito da vela vincula a liturgia da luz da Vigília Pascal (na qual o círio é consagrado como um sacramental da vida eterna do Senhor) à liturgia batismal, quando a vida do Cristo é comunicada ao fiel[451].

A celebração da confirmação segue à do batismo. Segundo o RICA, esses dois sacramentos "exprimem a unidade do mistério pascal, a relação entre a missão do Filho e a efusão do Espírito Santo e o nexo dos sacramentos"[452]. Os eventos cristológicos da morte e ressurreição estão em conexão direta com a efusão pneumatológica de pentecostes. Desta forma, a Vigília Pascal está impregnada dessa visão teológica da missão conjunta do Filho e do Espírito, que se desenvolve na vida da igreja, conforme tão bem lembra o catecismo da Igreja[453].

A eucologia da confirmação faz menção à vinda do Espírito Paráclito e a recepção dos seus sete dons[454]. A teologia do Sacramento da Confirmação, para que seja compreendida em seu sentido celebrativo, deve se concentrar em, pelo menos, três importantes temas escriturísticos: a promessa do Espírito, o título de "Paráclito" atribuído ao Espírito e os dons pneumáticos. O gesto da imposição das mãos e da assinalação na fronte do crismando com o óleo da crisma, também, faz referência direta a alguns episódios bíblicos[455]. E é da revelação bíblica, portanto, que a oração e o gesto crismal extraem seu sentido mais profundo.

O clímax da iniciação cristã ocorre na liturgia eucarística, ocasião em que os neófitos participam, pela primeira vez, do banquete eucarístico. Nela, os neófitos participam das preces dos fiéis e da apresentação das oferendas ao altar, permanecem presentes na oração da anáfora eucarística, recitam a oração do Senhor

---

451. RICA 33, 224, 225 e 226.

452. RICA 34.

453. CEC 689-690.

454. A eucologia da confirmação diz assim: "Deus todo-poderoso, Pai de nosso Senhor Jesus Cristo, que, pela água e pelo Espírito Santo, fizestes renascer estes vossos servos e servas, libertando-os do poder do pecado, enviai-lhes o Espírito Santo Paráclito; dai-lhes o Espírito de sabedoria e inteligência, o espírito de conselho e fortaleza, o espírito de ciência e piedade, e enchei-os do espírito do vosso temor. Por Cristo, nosso Senhor" (RICA 230).

455. A imposição das mãos e a assinalação com o óleo são gestos bíblicos que permanecem no ritual da confirmação. Tanto no Antigo quanto no Novo Testamento, o gesto de impor as mãos significa, de forma geral, a transmissão de um dom divino para alguém escolhido para uma missão dentro da história da salvação. O gesto da assinalação está ligado, no Primeiro Testamento, à unção real, profética e sacerdotal, e, no Novo Testamento, à unção do Espírito Santo. Dessa forma, a inteligência da Igreja entende que, na celebração do Sacramento da Confirmação, ocorre a comunicação do Espírito, dom por excelência do Pai, em virtude da intercessão do Cristo, em favor daqueles que são iniciados nos mistérios pascais (RUSSO, R., Confirmação, p. 76-87).

e recebem o corpo e o sangue do Senhor. A participação do neófito no sacerdócio de Cristo o introduz no diálogo filial com o Pai (nas preces e no Pai-nosso), o capacita à vida oblativo-doxológica (procissão das oferendas e a prece eucarística) e o faz tomar parte na dinâmica escatológica da vida cristã, fortemente simbolizada pela comunhão sacramental com o corpo e sangue de Cristo[456].

Em contexto brasileiro, a CNBB confirma a iniciação cristã realizada na celebração da Vigília Pascal conferindo os três Sacramentos – Batismo, Crisma e Eucaristia – aos catecúmenos. Já para os catequizandos, durante a vigília, eles participam, com destaque, do rito da renúncia a satanás e da renovação das promessas batismais e, durante o tempo pascal, receberão os Sacramentos da Eucaristia e Confirmação, conforme a necessidade de cada um[457].

Terminada a celebração da Vigília Pascal, começa o tempo da mistagogia. A Igreja entende que a verdadeira experiência mistagógica é a participação do fiel no mistério pascal de Cristo, iniciada na celebração litúrgica dos sacramentos de iniciação. Contudo, para o amadurecimento dessa experiência, o RICA estabeleceu um tempo próprio para "progredir no conhecimento mais profundo do mistério pascal e na sua vivência cada vez maior"[458].

O tempo da mistagogia quer que os neófitos cresçam no conhecimento e na vivência do mistério pascal. O RICA aponta os caminhos para se atingir seus objetivos: meditação da Escritura, participação na Eucaristia e a prática da caridade. Nesse sentido, a espiritualidade do tempo da mistagogia está alicerçada na *lectio divina*, na liturgia e no amor fraterno[459]. Além disso, o RICA aponta a necessidade de novas explanações aos neoiniciados, cujo conteúdo seja as experiências realizadas na celebração dos sacramentos de iniciação[460]. Desta forma, os encontros de catequese, tendo como base o conjunto litúrgico-celebrativo do tempo pascal, favorecem uma percepção mais profunda do mistério pascal e da vida cristã.

A experiência celebrativa da iniciação cristã é o fundamento da vida espiritual da Igreja e de cada cristão. A consciência eclesial afirma que "essa experiência [dos sacramentos de iniciação], que todo cristão possui, cresce pela prática da vida cristã, adquirem novo senso de fé, da Igreja e do mundo"[461]. Da recepção dos sacramentos de iniciação, o neófito pode se desenvolver e chegar à estatura de

---

456. RICA 36.
457. CNBB, Est. 97, 87.
458. RICA 37.
459. RICA 37.
460. RICA 38.
461. RICA 38.

Cristo. A celebração do Batismo-Crisma e Eucaristia desencadeia o início de um processo de santificação-cristificação-divinização que se estenderá pela vida toda. Desta maneira, estamos diante do núcleo espiritual da vida cristã.

Durante o tempo da mistagogia, segundo o RICA, a experiência de formação cristã deve levar o neófito ao crescimento humano-social: "A recente participação nos sacramentos [...] aumenta o conhecimento dos homens e reflete na experiência comunitária, tornando mais fácil e proveitoso para os neófitos o relacionamento com os outros fiéis"[462]. Desta forma, o autoconhecimento e o desenvolvimento de habilidades sociais são favorecidos pela iniciação cristã. Neste ponto, a figura do padrinho é destacada como responsável por facilitar as relações intracomunitárias nas quais se busca a atenção e a amizade devida. Contudo, a vivência na comunidade cristã deve favorecer a participação na comunidade humana. Muito perigoso seria um processo de iniciação que, após a recepção dos sacramentos, fechasse o neófito aos relacionamentos sociais ou os limitasse apenas aos fiéis[463].

O período da mistagogia, destinado aos neófitos, se estenderá durante o tempo pascal nas missas pelos neófitos e nas missas dos domingos da Páscoa. Assim como o tempo da purificação e da iluminação encontram seu lugar na quaresma, o tempo da mistagogia se relaciona organicamente com os temas teológicos do tempo pascal. Está previsto uma celebração litúrgica de encerramento do tempo da mistagogia nas proximidades da solenidade de pentecostes e também uma comemoração festiva de conclusão do processo de iniciação[464].

Desde a mistagogia antiga, a oitava de Páscoa é a semana consagrada aos neófitos. A noção teológica de oito dias celebrados como uma grande celebração favorece a prática de uma formação – litúrgico-catequética-espiritual – para os neófitos aprofundarem o sentido do conjunto da celebração da iniciação cristã e os seus elementos rituais. Por isso, as celebrações litúrgicas previstas para esse período – as missas da oitava e a liturgia das horas – são elementos indispensáveis para se alcançar uma maior inteligência do mistério. Cabe-nos dizer que as leituras patrísticas do ofício de leituras previstas para a oitava de Páscoa correspondem às catequeses mistagógicas dos Padres[465].

---

462. RICA 39.
463. RICA 235.
464. RICA 40 e 237.
465. Ainda não temos, na prática, uma visão integrativa entre os diversos elementos do universo litúrgico cristão. Normalmente, a celebração eucarística goza de um privilégio diante de outras formas de oração litúrgica. Seria bom para as comunidades rever este privilégio e descobrir outras formas de oração litúrgica – as celebrações da Palavra, a liturgia das horas e as bênçãos – que comporiam melhor em deter-

As missas do domingo de Páscoa são especiais para os neófitos. Por isso, eles devem ser acolhidos num lugar especial entre os fiéis. Recomenda-se o formulário do ano A do lecionário dominical, visto que o elenco de suas leituras possui um tom pascal-batismal[466]. Os evangelhos dos domingos são um itinerário espiritual que pode ajudar os recém-iniciados na compreensão do mistério do Cristo Ressuscitado, da sua presença na igreja e da missão do Espírito Santo. Os neófitos, ainda, devem ser lembrados na homilia e na oração universal. O padrinho deveria acompanhar seu afilhado na Eucaristia dominical durante o tempo da mistagogia[467].

A última indicação é a comemoração anual da iniciação por parte do cristão. Assim, se recomenda que os neófitos, iniciados no mesmo dia, possam se reunir para "agradecer a Deus, partilhar suas experiências e renovar suas forças"[468]. Já integrados na comunidade e vivendo a espiritualidade cristã, cada geração de novos membros pode se reencontrar para fazer memória das maravilhas de Deus nas suas vidas e renovar os compromissos batismais[469].

A CNBB entende o tempo da mistagogia como o último do processo catecumenal. Ele serve para um "mergulho maior no mistério"[470], se estendendo da recepção dos sacramentos até à celebração prevista para o encerramento do tempo, segundo as indicações do RICA. Durante este período as missas dominicais ganham um destaque na formação espiritual dos neófitos como lugar próprio da mistagogia, buscando realizar os objetivos e caminhos propostos na instrução ge-

---

minados momentos do que, simplesmente, reduzir tudo à Eucaristia. Nesse sentido, o ofício das leituras da oitava de Páscoa poderia ajudar de maneira muita mais própria a formação dos neófitos. Segue uma relação das leituras desse período para conhecer o patrimônio disponível para os fiéis. Em primeiro lugar, temos a leitura da Primeira Carta de Pedro. Esse livro bíblico foi compreendido como uma homilia batismal, realizada pelo apóstolo, pelos exegetas durante o tempo da reforma litúrgica. Ainda que hoje não se pense mais assim, sabemos que ela apresenta importantes temas batismais pertencentes aos cristãos da primeira hora. Depois, no segundo domingo da oitava, temos o tema da vida nova retirada da Carta aos Colossenses. Já como leitura patrística temos: na segunda-feira, a homilia de Melitão de Sardes (testemunho patrístico mais antigo da teologia do mistério); na terça-feira, a parte pascal do sermão de Anastácio de Antioquia (ligando Páscoa e salvação); na quarta-feira, uma homilia pascal de autor desconhecido (conexão entre Páscoa, salvação e batismo); na quinta-feira, uma catequese mistagógica batismal da igreja de Jerusalém; na sexta-feira, uma catequese mistagógica sobre o crisma da igreja de Jerusalém; no sábado, uma catequese mistagógica sobre eucaristia da igreja de Jerusalém; e, no domingo, uma homilia de Agostinho realizada na oitava de Páscoa e dirigida aos neófitos do seu tempo.

466. ALDAZÁBAL, J., A mesa da Palavra I, p. 136-139.

467. RICA 236.

468. RICA 238.

469. Segundo o professor A. Nocent, a implementação da iniciação cristã dentro de um processo catequético catecumenal está entre um dos debates mais atuais para a vida da Igreja (NOCENT, A., Iniziazione Cristiana, p. 983).

470. CNBB, Est. 97, 88.

ral do RICA. A grande ideia trazida pelos documentos mais recentes em cenário brasileiro é a passagem do processo de iniciação para o de formação continuada, cuja fronteira está no tempo da mistagogia[471].

2.2.2. A mistagogia como teologia litúrgica

Nos últimos cinquenta anos, a Igreja pós-conciliar pode encontrar, na Constituição *Sacrossanctum Concilium*, o seu documento basilar sobre a teologia litúrgica. Tal documento, fruto direto do trabalho travado pelo Movimento Litúrgico, possui os fundamentos e as intuições de uma teologia litúrgica, bem como seus temas principais e suas mais urgentes preocupações pastorais. Por isso, a Constituição é a referência apontada para a produção teológico-litúrgica ainda nos dias de hoje[472].

Na verdade, a Constituição sobre a liturgia do CV II legou uma série de tarefas para a Igreja pós-conciliar, nomeadas, geralmente, como a reforma litúrgica da vida celebrativo-cultual da Igreja. Nesse movimento de reforma é que a mistagogia como teologia litúrgica vai despontar e se impor como práxis teológica capaz de possibilitar a inteligência do mistério. Foi necessário substituir o paradigma teológico-litúrgico do Concílio Tridentino, cujas bases estavam na teologia e na filosofia escolásticas, por um novo paradigma teológico-litúrgico de cunho bíblico-patrístico. Dessa forma, os temas litúrgicos foram revistos à luz da teologia bíblica e patrística em diálogo com as inquietações e aspirações do homem e do mundo de hoje[473].

A reforma dos livros litúrgicos e dos ritos estão alicerçados por uma teologia litúrgica profunda. Ainda que no tempo da reforma dos rituais – década de 1960 e 1970 – o método utilizado não tenha sido chamado de mistagógico, atualmente, diante do que já se desenvolveu sobre a mistagogia como teologia litúrgica, não é difícil perceber o caráter mistagógico presente tanto na teologia dos ritos – desenvolvida nas introduções gerais dos livros litúrgicos – quanto na sua estrutura e nos seus conteúdos[474].

---

471. CNBB, Est. 97, 88.

472. Sobre o valor da SC para a teologia litúrgica hoje, indicamos o seguinte artigo: FAGGIOLI, M., La Sacrosanctum Concilium e il significato del Vaticano II, p. 791-808.

473. O texto mais clássico sobre a reforma da liturgia pós-conciliar continua sendo o testemunho daquele que levou esta obra à frente: BUGNINNI, A., La riforma liturgica (1948-1975), p. 19-304.

474. O liturgista A. M. Triacca ensina que a renovação litúrgica do século passado estabeleceu a seguinte compreensão "A liturgia é, simultaneamente, o *mysterium* que se faz presente na *celebratio* para a *vita* dos fiéis". Esta compreensão penetrou a teologia dos sacramentos e sacramentais e está encarnada na reforma dos ritos litúrgicos. Assim, continua o liturgista *"mysterium-celebratio-vita* ocorre por meio

De fato, temos duas fases importantes para compreender a mistagogia como teologia litúrgica. Na primeira, o trabalho realizado pelos liturgistas na renovação dos livros litúrgicos em consonância com as conquistas teológico--pastorais do CV II. A produção desse período, ainda que não denomine seu trabalho de mistagógico, é uma verdadeira obra-prima de teologia mistagógica. Essa produção ainda é bastante desconhecida. Numa segunda fase, encontramos o trabalho dos liturgistas em fundamentar e estruturar um método teológico capaz de ler e interpretar os ritos compostos para a liturgia atual[475].

Em nossa pesquisa vamos apresentar o que, atualmente, se entende por mistagogia (ou teologia mistagógica ou teologia litúrgico-mistagógica) em nível magisterial e teológico[476]. Desta forma, atingiremos nosso objetivo de mostrar como a concepção mistagógica atual se caracteriza também por uma percepção teológica e não se reduz, simplesmente, ao tempo da iniciação cristã[477].

Uma última questão importante a ser destacada é que a mistagogia como teologia litúrgica não é contraditória nem incompatível com a compreensão da mistagogia como iniciação cristã. Na verdade, o que vimos acima sobre a iniciação cristã reforça a percepção de que o rito está ancorado numa visão teológi-

---

da *anamnesis-epiclesis/paraclesis-methexis*". Estes últimos binômios *anamnesis-epiclesis* (memória-evocação) e *paraclesis-methexis* (súplica-intercessão-participação) são a base de construção dos ritos litúrgicos (TRIACCA, A. M., Rinnovamento litúrgico, p. 1.657).

475. A nossa pesquisa não pode aprofundar a teologia mistagógica presente nas introduções gerais dos livros litúrgicos da reforma conciliar. Todavia, queremos deixar registrado que o conteúdo dessas introduções gerais respeita o espírito da mistagogia como inteligência do mistério. A redação do texto das introduções gerais procura compreender o ritual mostrando sua íntima dependência com o mistério pascal de Cristo, os eventos da Primeira Aliança, os aspectos antropológicos e culturais e seu direcionamento escatológico. O ápice da visão mistagógica é a relação entre o mistério pascal de Cristo e sua manifestação e atualização no hoje celebrativo, através do rito litúrgico. Para a teologia presente nos livros da reforma litúrgica, o rito é, na verdade, uma linguagem que permite fazer a experiência do mistério. Eles desvelam a atuação do Ressuscitado – atuação sinérgica através de seu Espírito Santo e de seu corpo místico (a Igreja) – que continua sua ação soteriológica em favor dos homens. Por isso, o coração da mistagogia é reconhecer a ligação entre o mistério pascal, o corpo ritual das diversas celebrações e a atualização da salvação. Entre muitos exemplos que poderíamos citar, deixamos estes para ilustrar a mentalidade mistagógica presente nas introduções dos livros litúrgicos: "O batismo recorda e realiza o mistério pascal, uma vez que por ele as pessoas passam da morte do pecado para a vida" (IRICA 6), "os batizados [...] recebem o Espírito Santo que o Senhor enviou sobre os apóstolos no dia de pentecostes" (IRC 1) e "o Cristo Senhor quis prodigalizar ao instituir o sacrifício eucarístico de seu corpo e sangue, confiando à sua dileta esposa, a Igreja, como memorial de sua paixão e ressurreição" (IGMR 17).

476. Como já dito anteriormente, indicamos a necessidade de se pesquisar mais sobre a natureza mistagógica das introduções gerais dos livros litúrgicos compostas no pós-concílio. Nossa pesquisa não adentrará por este caminho rico e profundo. Assim, deixamos esta temática aberta para futuros trabalhos.

477. Estamos apoiados por um dos liturgistas atuais mais celebrados por seu trabalho de compreensão da mistagogia. Segundo G. Boselli, "esta referência imediata às catequeses mistagógicas dos Padres não esgota todo o valor e significado da mistagogia, que é, ao contrário, uma realidade muito vasta, articulada extremamente complexa, e que não pode estar limitado apenas à iniciação litúrgica" (BOSELLI, G., O sentido espiritual da liturgia, p. 15).

ca profunda na qual ele procura mediar o mistério pascal com o *hodie* salvífico. Apesar de ter tido um franco desenvolvimento, a mistagogia como iniciação faz parte desse movimento teológico mais amplo de buscar a inteligência do mistério salvífico cristão.

Para fundamentar a mistagogia como teologia é necessário estudarmos a Exortação pós-sinodal *Sacramentum Caritatis*, precisamente no seu número sessenta e quatro. Este é um dos textos mais importantes do magistério recente sobre nossa temática:

> Desta estrutura fundamental da experiência cristã parte a exigência de um itinerário mistagógico, no qual se hão de ter sempre presente três elementos: a) Trata-se, primeiramente, da interpretação dos ritos à luz dos acontecimentos salvíficos, em conformidade com a tradição viva da Igreja; de fato, a celebração da Eucaristia, na sua riqueza infinita, possui contínuas referências à história da salvação. Em Cristo crucificado e ressuscitado, podemos celebrar verdadeiramente o centro recapitulador de toda a realidade (Ef 1,10); desde o seu início, a comunidade cristã leu os acontecimentos da vida de Jesus, e particularmente o mistério pascal, em relação com todo o percurso do Antigo Testamento.
>
> b) Além disso, a catequese mistagógica há de se preocupar por introduzir no sentido dos sinais contidos nos ritos; esta tarefa é particularmente urgente numa época acentuadamente tecnológica como a atual, que corre o risco de perder a capacidade de perceber os sinais e os símbolos. Mais do que informar, a catequese mistagógica deverá despertar e educar a sensibilidade dos fiéis para a linguagem dos sinais e dos gestos que, unidos à palavra, constituem o rito.
>
> c) Enfim, a catequese mistagógica deve preocupar-se por mostrar o significado dos ritos para a vida cristã em todas as suas dimensões: trabalho e compromisso, pensamentos e afetos, atividade e repouso. Faz parte do itinerário mistagógico pôr em evidência a ligação dos mistérios celebrados no rito com a responsabilidade missionária dos fiéis; neste sentido, o fruto maduro da mistagogia é a consciência de que a própria vida vai sendo progressivamente transformada pelos sagrados mistérios celebrados. Aliás, a finalidade de toda a educação cristã é formar o fiel enquanto "homem novo" para uma fé adulta, que o torne capaz de testemunhar no próprio ambiente a esperança cristã que o anima[478].

---

478. SCa 64.

Esse documento reconhece e confirma a mistagogia como produção teológica. Na realidade, o termo "mistagogia", que vinha sendo usado já no RICA, ligado ao tempo da mistagogia, ganha um *status* novo. Ele passa a ser compreendido, não ficando restrito apenas ao ambiente da iniciação cristã, como itinerário de formação da comunidade eclesial. A mistagogia é ratificada como teologia para a compreensão da celebração litúrgica e de seu influxo na vida da Igreja e dos fiéis[479].

Em 1985, após o Sínodo extraordinário dos bispos em comemoração aos vinte anos do CV II, com o intuito de celebrar, verificar e promover as implementações conciliares na vida da Igreja, foi publicado um documento final com uma série de recomendações para se efetivar mais prontamente o pensamento dos Padres Conciliares. Esse documento final destaca a compreensão da *participatio activa* não apenas como ato exterior, mas, sobretudo, como participação interior e espiritual, viva e frutuosa do mistério pascal de Cristo. Para que essa participação ocorra o Sínodo recomenda que "As catequeses, como ocorria no início da Igreja, devem voltar a ser um caminho que introduza na vida litúrgica – catequese mistagógica", e continua "Os futuros sacerdotes aprendam a vida litúrgica de forma prática e conheçam bem a teologia litúrgica"[480].

O Sínodo extraordinário de 1985 recomenda duas ações para melhorar a participação ativa dos fiéis – leigos e clérigos. A primeira é a retomada das catequeses mistagógicas como *iter* formativo para a vivência litúrgica. A segunda, a necessária formação litúrgica dos sacerdotes. Estas duas recomendações sinodais se tornam como que marcos oficias magisteriais para o início do trabalho teológico de estudo da mistagogia antiga e da sua adaptação para que ela se torne um modelo para a práxis catequética de hoje. O texto do Sínodo se fundamenta no trabalho de pesquisadores reconhecendo, confirmando e estimulando as pesquisas sobre mistagogia[481].

Vendo nessa perspectiva histórica desde 1985 até 2007 – ano de publicação da Exortação Apostólica Pós-sinodal *Sacramentum Caritatis* – nestes mais de vinte anos, ocorre um estudo e um aprofundamento da mistagogia dentro dos

---

479. De acordo com A. Bugnini, quando a palavra mistagogia foi apresentada pela primeira vez, por ocasião da elaboração do Rito de iniciação cristã, causou surpresa. Por ela já se entendia um período no qual, após a celebração dos sacramentos de iniciação, se guiava os primeiros passos dos neófitos na comunidade cristã. A surpresa causada pelo uso do termo mistagogia se tornou duras críticas, pois alguns a acusaram de arqueologismo. Sem dúvida, na teologia e pastoral hodierna, a mistagogia retorna à cena dentro das compreensões de catecumenato e iniciação cristã, mas, após um tempo de maturação, se consegue recuperar a mistagogia em seu sentido pleno de inteligência do mistério (BUGNINNI, A., La reforma litúrgica (1948-1975), p. 72-74).

480. SINODO DEI VESCOVI, Relazione finale del sinodo dei vescovi, p. 73.

481. BOSELLI, G., O sentido espiritual da liturgia, p. 25.

institutos de pesquisa. Isto possibilita que o parágrafo 64 do referido documento, baseado nestas pesquisas teológicas anteriores, afirme os três elementos fundamentais da mistagogia. Desta forma, segundo o texto do Papa Bento XVI, a mistagogia tem três elementos fundamentais, a saber: a interpretação dos ritos à luz do mistério salvífico, a introdução do fiel no sentido dos sinais presentes nos ritos litúrgicos, e a conexão profunda entre o rito celebrado e a vida cristã. Através desses três passos indicados, ocorre a inter-relação entre evento salvífico, rito litúrgico e vida cristã. Este itinerário mistagógico evita que se caía em extremismos teológicos como o dogmatismo, o ritualismo e o moralismo – posturas que se prendem em um único polo (ou a fé, ou ou rito, ou a moral) e não realizam a circularidade necessária entre o dogma, a celebração e a vida. O escrito do Papa Bento XVI permite uma fluidez comunicativa entre os conteúdos da fé, do culto e da vida cristã. Vejamos, de forma pormenorizada, o tríplice caminho do itinerário teológico-mistagógico[482].

Antes de estudarmos os três elementos da mistagogia, precisamos olhar o que os precede no texto do parágrafo 64: "Desta estrutura fundamental da experiência cristã parte a exigência de um itinerário mistagógico, no qual se hão de ter sempre presente três elementos"[483]. A estrutura fundamental da experiência cristã à que se refere o documento do magistério é a correspondência cíclica entre culto e vida. Tal correspondência é afirmada com várias expressões no texto: "oferecimento a Deus da própria vida em união com o sacrifício de Cristo pela salvação do mundo inteiro"; "profunda concordância das disposições interiores com os gestos e palavras"; "predisponha os fiéis a viverem pessoalmente o que se celebra"[484]. No fundo, se denuncia aqui um certo ritualismo na experiência atual das comunidades cristãs, isto é, uma participação litúrgica desvinculada com a vida.

Desse contexto, surge a pergunta pela forma de fazer com que a vida e o rito se encontrem novamente e ambos se retroalimentem. A resposta dada no texto é "para isso, os Padres Sinodais indicaram unanimemente a estrada duma catequese de caráter mistagógico" cujo objetivo seria levar "os fiéis a penetrarem cada vez mais nos mistérios que são celebrados"[485]. A mistagogia surge como penetração no mistério celebrado e, ainda, como "elo de ligação" entre o que se vive e o que

---

482. O professor A. Grillo, comentando sobre grandes contribuições dos papas em relação ao CV II, reconhece que, em relação à mistagogia, o Papa Bento XVI é o grande responsável em confirmar este caminho para a Igreja (GRILLO, A., Francisco, "além" e "alhures").

483. SCa 64.

484. SCa 64.

485. SCa 64.

se celebra. Novamente, uma única fonte – a mistagógica – será capaz de unir a fé e a vida, acabando com a dicotomia que gera, do ponto de vista da fé, ora um intelectualismo ora um fideísmo; e, do ponto de vista da oração, um ritualismo supersticioso e mágico.

A percepção do valor pedagógico da celebração é realçada pelo texto da exortação pós-sinodal: "por sua natureza a liturgia possui uma eficácia pedagógica própria para introduzir os fiéis no conhecimento do mistério celebrado"[486]. Diferente da liturgia na perspectiva iluminista, cujo objetivo é explicar a celebração, a ação pedagógica exercida pela celebração é de cunho experiencial, ou seja, toda celebração é, no fundo, experiência de revelação e acolhimento do mistério pascal de Cristo. Daí o adágio do Sínodo "a melhor catequese sobre a Eucaristia é a própria Eucaristia bem celebrada", o que poderíamos parafrasear, tranquilamente, dizendo que a melhor catequese sobre a liturgia é a própria liturgia bem celebrada[487]. Qualquer ato litúrgico, então, carrega a força pedagógica da experiência com o mistério salvífico.

A experiência litúrgica do mistério é entendida como "o encontro vivo e persuasivo com Cristo anunciado por autênticas testemunhas"[488]. Aqui o destaque recai sobre as autênticas testemunhas que têm a missão de anunciar para que a experiência possa acontecer. É da celebração litúrgica que nasce uma autêntica testemunha. A catequese mistagógica implica uma testemunha do mistério, um mistagogo. Não é possível adentrar o mistério sem se deixar ser tocado por ele. As pretensões de uma teologia cientificista, em que o sujeito da pesquisa precisa de uma distância do objeto de estudo, não se encaixam com o paradigma mistagógico. Tanto o mistagogo quanto a assembleia são profundamente implicados pela celebração do mistério divino.

A estrutura fundamental da experiência cristã é a martirial – a do testemunho. A liturgia possibilita a experiência da salvação, transformando seus participantes em testemunhas do mistério. Na celebração, o fiel se abre à revelação divina, acolhendo-a e respondendo-a por meio de preces e gestos que os encaminham para uma vida nova. Desta forma, o aspecto experiencial litúrgico rompe com o ritualismo de uma liturgia intelectualista. A escolha pelo paradigma mistagógico, mais do que retornar aos *insights* da tradição patrística, se caracteriza por restituir ao culto eclesial sua dimensão essencial de lugar da manifestação e realização da salvação e de experiência do mistério de Cristo.

---

486. SCa 64.
487. SCa 64.
488. SCa 64.

Dito isto, podemos continuar analisando os três pontos descritos na exortação *Sacramentum Caritatis* a respeito da mistagogia. O primeiro desses pontos está na "interpretação dos ritos à luz dos acontecimentos salvíficos"[489]. Esta atividade hermenêutica é, sem dúvida, o ponto nevrálgico da mistagogia. A relação entre evento salvífico, narrado na Escritura Sagrada, e sua referência na liturgia é o primeiro movimento de uma teologia mistagógica. Por isso, a teologia bíblica é o terreno inicial da tarefa litúrgica. Sem o trabalho conjunto com os biblistas, perscrutando o sentido teológico das intervenções salvíficas e de suas narrativas, o estudo do rito, apenas em sua dimensão histórica ou antropológico-cultural, serviria apenas para destacar a casca oca de uma realidade. A mistagogia é um trabalho complexo que exige um fecundo diálogo entre as áreas bíblica e litúrgica.

Este movimento de diálogo entre exegetas, teólogos e liturgistas, contudo, não ocorre apenas no universo da universidade e da pesquisa. A própria estrutura ritual composta da Liturgia da Palavra e da Liturgia do sacramento ou sacramental exige uma profunda conexão entre Escritura e sinal sacramental. Isto tudo de tal maneira que, a Escritura, sem sua atualização sacramental, corre o risco de ficar presa no passado e absolutizar e romantizar um período histórico em detrimento do "hoje". O gesto sacramental, por sua vez, sem seu conteúdo escriturístico, resvala numa prática mágica e supersticiosa do rito, alimentando subjetivismos estranhos ao mistério pascal. A mistagogia reclama o lugar primordial da Palavra à celebração do rito litúrgico.

Ainda em relação à teologia bíblica na mistagogia, o texto da exortação pós-sinodal, faz menção do valor do Primeiro Testamento para o entendimento do rito eclesial: "A comunidade cristã leu os acontecimentos da vida de Jesus, e particularmente o mistério pascal, em relação com todo o percurso do Antigo Testamento"[490]. O conhecimento das tradições hebraicas e do substrato judaico das tradições neotestamentárias e da Igreja apostólica e pós-apostólica são de vital importância para se poder compreender a íntima relação que existe entre o sentido salvífico do rito e o seu evento ou os seus eventos fundadores. Além disso, esse conhecimento faz com que a liturgia cristã reconheça sua particular ligação e sua implicada raiz com o povo da Primeira Aliança.

A mistagogia precisa dos estudos sobre a exegese patrística. Esse estudo é apontado na redação do texto do Papa Bento XVI. Ele garante uma hermenêutica litúrgica correspondente com a Tradição viva da Igreja. Por isso, o trabalho

---

489. SCa 64.
490. SCa 64.

mistagógico deve revisitar os grandes intérpretes da Escritura a fim de haurir o patrimônio da fé, do culto e da vida cristã.

A Exortação pós-sinodal apresenta o ponto mais crucial para a teologia mistagógica: a dependência do rito litúrgico do mistério pascal de Cristo. O texto afirma que "em Cristo crucificado e ressuscitado, podemos celebrar verdadeiramente o centro recapitulador de toda a realidade". A mistagogia tem seu referencial hermenêutico central no ápice da ação soteriológica cristã – o mistério pascal. O rito litúrgico cristão, e até mesmo a própria igreja, está em referência direta à paixão, morte e ressurreição do Senhor. O rito prolonga e atualiza o mistério pascal. Com isso queremos sinalizar que a forma como se compreende a salvação cristã influenciará de forma constitutiva o conjunto ritual da celebração eclesial.

Do estudo feito até aqui, podemos sintetizar duas propostas a partir da teologia mistagógica presente na Exortação *Sacramentum Caritatis*. A primeira proposta é a necessidade do trabalho conjunto, transdisciplinar, entre exegetas, biblistas, patrólogos e liturgistas. A segunda proposta, fundamentada nesse trabalho teológico transdisciplinar, é a busca das raízes judaicas, da fundamentação bíblica a partir dos eventos salvíficos, da concentração no mistério pascal e da interpretação eclesial dos Padres sobre os ritos da liturgia cristã[491].

O segundo passo indicado na Exortação de Bento XVI está vinculado à introdução nos sinais litúrgicos. O então pontífice apresenta três noções dentro desse segundo passo: a relação entre sinal e rito, a contraposição entre a sociedade tecnológica e a dimensão simbólica do homem e, por fim, o objetivo da mistagogia como educadora da sensibilidade, abrindo os fiéis para a experiência do rito.

Partindo de uma teologia patrística do sinal e das pesquisas atuais sobre semiótica, o texto da *Sacramentum Caritatis* faz uma diferenciação entre rito e sinal. O rito litúrgico, segundo o parágrafo 64 do documento *Sacramentum Caritatis*, é compreendido como a união entre gestos, sinais e palavras. Por isso, a redação do texto afirma que o rito contém sinais. Os sinais, segundo a teologia agostiniana, são realidades que evocam a presença salvífica. Assim, como as palavras e os gestos evocam as realidades, os sinais seriam gestos e/ou palavras que evocariam o mistério cristão. Nesse sentido, a mistagogia não recai sobre os gestos e as palavras de forma a estudar suas dimensões históricas ou antropológicas simplesmente, mas se interessa propriamente por aqueles gestos e palavras em sua dimensão evocativa e comunicativa da salvação[492].

---

491. Segundo C. Giraudo a teologia mistagógica reclama uma exegese bíblica, rabínica, patrística, dogmática e litúrgica (GIRAUDO, C., Num só corpo, p. 24).

492. Para aprofundar a teologia dos sinais em Agostinho, indicamos CAMERON, M., Signo, p. 1.226-1.233.

Obviamente que as contribuições das demais ciências que estudam o *homo simbolicus* e a dimensão comunicativo-linguística do homem vão interessar à teologia mistagógica. O substrato antropológico é condição para experienciar a salvação, visto que o paradigma da encarnação, longe de anular, englobou as realidades criacionais – antropológicas, sociais e cósmicas – dentro do diálogo salvífico. Na celebração litúrgica, o aspecto humano-ritual – gestos, palavras e preces – se realiza de tal maneira que extrapola sua capacidade natural e se abre para evocar, presentificar e comunicar o transcendente.

Contudo, existe um alerta sobre a mudança cultural do homem contemporâneo. No seu processo comunicativo, o homem passa por uma transformação no seu processo de simbolização. O homem tem a capacidade de conferir significados às coisas e está usando esta capacidade agora dentro de uma cultura tecnológica. Tal cultura tecnológica distancia o homem do mundo cósmico e até da sua experiência corporal, jogando-o no universo virtual. Como a liturgia cristã nasce em ambiente pré-virtual e seus sentidos encontram-se enraizados no cosmos, na história e na transcendência, existiria aí um risco de a linguagem litúrgica perder sua potência comunicativa e o homem pós-moderno ser incapaz de simbolizar corretamente os conteúdos cristãos.

A insensibilidade aos sinais, que se caracteriza por uma grave e urgente questão para a pastoral litúrgica, deixa o homem desconectado com a salvação. A liturgia perde seu poder comunicativo se seus participantes não conseguem entrar numa linguagem simbólico-ritual. Sendo assim a situação atual, a exortação do magistério de Bento XVI, entende a mistagogia não como informação sobre o sinal, mas como sensibilização do homem para a linguagem ritual. No fundo, a liturgia, em sua virtude mistagógica, pretende reconectar o homem consigo mesmo, com as outras pessoas e o mundo da natureza, e não só com Deus.

O objetivo da teologia mistagógica é, então, despertar – onde a situação de atrofiamento da linguagem simbólica já é patente – e educar – nas situações em que o homem não consegue simbolizar corretamente – para a linguagem ritual. A mistagogia é educação para a sensibilidade, para o exercício de humanidade, para a comunicação em sua riqueza máxima – o sinal. A catequese litúrgica pautada meramente por um discurso dogmático e moral tende a ser informativa e alienante, pois, por um lado, oferece um conteúdo pré-determinado e pronto no qual o fiel é um receptor passivo. E por outro lado, ela não exercita o homem na sua dimensão comunicativa e simbólica. Já a teologia mistagógica procura, diminuindo o discurso dogmático, proporcionar aos fiéis uma experiência revelatória--salvífica-comunicativa. Esse tipo de experiência integra as condições expressivas humanas, levando-as ao processo de simbolização.

Nesse sentido, a dimensão simbólica do homem é condição *sine qua non* para a mistagogia acontecer. Quanto mais exercitado nessa modalidade comunicativa simbólica, mais cresce a possibilidade de elaborar os conteúdos da experiência de penetração no mistério divino. De fato, Deus se doa, revelando-se ao homem. Não obstante, a percepção, a conscientização e a expressão de tal revelação vai ser adequada à possibilidade de ler, interpretar e comunicar de cada um, de cada testemunha[493].

Segundo a *Sacramentum Caritatis*, o terceiro passo da teologia mistagógica recai sobre a intrínseca relação entre liturgia e vida. Aqui poderíamos falar de uma mística litúrgico-mistagógica, pois, evitando uma compreensão da mística como experiências sobrenaturais e incomuns vividas por alguns carismáticos, ela reconduz os cristãos para um novo olhar no qual a experiência mística é a significação da vida – "trabalho e compromisso, pensamentos e afetos, atividade e repouso" e "a responsabilidade missionária"[494] – a partir do rito cristão. Desta maneira, a relação entre liturgia e vida se estabelece plenamente na experiência cristã[495].

A mística litúrgico-mistagógica cristã pode ser entendida como o processo de significação de todas as dimensões da vida – pessoal, comunitária, social, cósmica – a partir do mistério pascal de Cristo, que nos atinge no "hoje" pela mediação dos sinais sacramentais. Desta forma, a iniciação cristã, os sacramentos de serviço e os de cura, as bênçãos e a liturgia das horas permitem que os cristãos interpretem e signifiquem as vicissitudes da vida, em todos os seus eventos, em conformidade com o Cristo e com a obra de salvação.

---

493. A esta questão da linguagem na experiência com o mistério, M. Velasco fez uma importante contribuição sobre a base antropológica da experiência mística, analisando-a sob a ótica de fenômeno de linguagem. Em seu estudo, ele afirma a importância da linguagem na estrutura de consciência da experiência, na sua elaboração e na sua transmissão. A conscientização da experiência de Deus ocorre mediante a possibilidade de simbolização e, ainda, a sua transmissão está marcada por interpretações e elaborações (VELASCO, M., El Fenómeno Místico, p. 49-64).

494. SCa 64.

495. O Papa Francisco, escrevendo sobre o tema da santidade, nos fala da mística escondida de tantas pessoas, na vida e nas atividades cotidianas. Citamos aqui um trecho para fundamentar a necessidade de superar o paradigma místico da modernidade – no qual os eventos sobrenaturais são usados de forma apologética, para dar credibilidade a fé – e entrarmos no paradigma pós-moderno da mística do cotidiano. O Papa exorta: "Deixemo-nos estimular pelos sinais de santidade que o Senhor nos apresenta através dos membros mais humildes deste povo, que participam também da função profética de Cristo, difundindo o seu testemunho vivo, sobretudo pela vida de fé e de caridade". E, citando Santa Teresa Benedita da Cruz, diz que "na noite mais escura, surgem os maiores profetas e os santos. Todavia a corrente vivificante da vida mística permanece invisível. Certamente, os eventos decisivos da história do mundo foram essencialmente influenciados por almas sobre as quais nada se diz nos livros de história. E saber quais sejam as almas a quem devemos agradecer os acontecimentos decisivos da nossa vida pessoal, é algo que só conheceremos no dia em que tudo o que está oculto for revelado" (GE 8).

Nesse sentido, como vimos no segundo capítulo de nossa tese, a Constituição *Sacrossanctum Concilium*, no seu quinto parágrafo, entende a salvação cristã em duas linhas interdependentes: a comunicativa e a terapêutica. Por isso, somos levando a concluir que uma mística litúrgico-mistagógica é aquela que realiza um processo de abertura comunicativa em todas as possibilidades de relação – com Deus, consigo, com os irmãos e com o cosmos – e, igualmente, um processo de cura – da egolatria, do egoísmo, do egocentrismo. Aliás, é patente a relação de complementariedade quando cotejamos as duas linhas soteriológicas cristãs: abertura comunicativa a Deus – cura da egolatria; abertura comunicativa aos irmãos – cura do egoísmo; abertura comunicativa ao cosmos – cura do egocentrismo. A celebração litúrgica, em conformidade com a fé da Igreja, é capaz de conduzir o homem ao seu amadurecimento pleno, ao *status* de Cristo (Ef 4,13).

O Papa emérito Bento XVI, escrevendo sobre a relação entre culto e vida, afirma que a mística litúrgico-mistagógica cristã é uma realidade dinâmica e progressiva. Esta afirmação é um avanço no tocante à percepção da vida cristã como desenvolvimento e maturação, pois, difere muito da perspectiva teológico-moral clássica. Esta última julgava os cristãos a partir de um modelo exemplar (Cristo), hipervalorizando seu erro, sua limitação, sua fraqueza e suas dissonâncias. Ora, este tipo de abordagem e de discurso, atualmente, não é mais compreensível para lidar com ninguém, porque ele não ajuda no crescimento interior de ninguém e, apenas, faz com que os cristãos se percam numa visão reducionista e negativa sobre si.

A mística litúrgico cristã, realidade dinâmica e progressiva, retira a tônica da falta – ou na linguagem religiosa: o pecado. O discurso e a prática recaem na força potencial de cada um; na moção do Espírito, realizador do plano de Deus; no processo de abertura comunicativa de cada ser; na transformação para a vivência do amor, experimentado por cada pessoa.

É essencial, numa prática de teologia mistagógica, ter um olhar humanizado sobre as condições existenciais de cada indivíduo. A mistagogia pretende possibilitar alguém a ser, em Cristo, uma nova pessoa a partir de sua liberdade e de suas condições históricas, sem qualquer forma de violência. Por isso, ela respeita, ao máximo, o relacionamento salvífico entre Deus e o homem e entende que a igreja e qualquer um dos seus membros (sacerdotes, religiosos e leigos) são apenas facilitadores e confirmadores do caminho de conversão percorrido por alguém. Uma teologia mistagógica hoje que pretenda ser uma moralização se distanciaria totalmente do *modus salvificus* de Cristo, que não veio condenar, mas salvar (Jo 3,17; 8,15; 12,47).

De forma sintética, a mistagogia, apresentada na exortação *Sacramentum Caritatis*, tem como método estabelecer a relação entre história salvífica e rito. Ela tem como objetivo a sensibilização do fiel para que seja capaz de utilizar suas potencialidades simbólicas e ser capaz de atingir o sentido salvífico dos sinais. A mistagogia oferece ao cristão a possibilidade de ingressar num processo de ressignificação da vida a partir da manifestação e da presença do mistério de Cristo na liturgia. Ela o torna propriamente um místico, ou seja, uma pessoa na qual a salvação – ação comunicativa e terapêutica divina – atinge e se desenvolve, de forma dinâmica e progressiva.

O parágrafo 64 da *Sacramentum Caritatis* foi precedido e acompanhado pelo labor da teologia litúrgica pós-conciliar. De fato, após o grande trabalho da reforma litúrgica, os liturgistas puderam se encarregar da aplicação da reforma e continuar desenvolvendo os temas próprios da teologia litúrgica. A questão da liturgia como disciplina teológica não é menos importante do que outras tratadas pelo Concílio e legadas para o pós-concílio. O paradigma medieval-tridentino, em geral, não entendia a liturgia como ciência teológica, mas apenas como uma arte prática, na qual, para compensar os parcos conhecimentos teológicos dos sacerdotes, bastava memorizar orações e gestos. Desta forma, quando o CV II, alicerçado pelas conquistas teológicas do Movimento Litúrgico, propõe que a liturgia se torne uma disciplina teológica, rompe-se com o paradigma medieval-tridentino e se inaugura uma nova fase, mais alinhada com o paradigma bíblico-patrístico[496].

O tema da mistagogia como teologia litúrgica foi desenvolvido nos últimos cinquenta anos dentro dos embates sobre o seu lugar na reflexão teológica. Trata-se de um percurso que, longe de estar concluído, ainda está em franco desenvolvendo. Nesse trajeto, tem-se procurado descobrir o valor real da celebração para a compreensão do mistério da salvação. Acreditamos que, desde O. Casel, passando por C. Vagaggini, S. Marsili e chegando aos autores mais contemporâneos, temos tido um rico desenvolvimento da compreensão da liturgia como teologia.

Um dos autores mais importantes na redação da SC foi C. Vagaggini. Ele foi um dos teólogos que mais se preocupou em considerar a relação entre liturgia e teologia. Todavia, distante das contribuições do Movimento Litúrgico, orientado mais pela ciência teológica de cunho tomista do que pela teologia litúrgica patrística, desenvolveu a chamada "liturgia teológica". Com este nome já é possível perceber que a visão vagagginiana era a de conceber a liturgia dentro do quadro da teologia, ou seja, de utilizar os métodos teológicos – usados

---

496. GIRAUDO, C., Admiração eucarística, p. 16 e 19.

nos artigos de fé – para compreender o universo litúrgico. A noção advinda da teologia positivista da liturgia como *locus theologicus*, no sentido de apresentar documentos que permitem adentrar o testemunho de fé das igrejas em determinado tempo e local, não conseguiu ser superada pelo autor. Ainda que ele tenha conseguido válidas contribuições para a geração de uma teologia litúrgica, suas posições são limitadas e reduzem a liturgia aos cânones da teologia sistemática[497].

O grande autor que trabalhou a teologia litúrgica foi o Abade S. Marsili. Nele, verdadeiramente, encontramos o acolhimento dos trabalhos anteriores desenvolvidos pelos autores do Movimento Litúrgico, sobretudo a teologia do mistério de O. Casel. Com suas reflexões, S. Marsili teve a envergadura teológica para estabelecer, definitivamente, a teologia litúrgica. Ele criticou severamente as propostas de C. Vagaggini por reduzirem os textos e os ritos litúrgicos a testemunhos da fé, do dogma e da moral. S. Marsili vai fundamentar a teologia litúrgica na diferenciação entre a *theologia prima* – a norma da oração – e a *theologia secunda* – a norma do crer.

A *theologia prima* ou primeira, afirmada por S. Marsili, entende a celebração da liturgia como atualização do mistério pascal de Cristo. Uma vez que a celebração da liturgia recapitula toda a história da salvação precedente e atualiza no *hodie* a presença e ação soteriológica divina. Desta forma, a própria celebração torna-se um momento da história da salvação e, por conseguinte, possibilita-nos uma forma própria de conhecimento sobre Deus. Esse conhecimento litúrgico é diferente das elucubrações de caráter teológico-sistemático, pois se caracteriza por um conhecimento vivencial de acolhimento da revelação e da salvação no culto.

A *theologia secunda* ou teologia segunda se dedica aos enunciados da fé vivenciados no culto. A "teologia primeira" não anula ou prescinde da "teologia segunda", mas a determina como norma da oração e da experiência do mistério pascal. A determinação do sentido da fórmula de fé é sempre posterior à experiência com o Deus vivo. S. Marsili intui esta dinâmica – da liturgia para a teo-

---

497. Não podemos adentrar profundamente nas contribuições de C. Vagaggini além do que expusemos acima. Todavia, queremos deixar um contraponto importante para compreendermos a diferença entre a proposta do autor "liturgia teológica" e a mistagogia. Na primeira, entendemos a liturgia no pano de fundo da teologia, por exemplo, qual a relação entre o mistério da encarnação e a liturgia ou a salvação e a liturgia. Partindo de temas teológicos é possível analisar as eucologias e gestos do ritual celebrativo eclesial. Já na mistagogia, o caminho é o inverso. Partindo dos textos e gestos do ritual, de preferência à própria celebração, se chega à inteligência da atualização dos eventos salvíficos no "hoje". Segue a referência da obra clássica do autor: VAGGAGINI, C., O sentido teológico da liturgia, p 437-551. Para aprofundar a concepção do que seja a teologia da liturgia, indicamos: FLORES, J. J., Introdução à teologia litúrgica, p. 209-239 e MASSIMI, E., Cipriano Vagaggini, teólogo di Sacrosanctum Concilium, p. 127-182).

logia – a partir da experiência da Igreja dos Padres e da forma como eles faziam teologia, sempre à luz da celebração litúrgica[498].

A obra de S. Marsili faz uma revolução em relação à postura vagagginiana. C. Vagaggini, como visto mais acima, fazia uso do método da teologia dogmática para fundamentar uma teologia litúrgia. Já S. Marsili posicionava a celebração litúrgica como núcleo da teologia litúrgica e esta última como centro da reflexão teológica. A celebração da liturgia – o modo como a comunidade eclesial reza – configurar as suas afirmações de fé – o modo como a Igreja crê. Por isso, a celebração litúrgica ganha destaque máximo na teologia litúrgica de S. Marsili. De fato, as concepções marsilianas marcaram definitivamente a teologia litúrgica e se tornaram a base de uma teologia mistagógica, na qual, a celebração e o rito possuem valor radical no relacionamento entre Deus e o homem.

O principal ponto de desenvolvimento da teologia litúrgica, segundo S. Marsili, é a relação entre a revelação e a salvação comunicadas no "hoje" através da celebração eclesial. Por isso, para o autor, a liturgia pode contribuir com a teologia porque ela é um modo de ser no plano divino da salvação. No transcurso da história *salutis*, a liturgia possibilita a comunidade eclesial uma experiência de memória e de atualização da salvação – do mistério pascal. Esta experiência celebrativo-cultual, segundo o pensamento marsiliano, possui uma inteligibilidade e uma expressão próprias a partir da sacramentalidade e da presença do mistério divino. Vejamos a força com que o autor propõe a teologia litúrgica:

> Teologia litúrgica é, pois, a teologia que adota como seu o discurso sobre Deus, partindo da revelação vista na sua natureza de fenômeno sacramental, para o qual convergem o acontecimento da salvação e o rito litúrgico que o representa. Desse modo, a teologia litúrgica é, necessariamente, e antes de mais nada, teologia da economia divina, isto é, da presença e da ação de Deus no mundo, do Deus que no mundo quer realizar-se como salvação eterna, com dimensão antropológica. Isso aconteceu como sinal profético no Antigo Testamento e como sinal real acontece no Novo Testamento, primeiro em Cristo, sacramento humano de Deus na encarnação, depois nos homens, a quem Cristo se comunica por meio de sacramentos separados e distintos, ele que é o sacramento total da salvação[499].

---

498. Sobre a teologia litúrgica, no pensamento de S. Marsili, indicamos seus textos clássicos: MARSILI, S., A liturgia, momento histórico da salvação, p. 39-190; MARSILI, S., Liturgia e teologia, p. 455-473 e MARSILI, S., Teologia litúrgica, p. 1.174-1.187.

499. MARSILI, S., Teologia litúrgica, p. 1.184.

Uma vez considerando a teologia litúrgica a partir do dado celebrado, os autores, influenciados pelas pesquisas de cunho bíblico-patrístico. voltam à redescobrir a teologia litúrgica como mistagogia. Os estudos de E. Mazza, por exemplo, mostram que a mistagogia antiga não consistia apenas num tempo do processo de iniciação cristã, mas era um modo próprio de se aproximar da experiência ritual e adquirir a inteligência do mistério pascal, seja na iniciação, seja na vida cristã[500].

Nesse sentido, C. Giraudo dá uma importante contribuição para a teologia litúrgica como mistagogia. Ele analisa comparativamente dois paradigmas de produção teológica chamando-os de "escola do primeiro milênio" e "escola do segundo milênio"[501]. Segundo ele, na reflexão do primeiro milênio, a norma da oração estabelecia a norma da fé. Desta forma, o culto, a celebração da liturgia, com seus elementos constitutivos – a Escritura, as orações, os gestos e os sacramentos –, era o lugar da experiência de Deus e da salvação em Cristo. No segundo milênio, ocorre uma progressiva modificação de perspectiva e se estabelece uma outra forma de se fazer teologia: a separação entre teologia e liturgia. Enquanto a liturgia se reduz a ser celebrada em âmbito monástico e as devoções populares passam a ser a formação ordinária do povo simples, a produção teológica alcança a universidade e a sala de aula. Entre essas duas experiências – liturgia e teologia – existe um abismo enorme com o qual o terceiro milênio é convocado a lidar[502].

O pensamento de C. Giraudo sobre a "escola do segundo milênio" está em referência ao seu tema de pesquisa, a Eucaristia. Todavia, acreditamos que aquilo que o teólogo afirmou para a Eucaristia vale também para os outros sacramentos. E, ainda pior, pois, em virtude da hipervalorização da Eucaristia, encontramos um hiperesquecimento dos outros sacramentos, durante o segundo milênio. A teologia do segundo milênio se descuidou de temas litúrgicos fundamentais o que gerou um hiato entre a Igreja dos Padres e a atual.

Segundo C. Giraudo, a grande mudança do primeiro milênio para o segundo acontece com a sacramentária de Pedro Lombardo que, no século XII, teria "reduzido o mistério do altar a sistema", na sua metodologia de distinguir, clarificar, organizar e sistematizar os sacramentos[503]. Por isso, a escola litúrgica do segundo milênio conviveu com um mal-estar celebrativo e um especulativo. O mal-estar

---

500. MAZZA, E., La mistagogia, Le catechesi liturgiche della fine del quarto secolo e il loro método, p. 193-206.

501. O liturgista C. Giraudo nos adverte que as expressões "escola do primeiro milênio" e "escola do segundo milênio" não correspondem exatamente aos marcos de datação da história, mas à postura por de trás das impostações de compreensão da fé (GIRAUDO, C., Admiração eucarística, p. 173-176).

502. GIRAUDO, C., Num só corpo, p. 1-24.

503. GIRAUDO, C., Num só corpo, p. 3.

celebrativo se caracteriza pela redução da celebração às fórmulas sacramentais, isto é, a única coisa importante, de fato, é o momento em que se pronuncia tais palavras. O mal-estar especulativo se dá quando se retira o sacramento do contexto celebrativo, visto que, as indagações dos teólogos desse período, dependentes do pensamento escolástico, recaem sobre a existência, a essência, os efeitos, os ministros e os sujeitos dos sacramentos.

A cristalização da teologia do segundo milênio se deu em ambiente moderno alicerçada pelos cânones do Concílio Tridentino. Para C. Giraudo, a produção teológica – as disputas sobre os temas da presença de Cristo e do sacrifício eucarístico – e as catequéticas – os manuais e os catecismos – reproduziam tanto o mal-estar celebrativo quanto o especulativo, levando os fiéis, em qualquer lugar da pirâmide eclesial, ao desconhecimento da dinâmica celebrativa da liturgia. O mais importante passa a ser conhecer (e até memorizar) os enunciados sobre a Eucaristia e os sacramentos do que celebrá-la. Assim, C. Giraudo resume o espírito da escola teológico-litúrgica do segundo milênio: "Ao que professaram na escola hão de se volver as mentes de mestre e discípulos quando se encontram na igreja a rezar, pois logicamente primeiro estudam e depois rezam, rezam na medida em que estudaram, rezam como estudaram"[504].

O caminho proposto pelo liturgista italiano para se desfazer o mal-estar celebrativo e especulativo gerado no transcurso da escola do segundo milênio consiste em retornar à perspectiva da escola do primeiro milênio – a escola orante dos Padres. Tal retorno procura colocar a reflexão sobre os sacramentos dentro do seu *background* natural: a celebração litúrgica. Por isso, o modelo das catequeses mistagógicas realizadas pelos Padres seria o exemplo mais adequado de teologia litúrgico-sacramental. As catequeses mistagógicas dos Padres visam introduzir o fiel no mistério de Cristo, de forma sempre mais vivencial, através do culto. Desta forma, a escola do primeiro milênio não se interessa pelos cinco pontos dogmáticos sacramentais – natureza, essência, efeitos, ministros e sujeitos – e sim pelo sentido do sacramento a partir da sua celebração e o influxo dele na vida do fiel.

Nessa girada de perspectiva, o ato celebrativo ganha um lugar fundamental. O esquema de interlocutores da "escola do primeiro milênio" consta do mistagogo, dos neófitos, da comunidade cristã e do espaço celebrativo. A formação não ocorre nas salas de catequese e na faculdade, mas na própria igreja, durante o culto. A celebração é o lugar ordinário da formação dos cristãos. Para fundamentar este contexto, C. Giraudo recorre a quatro axiomas importantes da Igreja patrística: o de Orígenes – "Mas quando oramos, não fazemos vanilóquios, e sim

---

504. GIRAUDO, C., Num só corpo, p. 7.

teologia!"; o de Basílio Magno – "Como fomos batizados, assim devemos crer!"; o de Próspero de Aquitânia – "para que a norma da oração estabeleça a norma da fé!"; e o de Evágrio Pôntico – "Se és teólogo, rezarás verdadeiramente; e, se rezas verdadeiramente és teólogo!"[505]

Dos quatro axiomas, o de Próspero de Aquitânia é o mais utilizado nos trabalhos do autor. Ele serve para mostrar a consciência patrística sobre a importância da *lex orandi* como fonte para a *lex credendi*. A teologia não parte de textos doutrinais e dogmáticos, nem seu esforço é o de sintetizar, elaborar e harmonizar verdades eternas e imutáveis. A verdadeira teologia se interessa pelo diálogo salvífico travado entre o mundo, através da igreja, com o Pai, por meio do Cristo, no Espírito Santo. Este diálogo tem seu lugar primordial na liturgia e, a partir dela se alcança a fé e a vida. Sendo assim, o teólogo deve "entrar" nesse diálogo salvífico, em suas formas e sinais, em seus ritos e preces. Ele se torna um mistagogo penetrando no mistério pascal, ápice do diálogo entre Deus e o homem[506].

O sentido dos sacramentos não é dado pelos dogmas. Isto seria fazer com que a liturgia se submetesse à teologia sistemática. Essa posição nos lembra a concepção de liturgia segundo o teólogo C. Vagaggini como visto mais acima. O sentido dos sacramentos só pode ser encontrado em sua celebração: seus ritos, seus gestos, seus sinais, suas eucologias e, principalmente, suas epícleses.

A teologia mistagógica, segundo C. Giraudo, consiste em voltar ao modelo teológico usado pelos Padres da Igreja, em suas catequeses mistagógicas, para, a partir do dado litúrgico, se compreender o mistério que é comunicado e atualizado. Assim, é necessário voltar à escola litúrgico-teológica do primeiro milênio e entender como ela se constituía para conseguirmos, hoje, recuperar a experiência viva da liturgia. Apresentamos um texto do autor sobre a necessidade de uma teologia mistagógica:

> O retorno a uma teologia global e dinâmica, mediante o reconhecimento imprescindível da dependência vital da *lex credendi* de sua matriz, a *lex orandi*, se impõe hoje em termo mais do que nunca peremptórios. Hoje sabemos que a *lex orandi* já não constitui o objeto exclusivo das minuciosas pesquisas do historiador, do canonista ou do rubricista. Ela é, em primeiro lugar, a ciência do teólogo, o vasto campo onde ele vagueia a seu bel-prazer, para avançar *'per ritus et preces'*, isto é, pelo estudo atento dos seus ritos e seus formulários, a uma compreensão sempre maior do dado revelado[507].

---

505. GIRAUDO, C., Num só corpo, p. 13-19.
506. GIRAUDO, C., Num só corpo, p. 19-24.
507. GIRAUDO, C., Num só corpo, p. 23.

G. Boselli é outro autor que está ainda produzindo teologia litúrgica como mistagogia[508]. Ele busca fundamentar a mistagogia no universo bíblico e patrístico. Com isso, contribui com o método tipológico-espiritual do rito litúrgico. Assim, o autor afirma que "a mistagogia é uma verdadeira e própria teologia do mistério litúrgico, capaz de revelar o mistério de Cristo e, por isso, de envolver a existência inteira do cristão"[509].

A fundamentação bíblica de mistagogia, segundo G. Boselli, se fundamenta no termo bíblico *mystérion*. O autor se aproveita do pensamento exegético dos últimos decênios. Segundo o pensamento exegético atual, o *mystérion* seria o segredo divino revelado, por meio de um mediador, aos homens. Neste sentido, no Novo Testamento, tanto os evangelhos sinóticos quanto a teologia paulina e joaneia reconhecem Jesus Cristo como o *mystérion* de Deus. Dessa maneira, ainda que o termo mistagogia não apareça no texto bíblico, G. Boselli, embasado na teologia patrística, entende que Jesus é também mistagogo, além de ser o mistério de Deus[510].

Realmente, G. Boselli está ancorado nas pesquisas patrísticas sobre os termos "mistagogia" e "mistagogo". Segundo essas pesquisas, o termo "mistagogo" pertence, originalmente, aos cultos mistéricos. Apesar disso, no século III e IV, os Padres, nos ambientes em que os cultos mistéricos se faziam presentes, trazem o conceito para dentro do universo cristão. Assim, Clemente de Alexandria, Orígenes, os Padres Capadócios e João Crisóstomo vão usar o termo "mistagogia" em seus escritos.

Para esses Padres da Igreja, a vida inteira de Jesus, desde o seu nascimento até sua ascensão, foi uma iniciação ao mistério de Deus. As palavras, os gestos e a presença do Senhor são epifanias divinas de qualidade máxima. Dentro desta visão, a mistagogia é uma revelação progressiva do mistério divino. No tempo da Igreja, o Cristo ressuscitado continuaria revelando o mistério divino aos homens. Segundo os Padres Mistagogos, a narrativa dos discípulos de Emaús (Lc 24,13-35) nos indica os lugares da epifania do mistério (a Escritura e a liturgia) e a necessária abertura do coração e da mente.

---

508. G. Boselli está na linha de grandes autores como O. Casel e S. Marsili. Ele continua e aprofunda os temas centrais da teologia do mistério.

509. BOSELLI, G., O sentido espiritual da liturgia, p. 24.

510. O liturgista G. Boselli aponta para uma relação interessante entre os títulos "rabi" e "mistagogo". Seria interessante se, em futuros trabalhos, pudesse ser feita, de forma mais profunda, um estudo sobre as funções do rabi e do mistagogo e um cotejo entre elas a fim de clarear a ação formativa do Mestre da Galileia e sua relação com o processo de iniciação à vida cristã (BOSELLI, G., O sentido espiritual da liturgia, p. 17).

G. Boselli está profundamente imbuído dessa teologia patrística. Ele defende que apenas a leitura e a explicação da Escritura são insuficientes para o despertar da fé pascal. Foi na experiência litúrgica que, primeiro, a exegese crística precedente fez sentido e, depois, que os olhos, realmente, se abriram para reconhecer a presença, no *hodie*, do ressuscitado. Desta forma, a Escritura, peça fundamental, não é autônoma e independente da ação litúrgica nem o rito é relação ao texto sagrado. Pelo contrário, a mistagogia encontra seu terreno no binômio Escritura-liturgia – "não só as Escrituras, mas nem mesmo os ritos, os textos e os gestos litúrgicos sozinhos são suficientes para suscitar a confissão de fé pascal" e continua "é o Ressuscitado, na força do Espírito Santo, que se torna mistagogo e abre nossa mente para compreendermos a liturgia"[511].

Daqui, então, a partir do modo como os Padres Mistagogos liam a Escritura e a liturgia, G. Boselli expõe o método da leitura espiritual da liturgia. A explicação do autor é já um exemplo de aplicação do método espiritual. Ele parte de duas perguntas bíblicas, que são as correspondentes as que os Padres Mistagogos faziam. A Escritura, dentro de dois ritos – rito da Páscoa judaica e rito do lava-pés, indaga o próprio sentido do gesto ritual: "O que significa este rito?" (Ex 12,26) e "Entendeis o que vos fiz?" (Jo 13,12). Os Padres Mistagogos perguntavam também aos ritos: "O que significa este rito?" A leitura espiritual do rito é um processo análogo a leitura espiritual da Escritura, passar do gesto e da letra para o sentido salvífico atualizado.

A pergunta da liturgia pascal judaica "O que significa este rito?" (Ex 12,26) é, por excelência, a pergunta mistagógica. A sua resposta vincula três realidades fundamentais: o evento histórico, o ato salvífico e o rito litúrgico. Realmente, quando o rito se desvincula da história, ele se desvirtua para uma concepção mágica e supersticiosa e quando o mesmo rito perde sua ligação com a salvação, ele se torna mudo, inexpressivo, um peso ritual. Por isso, baseado nessa raiz judaica, a mistagogia é a resposta dada pela Igreja sobre o sentido da liturgia[512].

Na narrativa joanina do rito do lava-pés, Jesus faz a pergunta mistagógica: "Entendeis o que vos fiz?" (Jo 13,12). O rito da lavagem dos pés dos discípulos tem um sentido para além do gesto de limpeza. É necessário buscar na vida de Cristo – dimensão histórica – aqueles atos nos quais ele se apresenta como servidor da humanidade – dimensão salvífica. Desta forma, o rito aponta para o evento histórico-salvífico e sem essa vinculação, como visto, se desfiguraria em magia e superstição (perda da dimensão histórica) ou num pesado ritualismo e rubricis-

---

511. BOSELLI, G., O sentido espiritual da liturgia, p. 19.

512. BOSELLI, G., O sentido espiritual da liturgia, p. 27.

mo (perda da dimensão salvífica). A mistagogia permite a compreensão do rito a partir de sua ligação histórico-salvífica.

Partindo dessas premissas, o autor G. Boselli fundamenta sua exposição sobre a mistagogia a partir da aplicação do método. Na celebração da Eucaristia solene, em conformidade com o ritual vigente, está prevista a procissão do evangeliário que é conduzido, pelo diácono e depositado sobre o altar. Na interpretação mistagógica boselliana, este gesto litúrgico de deitar o evangeliário sobre o altar apontaria para a própria dinâmica da revelação divina na história da salvação. O evangeliário, livro no qual consta as narrativas da vida de Jesus, e o altar, lugar da presença eucarística do Senhor, diante da assembleia, corpo místico de Cristo compõe os elementos de sentido do rito. A Palavra do Pai se torna história da salvação – Escritura; Ela se encarna e realiza o plano salvífico pelo seu mistério pascal – o altar; e, pela efusão do seu Espírito, congrega no seu corpo místico a assembleia litúrgica. O gesto de depositar o evangeliário sobre o altar teria, então, esse sentido de revelar a condição da Palavra de Deus que se faz livro, se faz homem e se faz povo[513].

Concluímos apresentando a opinião desse autor que atualmente é um dos expoentes na compreensão da mistagogia como teologia litúrgica:

> Aqui está toda a atualidade da mistagogia para a Igreja, para anúncio do evangelho hoje, pois a mistagogia não é um método dentre outros possíveis, não é uma simples escolha pastoral entre tantas, mas é conhecer aquilo que o Cristo na liturgia realiza por sua Igreja hoje [...] Existe aí, de fato, um movimento interpretativo circular entre Cristo e a liturgia: conhecer Cristo através da liturgia, para que o próprio Cristo seja o princípio de conhecimento e de interpretação da liturgia[514].

O último teólogo que queremos apresentar aqui, devido à importância de suas reflexões, é A. Grillo. Na sua pesquisa, encontramos o interesse pelo valor antropo-teológico do rito, em especial do rito litúrgico. Por isso, esse liturgista possui um contributo importante para a mistagogia, que se caracteriza pela experiência do mistério através da mediação ritual. A sua grande contribuição reside, então, no enfoque dado ao rito, um dos componentes centrais da experiência mistagógica.

A. Grillo faz uma importante crítica a compreensão do desenvolvimento das questões levantadas pelo Movimento Litúrgico[515]. Segundo ele, de maneira

---

513. BOSELLI, G., O sentido espiritual da liturgia, p. 20-24.

514. BOSELLI, G., O sentido espiritual da liturgia, p. 31.

515. Uma das teses mais importantes de A. Grillo é a afirmação de que o Movimento Litúrgico ainda está em curso. Para o autor, estamos na terceira fase do Movimento Litúrgico porque as questões levantadas

geral, entende-se que às questões levantadas pelo Movimento Litúrgico foram respondidas pela SC e pela sua reforma litúrgica. Todavia, este entendimento geral não é totalmente verdadeiro e completo. Existe uma tarefa levantada pelo Movimento Litúrgico que ainda hoje não foi completamente realizada: a formação/educação litúrgica dos fiéis para a participação ativa na celebração da liturgia. Apesar do texto conciliar afirmar a necessária participação ativa dos fiéis e dos ritos litúrgicos da reforma serem instituídos para essa participação (SC 14), a educação/formação litúrgica é não só a missão da Igreja, mas, também, afirma o autor, a própria "fonte de identidade eclesial"[516].

O tema da formação/educação litúrgica está presente na teologia da Constituição litúrgica (SC 14-21). A interpretação dessa temática conciliar, de acordo com A. Grillo, precisa levar em consideração dois fatores. O primeiro fator é a relação existente entre educação/formação litúrgica, reforma litúrgica e participação ativa. O segundo fator é a real compreensão do significado conciliar de formação/educação litúrgica. Caso contrário, a teologia litúrgica não seria capaz de desempenhar satisfatoriamente seu papel no pós-concilio.

O autor acredita que tanto a reforma litúrgica quanto a educação/formação litúrgica estão em função da *participatio actuosa*. Esta última seria o centro para se compreender a reforma dos livros litúrgicos e do Ano Litúrgico e, igualmente, o objetivo de toda a formação/educação litúrgica. Desta forma, o desejo dos liturgistas do Movimento Litúrgico e o dos Padres Conciliares é que os fiéis participem ativa, frutuosa e conscientemente da celebração litúrgica. Esse desejo é o centro da tarefa atual da Igreja.

A educação/formação litúrgica, em consonância com o A. Grillo, corre o risco de não ser compreendida de maneira correta. O perigo está em reduzir a formação à instrução litúrgica. A força educativa do rito não pode ser confundida com uma aproximação argumentativa-dogmática ou histórico-tradicional. De fato, o conteúdo teológico ensinado nos cursos acadêmicos de teologia e, até mesmo, nos encontros catequéticos-formativos sobre a temática da liturgia e dos sacramentos, geralmente, se caracteriza por uma abordagem dogmática e/ou uma abordagem histórica. Uma aproximação do rito ou da celebração litúrgica com um olhar dogmático ou histórico reduziria a sua força formadora e educativa[517].

---

na sua primeira fase ainda estão presentes no desenvolvimento teológico da liturgia. Indicamos a seguinte referência bibliográfica para aprofundar o tema: GRILLO, A., La nascita della liturgia nel XX secolo, p. 26 e GRILLO, A.; RONCONI, M., La riforma della Liturgia. Introduzione a Sacrosanctum Concilium, p. 43-59.

516. A. Grillo entende que a teologia litúrgica atual corresponde a terceira fase do Movimento Litúrgico (GRILLO, A., Ritos que educam, p. 37).

517. Os livros de teologia litúrgica e sacramental, normalmente, estão impregnados de uma visão dogmática e histórica. Com isso, queremos dizer que as preocupações do ensino da liturgia e da sacramentologia

Para A. Grillo, a educação/formação litúrgica é a experiência simbólico-ritual da celebração. Por isso, o objetivo central de toda ação educadora e formadora está na *participatio actuosa* e o ambiente formativo não é a sala de aula nem o encontro de catequese, mas a própria celebração litúrgica em ato. O liturgista defende a criação de um itinerário formativo que seja capaz de munir os fiéis com certas "competências" para a participação na liturgia. A ação educativa/formativa da Igreja procura sensibilizar os fiéis para a dinâmica ritual-celebrativa, ou seja, ensinar, não as verdades dogmáticas da ação sacramental ou suas evoluções nos diferentes tempos históricos, mas como celebrar, como rezar, como escutar, como interceder, como louvar, como cooperar com a graça divina. Para isso, o autor afirma que a liturgia possui uma tripla força educadora/formadora das sensibilidades, pois trabalha dando um sentido cristão para o tempo, para o espaço e para as ações rituais.

Na base dessa afirmação está uma tentativa de articular as conquistas da antropologia à teologia litúrgica. A concepção dualista do ser humano – alma e corpo – foi rechaçada por uma concepção mais unitária – corpo. Uma aproximação dogmática ou histórica da celebração litúrgica se destinaria apenas às faculdades intelectuais do homem. Uma aproximação simbólica comporta necessariamente um envolvimento global do homem – faculdades intelectivas, sensitivas e relacionais. Atualmente, a compreensão de homem como "unidade corpórea" não admite mais processos educativos que valorizem a "alma" em detrimento do corpo. Nesse sentido, o autor defende uma "inteligência sensível" e uma "sensibilidade inteligente"; no fundo, um jogo de expressões para significar a experiência integrada do homem através do símbolo[518].

O homem contemporâneo, segundo A. Grillo, está cheio de preconceitos em relação ao valor do rito e, isso, alcança o mundo católico. De fato, a manipulação ritual encontrada ao longo da história favorece uma postura receosa diante da celebração ritual. Encontramos três formas de preconceitos contemporâneos a respeito da celebração ritual: o ritualismo e o rubricismo, a separação entre a celebração ritual e a vida e a ideologização ritual. Esses preconceitos possuem fundamento e devem servir de alerta para a experiência litúrgica da Igreja.

A tarefa da Igreja, da teologia e da pastoral litúrgica, é a de propor para o homem contemporâneo o valor do rito. A. Grillo retorna o caminho da pergunta sobre o valor do rito e recupera as reflexões de O. Casel e R. Guardini. Para esses autores, o cristianismo não se reduz ao dogma e a moral. A dogmática visa com-

---

ainda recaem apenas em definir os conceitos dessas áreas e mostrar o seu desenvolvimento ao longo do tempo. A teologia litúrgica, muitas vezes, negligencia a experiência celebrativa e sua dimensão espiritual.

518. Outro tema importante na pesquisa de A. Grillo é a antropologia e sua relação com a liturgia. Para aprofundar esse ponto, indicamos BIANCU, S.; GRILLO, A., Il símbolo, p. 103-132.

preender os eventos salvíficos, e a moral adequar os homens a eles. A experiência dogmática é lógica, conceitual e de representação do evento na mente, ou seja, ela está focada em compreender o passado. Por sua vez, a experiência moral é deliberativa e se caracteriza por adequação aos paradigmas morais revelados, isto é, um caminho aberto ao futuro. O. Casel e R. Guardini defendem que o cristianismo se caracteriza, propriamente, pela experiência cultual com o mistério pascal.

Para A. Grillo, a tentativa do homem contemporâneo de compreender e de se adequar aos eventos salvíficos sem a mediação ritual é uma quimera. O rito tem uma relação direta com as pretensões da dogmática, pois ambos retornam aos eventos salvíficos primordiais. Todavia, enquanto a dogmática fica presa no passado (mesmo que se mude as fórmulas expressivas do dogma o conteúdo é sempre inalterado), a celebração ritual faz memória, ou seja, presentifica aquele evento no "hoje". A celebração ritual oferece o sentido atual daquela experiência salvífica. O rito litúrgico ainda possui uma relação direta com os anseios da moral, visto que ambos procuram a modificação da vida do fiel. Contudo, enquanto a moral se abre para o futuro, a celebração ritual efetua no "hoje" uma força de transformação e conversão. Desta forma, a celebração litúrgica articula no "hoje" presente e passado e possibilita a integração entre dogma e moral.

Passado e futuro são possíveis apenas no presente. Por isso, dogma e moral dependem da liturgia. A liturgia permite que o passado se faça presente e que o futuro seja possível. A celebração litúrgica tem essa força de mediação que transforma um conteúdo teórico, de base intelectual, em experiência mistagógica. E, dessa experiência, nasce uma moral nova cuja fonte é a experiência do mistério através do rito e não um projeto voluntarista.

Poderíamos sintetizar o pensamento do autor sobre a mistagogia com suas próprias palavras:

> Mistagogia indica, sem dúvida, os limites estruturais de uma aproximação sistemática baseada no primado do intelecto. A aproximação ao ato simbólico-ritual não suporta mais – nem do ponto de vista teórico, nem do ponto de vista prático – uma "redução intelectualista" da experiência. A inteira história do Movimento Litúrgico, primeiro, e da teologia litúrgica, depois, atesta uma dinâmica de superação do primado do intelecto na teologia. Isto, não obstante, a experiência simbólico-ritual precisar – constitutivamente – de uma ciência sistemática, que não pode ser substituída da consciência histórica ou dos métodos teoréticos de um passado mais ou menos distante[519].

---

519. GRILLO, A., Mistagogia e prospettiva teológica, p. 237-238.

A mistagogia é um tema aberto e em construção nos nossos dias. Por isso, procuramos destacar os principais momentos de sua constituição. O Movimento Litúrgico introduziu à questão sobre a natureza da teologia litúrgica. O. Casel e R. Guardini, por exemplo, começaram a desenvolver suas concepções, respectivamente, ligadas à teologia do mistério e ao valor antropológico do rito cristão. Embasado nas reflexões caselianas, S. Marsili compreende a teologia litúrgica como *theologia prima*, entendendo a importância da celebração em ato para a reflexão teológica.

Os autores mais recentes, dependentes do caminho já percorrido pelos liturgistas, redescobrem as catequeses mistagógicas dos Padres da Igreja. Elas se tornam o paradigma para a produção da teologia litúrgica mistagógica. Nesse sentido, se destacam autores como C. Giraudo (apresenta a disparidade entre os paradigmas da "escola do primeiro milênio" e da "escola do segundo milênio" e as suas consequências para a liturgia e a sacramentária do terceiro milênio), G. Boselli (desenvolve a mistagogia como leitura espiritual do rito – *lectio ritualis*) e A. Grillo (trabalha a importância da educação/formação para a participação ativa na celebração litúrgica).

Dessa forma, em suma, a mistagogia como teologia é uma intuição dependente das reflexões do Movimento Litúrgico, tem suas bases alicerçadas no CV II, foi tematizada diretamente no pós-concílio com a redescoberta das catequeses mistagógicas dos Padres e alcançou interesse crucial nesse início de terceiro milênio em diversas áreas da teologia[520].

---

520. É fundamental entender a impostação teológica mistagógica como fruto direto do Movimento Litúrgico, em especial, do trabalho desenvolvido por O. Casel e R. Guardini. Esses dois autores, cada um em uma perspectiva própria, desenvolveram reflexões que, hoje, possibilitaram o interesse por uma teologia mistagógica (SARTORE, D., Mistagogia, p. 1.211-1.213).

Capítulo 3 | A mística litúrgica cristã

Nosso terceiro capítulo apresenta o tema da mística litúrgica cristã. Ele se divide em duas grandes partes. Na primeira parte, estabelecemos a ligação teológica entre os conceitos de mistério, mistagogia e mística. Esse estudo evidencia que a compreensão de mística, na teologia ocidental, se deslocou do paradigma mistérico-mistagógico e se estabeleceu dentro de uma polissemia estranha ao seu sentido original. De posse desse conhecimento, podemos começar a integrar, novamente, o trinômio mistério-mistagogia-mística. Com esta integração nosso trabalho doutoral tem, então, condições de desenvolver a sua segunda parte.

A segunda parte desse terceiro capítulo divide-se em duas abordagens. A primeira visa entender o mistério como comunicação divina, a mistagogia como crescimento dinâmico comunicativo e a mística e o místico como realidade/pessoa aberta à experiência comunicativa divina. A liturgia inicia, desenvolve e conclui, durante a peregrinação terrena, a vida nova em Cristo. Por isso, a mística litúrgica – a experiência com Deus no culto divino – abre o cristão para o relacionamento com Deus, consigo, com os outros e com as coisas. Desta forma, a mística litúrgica cristã se caracteriza como abertura comunicativa.

A segunda abordagem presente na segunda parte desse capítulo busca aprofundar o mistério como ação terapêutica divina, a mistagogia como processo de cura e a mística/o místico como realidade/pessoa na qual a ação terapêutica divina atua. Novamente, o enfoque será dado em perspectiva litúrgica. Entendemos que a mística litúrgica tem condições de efetuar uma profunda ação terapêutica na vida dos cristãos na qual ocorre a conversão do coração – deególatra, egoísta e egocêntrico para a vivência do amor incondicional.

A mística litúrgico cristã está vinculada necessariamente ao mistério e a mistagógica. Por isso, essa mística se caracteriza como experiência de comunicação e de cura, ou seja, experiência do mistério salvífico. E também, por ser um processo dinâmico de crescimento que, começando na iniciação cristã, se desenvolve durante toda a vida, isto é, a mistagogia. Sendo assim, as linhas-mestras da mística litúrgico cristã são a eucarística-doxológica (em relação a Deus), a crística (em relação a si), a agápica (em relação ao próximo) e a ecológica (em relação ao cosmos). Desta forma, a integração entre mistério, mistagogia e mística é fundamental para uma compreensão mais profunda do papel da liturgia na vida cristã.

Esse nosso esforço de compreender a mística em chave litúrgica tem ligação direta com o trabalho dos liturgistas e dos teólogos pós-conciliares que se dedicaram ao tema. Assim sendo, queremos nos respaldar na fala de um dos grandes nomes sobre o tema da mística litúrgica. Ele nos mostra a relação intrínseca entre mística, mistagogia, mistério e liturgia:

> Podemos muito bem dizer que a espiritualidade litúrgica tem uma dimensão mística, no sentido mais genuíno da palavra: enquanto é atualização do mistério celebrado na vida do cristão. A liturgia é uma típica e qualificada experiência cristã, fonte inesgotável de uma espiritualidade cristã que entenda viver em plenitude de fé, esperança e amor, o mistério pascal participando, em formas diversas, nas celebrações litúrgicas. E é também, experiência qualificante que educa à experiência cotidiana que se cumpre por intermédio de outras mediações sacramentais da presença de Cristo no mundo, na história e nos irmãos[521].

3.1. Mistério, mistagogia e mística

Na linguagem corrente atual, o substantivo "mística" é entendido como "tendência a uma religiosidade ou a uma espiritualidade", "união íntima e direta da alma humana com Deus, através de um conjunto de práticas espirituais e contemplativas", ou ainda "devoção apaixonada a uma ideia, causa, instituição etc". O adjetivo "místico/mística", dependendo do significado base do substantivo, evoca "revelações sobrenaturais e não racionais", "algo próprio do universo religioso", "pessoas que professam ou estão influenciadas pelo misticismo" e "o escritor de suas experiências místicas". Estes significados, atravessados por uma série de compreensões sobre o sentido da "mística" e do "místico", revelam a problemática da equivocidade do termo[522].

O universo expressivo das línguas modernas correntes, geralmente, adjetiva o termo "mística", formando uma locução ou expressão: "mística de algo". Esse fenômeno linguístico é uma tentativa de precisar melhor o significado ou o en-

---

521. AUGÉ, M., Espiritualidade litúrgica, p. 78-79.
522. ACADEMIA BRASILEIRA DE LETRAS, Dicionário escolar da língua portuguesa, p. 865.

foque dado ao termo. Contudo, a semântica da "mística" vem adentrando novos contextos linguísticos e círculos hermenêuticos, atingindo zonas bem distantes da experiência religiosa e da reflexão teológica. Se, por um lado, o termo ganha novos matizes de significado, por outro, perde, ainda mais, sua univocidade – propriedade necessária para o discurso técnico-científico da teologia.

Nesse sentido, acreditamos que a teologia tem uma tarefa fundamental e urgente para com a mística. Segundo J. Sudbrack, a ciência teológica precisa recuperar e avaliar esses sentidos de "místico/mística" a partir da raiz do conceito e proporcionar uma visão mais profunda sobre a mística cristã. O estudo sobre a raiz da "mística" acaba por vinculá-la, definitivamente, com os termos "mistério" e "mistagogia" como pertencentes ao mesmo círculo de expressões do mundo religioso. O retorno à radicalidade do significado do termo é denominado pelo autor como "discurso responsável" sobre a mística[523].

Para além de uma questão filológica, a teologia tem uma outra tarefa importante e crucial em relação à mística. Contrariando todas as previsões negativas concernentes ao futuro das religiões, vemos despertar na cultura atual, nas sociedades e nas religiões um interesse, cada vez maior, por uma busca pela "experiência" com o Transcendente. Esse anseio humano-social pode e deve ser, legitimamente, respondido pela fé cristã e pela sua pastoral. A religião cristã é chamada a conduzir seus fiéis dentro dessa senda da experiência com o mistério divino, revelado por Cristo e acolhido no Espírito Santo. Aqui há um encontro entre a própria dinâmica da mística cristã e o aporte cultural ansioso pela experiência com a divindade.

O transcurso da reflexão teológica, por sua vez, produziu uma história da mística. Uma visão diacrônica das compreensões do termo nos leva a perceber diferentes impostações dentro do próprio cristianismo. Quando visto num panorama mais global, as experiências místicas cristãs se enquadram dentro de um conjunto de fenômenos pertencentes ao quadro religioso universal. Nesse ponto, a teologia cristã se pergunta sobre a validade da mística como fenômeno humano e expressão religiosa, a legitimidade das místicas não cristãs e suas correspondências com a cristã e o ponto genuíno, a natureza, da mística cristã.

Para nós ainda, em nossa tese, temos a preocupação de desenvolver, teologicamente, a mística cristã em chave litúrgica. Nossa reflexão se coloca a pergunta básica sobre a relação entre liturgia e mística e, por meio dessa indagação, procurar articular possíveis respostas para essa temática. Para alcançar nosso objetivo, desenvolveremos a busca da raiz genética do termo "místico" e seus correlatos

---

523. SUDBRACK, J., Mística, p. 9-10.

a fim de relacioná-los com o universo semântico de "mistério" e "mistagogia". Depois, apresentaremos um panorama diacrônico da "mística" dentro da teologia cristã. Este panorama nos conduzirá a entender duas abordagens históricas diferentes sobre o termo. A primeira abordagem, ligada às experiências bíblico-patrísticas, compreendia a mística dentro de um contexto objetivo. A segunda abordagem, centrada no mundo medieval-moderno, transferiu a mística de um *locus* objetivo para um subjetivo. Atualmente, a teologia precisa mediar essas duas abordagens históricas e, muitas vezes, encontra problema nessa sua tarefa. Cabe, para finalizar esta primeira parte, ainda um estudo sincrônico sobre a temática da "mística". Nesse último ponto, queremos, então, posicionar o significado de mística dentro da teologia litúrgica e sua relação indissociável como o mistério e a mistagogia.

A busca pela raiz semântica do termo "mística" e de seus correlatos nos leva ao mundo helênico pré-cristão. Na verdade, tanto "mística", "mistério" e "mistagogia" possuem um centro genético comum e esses conceitos estão profundamente relacionados. Já abordamos um estudo do termo "mistério" no capítulo 1 e de mistagogia no capítulo 2 da nossa tese. Resta-nos, ainda, apresentar um estudo sobre o termo mística à relação natural entre eles[524].

O termo "mística" e seus correlatos encontram seu correspondente lexicogênico na língua grega: *mystikós*. Para os especialistas, este termo grego depende semanticamente do verbo *myo* – "fechar", "fechar os olhos". Em ambiente cultural helênico, conseguimos perceber duas utilizações do termo "mística". A primeira e a mais original está dentro da tradição religiosa do culto dos mistérios e a segunda se desenvolve numa configuração mais filosófica em consonância com as posturas pitagóricas, platônicas e gnósticas. A semelhança entre essas duas é a experiência de transitividade do que é visível em direção à divindade ou ao "ser". A diferença entre elas, contudo, é que a primeira se apresenta em um contexto soteriológico enquanto a segunda, num gnosiológico.

O culto aos mistérios relacionava a "mística" com o "mistério" e a "mistagogia". As experiências (mística) feitas nas cerimônias cultuais e rituais da comunidade religiosa visavam fazer com que o iniciado participasse da salvação (mistério) e crescesse nessa salvação (mistagogia). Dessa maneira, o lugar central da experiência era o culto, ou seja, através da celebração dos ritos se entrava em comunhão com a salvação evocada pelos ritos.

---

524. BAILLY, A., Dictionnaire grec-français, p. 583; CHANTRAINE, P., Dicitionaire étymologique de la langue grecque, p. 728-729; e LIDDELL, H. G.; SCOTT, R., A Greek-English lexicon, p. 1.156.

As escolas filosóficas – pitagóricas, platônicas, neoplatônicas e gnósticas – deslocam o eixo das celebrações e dos mitos soteriológicos para o polo do conhecimento. Nesse sentido, a mística continua sendo a experiência que abre o mundo das aparências e transitoriedades para o "ser" (mistério). Contudo, a salvação não ocorre pela ação soteriológica divina, mas pela ação humana de adentrar e de conhecer a realidade. Esse caminho progressivo de conhecimento do ser (mistério) é denominada mistagogia.

Não podemos esquecer que na história do cristianismo, nos primeiros séculos, tanto as religiões de mistério quanto as correntes filosóficas entraram em contato com a reflexão teológica. Os hagiógrafos do Novo Testamento e os Padres da Igreja tiveram que assimilar e criticar certos elementos destas posturas a partir do evento Jesus. Durante o primeiro milênio cristão, apesar das tentativas de uma intelectualização da fé cristã (pseudognose), temos um esforço dos teólogos em assegurar um fundamento soteriológico objetivo-ontológico para os conceitos de "mistério", "mistagogia" e "mística". Não podemos falar o mesmo do segundo milênio cristão, pois a escolástica e teologia tridentino-manualística vão, além de separar o trinômio mistério-mistagogia-mística, entender a mística como supremo conhecimento de fé nessa vida, enfatizando um subjetivismo psicologista[525].

Para a concepção grega pré-cristã, o sujeito místico seria aquele capaz de "ver" a divindade (religião de mistérios) ou o ser (escolas filosóficas). Nas religiões dos mistérios, todo o iniciado é um místico na medida em que experimentou o mistério salvífico no culto e tem sua vida transformada por tal experiência. Nas escolas filosóficas, nem todo participante é um místico. Apenas aqueles que, de fato, possuem um conhecimento filosófico, ou seja, que ascenderam ao "êxtase gnosiológico", através do *eros*, e conheceram a realidade em si são denominados "místico". Essa distinção entre místico e não místico, já presente nas impostações helênicas, também vão se refletir em contexto cristão medieval-moderno como veremos mais à frente.

Para o nosso estudo da relação entre liturgia e mística, podemos extrair, em síntese, quatro importantes dados advindos do estudo da origem do termo. O primeiro dado é a interconexão indispensável entre "mística", "mistério" e "mistagogia". Esses conceitos nasceram no mesmo contexto genético – o culto aos misté-

---

525. M. Paternoster comenta os efeitos da diferença teológica entre o primeiro milênio e o segundo milênio sobre a relação entre espiritualidade e liturgia. Ele conclui que "A espiritualidade cristã poderá se curar de certos desequilíbrios que a condicionaram nos últimos séculos da história da Igreja somente se souber guardar com muita fidelidade a liturgia e se souber aproveitar a seiva e o vigor da celebração do mistério pascal de Cristo; reequilibrando a relação entre piedade litúrgica e piedade pessoal. De tal forma que a piedade pessoal se inspire na liturgia e traga da liturgia novas inspirações para renovar a sua linguagem e os seus conteúdos à luz dos divinos mistérios" (PATERNOSTER, M., Liturgia e spiritualità cristiana, p. 47).

rios grego – e dizem respeito à essa mesma realidade. O perigo de pensar a mística sem os outros dois conceitos teológicos é a de reduzi-la ou de atrofiá-la. Durante o segundo milênio da teologia cristã, temos uma hipervalorização da mística e um esquecimento do mistério e da mistagogia. Atualmente, a teologia pode, novamente, reagrupar este trinômio e avaliar as consequências danosas de uma mística cristã desvinculada do "mistério" e da "mistagogia".

O segundo dado aponta para a mística como experiência da salvação feita na celebração ritual de uma comunidade religiosa. As celebrações, com seu conjunto ritual, eram o local da experiência soteriológica. Para o homem da religião dos mistérios, a liturgia é o ambiente místico por excelência. Durante o primeiro milênio cristão, vemos se desenvolver uma mística litúrgica centrada, exatamente, nos Sacramentos do Batismo-Crisma e Eucaristia. Na celebração desses sacramentos, o fiel experimenta a força soteriológica do mistério pascal de Cristo. No segundo milênio, a celebração litúrgica se alienará de sua força soteriológica e mística própria. Podemos sentir as consequências dessa alienação até os dias de hoje quando, em muitos ambientes, a liturgia não consegue ser vista como a fonte da espiritualidade cristã (nem mesmo como espiritualidade). A teologia hodierna precisa se beneficiar desse dado original da mística e fortalecer a compreensão da mística litúrgica.

O terceiro dado aponta para a identidade do místico. No culto aos mistérios gregos, qualquer um que faz experiência do mistério salvífico é denominado místico. A experiência de salvação está franqueada a todos os participantes da assembleia cultual. A autenticidade da experiência salvífica cultual, por seu turno, ocorre na vida do místico. Quanto mais forte a experiência celebrativa, mais ela configura a vida do místico ao mito fundador da religião. Nesse sentido, também, se movia a Igreja bíblico-patrística. Ela acreditava na universalidade da experiência salvífica em Cristo, por meio dos sacramentos de iniciação. Apenas no segundo milênio, o místico vai se identificando com um "escolhido" e um "perfeito", acima dos outros fiéis pela excelência de seu conhecimento e de suas experiências extraordinárias. Hoje em dia, a teologia mística vem descobrindo, em consonância com a mística litúrgica, nascida do Batismo e nutrida na Eucaristia, a mística do cotidiano, aberta a todos.

Por fim, o último dado aponta para um aspecto perigoso do transcurso histórico-semântico da mística helênica pré-cristã. A passagem da mística do contexto soteriológico-religioso para o gnosiológico-filosófico marcou não só uma mudança de contexto, mas uma profunda transformação de sua compreensão. Como vimos acima, apesar de usarem os mesmos termos, a religião dos mistérios e as correntes filosóficas orbitaram em diferentes direções, gerando contextos hermenêuticos bem diversos. Na teologia cristã, essa passagem da mística de contexto soteriológico para o psicológico e do teológico para o filosófico também ocorreu. Essa passagem marcou paradigmas diferentes do desenvolvimento da mística na tradição cristã ocidental. A teologia atual procura articular esses dois paradigmas e, em grande medida, nossa tese se insere nessa preocupação.

Após termos estudado o termo "mística" no seu contexto genético, apresentamos agora uma visão diacrônica do termo na teologia cristã com o intuito de entendermos a sua história e as suas consequentes implicações atuais. A história desse termo e de seus correlatos no cristianismo é complexa e polêmica. A história da mística está, intrinsecamente, conectada com a história da teologia. Os paradigmas históricos (seu objeto, método, influência, contexto filosófico-científico) acabam por influenciar a compreensão de mística e, principalmente, sua relação com a liturgia[526].

Do ponto de vista diacrônico, a teologia mística pode ser dividida em cinco etapas históricas. Assim, encontramos as etapas bíblica, patrística, escolástica medieval, moderna e a atual. Contudo, é possível agrupar as etapas bíblica e patrística num arco único denominado de escola mística do primeiro milênio. Nesse arco, a mística cristã é entendida em chave soteriológica, em sintonia profunda com a celebração do mistério pascal de Cristo. Ainda é possível agrupar a etapa medieval e a moderna num arco conhecido como escola mística do segundo milênio, na qual, progressivamente, a mística vai ser compreendida à luz da subjetividade, separando-se do universo litúrgico cristão. O último arco, ainda bem incipiente, iniciado com os anseios do Movimento Litúrgico e em franco desenvolvimento, se caracteriza pela busca de uma fecunda relação entre mística e liturgia.

A fase atual, em que nos encontramos, possui a difícil missão de se responsabilizar pelo estudo da diferença entre os paradigmas místicos do primeiro e do segundo milênios e da tentativa de harmonização do rico patrimônio da espiritualidade cristã. Sabemos das intricadas problemáticas sobre esse tema da relação entre mística e liturgia ao longo dos últimos dois séculos. Nossa pesquisa doutoral quer contribuir para que mais pontes se estabeleçam nesse caminho de aproximação entre a mística e a celebração litúrgica, em união com os esforços de tantos pesquisadores que tomaram a frente esse tema.

Dentro do primeiro arco histórico, caracterizado pela relação íntima entre a mística e a liturgia, encontramos as etapas bíblica e patrística. Embora essas duas etapas tenham em comum a ligação entre mística e liturgia, cada uma, ao seu passo, possui ainda uma série de peculiaridades que não podem ser descuidadas

---

526. DE LUBAC, H., Mistica e mistero cristiano, p. 7-20.

(para uma profunda e justa compreensão sobre o tema). Dito isto, queremos agora posicionar os elementos mais próprios da mística escriturística e da patrística, sempre sublinhando a sua relação com a experiência litúrgica.

Apesar de não encontrarmos nenhuma ocorrência do termo "mística", não podemos negar que o seu conteúdo – a experiência com Deus – perpassa toda a Escritura. Tanto o Primeiro quanto o Novo Testamento narram inúmeros casos de teofanias e de intervenções divinas no curso da história dos personagens bíblicos, do Povo de Israel e dos demais povos. A preocupação dos hagiógrafos não era sistematizar e definir a natureza da mística – no nosso estilo teológico-científico. Eles pretendiam apenas narrar as intervenções salvíficas de Deus na história – o *mystérion*. Nesse sentido, através da teologia do mistério, entendemos que, se por um lado Deus revela seu mistério, por outro, alguém ou uma comunidade faz experiência do mistério divino revelado. Dessa forma, a teologia bíblica afirma que "mistério" é a revelação do plano da salvação e, dessa afirmação, os teólogos podem inferir a "mística" como a experiência dessa revelação soteriológica.

O tratamento teológico dado à mística no Primeiro Testamento passa por uma dupla impostação. Na primeira, desenvolvida no cristianismo, passando por quase toda a sua história e chegando até o século XX, o mais importante era interpretar os acontecimentos teofânicos veterotestamentários à luz das questões cristãs[527]. Apenas no ocaso do século XIX, a reflexão começa a se interessar pela espiritualidade judaica em suas particularidades e peculiaridades, destacando inclusive sua autonomia e riqueza sem uma ligação ou dependência direta da leitura cristã[528]. Em muitos casos, se procurou até remontar à espiritualidade e mística de

---

[527]. A interpretação cristã dos eventos e dos personagens do Primeiro Testamento está longamente atestada pela história da interpretação da Escritura. O uso da alegoria é fortemente atestado na tradição cristã em sua interpretação dos eventos veterotestamentários. Segundo a Pontifícia Comissão Bíblica: "Os Padres da Igreja e os autores medievais fazem um uso sistemático de toda a Bíblia, na sua tentativa de oferecer uma interpretação atualizada, cheia de aplicações à vida cristã, em seus mínimos detalhes [...] Eles se aproveitavam de todos os detalhes que podiam fornecer um ponto de contato entre um episódio do Antigo Testamento e a realidade cristã. Em cada página do Antigo Testamento, encontravam uma multidão de alusões diretas e específicas a Cristo e à vida cristã" (PONTIFICIA COMMISSIONE BIBLICA, Il popolo ebraico e le sue sacre scritture nella bibbia cristiana 20). Contudo, estamos cientes do limite dessa interpretação cristã do Primeiro Testamento. Ela, em muitos casos, fere o sentido literal do texto, remove os versículos de seu contexto original e faz o texto se adequar aos propósitos de seu intérprete e não ao seu conteúdo teológico próprio. Por isso, a Pontifícia Comissão Bíblica continua dizendo que os intérpretes cristãos "corriam o risco de destacar cada detalhe do seu contexto e de reduzir a nada as relações entre o texto bíblico e a realidade concreta da história da salvação. Assim, a interpretação se tornava arbitrária" (PONTIFICIA COMMISSIONE BIBLICA, Il popolo ebraico e le sue sacre scritture nella bibbia cristiana 20). Daí a importância fundamental de entender a teologia mística e espiritual do Povo de Israel sem, necessariamente, um peso cristológico.

[528]. Com o fim da segunda Guerra Mundial, a atitude da Igreja em relação aos hebreus começou a modificar. Uma dessas mudanças foi, sem dúvida, a valorização do Primeiro Testamento. Os teólogos e exegetas católicos começaram a se valer também das interpretações hebraicas da Escritura. O sentido soteriológico

Jesus sem fazer recurso aos elementos claros de um desenvolvimento histórico da Igreja[529]. A segunda impostação se caracteriza por esses trabalhos de estudo sobre a mística judaica, suas diferentes formas e evoluções históricas e seu influxo na história geral da espiritualidade.[530]

No estudo da Escritura, os exegetas e teólogos bíblicos identificaram um conjunto de temas teológicos que pertencem às páginas tanto do Primeiro quanto do Novo Testamento. Esses temas descrevem as linhas fundamentais da revelação do mistério divino e, por isso, estão na base da experiência de Deus, ou seja, da mística bíblica. Eles, de fato, configuram o círculo linguístico e expressivo do homem bíblico e nós não poderíamos pensar o relacionamento do homem bíblico com Deus sem eles. Apresentamos esses temas teológico-bíblicos que se tornaram a linguagem e o conteúdo da experiência com Deus: a revelação divina, a criação do ser humano, o Deus libertador, criador e salvador, a eleição divina, a Aliança, a Lei, a oração e o culto e as promessas divinas[531].

Esses temas, pertencentes ao patrimônio bíblico fontal, plasmam, na realidade, a linguagem mística da Igreja. Durante o primeiro milênio, a linguagem, as questões e as experiências bíblicas serviram de paradigma para a linguagem, as temáticas, as experiências da caminhada da Igreja em sua configuração a Cristo. O segundo milênio cristão, todavia, afastando-se da Escritura e aproximando-se, cada vez mais da filosofia e da ciência, vai perdendo seu vocabulário e suas temáticas místicas próprias e introduzindo o universo linguístico-interpretativo bem

---

da leitura exegética hebraica longe de diminuir o valor para a interpretação cristã, possibilita novas chaves de leitura e de compreensão dos textos e de suas relações com o evento Cristo (PONTIFICIA COMMISSIONE BIBLICA, Il popolo ebraico e le sue sacre scritture nella bibbia cristiana 22).

529. O texto referencial no diálogo catolicismo-judaísmo para a teologia católica continua sendo a declaração Nostra Aetate do CV II. Nela encontramos a afirmação da relação entre a espiritualidade judaica e a cristã: "Sondando o mistério da igreja, este sagrado Concílio recorda o vínculo com que o povo do Novo Testamento está espiritualmente ligado à descendência de Abraão [...] Sendo assim tão grande o patrimônio espiritual comum aos cristãos e aos judeus, este sagrado Concílio quer fomentar e recomendar entre eles o mútuo conhecimento e estima, os quais se alcançarão sobretudo por meio dos estudos bíblicos e teológicos e com os diálogos fraternos" (NA 4). Neste trecho do decreto conciliar, mais uma vez, aparece a consciência dos Padres em entender o mistério da Igreja vinculado ao aporte espiritual do Primeiro Testamento. Esta leitura cristã da espiritualidade judaica sempre acompanhou a teologia da Igreja.

530. A mística judaica é um tema importante para o estudo das relações de proximidade e afastamento com a mística cristã. Contudo, como nosso trabalho doutoral procura esquadrinhar a mística litúrgica cristã, não abordaremos a mística judaica por si mesma (sem referência ao cristianismo). Para o início de uma pesquisa da mística judaica, indicamos as obras REHFELD, W., Introdução à mística judaica, p. 11-18 e SCHOLEM, G., As grandes correntes da mística judaica, p. 1-40. Para um aprofundamento sobre as relações de diálogo entre Igreja Católica e judaísmo, indicamos os artigos de CARDOSO, M. T. de F., Passos do diálogo católico-judaico, p. 585-604 e LAUFER, F., Diálogo cristão-judaico no Brasil, p. 257-276.

531. PONTIFICIA COMMISSIONE BIBLICA, Il popolo ebraico e le sue sacre scritture nella bibbia Cristiana 23-64.

diferente do contexto bíblico. Ainda que se faça referência a episódios bíblicos, a utilização da Escritura no segundo milênio obedece mais a anseios filosóficos ou devocionais do que a busca teológica[532].

Dentre os temas teológicos apontados acima, a oração e o culto se revestem de particular interesse para as relações entre mística e liturgia na Escritura. A oração e o culto na Bíblia pertencem ao movimento de diálogo salvífico. Na verdade, Deus, no seu projeto soteriológico – o *mystérion* –, inicia um diálogo com a humanidade e, com isso, escolhe o culto como lugar privilegiado de revelar a sua palavra e manifestar sua presença. A oração e o culto são respostas humanas de acolhimento ao desvelamento do mistério salvífico. Neste sentido, a base da oração e do culto verdadeiros está na experiência do mistério. Consequentemente, eles são experiências místicas qualificadas.

Dentro desse quadro mistérico de compreensão da oração e do culto, a vida de Jesus se torna o ápice do diálogo soteriológico divino. Ele é o único mediador entre Deus e o homem. Por isso, em sua natureza divina, comunica aos homens as verdadeiras palavras do Pai – Espírito e Vida – e, em sua natureza humana, responde ao Pai, pelo Espírito, através de palavras humanas de amor e de obediência. Dentro dessa dinâmica dialogal-comunicativa, Jesus é apresentado, nos textos neotestamentários, como o orante e como o liturgo.

A oração de Jesus, fortemente assentada no patrimônio espiritual do Povo de Israel, possui uma grande novidade que renova e aprofunda o alcance da mística bíblica definitivamente. De suas raízes judaicas, Jesus é o homem do louvor (*berakáh*). Ele passa pelo mundo admirando-se e maravilhando-se das obras do Pai, louvando-o e o testemunhado a suas obras. Ademais, Jesus abriu o seu relacionamento único, íntimo, familiar e filial com Deus, chamando-o de *Abbá*. Essas duas características, uma da tradição judaica e outra genuinamente crística, louvor e filiação, são a linguagem da experiência mística testemunhada na tradição escriturística.

Nesse sentido, a Escritura possui dois núcleos que sintetizam a linguagem da experiência de oração. No Primeiro Testamento, o Livro dos Salmos são o patrimônio escriturístico do relacionamento entre Deus e Israel e, por conta disso, expressa de maneira ímpar as disposições dos seus dialogantes. As diversas tentativas dos

---

532. O paradigma bíblico do primeiro milênio tem a Escritura como o grande livro de oração. Por uma série de razões, que veremos mais à frente, o paradigma do segundo milênio multiplicou os livros de oração, autorizando-os segundo os métodos de tantos mestres espirituais. Atualmente, a Igreja está, novamente, consciente do papel central da Escritura na vida espiritual do cristão em primazia a qualquer outro livro de um santo ou místico. A Congregação para a doutrina da fé afirma que "é a Bíblia mesma que ensina como deve rezar o homem que acolhe a revelação" (CONGREGAÇÃO PARA A DOUTRINA DA FÉ, Carta aos bispos da Igreja Católica acerca de alguns aspectos da meditação cristã 4).

autores de dividirem o saltério por temas nos afirmam a profunda "encarnação" dessas orações no desenrolar da história salvífica e da vida do Povo de Israel. Este livro bíblico revela o tom laudatório da espiritualidade do Povo de Israel.

No Novo Testamento, a oração por excelência é aquela ensinada por Jesus quando seus discípulos estavam ávidos por aprender a rezar: o Pai-nosso. Essa oração possui a forma de oração familiar e filial, pois, nela, Jesus possibilitou todos os homens a rezarem a Deus como "Pai" e a reconhecerem todas as pessoas como "irmãos". O "Pai-nosso", como diálogo entre o cristão e Deus, pressupõe uma experiência identitária como "filho de Deus" e relacional como "irmãos em Cristo". Tal oração articula as disposições da vida cristã: a adoração, a salvação escatológica, a comunhão de vontade com o Pai, a providência divina, o perdão recebido-ofertado e a luta contra a fraqueza e o mal. Nesse sentido, essa oração revela o alcance da experiência mistérica de Cristo e da experiência filial que Ele abriu a todos os seus discípulos.

A experiência da Igreja primitiva, atestada nas páginas bíblicas, mostra a grande importância dada aos salmos e à oração do Senhor. Essas orações incutem uma carga expressiva importante transformando o orante profundamente. Os salmos se distinguem por trazer o tom do louvor, do agradecimento, do reconhecimento das maravilhas de Deus. Diante disso, o homem bíblico, no seu diálogo com Deus, mesmo nas horas mais dramáticas, era elevado pela prática da *berakáh*. A oração dominical, por sua vez, pressupõe do orante uma reconfiguração a partir da salvação cristã. Sua expressão exige um olhar próprio para Deus como Pai e para os outros como irmãos. A oração dos salmos e a do Senhor produzem uma transformação no modo de viver do orante, pois modifica suas estruturas de interpretação, de relação e de experiência com Deus, com os outros e com o mundo e a história.

Assim como a oração, o culto é um tema que precisa ser enquadrado dentro da comunicação do mistério salvífico divino. Os santuários veterotestamentários – Siquém, Betel, Mambré, Jerusalém – foram erigidos por conta de uma manifestação divina consagrando aquele lugar. O tempo cultual – o sábado, as grandes festas judaicas, o ano sabático e jubilar – encontravam também sua razão de ser nas intervenções divinas no curso dos acontecimentos, transformando a história em história da salvação. Os conteúdos e ritos celebrativos remontam às intervenções salvíficas divinas no transcurso da história de Israel. Assim exposto, fica patente que a realidade ritual se baseia na revelação do mistério divino e busca ser um memorial dessa ação salvadora no meio do povo.

No mistério pascal de Cristo, temos uma concentração da realidade cultual. Ele é o santuário, o tempo "kairótico" e o conteúdo celebrativo. Nesse sentido, Jesus, morto e ressuscitado, é o verdadeiro e único culto prestado ao Pai e ainda o ministro da nova e eterna Aliança. Se a base teológica do culto veterotestamentário era a manifestação do mistério divino e a necessária resposta do homem a ele, a base teológica do culto neotestamentário e eclesial é a definitiva epifania do mistério na vida e na morte de Cristo e o decisivo posicionamento do fiel diante dele. Com isso, queremos dizer que o mistério pascal é o centro da dimensão cúltico-eclesial, e que não pode existir experiência mística cristã sem sua vinculação a ele.

A Igreja apostólica desenvolve para si a noção de participação no culto prestado pelo Filho ao Pai, no santuário celeste. Esta liturgia celeste, continuação direta do ministério de Jesus na terra, é a base teológica para a eclesiologia e a liturgia na Escritura. A experiência radical dos primeiros cristãos era a de comunhão com o Cristo Ressuscitado. Essa comunhão se efetuava em dois polos: o fiel e Cristo e o fiel e a Igreja. No primeiro polo, o cristão se entendia em processo de configuração ao Senhor, morto e ressuscitado, um templo do Espírito Santo (dimensão pessoal de conversão). No segundo polo, se percebia enxertado no corpo do Senhor do qual ele era um membro (dimensão comunitária de serviço). Enfim, o mais importante era a fé na ressurreição e na possibilidade de participar antecipadamente da realidade escatológica, pela ação do Espírito Santo. O ápice da mística bíblica, iniciada no Primeiro Testamento, realizada por Cristo Jesus e testemunha pela Igreja apostólica, é a participação escatológica do fiel no mistério do diálogo divino, travado pelo Pai e o Filho, pela força do Espírito Santo, no seio da comunidade reunida – a *ecclesia orans*.

O grande detalhe é que, para as páginas neotestamentárias e para a consciência da Igreja apostólica, essa mística bíblica da participação no diálogo eterno entre o Pai e o Filho é acessível apenas pela mediação litúrgico-sacramental. Somente unidos ao Cristo, os fiéis e a Igreja podem ter acesso e celebrar a única liturgia – diálogo salvífico. A consciência primitiva sobre essa dependência está fortemente atestada quando Paulo escreve a teologia do "corpo de Cristo" e do "santuário de Deus e do Espírito"; Pedro trata do "edifício espiritual" formado pelas "pedras vivas" (1Pd 2,4-5); e quando ainda o autor do Apocalipse revela a vinda do "santuário celeste" (Ap 21,10). Por isso, a vida mística da Igreja nascente orbita em dois núcleos sacramentais interligados: o Batismo e a Eucaristia. A teologia bíblica do Batismo direciona a compreensão do sacramento para a participação na morte e ressurreição de Jesus, ou seja, a igreja em seus primórdios entendia que o fiel batizado, recebendo o espírito de filiação, configurado ao Cristo, adentrava um nível de comunicação mais profundo com Deus Pai (Rm 6,3-5). Igualmente, a teologia da Eucaristia entendia que o fiel entrava em comunhão com a morte e a ressurreição do Senhor, ou seja, que estava disposto a reproduzir em sua vida a Palavra do Pai nas mesmas dimensões da resposta do Cristo

(Rm 12,1-2). Tanto Batismo quanto Eucaristia são atos comunicativos divino-humanos que plasmavam a mística das primeiras comunidades cristãs[533].

Por fim, resta-nos fundamentar a afirmação que fizemos a respeito da mística bíblica pertencer ao contexto soteriológico-teológico e se diferenciar da impostação mística do arco do segundo milênio de cunho mais psicológico-filosófico. Dentro da própria Escritura Sagrada emerge um conceito muito importante sobre essa temática e diretamente ligado ao mistério divino: a gnose – o conhecimento. Esse conceito bíblico é tão importante que continuará influenciando a reflexão patrística. Todavia, queremos, nesse momento, entender a "gnose do mistério" segundo os autores bíblicos e qualificarmos se ela se baseia numa noção soteriológica-teológica ou gnosiológica-psicológica.

Partimos dessa definição de mística bíblica na qual o termo gnose é amplamente desenvolvido:

> conhecimento de Deus que não é pura obediência objetiva, mas experiência de transformação do homem e de comunhão com o Pai e com Cristo, a qual se realiza pelo dom do Espírito e pela presença-realização do dom sintético e total que é o ágape (caridade)[534].

Esta citação acima apresenta, de fato, os principais elementos de uma mística bíblica: a gnose do mistério, a ascese-conversão, a divinização, a celebração litúrgica (Batismo-Eucaristia) e a vida do amor. Cada elemento desses é indispensável para repensar a mística hoje, em consonância com o paradigma do primeiro milênio, e colocá-la, novamente, no fundamento da vida de fé de todos os cristãos[535].

---

533. O estudo da Congregação da doutrina da fé confirma explicitamente o valor místico do Batismo e da Eucaristia quando afirma que "o cristão orante pode finalmente chegar, se Deus o quer, a uma experiência particular de união. Os sacramentos, sobretudo o Batismo e a Eucaristia, constituem o início objetivo da união do cristão com Deus. Por intermédio duma especial graça do Espírito, o orante pode ser chamado, sobre este fundamento, àquele tipo peculiar de união com Deus que, no ambiente cristão, é qualificado como mística" (CONGREGAÇÃO PARA A DOUTRINA DA FÉ, Carta aos bispos da Igreja Católica acerca de alguns aspectos da meditação cristã 22).

534. MOIOLI, G., Mística, p. 774.

535. O tema da gnose no cristianismo nasce no mundo bíblico. Na verdade, a teologia paulina usa os termos *gnósis* e *epígnósis* de forma técnica e influenciará a tradição teológica. Para Paulo, a gnose é o conhecimento de Deus. Todavia, este conhecimento não é de cunho filosófico-científico, mas teológico-espiritual. A gnose paulina é uma consciência apocalíptica, ou seja, o acolhimento da revelação das ações soteriológicas divinas em Jesus Cristo por meio da ação do Espírito Santo. A *gnósis* está em relação ao *mystérion*. A teologia do *corpus* joanino tem sua importância para o tema. Apesar de não utilizar os termos *gnósis* e *epígnósis*, o autor desses escritos preferiu utilizar o termo *gignósko*, tendo sempre como objeto Deus ou Cristo. A peculiaridade desse termo nos escritos joaninos é que tal conhecimento de Deus ou de Cristo só é possível na medida em que o cristão se conforma com o mandamento do amor. Quanto mais o cristão ama a Deus e ao próximo, mais tem condição de conhecer a Deus. Essas

A mística bíblica do Novo Testamento é conhecimento do mistério de Cristo[536]. Porém, esse conhecimento – a gnose – não pode ser confundida com acúmulo de informação intelectual. A teologia bíblica afirma o conhecimento sobre Deus advindo da sabedoria e da filosofia como imperfeito. Ainda que seja possível descobrir Deus por meio das coisas criadas, o "mistério" é comunicado apenas por graça e por revelação e, por isso, seu conhecimento é "místico" – *in mysterium* (1Cor 1–2; Rm 3,21–4,25). A gnose cristã perfeita é uma experiência radicalmente profunda. Ela consiste em conhecer o Pai, por meio de Jesus Cristo, na potência do Espírito Santo (Jo 17,3). Na verdade, ela se visibiliza como processo dinâmico e progressivo de transformação pessoal e de pertença eclesial a partir da revelação do mistério do Deus-ágape. Essa revelação de Deus Pai é possível por meio de Jesus Cristo – protótipo e mediador – e no Espírito Santo – Espírito de sabedoria e revelação (Ef 1,17). Nesse sentido, sendo o conhecimento do mistério o centro da espiritualidade bíblica, podemos utilizar a palavra mística para falar da experiência do homem bíblico de acolhimento dessa revelação salvadora[537].

A experiência de revelação do mistério divino encontra dois núcleos bíblicos principais. Na teologia litúrgica bíblica, a compreensão do Batismo e da Eucaristia ocorre dentro das categorias de culto memorial e de atualização soteriológica da manifestação do mistério. Por isso, o batismo, participação na morte e ressurreição do Senhor, é o início da vida espiritual-mística do cristão, ou seja, momento privilegiado no qual o Espírito Santo comunica a virtude do Cristo ao fiel. A Eucaristia – a comunhão com o sacrifício de Cristo – configura toda a vida cristã como sacrifício vivo, autodoação amorosa de si. Não é possível pensar a espiritualidade dos cristãos da primeira hora sem fazer referência direta aos dois sacramentos.

---

duas abordagens – paulina e joanina – vão extrapolar o mundo bíblico e atingir a gnose patrística (BOUYER, L.; DATTRINO, L., La spiritualità dei Padri, p. 151-153 e 157).

536. O tema espiritual "conhecer" perpassa toda a Escritura. No Antigo Testamento, o termo "conhecer" aparece, em hebraico, pelo menos, 947 vezes. Para os exegetas, o significado de "conhecer" para o homem veterotestamentário consiste na adesão total que compromete fé e vida numa experiência de amor. A experiência modelar e paradigmática da relação Moisés-Deus carrega esse imperativo do conhecer: "conhecer quem eu sou" (Ex 6,7). No Primeiro Testamento, o grande pecado se manifesta em duas posturas negativas em relação ao conhecer: a não busca e a idolatria. Por "não busca" compreende-se a confiança nos próprios esforços e não em Deus. Muitas vezes Israel não pôs sua confiança na Palavra divina e buscou sua segurança nas forças humanas e alianças políticas (Is 31,1). A idolatria é a falsificação da alteridade divina, projetando uma imagem limitada ao homem (Jr 2,5). Tanto a "não busca" quanto a idolatria são, na verdade, uma forma de autolatria na qual o homem religioso está adorando a si mesmo em detrimento do Deus vivo e verdadeiro. A "não busca" é uma ignorância de Deus e a idolatria um falso conhecimento de Deus (RAVASI, G., Linhas bíblicas da experiência espiritual, p. 97-100).

537. RAVASI, G., Linhas bíblicas da experiência espiritual, p. 101-111.

Da experiência de conhecimento do mistério divino é que brota uma dupla consequência na vida do crente. A primeira consequência é de cunho terapêutico. A ação divina soteriológica permite que o homem reconheça seu afastamento da vocação cristã. Esse conhecimento de si é acompanhado por um processo de transformação interior – chamado pela tradição cristã de "conversão-ascese". Por outro lado, o conhecimento do mistério divino potencializa o fiel ao amor, abrindo-o a Deus, a si mesmo, aos outros, à história e ao cosmo. Esta abertura se caracteriza pela vivência do amor – denominado pela tradição cristã como "divinização", "cristificação" e "santidade". A revelação do mistério divino inicia um processo de vida nova naquele que acolhe essa revelação – o místico.

Essa experiência de revelação e acolhimento do mistério divino, a sua concretização na celebração do Batismo-Eucaristia e o decorrente processo de conversão-divinização desencadeiam uma inserção ética no mundo qualificada pela experiência do amor divino. Com isso, as ressonâncias de compromisso com o próximo, replicando a ele aquilo que se recebeu do próprio Deus, caracteriza a experiência da espiritualidade-mística bíblica. Desta forma, a mística da Escritura viabiliza uma intrincada relação entre salvação, culto e vida, ou seja, soteriologia, liturgia e ética.

Do que foi exposto até agora sobre a mística na Escritura, deve-se dizer que estamos entendendo tal realidade como experiência do mistério divino revelado. Dentro do paradigma medieval-moderno, que se estendeu até às portas do CV II, a mística foi entendida como um estado superior de conhecimento de Deus, atestado pelas experiências extraordinárias. Dessa forma, os autores medievais e modernos classificam apenas algumas experiências narradas na Escritura como verdadeiramente místicas. Essas experiências teriam um tom extático na qual possibilitava ao místico conhecer mais sobre Deus. Poderíamos citar como exemplos, no Antigo Testamento, Jacó e sua luta contra o anjo e as visões dos profetas, e, no Novo Testamento, o arrobo de Paulo ou as visões do vidente de Patmos. Esse tipo de leitura – a mística como cume das experiências de Deus, reservada a certos escolhidos, acentuadamente marcada por fenômenos extraordinários – não está em consonância com o paradigma bíblico-patrístico ao qual estamos mais aproximados.

Em síntese, a primeira fase da teologia mística está presente nas páginas da Escritura. A mística está vinculada à revelação do mistério salvífico divino. Ambos os Testamentos querem destacar a experiência de Deus na vida do fiel e do povo. Por isso, toda a liturgia e a vida de oração se fundamentam na manifestação de Deus na história salvífica. O mistério pascal de Cristo é, sem dúvida, o evento mais qualitativo no sentido epifânico. Assim sendo, o evento Cristo vai determinar para a vida da Igreja a sua liturgia e a sua oração, ou seja, ele é o paradigma da experiência com Deus[538].

A segunda fase de desenvolvimento da teologia mística é o contributo da teologia patrística. Na verdade, assim como na Escritura, a teologia mística desta fase tem seu centro no conceito de "mistério". Os Padres são os grandes leitores da Escritura e buscam aprofundar os grandes temas bíblicos em consonância com as suas demandas pastorais. Desta forma, a mística patrística é uma experiência com o mistério divino, manifestado em Jesus Cristo e comunicado aos homens pelo Espírito Santo, através da Igreja[539].

A palavra "mística" e seus correlatos entram no patrimônio linguístico cristão na pena de Clemente e Orígenes, na Igreja de Alexandria, no século III. As formulações desses dois autores alexandrinos serviram de base para a caracterização da mística patrística, pois influenciaram as elaborações a respeito do tema. O termo "mística" encontra quatro significados na teologia patrística. Esses significados estão inter-relacionados e se desenvolvem de forma orgânica. A maior utilização de um desses significados em determinado tempo e local está vinculada às questões pastorais que cada Padre e cada igreja enfrentaram. Com essa compreensão, podemos desenvolver a polissemia orgânica do termo "mística" no vocabulário dos Padres[540].

O primeiro significado encontrado para o termo "mística" está vinculado com a Sagrada Escritura. Tanto Clemente quanto Orígenes entendem que a Escritura possui dois sentidos básicos: um literal e outro místico. O sentido místico é aquele no qual se revela diante do leitor o mistério de Cristo, ou seja, a salvação dispensada na morte e ressurreição do Senhor[541]. Orígenes afirma que a interpretação é "a explicação do sentido místico advindo do tesouro da Palavra"[542]. Nesse sentido, a mística é a experiência de interpretação da Escritura na qual o leitor entra em comunhão com o mistério de Cristo. Esse primeiro sentido de mística atravessará todo o período patrístico.

O segundo sentido, sintetizado a partir dos escritos dos Padres apostólicos e apologetas, cunhado na Igreja de Alexandria e, depois, presente em todo universo patrístico, relaciona a mística com o conteúdo de fé revelado por Deus – o *mystérion*. A experiência de conhecimento da revelação do mistério de Deus é

---

538. PONTIFICIA COMMISSIONE BIBLICA, Il popolo ebraico e le sue sacre scritture nella bibbia Cristiana 46-51.

539. DEL GENIO, M. R., Mística, p. 708.

540. BOUYER, L., La spiritualità dei Padri, p. 140-145.

541. Stromat. V, 6.

542. In Ioan. Evan. Trac. I, 15.

chamada de mística. Aqui estamos diante do desenvolvimento dado pelos Padres do tema paulino e joanino do conhecimento de Deus – da gnose do mistério. Esse conhecimento, contudo, não é simplesmente uma operação intelectual, ele é reconhecido como um dom divino. Desta forma, a Trindade e a divindade de Jesus são denominadas de conhecimento místico. Clemente chamava o nome divino de "tetragrama místico"[543], enquanto que Eusébio chamava a Trindade de tríade mística e que o seu conhecimento era "superlativamente inefável e místico"[544], assim como era místico o conhecimento da divindade de Cristo[545].

O terceiro sentido é o que associa a mística à celebração litúrgica e aos sacramentos. Paira sobre este sentido uma desconfiança de ele não ser originário, e sim um desenvolvimento dos outros dois sentidos, reduzindo assim seu valor. Contudo, a própria Igreja de Alexandria já enquadrava a liturgia como mística. Clemente afirma que "Esta palavra é mística! Nós que fomos chamados da fé à santificação, que pertencemos ao pão do céu, Cristo, ou seja, o seu corpo"[546]. Entendamos, na citação de Clemente, "santificação" como o nome do Sacramento do Batismo, "pão do céu", Sacramento da Eucaristia e "o seu corpo", como a Igreja. A liturgia é mística à semelhança da Escritura, isto porque os sinais sensíveis são mediações para a manifestação do mistério pascal de Cristo no "hoje".

Eusébio e Teodoreto chamam a celebração litúrgica de "obra mística"[547], a Constituição Apostólica, de "culto místico"[548], e Gregório de Nissa, "ação mística"[549]. Gregório Nazianzeno chama o altar de "mesa mística"[550]. O Sacramento do Batismo é qualificado como místico. Eusébio denomina este Sacramento como "regeneração mística"[551] e Gregório de Nissa o chama de "economia mística"[552], e

---

543. Stromat. V, 6.

544. Ad. Marc. I, 1.

545. Os Padres da Igreja utilizam o termo "gnose" para falar do conhecimento de Deus e evitavam o termo experiência porque, segundo os cânones da filosofia e da ciência grega de então, estava vinculado ao conhecimento através dos sentidos (visão, audição, tato, paladar e olfato). Todavia, atualmente, o termo experiência está mais próximo da ideia patrística de gnose do que de um conhecimento através dos sentidos. Por isso, a gnose patrística, conhecimento do mistério, equivale a noção atual de mística, experiência do mistério.

546. Comentário sobre Isaías, I, 2.

547. Vita Const. IV, 45 e 71.

548. Const. Apost. VI, 23, 4.

549. Or. bapt. Christi.

550. Orat. XL, 31.

551. Demonst. Evang. I, 10.

552. Or. Cat. Mag. 34.

a água batismal, de "água mística"⁵⁵³. A Eucaristia também vai ser nomeada como mística. A Constituição Apostólica a chama de "sacrifício místico"⁵⁵⁴ e Nilo do Egito, "pão místico"⁵⁵⁵.

O último sentido da palavra mística na teologia patrística também tem origem na teologia alexandrina de Orígenes e se desenvolverá com Gregório de Nissa. Para esses autores existe uma "contemplação mística". Todavia, para eles não existe conhecimento de Deus fora dos três sentidos da palavra mística anteriormente desenvolvidas: a revelação-fé, a Escritura e a liturgia. Por isso, essa contemplação não pode ser entendida como "espiritualização", "intelectualização" nem "sentimentalismo", ou seja, tal contemplação não é uma experiência psicologizante. A contemplação patrística parte necessariamente das mediações do mistério pascal no hoje – a leitura da Escritura e a celebração dos sacramentos – e se vincula, necessariamente, ao mistério de Cristo. Desta forma, a contemplação mística patrística é a experiência interior de assimilação do mistério de Cristo. Orígenes, pela primeira vez em âmbito cristão, nos diz que Jesus "é o sumo sacerdote [...] que nos guia na contemplação mística e inefável"⁵⁵⁶.

Como apresentado, a teologia patrística possui quatro sentidos para o termo "mística". O elemento de unidade desses quatro sentidos é a referência direta ao mistério pascal de Cristo, ápice soteriológico. A diferença entre esses quatro sentidos é o modo como o mistério pascal – a salvação – atinge a vida da Igreja e dos cristãos. Esses quatro modos estão intrinsecamente ligados e se complementam, de tal forma, que não é possível pensar um deles sem os outros. Estes são a Escritura, o conteúdo de fé, a liturgia e a experiência de assimilação do mistério na vida⁵⁵⁷.

Uma vez posta a polissemia do termo "mística", podemos apresentar a dupla característica da teologia mística patrística. Ela se caracteriza por ser, ao mesmo tempo, teológico-ontológica e psicológico-experimental. Em sua característica teológico-ontológico, os Padres interpretavam a vida cristã tendo como referência direta ao mistério pascal de Cristo e, em sua característica psicológico-experimental, eles entendiam a vida cristã como um processo de crescimento e maturação humano-sócio-espiritual em direção à estatura de Cristo. Assim, os Padres resguardavam o fundamento objetivo – o mistério pascal de Cristo – e a

---

553. Or. Cat. Mag. 34.
554. Const. Apost. VI, 23, 4.
555. Ep. 2,23; 3,39.
556. In Ioan. Evan. Trac. XIII, 24.
557. BOUYER, L., Mysterion, p. 187-201.

dinâmica subjetiva – o processo de crescimento de cada fiel. Desta forma, a reflexão patrística se interessa tanto pela fundamentação teológica da divinização quanto pela manifestação dessa divinização na vida cristã[558].

O mistério, como fundamento da característica teológico-ontológico, era o conceito central e articulador na teologia patrística. O *mystérion* é a salvação revelada na vida de Cristo e comunicada a partir do seu mistério pascal – morte, ressurreição e ascensão. Os Padres afirmam três grandes núcleos mediadores da salvação-mistério no tempo eclesial: a própria Igreja, a Escritura Sagrada e a celebração dos sacramentos. Esses três núcleos, por sua vez, são inter-relacionados e se conclamam. Nesse sentido, a ação litúrgica manifesta o corpo eclesial, engloba palavra e sacramento e media, em sentido máximo, a salvação-mistério no "hoje". Desta forma, a liturgia goza de *status* privilegiado da experiência do mistério para a Igreja na reflexão patrística.

A mistagogia, como base da característica psicológico-experimental, acontece a partir de uma sinergia, ou seja, de uma cooperação entre Deus e o homem. Segundo os Padres, essa sinergia divino-humana plasma um caminho de desenvolvimento na vida do cristão no qual se relaciona a graça sacramental e a configuração da vida a Cristo. Por isso, seria reducionista entender a mistagogia apenas como um período da iniciação cristã. Ela, na verdade, é o desenrolar de toda a vida cristã, desde a adesão primeira à fé até a Páscoa derradeira do cristão. Mistagogia é, ao mesmo tempo, a comunicação progressiva, dinâmica e histórica, feita por Deus, de seu mistério salvífico ao homem e o acolhimento vivencial, igualmente progressivo, dinâmico e histórico, por parte do cristão, da salvação recebida.

O ponto de contato entre a fundamentação teológico-ontológico e a manifestação psicológico-experimental é, sem dúvida, a liturgia cristã. Na celebração, o Ressuscitado entra em comunhão com a assembleia, anuncia-lhe o Evangelho, dá-lhe a água-viva e o óleo da exultação – o Sacramento do Batismo e da Confirmação – e o pão da vida – o Sacramento da Eucaristia. Esta experiência da comunhão no corpo eclesial, da escuta da palavra e da potência sacramental marcam decisivamente a vida do cristão e acabam por iniciar e aprofundar a configuração da sua vida a Cristo.

Em virtude da transformação que a mística do primeiro milênio (bíblico-patrística) sofrerá no segundo milênio (medieval-moderna) se faz necessário estudar um tema central: a relação entre experiência mística e gnose nos Padres. A concepção de gnose bíblico-patrística diverge abertamente da noção de conhecimento da época medieval e moderna: de um conhecimento vivencial se passa

---

558. WULF, F., Mística, p. 331-332.

para um conhecimento intelectual-racional. Essa divergência marcará não só a compreensão da mística cristã como a vivência da liturgia, da espiritualidade e da moral cristã.

O tema da gnose do mistério aparece, primeiramente, nos textos da Escritura. Os Padres vão interpretar tais textos e, a partir deles, desenvolver o tema no contexto de suas demandas pastorais. Sendo assim, precisamos interpretar a obra patrística em continuidade com o mundo bíblico, sobretudo com as epístolas paulinas e os escritos joaninos. Identificar tal "gnose" como atividade meramente intelectual ou racional é um equívoco. Na realidade, ela é uma realidade muito maior que engloba uma configuração de vida ao mistério pascal de Cristo. Dessa configuração de vida brota um conhecimento dito "espiritual". Em seu estudo sobre a espiritualidade dos Padres, L. Bouyer define a gnose cristã, afastando-a de qualquer tipo de intelectualismo e afirmando o seu caráter eminentemente soteriológico:

> Essa gnose busca encontrar o Cristo, a sua obra e o seu caminho de justiça que Ele nos abriu, por detrás de todo ensinamento bíblico. Contudo, muito mais ainda do que no judaísmo, essa gnose não é simplesmente uma ciência da Escritura, e nem um discernimento dos espíritos: ela é fé em Deus, amor a Deus, união com Ele, e tudo isso se realiza no Cristo[559].

A gnose, no sentido patrístico, é o conhecimento do mistério de Deus. Contudo, esse conhecimento não é de cunho científico ou filosófico. Inácio de Antioquia afirma que "Não nos tornamos todos sábios recebendo o conhecimento de Deus, que é Jesus Cristo"[560]. A gnose é uma ação do Espírito Santo, através da Igreja, a fim de unir o cristão ao Ressuscitado e lhe dar acesso ao Pai. Por isso, a liturgia é entendida como local da recepção da sabedoria, da comunhão com o mistério[561]. O mistério, a liturgia e a gnose são realidades indissociáveis na espiritualidade do primeiro milênio.

---

559. BOUYER, L.; DATTRINO, L., La spiritualità dei Padri, p. 28.

560. Ign. Eph. 17,2.

561. A relação entre gnose e Eucaristia está atestada nas orações eucarísticas mais antigas da tradição cristã. Na prece eucarística da 1ª Clem 59, 2, encontramos: "Quanto a nós, porém, seremos inocentes desse pecado e rogaremos com súplicas e orações constantes, que o Criador do universo conserve intacto em todo mundo o número de seus eleitos, por meio de seu amado filho Jesus Cristo, pelo qual nos chamou das trevas à luz admirável, da ignorância ao conhecimento da glória do seu nome". Na prece sobre o pão partido presente na Did. 9, 3, podemos ler "Nós te damos graças, nosso Pai, pela vida e pelo conhecimento que nos revelastes por Jesus, teu servo. Glória a ti pelos séculos" e na ação de graças, na Did. 10, 2, a Igreja se expressa "Nós te damos graças, Pai santo, pelo teu santo nome, que fizestes habitar em nossos corações, e pelo conhecimento, fé e imortalidade, que nos revelastes em Jesus Cristo, teu servo. Glória a ti pelos séculos". Assim, a verdadeira gnose é um dom do Espírito Santo, uma revelação do mistério, recebido na celebração memorial do mistério pascal (BOUYER, L.; DATTRINO, L., La spiritualità dei Padri, p. 21-26).

A época patrística conheceu dois modelos de espiritualidade: a martirial e a monacal. Esses dois modelos, na verdade, correspondem ao mesmo ideal de encarnar o mistério pascal na vida da Igreja e dos fiéis. A sua diferença está no contexto social, visto que, o primeiro se desenvolveu num contexto de perseguição (do século I ao IV) e o segundo, num momento de paz entre Império e Igreja (século IV e VI). Embora encontremos essas duas impostações espirituais, sabemos que ambas possuem como seu núcleo fontal e irradiador o mistério pascal de Cristo e o projeto de fazer da Igreja e dos cristãos outros cristos – *alter christus*.

A espiritualidade dos mártires vai se estender do mundo bíblico até o século IV com o edito de Milão e o de Tessalônica. É um transbordamento natural da experiência de martírio de Cristo para a vida dos fiéis. Autores como Inácio de Antioquia, Clemente Romano, Justino, Irineu, Clemente de Alexandria e Orígenes fundamentam teologicamente esta experiência martirial. Para esses autores, de forma sintética, a gnose e o mistério pascal estão inter-relacionados. De forma geral, esses autores compreendem a gnose com a revelação-acolhimento do *mystérion* de Deus na *lectio* da Escritura, na celebração da iniciação cristã e na espiritualidade eucarística. Esta revelação e acolhimento marcam decisivamente a vida da Igreja e do cristão impulsionando-o à entrega de amor incondicional – o ágape[562].

A espiritualidade dos monges vai começar a se desenvolver a partir da *pax constantinae*. Ela também encontra seu centro e sua irradiação na compreensão vivencial do mistério pascal de Cristo. Nesse sentido, autores como Gregório de Nazianzo, Gregório de Nissa, Macario de Scete, Evágrio Pôntico, Dionísio Aeropagita e Agostinho vão fundamentar, teologicamente, a vida espiritual desse período. Ela desenvolve e aprofunda os elementos já apresentados na espiritualidade martirial: a iniciação cristã e a vida em Cristo, articuladas pelos Sacramentos do Batismo-Crisma e Eucaristia e pela *lectio* da Escritura[563].

---

562. A maior característica do gnóstico-místico é a caridade. A celebração da eucarística é entendida como lugar da contemplação mística: "Deus é amor e Ele só é conhecido por aqueles que o amam. É necessário que nós entremos na sua intimidade mediante o divino ágape para que possamos contemplar o igual por meio do igual" (Stromat. V, 1,12). A gnose de um cristão encontra sua medida na vida concreta de amor: "A gnose se torna crível mediante a caridade" (Stromat. VI, 9, 78). Dessa maneira, a finalidade da gnose é a transformação deificante do homem (BOUYER, L.; DATTRINO, L., La spiritualità dei Padri, p. 179-192).

563. Gregório de Nissa é um autor central na compreensão da espiritualidade e mística do primeiro milênio. A soteriologia nissena está na base da noção de liturgia e de espiritualidade. Na iniciação cristã começa uma obra sinérgica entre o Espírito e cada inciado a fim de transformá-lo em um outro cristo. Nesse sentido, o Espírito Santo, unindo-se ao desejo do iniciado, se torna um *éros* em direção ao ágape divino. De fato, o *télos* da vida espiritual é comunhão com o Deus ágape e a vivência do amor na medida do Cristo: culto e vida (BOUYER, L., La spiritualità dei Padri, p. 71-74).

Seguindo a reflexão de L. Bouyer sobre a gnose patrística, encontramos uma diferença entre a concepção grega e a latina. Esta diferença ocasionará impostações teológicas diversas na relação entre mistério, mistagogia e mística, gerando, no Ocidente cristão, a partir da Idade Média uma progressiva separação entre espiritualidade, moral e liturgia. Não que os Padres latinos quisessem, de fato, a separação entre culto e vida. Contudo, quando a sistematização patrística latina for interpretada em contexto filosófico medieval escolástico por uma sociedade cristalizada, eminentemente cristã, resultará numa outra interpretação e gerará um novo paradigma espiritual.

De forma geral, a gnose patrística grega é denominada de objetiva, pois sua ênfase está no mistério de Deus revelado em Cristo e comunicado pelo Espírito Santo à Igreja e ao mundo, através dos sacramentos de iniciação e da celebração dominical da Eucaristia. A sabedoria patrística latina é mais subjetiva (ou psicocentrista), visto que, o seu enfoque está no homem e nas suas possibilidades de se configurar ao mistério de Cristo. Sem dúvida, estas visões diversas enriquecem o período patrístico e mostram uma reflexão objetiva-subjetiva em relação à espiritualidade. Contudo, o enfoque latino, mais subjetivista, condicionará a reflexão teológica do segundo milênio, causando um esquecimento do tema do mistério em âmbito espiritual[564].

Dentre todos os autores que desenvolveram a teologia mística patrística, a obra atribuída a Dionísio Aeropagita sintetiza o pensamento patrístico anterior – trazendo temas caros a Clemente de Alexandria, Orígenes, Atanásio, os Capadócios e Evágrio Pôntico – e oferece uma compreensão que, ao mesmo tempo, servirá de paradigma da mística patrística e influenciará a teologia mística cristã posterior. A teologia mística de Dionísio inter-relaciona cosmologia, antropologia, soteriologia, eclesiologia, liturgia, espiritualidade e escatologia. Dessa forma, a formulação dionisiana se impõe pela envergadura teológica dada ao tema. Dito isto, neste momento, acreditamos ser de importância máxima conhecer o pensamento místico-espiritual desse autor.

Para Dionísio, Deus criador ordenou, harmonicamente, todos os seres segundo o seu ágape. Nessa dinâmica, os seres recebem o ágape divino e trocam entre si este mesmo amor incondicional, gratuito e bondoso. A hierarquia dos seres se fundamenta no amor e no serviço. Todavia, o pecado rompe essa harmonia no amor e instaura uma desordem entre os seres. Cristo surge como o ágape encarnado e o Espírito como ágape comunicado. A Igreja, fruto da ação soteriológica crístico-pneumática, então, possui uma hierarquia para a comunicação, o serviço e o direcionamento do amor divino ao mundo.

---

564. BOUYER, L., La spiritualità dei Padri, p. 237-238.

O homem, criado por Deus, recebe o seu amor incondicional e o oferece aos outros seres criados, voltando-se para a própria fonte do amor. Desta forma, o ser humano possui, além do ágape, o *eros* – o desejo de se unir à própria fonte do amor incondicional. Estimulado por esse desejo "erótico" de Deus, o homem abraça todos os seres e, até mesmo, o cosmos inteiro. Em resumo, o ágape divino move todos os seres num movimento de diástole e sístole, de processão e união, isto é, o amor divino dá origem a todos os seres e também os atrai para si[565].

A teologia mística ou a mística no *corpus* dionisiano procura, exatamente, mostrar a força do ágape e do éros na vida do homem. Segundo Dionísio, o conhecimento de Deus está vinculado à Sagrada Escritura e à liturgia, e ocorre de três maneiras: a apreensão do sentido das páginas bíblicas e das celebrações litúrgicas, o exercício racional e discursivo sobre os temas da Aliança e dos sacramentos, e, de forma "simpática" com o mistério revelado na leitura e na celebração. Em resumo, o conhecimento de Deus ocorre pela evidência, pelo estudo e pela comunhão com Deus através da Escritura e da liturgia. Este conhecimento por "simpatia" e por "comunhão" se caracteriza como a experiência ou o conhecimento místico.

A mística dionisiana, então, é entendida como a experiência interior do mistério de Cristo, narrado na Escritura e comunicado na celebração da liturgia. Tanto a leitura quanto a celebração não possuem o seu fim em si mesmas. Elas exercem sua função de mediação, conduzindo o fiel à comunhão com o próprio mistério salvífico. No fundo, o objetivo da mística é transformar o homem no amor de Deus, restaurando a relação harmônica no ágape divino entre todos os seres.

Esta experiência de comunhão possui duas características próprias: a inefabilidade e a divinização. A inefabilidade da experiência de união com Deus é uma marca da teologia mística patrística e está afirmada claramente no pensamento da obra dionisiana. Ao que se pode inferir da doutrina exposta, Dionísio entende que a experiência de união com a divindade, ainda que não seja total, deflagra a incapacidade da linguagem humana de conscientizá-la e narrá-la totalmente. Por isso, essa "simpatia" como mistério é o máximo de uma "experiência pura" – com o mínimo de mediação de linguagem possível. Os Padres precisaram usar algumas imagens para explicitar tal nível de experiência, de fruição e de apofatismo: sóbria embriaguez, escuridão luminosa.

O tema da divinização-deificação-união perpassa também a teologia patrística e encontra no *corpus* dionisiano sua formulação mais paradigmática. A união com Deus é o êxtase. Contudo, diferente da compreensão do segundo milênio, êxtase é a experiência de sair de si para se encontrar com o ágape, uma

---

565. BOUYER, L., La spiritualità dei Padri, p. 135-156.

conversão do fiel ao amor. Nesse sentido, é um encontro, pois, a pessoa sai de si e Deus vem em direção a ela. Dessas experiências de união, ocorre a divinização do fiel. Por divinização, entende-se o assemelhar-se a Deus, na sua condição de amante universal, no exercício do amor ágape. Podemos concluir que o êxtase não é valorizado em si como experiência extraordinária, mas como encontro com Deus-amor cujo objetivo é a divinização do homem, ou seja, torná-lo capaz de amar incondicional, gratuita e bondosamente.

A liturgia tem um papel central e essencial na compreensão mística do pensamento de Dionísio Aeropagita. Como visto, junto com a Escritura, a celebração litúrgica exerce uma função de mediação entre o mistério divino e os fiéis. Por isso, o Sacramento do Batismo-Crisma e da Eucaristia (como iniciação cristã) e a celebração da Eucaristia dominical são compreendidos como experiência místicas de união e de divinização. Ele ressalta ainda o valor teológico próprio do Batismo e da Eucaristia como sinais memoriais da manifestação máxima do ágape divino em Cristo. Desta maneira, não é possível entender a vida mística sem a mediação litúrgico-sacramental[566].

De forma geral, os Padres reconhecem a liturgia como lugar privilegiado da experiência e do conhecimento do mistério pascal de Cristo. A sua celebração do mistério pascal é o lugar por excelência da experiência comunitária e pessoal, exterior e interior com o Deus Trindade – mística – e do crescimento vivencial desta experiência – mistagogia. Sua importância era tão crucial que dela, como de uma fonte, brotavam tanto a oração pessoal quanto a vida espiritual-moral dos cristãos.

A teologia da iniciação cristã patrística reconhece Deus Pai, pela intercessão do Filho, como doador do seu ágape, o Espírito Santo. Este amor incondicional, bondoso e gratuito é infundido no coração humano no Sacramento do Batismo-Crisma e da Eucaristia. Dessa experiência fundamental, se inicia, para todos os cristãos, um movimento de luta contra o egoísmo, chamado pela tradição patrística de ascese, e um crescimento na vivência de comunhão com o amor-ágape (mística-mistagogia)[567]. As catequeses mistagógicas tinham por escopo tratar das experiências místicas realizadas na Vigília Pascal e suas consequências diretas na vida dos neófitos. Esse caminho espiritual dos Padres – ascese e místi-

---

566. BOUYER, L., La spiritualità dei Padri, p. 146.

567. Uma das características mais próprias da espiritualidade e mística patrística é sua condição exotérica. Na visão dos Padres, a mística nasce com os sacramentos da iniciação cristã e não é um dom reservado a algumas pessoas especiais e perfeitas. Todos os iniciados estão vivendo sob o influxo de configuração com o mistério pascal. Nesse sentido, a eclesiologia patrística não permite a criação de uma classe de pessoas "especiais" em relação a uma classe "normal". Todos são chamados a experiência e ao conhecimento do mistério salvífico (DEL GENIO, M. R., Mística, p. 708).

ca – encontra sua razão de ser no processo de transformação do coração egoísta humano num coração capaz de amar, à semelhança do coração de Cristo. Essa transformação é chamada de deificação ou divinização[568].

A Eucaristia dominical tinha um papel fundamental e insubstituível na espiritualidade patrística. A celebração consegue englobar a reunião e manifestação da Igreja, a proclamação e escuta da palavra de Deus, a oração comunitária de louvor e intercessão e o sinal memorial do mistério pascal. Sem dúvida, do ponto de vista tanto quantitativo quanto qualitativo, nenhuma outra atividade eclesial reunia tantas mediações mistéricas, permitindo uma concentração da experiência da salvação. Além disso, o sentido da liturgia, advindo da comunidade reunida, da palavra ouvida, das orações e do sacramento, plasmava a vida cristã[569]. A força da entrega de Cristo, por amor ao seu Pai e aos seus irmãos, presente na celebração eucarística, fortalecia a comunidade e vida dos cristãos[570].

Os Padres compreendem a liturgia como local de manifestação e atualização da salvação – o mistério pascal de Cristo. Dessa forma, a mística vai se relacionar à liturgia e aos sacramentos, ou melhor, à experiência salvífica ocorrida na celebração eclesial. Nesse sentido, temos a mística litúrgica da iniciação cristã e da vida em Cristo, na qual de forma geral, se compreendia o influxo do Espírito Santo, recebido nos sacramentos de iniciação, na vida do cristão, plasmando-o no *ipse Christus* – o próprio Cristo – e integrando-o no *Christus totus* – a Igreja, corpo de Cristo[571].

---

568. BOUYER, L., La spiritualità dei Padri, p. 275-278.

569. L. Bouyer afirma que "a ceia eucarística, da sua parte, é claramente o centro do culto e da espiritualidade cristã" (BOUYER, L.; DATTRINO, L., La spiritualità dei Padri, p. 26).

570. A etapa patrística conheceu dois momentos próprios de espiritualidade e esses dois momentos tinham o sentido do Batismo e da Eucaristia como paradigma de vida. O primeiro momento, chamada de espiritualidade dos mártires, diante do contexto inicial de perseguição eclesial, encontrava na entrega voluntária de Cristo, por amor ao seu Pai e aos seus irmãos, o paradigma do cristão. Inácio de Antioquia relaciona com autoridade o Batismo (água-viva), a Eucaristia (carne e sangue) e o martírio, e nos mostra o ideal cristão da primeira hora patrística: "Mesmo que eu vos pedisse outra coisa na vossa presença, não me deveis acreditar. Acreditai antes nisso que vos escrevo. Estou a escrever-vos enquanto ainda vivo, mas desejando morrer. O meu amor está crucificado e não há em mim qualquer fogo que se alimente da matéria. Mas há uma água-viva, que murmura dentro de mim e me diz interiormente: Vem para o Pai. Não me satisfazem os alimentos corruptíveis nem os prazeres desse mundo. Quero o pão de Deus que é a carne de Jesus Cristo, que nasceu da descendência de Davi; e por bebida, quero o seu sangue que é a caridade incorruptível" (Ign. Rom.7,2). O segundo momento, denominado de espiritualidade dos monges, também encontra nos Sacramentos do Batismo e da Eucaristia sua razão de ser. Aqui podemos entender a vida monástica com a imagem da segunda iniciação. Tanto na espiritualidade dos mártires quanto na dos monges, o centro referencial é o Cristo e o seu mistério pascal atualizado na vida do cristão através da mediação litúrgico-sacramental (COLOMBÁS, G. M., El monacato primitivo, p. 35).

571. J. Castellano nos diz que "a época patrística é rica em doutrina sobre a mística; antes de tudo, na interpretação geral da liturgia como mistério e sacramento" (CASTELLANO, J., Liturgia, p. 380).

A mística cristã do primeiro milênio possui duas fases: a bíblica e a patrística. Nesse período, a teologia dos Padres entendia a mística como experiência (ou gnose) do mistério de Cristo. Dentre as mediações do mistério pascal na vida da Igreja, a Escritura e os sacramentos são, certamente, as formas privilegiadas. A celebração da liturgia reúne tanto palavra quanto sinal e ainda manifesta a Igreja, corpo do Cristo. Toda espiritualidade nasce dos sacramentos de iniciação e é alimentada pela *lectio* da Escritura e a celebração da Eucaristia. Na realidade, para os Padres não se tratava tanto de experiências extraordinárias e sobrenaturais, mas de um progressivo e dinâmico caminho de comunhão com o mistério e de transformação da vida de cada cristão. O homem é chamado à divinização: a transformação do seu ser egoísta em uma abertura ao amor-ágape[572].

As próximas duas fases – a terceira e a quarta – de desenvolvimento da compreensão de "mística" vão deslocar o interesse soteriológico-vivencial dos Padres para a preocupação psicológico-gnosiológica dos teólogos medievais e para a inquietação apologética dos teólogos da Idade Moderna. Estas duas construções históricas do tema afastam, cada vez mais, a mística do mistério e este último da liturgia, provocando um hiato de graves consequências para a teologia atual. Assim afirma F. Wulf sobre a mística em perspectiva filosófico-psicológica: "Daqui se entende como, pouco a pouco, se perde na consciência cristã o fundamento teológico da mística, enraizada no culto e nos sacramentos"[573].

Durante o período medieval, a terceira fase da compreensão diacrônica de mística, os teólogos trabalham o tema dentro das possibilidades de conhecer a Deus, distante da realidade da iniciação cristã e da liturgia. Diferente da época patrística que possuía um equilíbrio entre as características teológico-ontológica e psicológico-experimental, a teologia medieval desequilibra estas características e acentua esta última. Essa concentração psicológico-experimental da mística medieval se desenvolveu desde uma inicial afirmação da união íntimo-afetiva do religioso com Deus, passou pela busca de uma sistematização teológico-científica aos moldes escolásticos e resultou, no final, na negação da própria realidade mística. Desta forma, durante o século VIII d.C. até o século XV d.C, se

---

572. Cabe-nos aqui apresentar uma advertência feita por L. Bouyer: "Se se entende com a palavra mística o que foi definido sobre a base das descrições de autores a partir do século XVI, é vão procurar encontrar esta mística na espiritualidade dos autores do século III e IV" (BOUYER, L., La spiritualità dei Padri, p. 103). Tal advertência nos mostra as diferenças de compreensão entre a mística patrística e aquela desenvolvida na época moderna. Enquanto os Padres trabalhavam com uma compreensão objetiva da mística, cujo centro principal era sua vinculação com o mistério pascal de Cristo e que se comunicava a todos os fiéis pelo Batismo e a Eucaristia; a mística do segundo milênio estava mais preocupada nas discrições psicológicas particulares de homens e mulheres, escolhidos, chamados de místicos.

573. WULF, F., Mística, p. 324.

desenvolve um outro paradigma da compreensão de espiritualidade que, mesmo se autocompreendendo herdeiro da teologia bíblico-patrística, encontra problemas na articulação entre mistério, mística e mistagogia, ou seja, entre teologia, liturgia e vida cristã[574].

O termo "mística" e seus correlatos vão perdendo a força e possuem uso bem restrito durante a teologia medieval. Na verdade, os teólogos latinos destacam do processo de desenvolvimento espiritual-místico a fase final, denominada "contemplação". Desta forma, o interesse pela dinâmica de crescimento dá lugar à ênfase no final do processo. A contemplação – em grego, *theoría* e em latim, *contemplatio* – já fazia parte do vocabulário patrístico mistérico. Apesar disso, a teologia medieval vai se interessar por este estado qualitativo da vida cristã, pelas suas possibilidades gnosiológicas diferenciadas e as experiências decorrentes dele. Desta forma, a vida batismal-eucarística será compreendida como uma vivência "normal" diante das experiências "extraordinárias" de alguns poucos escolhidos – os contemplativos[575].

A primeira linha da teologia medieval se apropria da tradição bíblico-patrística e desloca sua orientação para a característica psicológico-experimental e, ainda, transforma a mística cristã de exotérica – aberta a todos pelos sacramentos de iniciação – em esotérica – própria de um grupo e fechada à grande maioria dos cristãos. Na virada para o segundo milênio cristão, durante os séculos XI e XIII d.C., encontramos grandes vultos: Anselmo de Aosta[576], Bernardo de Claraval[577], Hildegarda de Bingen[578], as místicas do mosteiro de Helfa e a escola da abadia

---

574. Os especialistas costumam identificar como início da ruptura entre teologia e mística com a produção de Bernardo de Claraval. O autor teria transformado a "mística" em um tratado à parte, transformando a teologia numa intelecção fria de verdade e deixando a mística num caminho afetivo pouco racional. A cisão teologia e mística é vista como uma ruptura na própria condição humana: inteligência e vontade-afeto. E, de fato, o espírito medieval, ora exaltou a razão e ora as paixões e emoções (HUOT, M. de L., Mística, p. 1.161).

575. Na teologia medieval, o uso do termo "mística" se torna escasso. Ele está vinculado com a Escritura e sua dinâmica reveladora do conhecimento sobre Deus. Podemos ainda encontrá-lo na expressão "corpo místico de Cristo". Todavia, o significado é extremamente vago e diferente, por exemplo, da concepção agostiniana de *Christus totus* (WULF, F., Mística, p. 324).

576. Anselmo de Aosta deixou um conjunto de orações nas quais revela seu forte acento sobre a condição pecadora do homem e a necessidade de uma prática acética. Anselmo deseja passar de uma experiência de conhecimento – de cunho intelectual – para uma experiência no amor – de cunho espiritual e místico (PICASSO, G., Anselmo de Aosta, p. 70-71).

577. A teologia espiritual de Bernardo de Claraval está ancorada, como herdeiro dos grandes Padres, na soteriologia. O grau máximo de amor, o místico, faz com que o homem seja capaz de amar – a si, o outro e a Deus – com o amor divino (MAROTO, D. P., Historia de la espiritualidade cristiana, p. 151-158).

578. A espiritualidade de Hildegarda de Bingen entende a liturgia como o local privilegiado da escuta e da resposta da Palavra de Deus através da Escritura, da eucologia e do canto litúrgico. Para aprofundar o tema, indicamos TANCREDI, L., Ildegarda, p. 5-20.

de São Victor[579]. Esses autores, de modo geral, além de darem uma ênfase muito grande à noção de contemplação e ao consequente estado emocional-afetivo por detrás da experiência de "fruição de Deus", pensam a vida contemplativa dentro do contexto monástico e, consequentemente, inacessível aos leigos. Num quadro geral diacrônico, reduzir a mística cristã aos seus aspectos interior, psicológico, subjetivo e afetivo e esquecer, relegar ou desvalorizar a vivência espiritual dos leigos são polarizações perigosas para a vida da Igreja diante do patrimônio profundo e fecundo da tradição do primeiro milênio cristão[580].

A segunda linha na teologia medieval foi traçada na criação das espiritualidades mendicantes. Tanto Domingos de Gusmão quanto Francisco de Assis procuraram contornar o reducionismo de uma mística puramente contemplativa englobando e destacando o aspecto necessário da imitação da vida de Cristo. Além disso, essas ordens queriam evangelizar os leigos através da introdução de práticas devocionais cujo objetivo eram aproximá-las dos textos e dos eventos da Escritura a fim de favorecer o seguimento do Cristo. Apesar de estarem distante da experiência patrística, cuja a proclamação bíblica e a oração se encontravam na liturgia e dela brotava a vida cristã, esse segundo passo da Igreja medieval intuiu a ligação entre Escritura, oração e vida e tentou, com os recursos disponíveis, fazer desse trinômio a espiritualidade eclesial[581].

A terceira linha foi dada pelos grandes sistematizadores da teologia escolástica místico-espiritual. As propostas das ordens mendicantes passam por um esvaziamento no contexto das universidades e se transformam em modelo teóricos. Na escola dominicana, Alberto Magno e Tomás de Aquino, e na escola franciscana, Boaventura, a missão era fundamentar, teologicamente, as intuições dos fundadores à luz do patrimônio tradicional, usando o método escolástico[582]. Esse momento faz com que a teologia dos mosteiros vire a teologia escolástica das universidades. De forma sintética, a escola dominicana se preocupa em resolver os equívocos sobre a mística, sobretudo, rechaçando teses panteístas e quietistas,

---

579. A abadia de São Vitor tentou manter uma fecunda relação entre teologia e mística num período em que a separação entre essas áreas já se anunciava (MAROTO, D. P., Historia de la espiritualidade cristiana, p. 171-173).

580. Para aprofundar a espiritualidade dos mognes na Idade média, indicamos: GILSON, E., A teologia mística de São Bernardo e LECLERCQ, J., Cultura y vida cristiana.

581. Para aprofundar a espiritualidade medicante, indicamos: MOLINER, J. M., Espiritualidad Medieval.

582. A contemplação dominicana está ligada ao estudo e a busca pela verdade e seu objetivo é favorecer a pregação tanto entre o povo quanto nas universidades. O franciscanismo, por sua vez, estava mais preocupado com a vida concreta das pessoas. Todavia, com o tempo, os franciscanos foram à universidade e passaram a produzir ciência teológica com base em sua espiritualidade (MAROTO, D. P., Historia de la espiritualidade cristiana, p. 175-181).

enquanto que a escola franciscana define a mística como conhecimento experimental de Deus[583].

O último passo foi o movimento antimístico presente no final da Idade Média. Este, certamente, é considerado o momento mais crítico para a compreensão da mística cristã do ponto de vista da sua relação com a teologia. Os autores vão divorciar a teologia escolástica especulativa da teologia mística. Na verdade, essa última vai se transformar em "moral prática", aos cuidados não de um teólogo, mas de um "mestre da vida espiritual". A base dessa transformação foi uma intelectualização exacerbada da teologia, centrando-se, cada vez mais, na sua cientificidade e descuidando dos seus aspectos transcendentais – a Escritura, a liturgia, a oração e a santidade. Todas essas coisas eram de segunda ordem em relação aos estudos da teologia aos moldes de uma ontologia metafísica[584].

Segundo F. Vandenbroucke, os grandes teólogos e doutores, até o século XIII, ainda que tenham posturas diversas, tinham interesse em harmonizar a teologia e a mística. A separação entre essas duas realidades ocorreu, durante o século XIV d.C., por duas razões principais. Por uma crítica ao movimento escolástico e sua confiança no poder da razão, as correntes nominalistas se posicionaram de forma descrente em relação à capacidade humana em prescrutar o mistério divino. Além disso, a condenação da mística renano-flamenca levantou grande

---

583. Os pesquisadores afirmam que, apesar da teologia monástica da Idade Média ter se limitado sobre a noção de contemplação dentro de uma perspectiva bem afetiva, ela ainda guardava as intuições mais fecundas da patrística. A teologia monástica ainda queria trabalhar o homem como um todo e não privilegiar seus aspectos racionais. Com a introdução do método escolástico aconteceu uma redução do homem as suas capacidades intelectuais. A marca da escolástica é a transformação da teologia em ciência recebendo os conteúdos da tradição, contudo, descontextualizando-os e interpretando-os dentro de critérios científicos próprios. A teologia escolástica possui uma linguagem voltada para o teólogo-cientista e distante da vida da pastoral eclesial.

584. O movimento antimisticismo se configura como o ápice da desarticulação entre teologia, liturgia e espiritualidade. Graças a esse movimento cujas raízes estão já no século XIV, a teologia, até o século XIX, fica refém dessa situação de oposição entre teologia, liturgia e espiritualidade e, além disso, presa a uma compreensão reducionista da espiritualidade cristã. Durante o século XIII, o chanceler da universidade de Paris, Gerson traça uma forte oposição ao conteúdo dos escritos dos místicos renano-flamengos (Ruysbroeck, Mestre Eckhart, Suso e Tauler). Esta oposição à mística aliada à crescente orientação voluntarista na ascese de autores como G. Groote, Florêncio Radewijns e Jan Van Schoonhover, fizeram nascer, primeiramente, um distanciamento e, depois, uma verdadeira ruptura entre teologia, liturgia e espiritualidade-mística. Dessa forma, a teologia se concentrava cada vez mais em questões de cunho dialético-filosófico e se alienava dos lugares da experiência de Deus – a Escritura e a liturgia. A espiritualidade e a liturgia foram encaradas, muitas vezes, como antagônicas, visto que, as conclusões teológicas desautorizavam as experiências e estas últimas desdiziam as primeiras. Isso tudo gerou a grave situação dos séculos XV e XVI nos quais a inquisição, destaque para o inquisidor espanhol Melchior Cano, proibia e condenava as experiências com Deus, pois eram entendidas como ocasião para a inserção de ideias e práticas heréticas. Desta forma, as experiências de Deus – a mística – passa a ser enquadrada contrária a fé cristã católica (STEGGINK, O., Antimisticismo, p. 75-77).

suspeita sobre a validade e a necessidade da mística para a vida cristã[585]. A consequência dessas duas razões acabou por gerar a chamada *devotio moderna*, ou seja, uma moralização dos conteúdos cristãos sem apoio da espiritualidade-mística e da reflexão teológica. A *devotio moderna* é um modelo de espiritualidade na qual teologia, liturgia e moral estão completamente separadas[586].

A obra *Imitação de Cristo*, maior representante da *devotio moderna*, apresenta críticas tanto à necessidade de "fazer teologia" quanto ao "conhecimento místico". A ênfase da obra recai sobre a prática da caridade. Todavia, aquilo que seria também a meta da vida espiritual na Escritura e na Patrística, perdeu sua ligação com o mistério revelado de Deus, com a experiência desse mistério (a mística) e o crescimento dinâmico a partir desse mistério (a mistagogia). A prática da caridade depende, em última instância, da pessoa, de sua decisão voluntária[587].

Apesar desse distanciamento da mística em relação à liturgia durante o período medieval, é possível encontrar testemunho de experiências em âmbito cultual[588]. Contudo, diferente da Igreja patrística, onde a mística estava ligada com a experiência do mistério de Cristo através da Escritura e dos sacramentos, durante a Idade Média, as experiências se caracterizavam como sobrenaturais. Não é raro relatos de visões, visualizações, êxtases, chagas e outros fenômenos ocorridos na celebração litúrgica, em especial na Eucaristia. Personalidades como Gertrudes, Catarina de Sena, Brígida, Francisco de Assis, Domingos de Gusmão e Bernardo de Claraval relatam este tipo de experiência mística ocorridas durante a celebração litúrgica[589]. Desta maneira, vemos, claramente, a diferença entre a

---

585. A mística renano-flamenca tem como principais vultos Mestre Eckhart, Suso, Tauler e Ruysbroeck. Esses autores tinham tanto uma preocupação com o mundo intelectual quanto com a formação espiritual do povo. Destacamos que, para esses autores, a liturgia, em particular a homilia, é o lugar da formação espiritual. Os estudiosos encontram uma linha de continuidade entre a espiritualidade de Agostinho e de Dionísio na mística renano-flamenca (MAROTO, D. P., Historia de la espiritualidad cristiana, p. 191-196).

586. A espiritualidade conhecida como *Devotio Moderna* se desenvolveu nos séculos XV e XVI. Todavia, sua influência adentra correntes espirituais durante a Idade Moderna e chega a certas impostações até os nossos dias. Seus principais autores são G. Groote, Florêncio Radewijns, Gerardo Zebolt, Gerlach Peters, Henrique Mande e Tomás Kempis. Este último escreveu a obra mais emblemática dessa espiritualidade: *Imitação de Cristo*. Esse movimento espiritual era anti-intelectualista e antimístico, centrados num cristocentrismo prático, com tendências moralizantes, subjetivistas e individualistas com críticas severas as celebrações litúrgicas (MAROTO, D. P., Historia de la espiritualidad cristiana, p. 196-200 e VALABECK, R. M., Devotio Moderna, p. 323-324).

587. Imitação de Cristo I,1.

588. Para aprofundar o tema da espiritualidade na época medieval, indicamos BRAGANÇA, J. O., Liturgia e espiritualidade na Idade Média.

589. A situação da liturgia na Idade Média é muito delicada. Ela se desenvolveu numa progressão perigosa gerando um contexto teológico-celebrativo bem empobrecido. A liturgia se encontrava distante do seu núcleo teológico – o mistério pascal – e, por isso, se mostrava, cada vez mais, impregnada de superstições ligadas aos santos e aos lugares de peregrinação. A Escritura perdeu seu lugar para as narrativas devocio-

experiência mística patrística – a revelação e a assimilação do mistério pelo cristão através da Escritura e dos sacramentos na vida cotidiana – e a experiência mística medieval – a união com Deus que gera uma série de estados de consciência alterados (beirando a estados de desequilíbrio psicológico) e de fenômenos externos, acompanhado de um conhecimento supra-racional[590].

Não podemos deixar de mencionar que, bem diferente da patrística cuja espiritualidade era centrada nos sacramentos de iniciação, a idade média colocou os leigos, do ponto de vista espiritual, num local muito desfavorável. Para a teologia medieval, a vida religiosa é o estado de perfeição e a santidade cabia aos religiosos. Desta forma, a reflexão teológica se centrava nos monges e não, como na época dos Padres, nos iniciados. Nesse período, então, a Escritura e a liturgia vão sendo destinada apenas aos religiosos, ou seja, as mediações do mistério pascal de Cristo se distanciam do Povo de Deus. Sem o mistério, não está aberta a experiência mística e mistagógica ao povo. No lugar da Escritura e da liturgia, o povo se alimentará de um amálgama entre práticas devocionais, inspiradas na vida de Cristo e na dos santos, e práticas mágicas e supersticiosas. Muitas delas, influenciando a espiritualidade da Idade Moderna, chegaram até os nossos tempos[591].

No final da Idade Média, a espiritualidade dos leigos era preenchida por práticas muito pouco ancoradas na teologia e mais repletas de superstições. Assim, mesmo a liturgia, centro da espiritualidade patrística, se tornou uma ocasião de práticas "mágicas". Os sacramentos e sacramentais, as procissões, as indulgências, as peregrinações e o culto às relíquias estavam penetrados de uma visão trágica e medrosa da vida e do mundo. A cruz de Cristo, centro da espiritualidade e da liturgia medievais, era vista não no seu valor teológico, mas como o símbolo da dor, do sofrimento e da morte, próprias desse mundo, chamado de "vale de lágrimas". A vida e o mundo estavam em constante luta entre santos, anjos e demônios e seus

---

nais (e muitas vezes fictícias) da vida e das ações dos santos. Já tinha se tornado um grande problema o uso predominante da língua latina no culto em detrimento do vernáculo, impossibilitando a compreensão das eucologias e dos textos da Escritura. A celebração da liturgia, nos séculos XIV e XV, encontrava-se completamente alienada de sua natureza mistérica, mística e mistagógica (NEUNHEUSER, B., História da liturgia através das épocas culturais, p. 161-172 e NEUNHEUSER, B., As reformas litúrgicas do século IV ao Vaticano II, p. 257-264).

590. CASTELLANO, J., Liturgia e vida espiritual, p. 379-381.

591. A evangelização dos povos germânicos advindos no final do Império Romano foi uma das questões pastorais mais urgentes para a Igreja. O processo de iniciação cristã desenvolvido durante os séculos III e IV não conseguiu dar conta das numerosas conversões (muitas vezes forçadas). Por isso, ocorreu um fenômeno de sincretismo religioso muito intenso entre a cultura cristã e a pagã. Esse sincretismo vai perdurar durante toda a Idade Média influenciando, sobretudo, o povo leigo na sua caminhada espiritual: "Que a religiosidade medieval é uma simbiose entre cristianismo e paganismo, vemos pelas práticas supersticiosas de que se tem conhecimento através das fontes documentais" (MAROTO, D. P., Historia de la espiritualidade cristiana, p. 137).

instrumentos na terra. Nesse contexto, a oração litúrgica tinha o objetivo de livrar as pessoas comuns da influência maléfica e salvá-las do inferno na hora final[592].

A Idade Média transforma o panorama da mística advinda da Escritura e da patrística[593]. Nesse período, os teólogos debatem sobre o lugar da mística como experiência afetiva, como conhecimento especulativo ou negam completamente a mística cristã. Contudo, qualquer um dos três debates, a concepção de ser humano não é mais integrada e sim dividida entre inteligência e vontade, razão e sentimento. Nas diversas tentativas de se equilibrar o valor do conhecimento e da oração começou a se introduzir na vida do povo uma série de práticas devocionais ligadas a diferentes escolas espirituais, com ênfase em seus fundadores e suas experiências sobrenaturais. Dessa forma, começamos a não ter mais uma espiritualidade centrada no mistério de Cristo e na sua celebração, mas várias "espiritualidades" dependentes da presença de uma ordem ou do gosto de cada um dos fiéis. Ainda ocorreu um descaso com a espiritualidade dos leigos e uma hipervalorização da espiritualidade das ordens religosas. Neste momento, a santidade era tarefa dos religiosos, enquanto o povo devia viver uma vida secular. Por fim, a teologia do final da Idade Média retira a espiritualidade-mística da teologia e a transforma em prática de cunho voluntarista. Desta forma, com esta grave situação a Igreja chega à Idade Moderna[594].

Durante a Idade Moderna, encontramos a quarta fase do desenvolvimento do tema da mística no cristianismo. Do século XVI até o ambiente do pré-concilio, em 1962, podemos identificar como um desenvolvimento (e, muitas vezes, um agravamento) das questões medievais originadas por um afastamento entre teologia, liturgia e espiritualidade e pela ênfase num discurso espiritual-místico direcionado apenas para os religiosos em detrimento do Povo de Deus. A teologia católica, durante este período, se encontra com um mundo cada vez menos receptível à teologia clássica. Seja a independência de pensamento religioso trazida pela reforma protestante seja a inauguração de uma ciência iluminista laica, fará com que a Igreja Católica se posicione, num primeiro momento, muito fechada ao

---

592. MAROTO, D. P., Historia de la espiritualidade cristiana, p. 202-204.

593. Para entender a passagem do tempo patrístico para a espiritualidade do período medieval, indicamos: CALATI, B., La spiritualità del medioevo e ANCILLI, E., Spiritualità medioevale.

594. "Vale a pena recordar que é nestes ambientes anti-intelectualistas da *devotio moderna* onde se efetiva o divórcio entre a teologia dogmática e a teologia mística, divórcio que já estava latente na raiz da primeira escolástica no século XII e cujo ponto culminante, exemplo simbólico, pode ser a luta entre Abelardo e Bernardo [...] no final do século XIII, depois dos grandes escolásticos (Alberto Magno, Boaventura e Tomás), a teologia se construiu como ciência pura, independentemente dos místicos-espirituais, que escreviam uma teologia viva" (MAROTO, D. P., Historia de la espiritualidade cristiana, p. 200).

mundo moderno. Apenas no final do século XIX, ela começa, gradativamente, a se abrir para o diálogo com a teologia protestante e ciência moderna.

A compreensão sobre mística na Idade Moderna se divide em duas fases principais. Na primeira, séculos XVI e XVII, ela centra-se nos movimentos de reforma (católicos e protestantes). Na segunda, séculos XVIII e XIX, ela fica ancorada na crise contra o projeto científico iluminista e o anseio romantista. Entre os séculos XVI e XVII, os grandes centros de interesse para o tema da mística são a Espanha – com o surgimento dos jesuítas e dos carmelitas descalços – e a França – com suas diversas polêmicas de cunho espiritual. Essa primeira fase está envolvida no contexto polêmico da tentativa de renovação católica – o Concílio Tridentino – frente aos movimentos de reformas protestantes. Já nos séculos XVIII e XIX, não se trata tanto dos ambientes, mas da influência da cultura sobre a teologia e a espiritualidade.

O primeiro ponto decisivo para se compreender o fenômeno místico no transcurso dos séculos XVI e XVII é o estabelecimento da espiritualidade protestante. Essa, embora partisse da mesma raiz cristã medieval com seus problemas, realizou modificações importantes no cenário da espiritualidade. Em muitos aspectos, de fato, os protestantes tiveram a grandeza de recuperar muitas intuições bíblico-patrísticas enquanto o catolicismo se manteve fixado em suas bases medievais. Durante este período os protestantes históricos – luteranos, calvinistas e anglicanos – se impuseram como mais uma voz de espiritualidade cristã no Ocidente. Apesar da espiritualidade protestante trazer, novamente, para o mundo da teologia cristã a centralidade da Escritura e a importância de uma espiritualidade para o Povo de Deus, fundamentada na revelação-fé e no batismo, a sua postura em relação a mística será sempre de muita desconfiança[595].

O cenário católico do século XVI e XVII foi impregnado de experiências místicas de cunho extraordinário. Essas experiências são de tal vulto que a compreensão de mística ficará marcada por essas características. Já na Idade Média, a teologia dos monastérios e a dos grandes pensadores universitários deslocaram a mística patrística da iniciação cristã para a mística dos contemplativos. Agora,

---

[595]. A separação entre teologia e mística, o esquecimento da relação mistério e mística e a compreensão do segundo milênio de uma mística de cunho contemplativo com fenômenos sobrenaturais ocasionaram um fenômeno interessante na teologia protestante. Falamos isso porque elementos da espiritualidade protestante – como a leitura e a interpretação bíblica e a vida batismal – eram considerados na época patrística como realidades místicas de primeira grandeza. Todavia, em virtude do deslocamento da compreensão da mística para um estado "contemplativo", com êxtases, arroubos, fenômenos paranormais etc., fez com que a teologia da reforma rechaçasse tanto a palavra "mística" quanto a sua compreensão medieval-moderna. Esse tipo de mística própria de fenômenos extraordinários é considerado pelos teólogos protestantes como estranha ao mundo bíblico e de forte cunho pagão (MAROTO, D. P., Historia de la espiritualidade cristiana, p. 262-271).

com as escolas espanhola e francesa modernas, essa compreensão de mística ligada a um estado superior de experiência com Deus vai se impor. De fato, as espiritualidades inacianas e teresiana-sanjuanista são enquadradas como o paradigma de vida e experiência mística, e influenciarão toda teologia posterior[596].

As escolas de espiritualidade espanholas foram alvo de muitas críticas no período anterior e preparatório ao CV II. Realmente, durante este momento pré-conciliar, a teologia católica redescobre o valor da Escritura e da teologia dos Padres. Tal redescoberta injeta grandes *insights* para repensar os modelos da impostação clássica. A espiritualidade da escola espanhola serviu para definir e sistematizar a compreensão sobre a mística e, com a linguagem dos manuais de teologia, ganha um *status* de dogma da teologia espiritual. Ora, essa cristalização, ao mesmo tempo em que abarcou os pontos positivos das intuições dos carmelitas, carregou, igualmente, suas limitações e fraquezas. A reação da teologia pré-conciliar utilizou as descobertas escriturísticas e patrísticas para mostrar as insuficiências das elaborações da época moderna[597].

Uma das características indubitáveis da espiritualidade espanhola é seu forte psicologismo. A partir da sua consolidação, a teologia espiritual encontra nos seus grandes mestres o conteúdo para desenvolver seus temas de ascética e de mística. Essa característica está presente na Escritura e na patrística. Contudo, ela é profundamente equilibrada com a dimensão objetiva da fé – o mistério de Cristo e suas mediações (a igreja, a Escritura, a liturgia, os sacramentos, o homem e o mundo) – e suas experiências e maturação – a mística e a mistagogia. Esse paradigma bíblico-patrístico começou a ser modificado na Idade Média e chegou num modelo espiritual no qual os aspectos psicológicos pesam muito mais do que os objetivos. Em suma, quando se afirma que a mística espanhola é psicologizante se

---

596. A grande questão levantada sobre a espiritualidade do segundo milênio é sobre o deslocamento do polo objetivo (mistério de Cristo) com suas mediações místicas (Escritura e liturgia) e seu desenvolvimento (mistagogia) para o polo subjetivo (estados de consciência). A teologia atual tenta reler essa corrente de espiritualidade dentro de critérios mais adequadas e buscando se afastar da interpretação rígida que a obra manualística fez da teologia espiritual moderna (MAROTO, D. P., Historia de la espiritualidade cristiana, p. 209-213). Acreditamos que um exemplo claro da utilização de Teresa d'Ávila e João da Cruz na época dos manuais se encontra na tentativa de comparar e de sintetizar a doutrina espiritual dos espanhóis com a teologia escolástica de Tomás de Aquino (GARRIGOU-LAGRANGE, R., As Três Idades da Vida Interior, p. 1-30).

597. Uma das fortes críticas a espiritualidade carmelita no período pré-conciliar encontramos nos escritos de H. U. von Balthasar: "Em Santa Teresa e em São João da Cruz os estados são o verdadeiro objeto de sua descrição. Falando de maneira simples, eles teriam que ter dito que é no estado em que se percebem a realidade objetiva que neles se revela. A mística espanhola se encontra aqui muito afastada da mística da bíblia: da mística de São João, no Apocalipse, na qual o vidente extático se entrega completamente ao serviço de comunicar a revelação; da mística dos patriarcas e dos profetas; da mística de Maria e de José; da mística de São Paulo e São Pedro, cujas graças internas se encontram sempre ao serviço do acontecimento único da revelação" (BALTHASAR, H. U., Ensayos teológicos 1, p. 242).

quer dizer que se interessa mais pelos estados de consciência do que pelo próprio conteúdo e meios da revelação.

O século XVII, em ambiente francês, conheceu movimentos que também influenciaram o universo católico até o período pré-conciliar e que impulsionou uma compreensão negativa da mística. No clima da Reforma Tridentina, o humanismo devoto[598] de Francisco de Sales se encontrou com duas correntes espirituais que marcaram a história da espiritualidade e da mística: o jansenismo[599] e o quietismo[600]. De maneira geral, ainda que a impostação salesiana tenha sido apoiada pelo magistério eclesial ao contrário das condenações do jansenismo (Papa Pio VI, em 1794) e do quietismo (Papa Inocêncio, em 1699), as intuições desses dois movimentos desequilibravam a constituição da teologia espiritual. O jansenismo hipervalorizava a dimensão ascético-penitencial, enquanto o quietismo acentuava a tônica da dimensão mística. De uma forma ou de outra, a situação entre as duas dimensões da espiritualidade cristã estava marcada por um desequilíbrio. A consequência para o mundo católico foi uma consciência extremamente moralista e uma aversão à mística[601].

Fora do ambiente religioso, durante o século XVII, a piedade popular está impregnada de uma mescla de tradições devocionais medievais: o espírito de supremacia católica diante do advento dos protestantes e da Reforma Católica e o rigorismo jansenista. De fato, do século XVII até o século XIX, a relação entre liturgia e espiritualidade estão abaladas em suas bases teológicas. Uma tentativa de comparação do lugar ocupado pela liturgia na Igreja dos Padres e o seu lugar na

---

598. Francisco de Sales é o expoente espiritual nascido no Pós-Concílio Tridentino. Sua espiritualidade é chamada de humanismo devoto, pois diante da visão negativa, pessimista e condenatória da teologia protestante, ele defendia o projeto universal de santidade para todas as pessoas, independentemente de seu estado de vida e da sua classe social. Nesse sentido, a obra de Francisco de Sales postula o lugar primordial do Sacramento do Batismo no caminho espiritual cristão (MAROTO, D. P., Historia de la espiritualidad cristiana, p. 246-247).

599. O jansenismo, influenciado pela proposta de predestinação calvinista, trouxe para o cenário espiritual uma visão muito pesada sobre Deus como juiz implacável e nutriu sentimentos como medo e temor diante dele. No âmbito litúrgico, a penitência era um verdadeiro tribunal no qual se precisava sentir a dor pelos pecados cometidos – a contrição – e a comunhão era frequentada apenas pelos que tinham "pureza de coração". No lugar da penitência sacramental era necessário, primeiramente, as penitências corporais a fim de domar os impulsos pelos deleites terrestres. No lugar da comunhão, bastava uma reverência e adoração ao sacramento no lugar de sua celebração (MAROTO, D. P., Historia de la espiritualidad cristiana, p. 250-255).

600. O quietismo foi uma corrente de espiritualidade, desenvolvida em ambiente franco-italiano, que privilegiava a oração mental ou passiva e desvalorizava a oração vocal e ativa. Desta forma, a liturgia precisava ser evitada. Apenas a oração de quietude era capaz de conduzir alguém para o estado contemplativo de iluminação (MAROTO, D. P., Historia de la espiritualidad cristiana, p. 255-257).

601. DEL GENIO, M. R., Mística, p. 710.

Igreja moderna resultaria numa percepção da disparidade entre a escola espiritual do primeiro milênio e a do segundo.

A reforma protestante alavancou uma série de modificações importantes para a espiritualidade e sua relação com a liturgia: a compreensão do sacerdócio batismal dos fiéis, o uso da língua vernácula no culto, a participação ativa dos leigos nas funções cultuais e a proclamação da Escritura como centro do culto e da vida espiritual. Na contramão disso tudo, a Reforma Católica enrijeceu o culto e o tornou hermético, clericalizado e formalista, divorciando-o da espiritualidade eclesial e do povo e abrindo espaço para uma religiosidade de cunho devocional. A espiritualidade católica do grande povo, no transcurso da Idade Moderna, é caracterizada por ser devocional.

Assim sendo, o século XVII, apesar da reforma litúrgica de Pio V e de seus novos livros litúrgicos, afastou a liturgia do povo e a tornou uma oração clericalizada. Os sacramentos foram encarados dentro de seu aspecto formal e de seu valor social, mas sua compreensão teológica passava a largo das vivências da Igreja patrística. Nesse sentido, o Batismo era compreendido como sacramento da salvação e não como sacramento da iniciação, eclipsando o seu valor mistérico, mistagógico e místico que acompanhava a iniciação cristã. O Sacramento da Eucaristia se destacava dentro do setenário sacramental. Todavia, o seu culto estava centrado numa aproximação devocional e não celebrativa. Quanto a isso, fica claro o número crescente de atos extra-litúrgicos ligados à Eucaristia (exposições, procissões, autos, adoração perpétua e 40 horas de adoração) em detrimento do próprio ato de comungar (incentivado, como norma geral, apenas no Domingo de Páscoa).

Junto a essa vida litúrgica precária, os teólogos e os pastores fortaleciam as devoções existentes (advindas da Idade Média) e incentivavam a invenção de novas formas de piedade. Elas cresciam em número e se tornavam cada vez menos teológicas e cada vez mais supersticiosas. Elas giravam em torno de Cristo (*via crucis*, infância de Jesus e coração de Jesus), de Maria (festa do rosário, ângelus e litanias marianas) e dos santos (relíquias, santuários, litanias, orações, promessas). Esse tipo de espiritualidade se caracterizava, em linhas gerais, por ser acrítica, formalista, cerimoniosa e supersticiosa, fortalecendo uma visão hierárquica e clericalizada da Igreja. Que, por sua vez, favorecia uma postura moralista dos fiéis.

O século XVIII é marcado por uma revolução na história do pensamento ocidental. Essa revolução ocorre pela instauração do paradigma iluminista na cultura, defendendo o conhecimento científico de cunho físico-matemático, a secularização, a laicização e a descristianização da sociedade. Tal revolução cultural modificará também a maneira de se fazer teologia e ocasionará três situações diretamente ligadas à espiritualidade e à mística. Primeiro, as experiências místicas vão entrar em descrédito como fenômenos de cunho fantasioso. Depois, a própria espiritualidade sofrerá uma racionalização cientificista tanto pela ciência laica quanto pela teologia cristã. Por último, a separação entre espiritualidade-mística e vida se aprofundará, visto que será o cientista quem dará a última palavra sobre a compreensão dos fenômenos espirituais e místicos[602].

Essa cientificização da espiritualidade-mística tem origem no século XIV e se consolida no século XVIII. Até o século XIV, a espiritualidade-mística está ligada àqueles que se dedicavam a interpretação da Escritura. Sem dúvida, é um resquício ainda da escola de espiritualidade do primeiro milênio na qual a Escritura, e essa proclamada na liturgia, é a fonte da espiritualidade dos iniciados. A partir do século XV, com a *devotio moderna*, ocorre uma ruptura entre teologia e espiritualidade-mística. A teologia era aquele esforço escolástico feito pelo teólogo para compreender e explicar os dogmas da fé. A espiritualidade-mística era o conjunto de experiências com Deus testemunhadas pelos "espirituais". No século XVII, os teólogos escolásticos se apropriam dos escritos espirituais e aplicam neles um método especulativo rigoroso a fim de criar um esquema espiritual-místico. Por fim, no século XVIII, o rigor científico divide em tratados diferentes os dois lados da espiritualidade cristã: um tratado ascético e outro místico. Dessa forma, a espiritualidade se separa do curso da vida da Igreja e dos cristãos e se torna um esquema rígido baseado em especulações teológicas[603].

A piedade popular no decorrer do século XVIII correu distante das querelas anticlericais, antirreligiosas, antiteístas e antimísticas do mundo dos teólogos e cientistas. O movimento devocional – cujas raízes são medievais, mas seu início ocorre nos séculos XVI e XVII – desenvolveu-se abertamente. Afonso Maria de Ligório, por exemplo, em seus escritos, incentivava o povo à devoção eucarística – adoração, exposição, procissão, orações – e mariana – a dedicação do mês de maio, a oração de consagração e o voto de escravidão à virgem Maria. A devoção acaba por adentrar o mundo litúrgico, pois, ao formalismo e hermetismo do clero durante a celebração, se acrescentou o devocionismo popular. Surgiram algumas tentativas de qualificar a espiritualidade do povo, purificando-a dos exageros e superstição e dotando-a de uma maior proximidade da Escritura, da liturgia e do dogma. Mas, essas tentativas ficaram frustradas.

O século XIX foi marcado por um posicionamento eclesial interno de tradicionalismo e de restauração, e externo de fechamento apologético em relação à ciência laica e à teologia protestante. Esse tipo de postura da Igreja alimentou

---

602. DEL GENIO, M. R., Mística, p. 710-713 e HUOT, M. de L., Mística, p. 1.161.
603. MAROTO, D. P., Historia de la espiritualidad cristiana, p. 285-288.

uma espiritualidade, afastada das reais questões da vida e da sociedade; evasiva, baseada em elucubrações metafísicas e de pouca vivência; intimista, centrada na experiência particular sem referência à Escritura, à liturgia e à vida comunitária; clericalista, privilegiava os membros do clero e das ordens religiosas em detrimento dos leigos; devocional, fundamentada na vida dos santos; e, acrítica, destinada a alimentar o sentimento religioso-devocional do povo, a reforçar os esquemas manualistas de ascética e mística e a defender a fé católica. Nesse sentido, a mística, entendida como experiências sobrenaturais, era franqueada aos "perfeitos" e servia como argumento apologético para ratificar o catolicismo como verdadeira religião frente às posturas protestantes e às demais religiões, e para defender a superioridade da fé diante da incredulidade da ciência do tempo[604].

O Papa Pio IX, governando a Igreja entre 1846 e 1878, era um grande incentivador das devoções populares. Ele confirmou a solenidade litúrgica do Sagrado Coração de Jesus e, a partir dela, se originou um conjunto subordinado: as nove sextas-feiras, as consagrações, as confrarias e a revista *o Mensageiro*. Realmente, a devoção ao Sagrado Coração de Jesus é o fruto mais paradigmático do movimento devocional popular moderno.

No âmbito litúrgico, a Eucaristia foi quem mais sofreu o influxo da mentalidade devocional reinante. O Papa Pio IX, em 1851, decretou a adoração perpétua no mundo inteiro e, no congresso eucarístico de 1881, se vinculou a relação entre adoração eucarística e reparação ao Sagrado Coração de Jesus. A Comunhão continua como prêmio aos perfeitos e inacessível ao grande povo. A liturgia é para o povo uma obrigação formal e, durante sua celebração, um ato quase que exclusivo dos sacerdotes, era atravessada por exercícios de piedade, sendo a recitação do rosário um dos atos mais emblemáticos.

Nesse período, temos uma consolidação de devoções marianas ligadas às aparições da virgem, tais como: a imaculada conceição, a medalha milagrosa, Salete e Lourdes. Decorrente disso, ocorre a consolidação de objetos de devoção – medalhas, rosários, escapulários; de formas de oração – litanias, novenas, trezenas, orações marianas; do conteúdo de mensagens enviadas pela virgem nas aparições – fortemente moralistas, devocionais e apocalípticas. Encontramos ainda a consolidação do mês de maio, dedicado à virgem Maria em total dissociação com a celebração do Ano Litúrgico. Muitas congregações foram fundadas com o intuito de propagar devoções à Maria e aos santos.

---

604. DEL GENIO, M. R., Mística, p. 710-713; HUOT, M. de L., Mística, p. 1.161 e MAROTO, D. P., Historia de la espiritualidade cristiana, p. 295-299.

A relação entre espiritualidade-mística e liturgia durante a Idade Moderna encontra seu período mais difícil. Todavia, como visto, é uma consequência das transformações iniciadas na Idade Média. Por isso, o segundo milênio cristão apresenta uma configuração complicada da relação teologia, espiritualidade, liturgia e moral, consequência de uma desestruturação do trinômio patrístico mistério-mistagogia-mística. Toda essa problemática desencadeará uma reação, na teologia católica, durante o século XX.

A última fase do desenvolvimento da compreensão de "mística" está em processo. Ela foi iniciada no século passado e se estende até os nossos dias. Podemos dizer que essa última fase encontra, até então, três grandes momentos: a recuperação do tema mística e liturgia pelo Movimento Litúrgico, a consolidação disso na teologia do CV II e, a mais atual, a integração do trinômio mistério-mistagogia-mística. Hoje, consciente das transformações de conteúdo sofridas pelo conceito "mística", a teologia precisa lidar com os problemas abertos ao longo dos séculos. A inspiração atual é retornar ao paradigma de íntima conexão entre mistério-mistagogia-mística[605].

Nesse sentido, contrária a tendência da escola espiritual do segundo milênio (mística dos contemplativos e perfeitos, desvinculada da liturgia, exposta nos manuais de espiritualidade e cindida na relação entre ascese e mística), a teologia procura, novamente, recuperar a mística da iniciação cristã, se inter-relacionar com a experiência viva, se fundamentar na teologia do mistério cristão e desenvolver uma compreensão orgânica da vida cristã. Na verdade, a teologia atual procura reequilibrar as características teológico-ontológica e psicológico-experimental, interpretando a mística cristã dentro da categoria soteriológica e não mais na gnosiológica. Desta forma, ela busca trazer novamente a experiência com Deus (mística), balizada na Escritura e na liturgia, para o seu lugar soteriológico (mistério) e acompanhar seu desenvolvimento dinâmico (mistagogia)[606].

---

605. AUGÉ. M., Espiritualidade litúrgica, p. 13-23 e NEUNHEUSER, B., Espiritualidade litúrgica, p. 370-388.

606. M. Augé faz um balanço negativo da relação entre teologia sistemática e teologia litúrgica afirmando que a primeira se desinteressou da segunda após o CV II. Dessa forma, o debate da relação liturgia, espiritualidade e vida acaba por encontrar nichos perspectivados e não um diálogo para o crescimento do tema. Depois de fazer um profundo estudo da questão, escreve que "como documentado acima, existe ainda indiferença por esse tema em alguns ambientes teológicos e espirituais". Ele cita, ainda, o texto conclusivo da XX semana de estudos dos professores de liturgia da Itália, em 1991, que constata: "A liturgia não teve nestes anos grande relevo no trabalho dos teólogos dogmático-sistemáticos e continua a ser vista com desconfiança e suspeição" (AUGÉ. M., Espiritualidade litúrgica, p. 16-17). Na contramão, existe, sem dúvida, o esforço de muitos teólogos e liturgistas na tentativa de diálogo entre suas áreas a fim de construir um conhecimento multidisciplinar benéfico à vida da Igreja. Vale, contudo, o alerta dado por M. Augé do perigo da teologia se distanciar novamente da liturgia.

O primeiro momento dessa empreitada teológica ocorreu com as reivindicações do Movimento Litúrgico[607]. De fato, a intuição primordial dos liturgistas foi a percepção de que a liturgia é a fonte de espiritualidade da Igreja e, por isso, espiritualidade de todo cristão. Obviamente, que tais reivindicações não foram prontamente compreendidas e atendidas gerando polêmicas teológicas, no transcurso da primeira metade do século XX: a problemática entre espiritualidade objetiva e subjetiva, as diferentes compreensões de mística na tradição tomista clássica e nas novas descobertas de orientação patrística, a recepção da teologia litúrgica sobre mística-espiritualidade no CV II e a necessidade de reintegrar os conceitos teológicos de mistério-mistagogia-mística[608].

A polêmica mais emblemática é aquela sobre o lugar da liturgia na renovação da vida eclesial. Autores como C. Marmion, L. Beauduin, M. Fustigière, I. Schuster, I. Herwegen, P. Parsch enveredaram pelo desenvolvimento do tema da espiritualidade litúrgica. Esses esforços foram, a princípio, bem recebidos pelo mundo teológico católico. A sua boa recepção se deu pelo fato de que uma melhor compreensão da liturgia, a partir da teologia e das práticas dos Padres da Igreja, possibilitaria refutar as acusações feitas pela ciência laica e pela teologia protestante racionalista de que a liturgia católica era uma cópia dos cultos pagãos antigos e, também, porque favoreceria a piedade cristã, sobretudo eucarística, dos fiéis. Todavia, as conclusões dos liturgistas de então foram mais além do esperado pelas impostações tradicionais e questionaram a própria base devocional na qual a espiritualidade católica estava assentada naquele período. Eles, a partir da Es-

---

607. O Papa Pio X contribui decisivamente para a tematização da espiritualidade litúrgica durante o século XX. Ele cunhou uma série de expressões que ganharão coro ao longo das décadas, até se concretizar na impostação do CV II. De fato, foram os liturgistas que prestaram atenção ao texto papal e sentiram um impulso para desenvolver a temática. O texto de Pio X afirmava que "Sendo de fato nosso vivíssimo desejo que o espírito cristão refloresça em tudo e se mantenha em todos os fiéis, é necessário prover antes de mais nada à santidade e à dignidade do templo, onde os fiéis se reúnem precisamente para haurirem esse espírito da sua primária e indispensável fonte: a participação ativa nos sacrossantos mistérios e na oração pública e solene da Igreja" (PIO X, PP., *Motu próprio tra le solicitude*). Este texto trouxe as seguintes expressões teológicas que são caras ao Movimento Litúrgico: o "reflorescimento do espírito cristão", a "liturgia é a fonte primária e indispensável do espírito cristão"; e, a "participação ativa nos mistérios e na oração". Estas expressões contribuíram para que o Movimento Litúrgico afirme a centralidade da espiritualidade litúrgica (NEUNHEUSER, B., Espiritualidade litúrgica, p. 371).

608. A obra paradigmática do Movimento Litúrgico, sobre a recuperação da espiritualidade litúrgica, foi o opúsculo *La piété de l'église* escrita por L. Beauduin. Nesta obra, o autor denuncia o devocionismo reinante na espiritualidade do povo cristão e repropõe a liturgia como fonte para despertar o verdadeiro espírito cristão. Leiamos uma parte que visibiliza bem a situação do momento: "Mas, na economia católica da vida sobrenatural, as operações sensíveis têm um alcance superior: são um canal necessário do pensamento e da vida da Igreja, de Cristo, de Deus. Desestimar a piedade ritual pelo fato de que não é puramente mental, reduzir nossa participação nos atos litúrgicos sob o pretexto de uma vida mais interior, é subtrair-se assim das ações santificadoras da Igreja, é alienar-se da adoração e da oração da esposa de Cristo, é fazer diminuir a influência sobre a nossa alma do sacerdócio do nosso Senhor" (BEAUDUIN, L., La piedad de la iglesia, p. 16).

critura e dos textos patrísticos, mostravam a disparidade entre a espiritualidade cristã das fontes e aquela vivida no tempo. Devido a isso, propunham o retorno, urgente, ao paradigma bíblico-patrístico em virtude do reducionismo da vivência espiritual da Igreja. A partir desse momento, o trabalho do Movimento Litúrgico passa a ser criticado pela impostação tradicional católica[609].

A polêmica da relação espiritualidade e liturgia foi travada sobre as expressões piedade objetiva e subjetiva. No início do século XX, I. Herwegen chamou de piedade objetiva, a espiritualidade radical no mistério pascal de Cristo, cujas mediações são a Escritura e a liturgia, e por piedade subjetiva, aquela das escolas de espiritualidade, fundada na experiência particular de um "mestre", cuja validade se baseava nas experiências interiores, normalmente acompanhadas de fenômenos extraordinários. Enquanto a teologia católica clássica afirmava a qualidade das experiências dos místicos modernos (e até de experiências lendárias e fantasiosas da história da Igreja), os liturgistas do Movimento Litúrgico, em especial R. Guardini[610] e O. Casel[611], mostravam que a espiritualidade litúrgica é a espiritualidade da Igreja por duas razões básicas e inegáveis. Primeiro, porque ela se fundamenta na teologia da iniciação cristã na qual o Batismo-Crisma e a Eu-

---

609. Ainda sobre a situação de clamor por uma renovação espiritual proposta pelos autores do Movimento litúrgico, encontramos I. Herwegen. Esse autor nos fala da necessidade da piedade subjetiva – de cunho psicológico-experiencial – reencontrar-se com as mediações do mistério de Cristo – piedade objetiva: "E, contudo, a formação psicológico-moral da vida cristã em relação ao mistério deve ter em conta a relação que o copo de água tem com a torrente de água. Se queremos impregnar de nova força de Cristo a vida interior da Igreja atual, temos que aprender a beber da fonte setenária do mistério. Sua corrente de graça divina fará frutificar com o Espírito de Deus nossos esforços e experiências de homens. O Papa Pio X, com sua chamada a Escritura, nos indicou este caminho, para incorporar de novo tudo sob Cristo-cabeça" (HERWEGEN, I., Iglesia y alma, p. 21).

610. R. Guardini posiciona o valor da oração litúrgica, como piedade objetiva, e revela o seu caráter de universalidade, pois está presente nos diversos lugares, tempos e culturas. Assim ele se expressa: "A liturgia católica é o exemplo supremo de uma regra objetiva da vida espiritual. Ela tem sido capaz de se desenvolver *kata ton holon*, isto é, em todas as direções, em conformidade com todos os lugares, os tempos, e os diversos tipos de cultura humana. Por isso, ela é a melhor mestra da via ordinária – ela regula a vida espiritual comum e, ao mesmo tempo, dá conta das necessidade e pedidos (GUARDINI, R., The spirit of the liturgy, p. 18).

611. O. Casel, ainda mais que R. Guardini, ressalta o valor espiritual-místico da celebração da liturgia. Todavia, ele esquadrinha bem a situação do seu tempo: "Desejosos de colocar as almas seguras contra os perigos reais do ocultismo, da teosofia, da alma russa, do pensamento oriental em geral, muitos autores cristãos e católicos aplicam-se hoje em enviar seus leitores à mística alemã, espanhola ou francesa do final da Idade Média e da contrarreforma. No entanto, não seria muito mais simples e natural dirigir os olhares à mística que, desde as origens cristãs, floresce no coração mesmo da Igreja? Essa mística nasce espontaneamente da própria natureza da Igreja e, por conseguinte, é acessível a todo cristão. Ela nasce, cresce e se desenvolve no seio da comunidade e, no entanto, satisfaz plenamente a alma individual, a pessoa humana. Cristo, sem o qual não se vai ao Pai, é o caminho e a vida. Ela é cristã em toda a sua estrutura, ela é especificamente a mística da Igreja. É dessa mística do culto que queremos falar, daquela que procede do culto divino, daquela que decorre da divina liturgia que a comunidade cristã cumpre sob a presidência e a organização dos sacerdotes" (CASEL, O., O mistério do culto no cristianismo, p. 70).

caristia – comum a vida de todo católico (e de certa maneira a todo cristão) – são as mediações do mistério pascal de Cristo na vida do fiel. Depois, ela é decorrente da própria revelação do mistério cristão, em especial do tempo da Igreja, e não se origina na experiência de um "mestre", do seu entendimento sobre a vida espiritual e do seu "método espiritual".

A conclusão evidente da tese do Movimento Litúrgico é a afirmação de que não há alternativa entre a espiritualidade litúrgica e outras formas de espiritualidade cristãs católicas. A tese tradicional levaria a um número sem contas de espiritualidades particulares, tantas quantas surgissem os mestres espirituais. Em consequência, pode-se dizer, com clareza, que há opção entre as diversas escolas de espiritualidade. E, mais ainda, pois, existe, inclusive, a opção de viver a vida cristã sem referência direta a qualquer escola de espiritualidade e práticas devocionais; mas, nunca, uma vida cristã sem vinculação direta à vida litúrgica – Batismo-Crisma e Eucaristia. Sendo assim, entendemos quando S. Marsili afirma que a espiritualidade litúrgica é a "espiritualidade própria da Igreja"[612] e quando M. Paternoster confirma, apontando-a como "a espiritualidade cristã"[613].

Outra questão do período foi a recuperação da relação entre mística e liturgia. O Movimento Litúrgico, através dos esforços de P. Guéranger, L. Beauduin, O. Casel e R. Guardini, enfrentaram a concepção tradicional de mística – uma leitura dos mestres espirituais modernos à luz dos cânones tomistas – contrapondo-a com a inteligência que advinha das pesquisas bíblico-patrísticas. Esses autores introduziram novas perspectivas à teologia litúrgica, modificando, profundamente, as relações entre liturgia e espiritualidade, liturgia e pastoral, liturgia e mistério e liturgia e participação. Entre esses autores, precisamos destacar a importância ímpar da contribuição caseliana com sua teologia do mistério. Nesse sentido, temos a confirmação de V. dos S. Costa:

> Foi a teologia do mistério que envolveu a vida deste grande homem dedicado totalmente à pesquisa da liturgia da Igreja e descobriu nela o "mistério" que faz das nossas celebrações uma experiência profundamente mística. [...] Odo Casel recupera aquilo que na Igreja antiga era natural, isto é, a presença memorial da obra salvífica de Cristo em seus mistérios. É justamente daí que o Vaticano II vai recuperar a mística na liturgia, mediante a qual sentimos e somos de fato atingidos pela mesma salvação que se manifestava na comunidade apostólica[614].

---

612. MARSILI, S., I segni del mistero di Cristo, p. 505-509.
613. PATERNOSTER, M., Liturgia e spiritualità cristiana, p. 11.
614. COSTA, V. dos S., Resgate da Mística na liturgia a partir do CV II, p. 27.

Para os autores neotomistas do século XIX e XX, a mística era concebida dentro do paradigma gnosiológico-filosófico e psicológico-experimental. Esses autores entendiam que existia dois níveis de conhecimento de Deus: a fé e a mística. Em relação a fé, ela seria a aceitação das verdades reveladas, ou seja, dos dogmas e dos preceitos morais. A experiência da fé pressupõe uma linguagem conceitual clara e lógica. A mística, por sua vez, constituiria um grau qualitativamente superior no conhecimento de Deus[615]. Contudo, os autores neotomistas se dividiam em duas linhas em relação ao saber místico. Segundo os pensadores mais tradicionais, o conhecimento místico era de cunho racional, intuitivo e alógico, baseado na via negativa de Deus. Já para os vanguardistas, a mística era um conhecimento mais afetivo no qual se conhecia a Deus a partir do, por meio do e no seu amor divino[616].

Em contrapartida, o Movimento Litúrgico, em especial, a partir de O. Casel, fundamenta a liturgia, a espiritualidade litúrgica e a mística no mistério de Cristo. Na verdade, qualquer experiência cristã se vincula ao ato de revelação divina em Cristo, presente na Igreja pela mediação da Escritura e da liturgia, em virtude da comunicação do Espírito Santo, cujo objetivo é a cristificação do homem. Desta forma, a vida espiritual e a mística encontram sua fundamentação objetiva no *mystérion*[617].

Os autores católicos que se opuseram ao Movimento Litúrgico rebatiam a tese da centralidade fontal do culto na vida espiritual. Eles acusavam a liturgia de ser uma experiência fria em relação às devoções e aos métodos das escolas de espiritualidade. De fato, a liturgia tridentina possuía um conjunto ritual não só frio, mas também fechado ao povo e fortemente clericalizado. Isto terminou

---

615. Para ilustrar o posicionamento neotomista dos séculos XIX e XX, destacamos este texto de J. Maritain sobre a fé a mística como "saber": "a fé ainda que atinja a Deus segundo a sua interioridade e a sua própria vida *secundum suam propriam quidditatem*, atinge-o somente a distância e permanece um conhecimento mediato, enigmático, como dizia São Paulo, no sentido em que usa para este objetivo, como observamos mais acima, meios formais proporcionados ao nosso modo natural de conhecer, através de conceitos e fórmulas conceituais, de noções analógicas, ou melhor, sobreanalógicas. Para conhecer a Deus sem distância, o quanto nos é possível nesta vida, superando o modo humano e natural dos conceitos (portanto, como insiste São João da Cruz, renunciando a todo conceito distinto e a todo conhecimento claro) é preciso absolutamente não só uma moção do alto, mas um regulamento objetivo superior, em outras palavras, uma inspiração especial do Espírito Santo. A experiência mística é um conhecimento sobrenatural inspirado" (MARITAIN, J., Por um humanismo cristão, p. 76-77).

616. Sobre o conhecimento místico estar relacionado com o amor, J. Maritain escreveu que "nós somos conaturais a Deus por meio da caridade. A caridade não é um amor qualquer: ela pressupõe a graça santificante, dela é propriedade e atinge Deus como realmente presente em nós a título de dom, de amigo e de eterno comensal. Além do mais, atinge imediatamente. Deus como tal, na sua própria deidade, na sua vida absolutamente própria e íntima, pela qual nos beatifica; ela o ama em si mesmo e por meio dele mesmo" (MARITAIN, J., Por um humanismo cristão, p. 78).

617. SANTANA, L. F. R., A celebração litúrgica como mística sacramental, p. 473-476.

por corroborar a necessidade uma reforma do rito a fim de possibilitar uma participação consciente, ativa e frutuosa dos fiéis. Além disso, os teólogos católicos tradicionais afirmavam que a proposta de renovação espiritual do Movimento Litúrgico poderia ser acusada de um panliturgismo. Com esta última expressão queriam significar que toda a atividade, em especial as espirituais, da Igreja se identificariam apenas com o culto. Essa crítica gerou uma série de compreensões das relações: liturgia e devoção, liturgia e escolas de espiritualidade, liturgia e evangelização e missão. A última advertência levantada por autores tradicionais afirmava que as pretensões do Movimento Litúrgico pretendiam transformar as paróquias em mosteiros e em aplicar a espiritualidade beneditina ao povo. Essa visão levou o Movimento Litúrgico a pensar a liturgia não como renovação e ação monástica, mas a descobrir o lugar da liturgia na vida do Povo de Deus. Essas críticas, na verdade, acompanharam (e não são difíceis, ainda, de escutá-las) o desenvolvimento do tema da espiritualidade e da mística litúrgica. Contudo, o CV II, na SC, abordou estas questões e direcionou respostas claras aos problemas[618].

Além das críticas sofridas dentro do catolicismo, a teologia protestante, com autores como F. Heller, questiona a complicada relação entre o valor da instituição e o da novidade mística, mostrando uma incompatibilidade entre eclesiologia e mística. Tal relação deixaria a instituição em uma situação de fragilidade em relação à força de um carismático. Por outro lado, a teologia protestante dialética de K. Barth e E. Brunner afirmava que a mística não tinha conexão com as experiências narradas na Sagrada Escritura. Esses autores afirmam que a compreensão de mística é muito distante do verdadeiro protestantismo, pois os fenômenos sobrenaturais são estranhos ao mundo bíblico e muito mais afinados com a religiosidade pagã. Realmente, a crítica protestante recaía sobre a compreensão de mística defendida pela teologia católica clássica com seus mestres espirituais. As críticas protestantes, em certo sentido, estão na mesma direção do pensamento do Movimento Litúrgico, na tentativa de recuperar uma experiência com Deus em continuidade com a Escritura[619].

O trabalho teológico do Movimento Litúrgico influencia, decisivamente, o CV II. De forma especial, a Constituição litúrgica introjeta na doutrina conciliar a relação fundamental entre liturgia, espiritualidade-mística e vida cristã. Pelo menos no seu capítulo primeiro, no qual se desenvolve a teologia litúrgica, encon-

---

618. Durante a década de 50 do século passado, na antevéspera do Concílio, encontramos três importantes obras sobre a relação liturgia e espiritualidade que farão a ponte entre a teologia do mistério e os parágrafos da SC no concernente à relação entre liturgia e espiritualidade: BOUYER, L., Liturgical piety; BRASSO, G. M., Liturgia y espiritualidade e VAGAGGINI, C., Il senso teologico della liturgia. Citamos aqui essas obras para mostrar como o tema ganhou o cenário das publicações no pré-concílio.

619. MOIOLI, G., Mística, p. 774-775.

tramos, claramente, os Padres tratando do tema: "O sagrado Concílio propõe-se fomentar a vida cristã entre os fiéis" (SC 1); "A liturgia contribui, em sumo grau, para que os fiéis exprimam na vida e manifestem aos outros o mistério de Cristo" (SC 2); "A liturgia é simultaneamente a meta para a qual se encaminha a ação da Igreja e a fonte de onde promana toda a sua força" (SC 10); "A participação na sagrada liturgia não esgota, todavia, a vida espiritual" (SC 12); "Importa, porém, ordenar essas práticas tendo em conta os tempos litúrgicos, [...] de certo modo derivem dela, e a ela, que por sua natureza é muito superior, conduzam o povo" (SC 13); "Ela é a primeira e necessária fonte onde os fiéis hão de beber o espírito genuinamente cristão" (SC 14); "A sagrada liturgia deve ser tida [...] nas faculdades de teologia como disciplina principal, e ensinar-se nos seus aspectos quer teológico e histórico, quer espiritual, pastoral e jurídico" (SC 16) e "Adquiram os clérigos uma formação litúrgica da vida espiritual, mediante uma conveniente iniciação" (SC 17). Todos os artigos, sintetizados em suas partes principais acima, revelam a urgência conciliar sobre a conexão entre liturgia, espiritualidade e vida[620].

Podemos afirmar que a intuição primeira e mais genuína do Movimento Litúrgico – repropor a liturgia como fonte da vida espiritual da Igreja e dos fiéis – foi aceita e magisterializada pelos Padres Conciliares. Na verdade, o concílio extrapola os anseios do Movimento Litúrgico porque entende a liturgia não só como fonte, mas como cume também. Aquele "verdadeiro espírito cristão", que encontra sua fonte principal e indispensável, como proposto por Pio X, reverbera na afirmação conciliar "deve dar-se a maior atenção a esta plena e ativa participação de todo o povo porque ela é a primeira e necessária fonte onde os fiéis hão de beber o espírito genuinamente cristão" (SC 14).

Contudo, precisamos ficar atentos quanto à recepção do texto da Constituição litúrgica. R. Falsini faz uma grave constatação no tocante à expressão "*culmen et fons*" e sua relação com a liturgia e a Eucaristia. Ele escreve que os outros documentos conciliares não citam a fórmula "cume e fonte" para a liturgia, mas a aplica ape-

---

620. Paulo VI, no dia da promulgação da Constituição litúrgica, usou uma expressão emblemática do local da liturgia na vida espiritual cristã: escola de espiritualidade. O discurso do Pontífice, na verdade, serve para termos o alcance do lugar privilegiado dado pelo concílio ao tema da liturgia e sua relação intrínseca com a espiritualidade: "Não ficou sem fruto a discussão difícil e intrincada, pois um dos temas – o primeiro a ser examinado e o primeiro, em certo sentido, na excelência intrínseca e na importância para a vida da Igreja – o da sagrada liturgia, foi felizmente concluído e é hoje por nós solenemente promulgado. Exulta o nosso espírito com este resultado. Vemos que se respeitou nele a escala dos valores e dos deveres: Deus, em primeiro lugar; a oração, a nossa primeira obrigação; a liturgia, fonte primeira da vida divina que nos é comunicada, primeira escola da nossa vida espiritual, primeiro dom que podemos oferecer ao povo cristão que junto a nós crê e ora, e primeiro convite dirigido ao mundo para que solte a sua língua muda em oração feliz e autêntica e sinta a inefável força regeneradora, ao cantar conosco os divinos louvores e as esperanças humanas, por Cristo Nosso Senhor e no Espírito Santo" (PAULO VI, PP., Discurso do Papa Paulo VI na clausura da segunda sessão do concílio ecumênico vaticano II).

nas à Eucaristia – "Pela participação no sacrifício eucarístico de Cristo, fonte e centro de toda a vida cristã, oferecem a Deus a vítima divina e a si mesmos juntamente com ela" (LG 11); "A Eucaristia aparece como fonte e coroa de toda a evangelização" (PO 5); "As cerimônias litúrgicas, principalmente a celebração eucarística, fonte da vida da Igreja e penhor da glória futura" (UR 15) e "Esta vida de íntima união com Cristo na Igreja é alimentada pelos auxílios espirituais comuns a todos os fiéis e, de modo especial, pela participação ativa na sagrada liturgia" (AA 4).

Essa situação apontada por F. Falsini é uma redução perigosa do ponto de vista da recuperação do valor teológico da liturgia. Além disso, nos textos conciliares acima, sobressai a noção de que a Eucaristia é fonte em detrimento de ser também cume, eclipsando o seu real valor teológico. Isso tudo, nos diz o autor, já denota o modo reducionista que a constituição conciliar sobre a liturgia receberia por parte da teologia sistemática. Os teólogos diminuem o valor da liturgia e destacam somente a dimensão fontal do Sacramento da Eucaristia. Essa recepção reducionista do texto conciliar diminui o papel da liturgia para a vida da Igreja[621].

Em síntese, a história da relação entre liturgia e espiritualidade, como largamente abordada até aqui, se divide em duas escolas. A espiritualidade da escola do primeiro milênio possui uma articulação fecunda entre liturgia e espiritualidade. Os conceitos de "mistério", "mistagogia" e "mística" estão articulados e fundamentam a *lex orandi*, a *lex credendi* e a *lex vivendi*. Sua preocupação era de cunho objetivo-ontológico-soteriológico. Na escola do segundo milênio, por uma série de razões já apresentadas, a liturgia e a espiritualidade sofrem uma ruptura. Consequente da separação entre espiritualidade e liturgia, encontramos uma ressignificação do termo "mística" e o desaparecimento dos termos "mistério" e "mistagogia". O segundo milênio cristão se caracteriza por uma espiritualidade de cunho subjetivo-psicológico-gnosiológico. A teologia litúrgico-espiritual do terceiro milênio cabe a tarefa de lidar com essas diferenças e propor seu entendimento para a comunidade eclesial.

3.2. Mística litúrgica como expressão do mistério de Cristo na vida

Depois de apresentarmos a origem do conceito de mística e a sua complexa história de compreensão na tradição cristã, queremos, na segunda parte desse

---

621. R. Falsini afirma que a doutrina da Eucaristia como fonte é a impostação tradicional baseada no Concílio de Trento, repetida por Pio X no Motu próprio *tra le solicitude* e reafirmada por Pio XII, na *Mediator Dei*. A novidade conciliar foi, primeiro, a noção de cume e, depois, a aplicação da expressão *cume et fons* a liturgia, e não só a Eucaristia (FALSINI, R., La liturgia come "culmen et fons", p. 27-49).

capítulo, trabalhar a noção de "mística litúrgica cristã". Para isto, vamos dividir esta segunda parte em dois estudos. O primeiro estudo busca entender a mística litúrgico-cristã e sua dimensão comunicativo-dialogal. O segundo, desenvolver sua dimensão terapêutica. E, por fim, podemos apresentar uma caracterização do místico cristão tal como compreendido pela teologia litúrgica.

No entanto, antes disso, precisamos voltar, mais uma vez, à relação indissociável entre mistério, mistagogia e mística. A teologia litúrgica não desenvolve sua compreensão sobre a mística desvinculada dos outros dois conceitos. Este posicionamento atual da teologia litúrgica está em sintonia com o modo de se fazer teologia espiritual da escola do primeiro milênio, ou seja, com a tradição bíblico-patrística. É, de fato, dessa escola que o Movimento Litúrgico se inspirou e os liturgistas atuais continuam se inspirando para recuperar a íntima conexão do trinômio mistério-mistagogia-mística e repropor as suas consequências pastorais à Igreja[622].

No segundo capítulo dessa tese, posicionamos, à luz do CV II, mais precisamente da SC, a teologia do mistério. O conceito de mistério foi o primeiro a ser recuperado pela Igreja da tradição bíblico-patrística. Segundo a Escritura e os Padres, o mistério é a revelação, a concretização e a comunicação do plano salvífico do Pai, pelo Filho, no Espírito Santo. Recuperando este entendimento e partindo dele, o CV II afirma que Deus enviou o seu Filho, ungido pelo Espírito Santo, para "evangelizar os pobres" e "curar os contritos de coração", constituindo assim Jesus como "mediador entre Deus e os homens" e "médico da carne e do espírito" (SC 5). Desta forma, o mistério – a salvação – se experimenta na ação comunicativa e terapêutica divinas[623].

O CV II, ainda na SC, com base nas afirmações bíblico-patrísticas, restituiu o lugar privilegiado da celebração litúrgica para a experiência do mistério. Na própria economia da revelação, o tempo da Igreja está atestado tanto pelo envio do Espírito Santo e quanto pelo envio dos apóstolos. Essa sinergia entre Espírito e Igreja ocorre em duas missões interconectadas e indissociáveis: o anúncio e a realização do mistério pascal de Cristo. Tal realização, ação pneumático-eclesial, é efetuada, segundo a doutrina conciliar, "mediante o sacrifício e os sacramentos

---

622. J. Castellano afirma "por isso, para uma autêntica experiência espiritual, exige-se uma mistagogia, no sentido de iniciação catequética, participação sobrenatural e continuidade existencial, se quisermos entrar pelos caminhos de uma participação ou de uma celebração que se transforme em experiência positiva de saber, de saborear, de viver uma dimensão de mudança e transformação que traz consigo a experiência sacramental e litúrgica [...] a mistagogia é exigência fundamental de uma ritualidade cristã que nasce da vida, leva à vida e tem na liturgia seu ponto de chegada e seu ponto de partida" (CASTELLANO, J., Liturgia e vida espiritual, p. 90).

623. SC 5.

à volta dos quais gira toda a vida litúrgica"[624]. Assim sendo, o mistério – a salvação – atinge a Igreja, por meio da ação do Espírito Santo, através da liturgia. Desta forma, a conclusão necessária é que, no transcurso da celebração da liturgia se faz, própria e verdadeiramente, experiência do mistério. O Cristo ressuscitado, pela sua virtude pneumática, continua seu múnus mediador e terapêutico através da Igreja, na liturgia, e, por meio dessa, atinge o mundo[625].

No capítulo 2 desta tese, apresentamos o conceito de mistagogia. A redescoberta e revalorização desse conceito está, indubitavelmente, subordinado à teologia do mistério. Apesar de não se encontrar o termo "mistagogia" nas páginas do último concílio ecumênico, sabemos que os liturgistas e teólogos, de posse do significado teológico de mistério, redescobriram na tradição patrística esse importante conceito. Inspirados, então, pela teologia dos Padres, sobretudo dos séculos III ao V, surgiu nos últimos cinquenta anos um interesse sobre o significado de mistagogia e o consequente enriquecimento da teologia, da catequese e da espiritualidade decorrente em sintonia com ele.

Segundo as fontes patrísticas, a mistagogia é a introdução no mistério. Essa introdução ocorre em três âmbitos concatenados: a iniciação cristã, a catequese mistagógica e a vida cristã. A iniciação cristã, entendida como a celebração dos Sacramentos do Batismo, Confirmação e Eucaristia, é a mistagogia em sentido máximo e do qual os outros dois sentidos são consequência. A catequese mistagógica é um modelo de formação catequético-teológico, que partindo dos ritos da iniciação cristã, procuram introduzir o neófito ainda mais no conteúdo e no sentido mediados pelos sinais. A vida cristã é, essencialmente, mistagógica visto que ela é um desenrolar da graça da iniciação. A mistagogia, por fim, nos Padres é o percurso de desenvolvimento de toda a vida cristã, da iniciação à morte, sob a força do mistério.

A teologia litúrgica dos últimos anos se inspirou na práxis mistagógica dos Padres e tem proposto à Igreja de hoje uma redescoberta da vivência mistagógica. A compreensão do alcance de mistagogia para a vida eclesial ainda está em desenvolvimento. Até agora, pelo menos, três grandes áreas já se interessaram pelo tema: a teologia litúrgica, a catequese e a espiritualidade. Assim, essas áreas buscam compreender o influxo do mistério de Cristo na celebração, na formação

---

624. SC 6.

625. Esse pensamento conciliar sobre a relação intrínseca entre salvação, mistério e liturgia é retomado por S. Marsili quando diz que "a liturgia tende essencialmente a nos fazer viver a salvação-mistério pascal nos seus momentos particulares e isso ela faz realizando em nós o mesmo mistério pascal tomado no seu momento culminante: morte e ressurreição de Cristo" (MARSILI, S., A liturgia, momento histórico da salvação, p. 122).

e na vida. Novamente, a oração (*lex orandi*), a teologia (*lex credendi*) e a vida (*lex vivendi*) puderam se reunir sobre a égide do mistério e da mistagogia.

Dito, então, que o mistério é a revelação da salvação cristã, em sua dupla dimensão comunicativo-terapêutica e que a mistagogia é a introdução progressiva e dinâmica na salvação, podemos retirar algumas conclusões importantes para o tema da mística. A primeira, a mistagogia é, em última análise, um processo de transformação do ser humano de cunho comunicativo e terapêutico. Com isso, queremos afirmar que, à medida que o fiel vai crescendo na fé, ele vai se abrindo para a comunhão e vai se transformando interiormente de seu fechamento ególatra, egoísta, egocêntrico. A segunda conclusão é que, a mística está subordinada ao mistério – pois ela é a sua experiência, ou seja, experiência de comunhão e de cura a partir da salvação cristã – e a mistagogia – visto que, cada experiência mística (do mistério) compõe uma linha de desenvolvimento cristão.

Nesse sentido, a mística cristã, compreendida pela teologia litúrgica, não está tão interessada em fenômenos extraordinários e, a bem da verdade, até os prescinde. Ela se interessa, contudo, pelas experiências que abrem o crente à comunhão com Deus, consigo, com os outros e com o cosmos e pelas experiências de cura da egolatria, do egoísmo e do egocentrismo. Somente a partir dessa compreensão de mística, como experiência do mistério de comunhão e cura, é que a teologia litúrgica pode compreender o papel das palavras, dos sinais e das ações celebrativos como mediadores da graça salvífica e o valor dessa mediação na vida cristã[626].

Dessa forma, o místico, da perspectiva da teologia litúrgica, não é somente aquele sujeito das experiências extraordinárias. O místico é todo aquele que faz experiência do mistério divino, todo aquele sobre quem a ação comunicativo-terapêutica divina atua, todo aquele que faz um caminho de comunhão com Deus, consigo, com os outros e com o cosmos e que vence o seu estado egolátrico, egoísta e egocêntrico. Por isso, do ponto de vista da teologia litúrgica, todo iniciado é um místico. A iniciação cristã, o Batismo-Confirmação e a Eucaristia são o início do caminhar místico de cada cristão. A vida cristã é um desenvolvimento da introdução do mistério ocorrida na celebração da iniciação cristã[627].

---

626. Estamos na mesma linha de M. Augé quando afirma que "as celebrações litúrgicas que se sucedem ao longo do Ano Litúrgico objetivam permitir-nos compreender e viver sempre em mais profunda plenitude o mistério de Cristo, atualizado pelos sacramentos. Daqui resulta a dimensão mística da espiritualidade litúrgica no sentido mais autêntico da palavra, isto é, como atualização do mistério celebrado na vida do cristão" (AUGÉ, M., Liturgia, p. 352).

627. O CV II atestou bem a noção de que o mistério de Cristo é expressado por todos os fiéis a partir da perspectiva da liturgia. Neste sentido, podemos inferir da SC que todos os iniciados são místicos. Assim afirmaram os Padres Conciliares: "A Liturgia [...] contribui em sumo grau para que os fiéis ex-

A liturgia cristã, em todo o seu conjunto – a celebração dos sacramentos e dos sacramentais, a celebração do Ano Litúrgico e do domingo e a celebração da liturgia das horas – é a efetivação do mistério salvífico de Cristo. Esta afirmação nos leva a concluir que todo o *corpus* litúrgico tem sua natureza mística. Por isso, a celebração goza de máxima importância na vida da Igreja e dos fiéis. Ela é, por primazia, o espaço de comunhão e de cura. Se a celebração da liturgia não está possibilitando a mediação da salvação, a transformação e a abertura dos fiéis, a teologia litúrgica precisa olhar para tal situação e repensar sua práxis celebrativo-pastoral.

Reafirmando esta relação entre mistério, mistagogia e mística, segundo a teologia litúrgica, podemos aprofundar a dupla dimensão da experiência do mistério na celebração litúrgica: a dimensão comunicativa e a dimensão terapêutica.

3.2.1. Mística como abertura comunicativa

O século passado foi, dentre todos os outros, marcado pela tematização da linguagem e da comunicação no campo do saber. As ciências humanas contribuíram para que o pensamento ocidental pudesse perceber o valor fundamental da linguagem e da comunicação para o ser humano e a sociedade em geral. As ciências humanas e sociais se interessaram bastante pela linguagem. As teorias neopositivistas e analíticas[628], existencialistas e hermenêuticas[629], estruturalistas

---

primam na vida e manifestem aos outros o mistério de Cristo" (SC 2). A mística litúrgica consiste em "inserir-se na obra salvífica de Cristo, através de uma celebração viva, consciente, impregnada de fé, plena, dos mistérios salvíficos dele (em particular do mistério pascal como vértice de toda a vida do Senhor; mistério que é, por seu turno, a realização de toda a história salvífica veterotestamentária); significa tornar presente tal obra salvífica, para prolongá-la na vida cotidiana, vivê-la exatamente aí, na esperança de chegar um dia, com o auxílio da graça de Deus, à consumação e à realização escatológica definitiva de tais mistérios no Reino de Deus plenamente revelado [...] A genuína espiritualidade litúrgica é sempre unidade de uma celebração santa e do seu prosseguimento na vida (NEUNHEUSER, B., Espiritualidade litúrgica, p. 382).

628. A teoria positivista, a neopositivista e a analítica da linguagem colocam o enfoque no objeto. Por isso, a linguagem serve para descrever as coisas objetuais. Tanto o sujeito do discurso quanto o destinatário são secundários no processo de comunicação em relação aos interlocutores. Esse pensamento afirma que apenas a linguagem científica tem a clareza, a precisão e a objetividade, baseada em verificação experimental, necessárias para a comunicação. Nesse sentido, essas escolas desconsideram a linguagem teológica em seu poder comunicativo visto que Deus não é um objeto experimentável.

629. As teorias existencialista e hermenêutica se interessam pela categoria de "relação" entre os interlocutores. Diferente das escolas positivista, neopositivista e analítica da linguagem, os existencialistas e os hermeneutas defendem que a linguagem não se reduz a descrever coisas – linguagem científica. A linguagem constitui-se numa condição de sociabilidade. Nesse sentido, o fenômeno da linguagem demonstra que o homem é um ser aberto a construção de sentido e faz isso, sempre, em relação com outras realidades – Deus, as pessoas e as coisas. Além disso, a linguagem tem um valor de presença na qual quando se fala, se dá existência a quem fala, a quem escuta e aquilo de que se fala. A linguagem retira os interlocutores tanto do silêncio quanto do falatório. Ela, no fundo, é um testemunho da existência. Segundo ainda as escolas

e psicanalíticas[630] produziram suas percepções sobre o *homo loquens*. Esse debate entre as diferentes correntes adentrou o mundo da teologia e fez com que os teólogos refletissem sobre a revelação divina sob à luz da linguagem e da comunicação. Esse esforço teológico é chamado de teologia da comunicação[631].

O termo "comunicação" é oriundo da língua latina. Ele é formado por *communis* (comum, público) e por *actio* (ação, obra). O termo *communis*, por sua vez, é formado pelo prefixo *cum* (com, junto) e a palavra *munus* (encargo, função, múnus). A etimologia da palavra comunicação traduz a ideia de uma ação conjunta na qual os participantes põem algo em comum ou partilham algo entre si. A liturgia, como experiência de comunicação, já pode ser entendida como uma ação sinérgica na qual Deus e os homens partilham, cada um ao seu modo, o amor e a salvação. Nos chama à atenção, ainda, a similaridade da etimologia da palavra grega liturgia – obra do povo – com a de comunicação – obra pública[632].

As ciências humanas e sociais, no último século, estabeleceram uma tríade transcendental da comunicação. Esta tríade postula que, em todo processo de comunicação, temos três constantes atuantes: o sujeito, o objeto e o interlocutor. O sujeito é o agente da fala, o objeto é o referente sobre o qual se liga a fala e o interlocutor é a quem se destina a mensagem do sujeito sobre o objeto. As correntes de pensamento se dividem de acordo com o valor e a ênfase dadas a cada uma dessas constantes da tríade[633].

O contexto no qual a teologia da primeira metade do século XX se desenvolveu estava marcado por essa preocupação pela linguagem e pelo evento comunicativo. As diferentes correntes das ciências humanas e sociais levaram, através de suas críticas, ao aprofundamento da ciência teológica em relação direta à lin-

---

existencialistas e hermenêuticas, a linguagem é processual, pois ela nunca é, definitivamente, reveladora, mas uma experiência de desvelamento e de construção de sentido.

630. As escolas estruturalistas e psicanalíticas trabalham com a noção de que o pensamento é condicionado pela linguagem. Ao invés de partirem da concepção tradicional que o pensamento é expresso pela linguagem, ou seja, que o mundo interior extravasa para o exterior através de fenômenos de linguagem, esses autores acreditam que o arco de pensamento está limitado pela linguagem na qual o sujeito está inserido. Tanto os aspectos culturais (estruturalismo) quanto os aspectos biológicos-psíquicos (psicanálise) são condições de possibilidade do pensamento. Essas teorias também se chocaram contra o pensamento teológico-tradicional e incentivaram a teologia a repensar muitas de suas teorias e levar em conta certos limites biológicos-culturais.

631. B. Mondin nos fala que enquanto no período antigo e medieval, a filosofia e a teologia versaram sobre o tema do ser (ontologia) e na teologia moderna, sobre a questão do conhecer (gnosiologia), atualmente, a filosofia e a ciência deslocaram seu interesse para a linguagem (MONDIN, B., O homem, quem é ele?, p. 137).

632. GAFFIOT, F., Dictionnaire latin français, p. 356-357 e TORRINHA, F., Dicionário latino português, p. 188-189.

633. MONDIN, B., O homem, quem é ele?, p. 144-145.

guagem e à comunicação[634]. O esforço feito pelos teólogos pré-conciliares desembocaram nos textos das constituições do CV II. Os Padres, muito conscientes do *status* do pensamento ocidental, se valeram de todo desenvolvimento da teologia, à luz das questões de então, para reproduzirem nos textos conciliares uma leitura da revelação divina na ótica de um processo comunicativo-dialogal.

O texto do Concilio Vaticano II baliza uma verdadeira teologia da comunicação. De fato, a SC, a LG e a DV introduzem e desenvolvem a sua doutrina teológica sob o signo da comunicação. O trabalho teológico desenvolvido no pré-concílio adentra o universo magisterial e impulsiona uma nova compreensão da relação entre Deus e o ser humano. Essa baliza conciliar influenciará a teologia católica posterior e, indubitavelmente, as concepções sobre a teologia, a espiritualidade e a pastoral litúrgica.

No texto da SC, encontramos a fé em um Deus que fala – "tendo falado outrora muitas vezes e de muitos modos aos nossos pais pelos profetas, quando chegou a plenitude dos tempos, enviou o seu Filho, Verbo feito carne, ungido pelo Espírito Santo, a evangelizar os pobres" (SC 5). Ele fala para transmitir a boa notícia da salvação, por meio do seu Filho – "mediador entre Deus e os homens" (SC 5) – e da sua Igreja – "enviou os apóstolos, cheios do Espírito Santo, não só para que, pregando o Evangelho a toda a criatura, anunciassem que o Filho de Deus, pela sua morte e ressurreição, nos libertara do poder de satanás e da morte e nos introduzira no Reino do Pai" (SC 6)[635].

Na verdade, a SC está profundamente imbuída da fé no *Deus loquens*. Além das ideias já expostas na SC 5 e 6, temos outros momentos no documento nos quais podemos constatar que Deus fala aos homens e o faz, sobretudo, por meio da mediação litúrgica. Para os Padres Conciliares, Cristo Ressuscitado, não só está presente na liturgia, mas é "Ele quem fala ao ser lida na Igreja a Sagrada Escritura" (SC 7). Na liturgia, ocorre um verdadeiro processo comunicativo entre o Deus que fala e o povo que responde, pois "efetivamente, na liturgia Deus fala ao seu povo, e Cristo continua a anunciar o Evangelho. Por seu lado, o povo responde a Deus com o canto e a oração" (SC 33). No processo comunicativo litúrgico, goza

---

634. K. Rahner foi um dos autores mais importantes na tentativa de pensar a teologia em chave comunicativa. Ele afirma que o ser humano quando vive autenticamente a consciência de si se abre para uma chamada sobrenatural. Com esta afirmação, a obra rahneriana desenvolve a noção de revelação divina e de giro antropológico. Em suas considerações sobre os sacramentos, o teólogo alemão mostra que palavra e sinal são todos símbolos que servem para a mediação do mistério no hoje (RAHNER, K., Oyente de la Palabra, p. 15-32).

635. É necessário destacar que a constituição sobre a liturgia é o primeiro documento do Concílio a ser outorgado. Por isso, a índole dialogal-comunicativa se introduz na teologia conciliar via teologia litúrgica. Depois, outras áreas, se beneficiando dessa concepção, desenvolverão seus temas próprios à luz do diálogo soteriológico-mistérico entre Deus e o ser humano (GRILLO, A., Liturgia come rivelazione, p. 37-57).

de importância o diálogo entre Cristo-esposo e a Igreja-esposa travada na liturgia das horas: "O ofício divino [...] é, verdadeiramente, a voz da Esposa que fala com o Esposo" (SC 84)[636].

Na constituição conciliar sobre a Igreja, temos afirmação na qual Deus chama os crentes para a sua Igreja – "E, aos que creem em Cristo, decidiu chamá-los à santa Igreja" (LG 2). Ademais, a própria Igreja é concebida como uma experiência comunicativa, visto que ela, em sua natureza, é um sacramento – "a Igreja, em Cristo, é como que o sacramento, ou sinal, e o instrumento da íntima união com Deus e da unidade de todo o gênero humano" (LG 1). Como sacramento, ela é uma mediação que possibilita a comunicação-comunhão entre Deus e o ser humanos e entre a própria família humana[637].

A DV é a mais pródiga na concepção da teologia da comunicação. Segundo a concepção presente nessa constituição, Deus "fala aos homens como amigos e convive com eles" (DV 2). Este diálogo iniciado por Deus – proposta de amizade e de convivência – tem como objetivo convidar e admitir o ser humano "à comunhão com Ele" (DV 2). A linguagem usada por Deus para se comunicar com os homens é constituída de "sinais e palavras intimamente relacionados entre si" (DV 2). Entre todos os sinais e palavras usados por Deus, a encarnação do Verbo é o ápice da comunicação com os homens. Sendo assim, Cristo é "o mediador e a plenitude" da ação comunicativo-dialogal divina (DV 2)[638].

Em suma, o CV II, a partir da retomada da fonte bíblica e patrística e em diálogo com as proposições das ciências humanas e sociais, consolidou o tema da comunicação e diálogo. De fato, A teologia bíblica é pródiga na compreensão do *Deus loquens*, ou seja, do "Deus que fala". Os Padres da Igreja, por sua vez, desenvolveram sua concepção trinitário-cristológica no horizonte da doutrina do *lógos*.

---

636. O parecer de J. Castellano nos mostra o valor dessa intuição do Deus que fala através de sua palavra proclamada na assembleia litúrgica: Estou plenamente convencido que o fato mais importante da reforma litúrgica, do ponto de vista ecumênico, pastoral e espiritual, a chave e medida de uma renovação litúrgica para toda a Igreja, é o lugar preeminente que hoje ocupa a palavra de Deus na liturgia" (CASTELLANO, J., Liturgia e vida espiritual, p. 284).

637. A LG trabalha a sua eclesiologia à luz de uma noção fundamental: a Igreja é um mistério (LG 5). A própria constituição da Igreja pertence ao mistério divino revelado. Ela é, então, uma palavra do diálogo salvífico travado entre Deus e o homem. De fato, na teologia bíblica, é a palavra de Deus que reúne os fiéis e os transforma tanto na *qahal* quanto na *ekkelesia*. Desta forma, a teologia fontal nos revela essa experiência fundamental com o mistério de Cristo na qual Deus age convocando seu povo ao diálogo. Não é possível pensar na Igreja, comunidade pascal-pentecostal, sem essa referência constitutiva de comunidade reunida para ouvir e responder a Palavra de Deus. Nesse sentido, a experiência mística litúrgica é, essencialmente, eclesial porque ser Igreja é escutar-responder ao mistério divino (RATZINGER, J., Compreender a igreja hoje, p. 9-26).

638. A DV 2 é brilhantemente escrita. Ela desenvolve o lugar de cada interlocutor – a Trindade e o homem –, a linguagem usada por eles – sinais e palavras – e o objetivo divino – o amor e amizade (PUIG, A., Teología de la palavra a la luz de la Dei Verbum, p. 30-32).

Essas duas posturas serviram de base para a compreensão do evento cristão em chave comunicativo-dialogal[639].

A teologia pós-conciliar continua desenvolvendo as afirmações sobre o diálogo salvífico. A "fala" divina, se caracteriza por ser dialogal. Diferente de outras concepções teológicas, o Deus cristão fala para travar um diálogo. Ele não se mostra um ditador autoritário, violento, impositivo e autocentrado. Esse tipo de compreensão ou de escuta fez com que a própria fala da Igreja – *ad intra* e *ad extra* eclesial – sofresse uma profunda transformação. Se Deus fala com amor, buscando a relação de amizade com o homem, a Igreja é impulsionada a se desfazer de um estilo autoritário, autocentrado e impositivo – *societas perfecta* – para assumir sua verdadeira face como dialogal, diaconisa e sinodal[640].

O diálogo iniciado e continuado por Deus tem um destinatário preciso: o homem. Desse dado, é possível afirmar que o *Deus loquens* criou, pela sua palavra, o *"homo loquens"* para uma relação dialogal com Ele. Em última instância, a antropologia cristã concebe o homem como uma criatura dialogante. Ao homem cabe uma resposta à mensagem divina. Essa mensagem, contudo, é pronunciada, pelo menos em quatro níveis, todos de forma sacramental: o nível cósmico-criacional, o antropológico-pessoal, o social-fraterno e o salvífico-divino. O homem é chamado a responder essa quádrupla mensagem, ou seja, ele se compromete com o cosmos, consigo, com o irmão e com Deus. A resposta humana é uma palavra, mas uma palavra ação-compromisso[641].

O homem, contudo, é um interlocutor limitado diante de Deus. Por isso, esse último age com certa condescendência e pedagogia para comunicar sua

---

639. A celebração litúrgica está centrada nessa experiência de diálogo entre Deus e os homens. Desse aspecto teológico, se deriva os aspectos estruturais: a relação entre Liturgia da Palavra e liturgia do sinal. O princípio teológico-litúrgico que subjaz o ordo ritual é assim expresso: "A palavra de Deus, como revelação e doação de sua vida, é a força estruturante de toda a liturgia: Deus fala, revela, anuncia; a igreja escuta e atualiza a revelação. A igreja realiza o mistério anunciado nos sacramentos. A Igreja responde, louva, dá graças. Esse é o tríplice componente das ações litúrgicas: Palavra, ação, oração. Palavra de Deus a seu povo; ação sacramental que atualiza a salvação; oração de bênção, de invocação e de súplica da Igreja" (CASTELLANO, J., Liturgia e vida espiritual, p. 286).

640. A Igreja pós-conciliar possuí três eixos irrenunciáveis: o dialogal, o diaconal e o sinodal. A Igreja, diante desse Deus que fala aos homens, modificou sua postura diante dos seus fiéis, dos demais cristãos e religiosos e dos homens chamados de boa-vontade. A eclesiologia do CV II concebe uma Igreja capaz de dialogar com outras tradições cristãs, religiosas e humanas, de se comprometer com o serviço e de construir a comunhão entre os povos (PIÉ-NINOT, S., Introdução à eclesiologia, p. 106-107).

641. O homem responde a Deus no seu compromisso com o próprio Senhor, com a vida de seus irmãos e com a natureza circundante. Muitas vezes, se concentrou na resposta do homem a Deus apenas na sua relação com o seu Redentor, esquecendo-se do cuidado com as pessoas e o cosmos. Atualmente, cresce a consciência fraterna e ecológica a qual se sabe que a resposta ao evangelho divino incorpora uma atenção igual ao amor ao próximo e ao cuidado com a casa comum (RUBIO, A. G., Unidade na pluralidade, p. 310-311).

mensagem ao homem. No tempo da Igreja, Deus, adaptando-se às possibilidades humanas, continua usando da linguagem sacramental. Essa linguagem, presente tanto no tempo da promessa quanto na plenitude dos tempos, possui características gerais de toda a história salvífica e peculiaridades concernentes aos nossos tempos. Os sinais desse período eclesial são o Cristo, a Igreja, a Escritura, a liturgia, o homem, a história e o cosmos. Esses sinais, embora, possuam forças diferentes de comunicação, são todos instrumentos do mistério divino. O cristão não acolheria a revelação da identidade e da vontade divinas sem a mediação dessa linguagem sacramental[642].

A palavra transmitida por Deus aos homens é o próprio Filho, o *lógos* divino (Jo 1,1). Na Primeira Aliança, a palavra divina é de importância capital. Ela é, ao mesmo tempo, revelação e ação divina na história. Ela é revelação porque manifesta aos homens a identidade e a vontade divina e é, também, ação, pois efetua algo concreto na história salvífica (Nm 23,19; Is 55,10). A Palavra de Deus exigia do Povo de Israel uma resposta. Tal resposta era dada por meio de palavras – o culto e a oração – e também de ações – a conversão. Na Nova Aliança, algo inaudito ocorre com a Palavra de Deus: ela se encarna e se visibiliza (Jo 1,14). O que Deus disse na economia veterotestamentária se visibiliza na economia neotestamentária. A palavra se torna vida. Essa dinâmica transborda para o tempo da Igreja que se beneficia da palavra-ouvida (Escritura), da palavra-encarnada (sinal sacramental) e da palavra-vivida (testemunho). Dessa forma, a Palavra de Deus não é, simplesmente, uma doutrina, mas uma ação soteriológica a qual o homem é chamado a ouvir, ver e viver[643].

Na verdade, Deus busca constituir com os seres humanos uma relação de amizade. Aquele privilégio veterotestamentário atestado a Moisés – "O Senhor, então, falava com Moisés face a face, como um homem fala com seu amigo" (Ex 33,11a) – é, em Jesus Cristo, franqueado a todos os discípulos – "Já não vos chamo servos, porque o servo não sabe o que o senhor faz; mas vos chamo de amigos,

---

642. A teologia, no último século, considera que, não apenas os sete sacramentos, mas outras realidades gozam de um *status* sacramental. Os teólogos partem de uma visão cristológica para precisar a noção de sacramento. A afirmação que Cristo é o sacramento radical e primordial regula dois postulados teológicos. O Cristo é o sacramento raiz na medida em que qualquer outro sacramento se sustenta no seu modo de ser sacramental. Ele é o sacramento primordial porque é o primeiro, não no sentido temporal-histórico, mas no sentido ontológico. Em suma, a cristologia define a sacramentologia e, por conta disso, não pode existir nenhuma realidade sacramental sem vinculação direta com o evento Cristo. Esse tipo de fundamentação da sacramentologia na cristologia fez com os teólogos identificassem outras realidades, além do setenário, como sacramentos – lugares da presença e atuação do Ressuscitado no tempo da Igreja. Sobre este tema do aprofundamento teológico da sacramentalidade e da presença de Cristo, indicamos o texto enriquecedor de CASTELLANO, J., *Liturgia e vida espiritual*, p. 129-187.

643. FEUILLET, A.; GRELOT, P., *Palavra de Deus*, p. 716-724.

porque tudo o que ouvi de meu Pai, vos dei a conhecer" (Jo 15,15). Jesus abre a amizade divina aos seus discípulos, justamente, por causa da comunicação das palavras salvíficas. Essa passagem de Moisés para Jesus é, no fundo, a progressiva revelação do amor divino pelo homem – *ex abundantia caritatis* (DV 2). A comunicação entre Deus e o homem foi caracterizada, pelo próprio Deus, na categoria da amizade[644].

Essa amizade vivência entre Deus e o ser humano visa, no fundo, uma experiência de comunhão cada vez maior. Deus quer convidar o homem para uma relação com Ele. Essa comunhão é entendida como uma confluência do ser inteiro do homem, em todas as suas dimensões, em consonância com a vontade divina. O mistério pascal (encarnação – ascensão) é o paradigma dessa comunhão entre Deus e o homem. Nele o Espírito Santo une a natureza divina à natureza humana e a eleva. Da mesma forma, o processo de divinização humano passa pela ação do *Pneuma* unindo a natureza humana à divina, conduzindo-a à comunhão sempre mais profunda com amor divino.

Jesus, em sua natureza humana, também foi chamado pelo Pai ao diálogo. Ele deixou o testemunho mais alto do intercâmbio entre Deus e os homens. Sua vida é, totalmente, resposta oferente e obediente ao Pai que se manifesta em seu ministério de anúncio do amor misericordioso divino. Em Cristo, vemos, claramente, o homem respondendo o mandamento indissociável de amar a Deus e ao próximo. Ele não prioriza um em detrimento do outro, mas mostra que amar a Deus é indissociável do amor aos irmãos, em especial, aos mais pequeninos[645].

Do ponto de vista litúrgico, o momento histórico-salvífico mais importante do diálogo travado entre Deus e os homens é o escatológico. O Senhor ressuscitado entra no santuário celeste para prestar um culto de intercessão pela Igreja e pela humanidade e de louvor pela salvação oferecida aos homens. O culto escatológico prestado pelo Filho ao Pai tem uma dupla característica de intercessão (epiclético) e de louvor (doxológico). Cabe ao Espírito Santo, o primeiro dom do Ressuscitado, fazer com que a Igreja se una e participe, de forma sacramental, da relação entre o Filho e o Pai. A liturgia eclesial é, em última instância uma participação nesse diálogo escatológico do Filho com o Pai pela ação pneumática.

---

644. PUIG, A., Teología de la palabra a la luz de la Dei Verbum, p. 35-39.

645. Nos últimos anos cresce na teologia a consciência do sacramento do irmão. Chama-nos a atenção a visão profunda de L. Boff sobre esta realidade: "Como aparece o Senhor no sacramento do pobre? Neste, Deus se encontra não diretamente, em sua força divina e sua graça salvadora, como nos sacramentos rituais. Ele aí aparece como o Deus pobre e não como o Deus rico em favores. O sacramento do pobre nos comunica o Deus de sua vontade e não o Deus de seu auxílio. Aí Deus é interpelação e não consolação, questionamento e não justificação. Efetivamente, diante do pobre o homem é convocado ao amor, serviço, solidariedade e justiça. Esse é um sacramento amargo de se receber. E, no entanto, permanece, o único sacramento absolutamente necessário para a salvação" (PIXLEY, J.; BOFF, C., Opção pelos pobres, p. 136).

Desta forma, a liturgia – experiência comunicativo-dialogal – conduz os cristãos de um culto sacramental para o diálogo eterno, da economia sacramental para a consumação salvífica[646].

A comunicação entre Deus e o homem é possível se respeitados três princípios teológicos. O primeiro princípio teológico é afirmação da inefabilidade de Deus. O ser divino, em sua totalidade, é indizível, ou seja, Deus é sempre maior do que a possibilidade de experimentação, conscientização e formulação linguística humana. O segundo princípio teológico é a adaptação feita por Deus para comunicar algo de si e de sua vontade ao homem. O dialogante divino adapta sua mensagem às possibilidades linguístico-hermenêuticas humanas permitindo uma verdadeira comunicação-diálogo. O último princípio teológico é a utilização de uma linguagem sacramental. Deus se utiliza de eventos, gestos, palavras para comunicar sua palavra[647].

Diante desse panorama teológico legado pelo CV II, a teologia litúrgica pós-conciliar entende a celebração litúrgica como um processo dialogal-soteriológico em que Deus fala e o povo responde. Esse diálogo litúrgico é, simultaneamente, mistérico, místico e mistagógico. Ele é mistérico pois pertence ao próprio *mystérion* – a revelação e a comunicação da salvação cristã. Ele é místico porque é uma experiência, aberta a todos os iniciados, com a Trindade. Ele é mistagógico em virtude do caráter processual, dinâmico e gradativo de aprofundamento na comunhão com o *mystérion*. Desta forma, a liturgia, como experiência dialogal, reúne o trinômio mistério, mística e mistagogia[648].

---

646. SC 8.

647. Queremos deixar nosso parecer em favor de um certo apofatismo da experiência comunicativo-dialogal litúrgica. É necessário incutir nos celebrantes a mentalidade teológica de que a mensagem divina é comunicada de forma pedagógica na experiência eclesial e pessoal. Sem essa mentalidade, se corre o risco de um discernimento apressado e de se absolutizar compreensões parciais como definitivas. Uma compreensão do diálogo divino-humano precisa entender o alcance limitado dessa experiência no tocante a definição de "identidade" e da "vontade" de Deus. A esse respeito, o Papa Francisco alertou a Igreja, dizendo que: "Não nos esqueçamos de que o discernimento orante exige partir da predisposição para escuta: o Senhor, os outros, a própria realidade que não cessa de nos interpelar de novas maneiras. Somente quem está disposto a escutar tem a liberdade de renunciar ao seu ponto de vista parcial e insuficiente, aos seus hábitos, aos seus esquemas. Dessa forma, está realmente disponível para acolher um chamado que quebra as suas seguranças, mas o leva a uma vida melhor, porque não é suficiente que tudo corra bem, que tudo esteja tranquilo. Pode acontecer que Deus esteja nos oferecendo algo mais e, na nossa cômoda distração, não o reconheçamos" (GE 172).

648. Os liturgistas reconheceram o lugar autorizado da celebração litúrgica como experiência com Deus. Assim, a liturgia pode "tornar-se uma experiência espiritual absolutamente válida, e capaz de dar aquele conhecimento-união de amor ao mistério de Cristo, que não se reduz a uma fugaz sensação de presença de Cristo, quase externa a nós, mais que se torna cada dia mais, no nosso íntimo, uma exigência de progressiva inserção na realidade de Cristo. Será este o caminho da conformação-configuração de nós mesmos a Cristo: por meio da celebração" (MARSILI, S., La liturgia primaria esperienzia spirituale cristiana, p. 98).

A relação entre liturgia e comunicação-diálogo foi pensada nos últimos cinquenta anos pós-conciliares em uma linha mais teórica (teológica), uma mais celebrativa (ritual) e em outra mais prática (técnica). A linha teológica é mais profunda porque carrega a afirmação central de que a liturgia é um encontro comunicativo-dialogal entre Deus e os homens. Ela serve de fundamento para as outras linhas. A linha ritual trabalha, em consonância com a base da linha teológica, a organização dos diversos ritos constitutivos das celebrações litúrgicas a fim de que sejam de fato mediadores do diálogo divino-humano. A linha técnica se sente responsável por aspectos concretos da celebração. Embora reconheçamos que essas três linhas devem desenvolver-se em consonância para uma feliz experiência comunicativa através do culto eclesial, nosso interesse está na linha teológica e na celebrativa.

As ideias centrais da liturgia como experiência de comunicação e diálogo entre Deus e os homens são: a experiência comunicativa litúrgica, os seus interlocutores (Deus e a assembleia, Deus e cada celebrante, entre a própria assembleia e o diálogo interior e pessoal), a sua linguagem (simbólico-ritual), o seu conteúdo (o mistério de Cristo atualizado no "hoje") e o seu objetivo (a comunhão com Deus, consigo, com os outros e com o cosmos)[649].

A atual teologia litúrgica afirma que a celebração é uma experiência de comunicação. Essa afirmação está assentada na concepção da tradição bíblico-patrística. Nessa concepção, a própria liturgia é um sinal sacramental. Com isso, se afirma não apenas que a Igreja tem sacramentos, mas que a própria natureza da liturgia é sacramental. Tal sacramentalidade da liturgia faz com que ela tenha uma dimensão invisível, eterna e divina e uma dimensão visível, histórica e humano-social. Sendo assim, a natureza sacramental da liturgia inter-relaciona o evento histórico-salvífico – dimensão invisível, eterna e divina – e o evento celebrativo – dimensão visível, histórica e humano-social[650].

---

649. CIBIEN, C., Comunicazione litúrgica, p. 410-428.

650. A sacramentalidade da liturgia pode ser vista de maneira direta na teologia patrística. Ambrósio de Milão e Agostinho entendem a liturgia em sua dupla valência como sinal: uma parte visível e temporal, ligada com a matéria e uma parte invisível e eterna, em dependência da ação do Espírito Santo. Ambrósio de Milão escreve que "Por conseguinte, não acredites só nos olhos do teu corpo. Mais segura é a visão do invisível, porque o que se vê é passageiro e o que não se vê é eterno. Mais segura que a visão dos olhos corporais é a visão da alma e do Espírito" (De Mist. 15). Agostinho nos escreve sobre o lado invisível da liturgia, verdadeiro fundamento do lado visível "Mas ele, primogênito entre os mortos, ressuscitou, subiu aos céus, e sentou-se à direita de Deus. Como diz Paulo: 'Cristo, depois de oferecer pelos pecados um único sacrifício, sentou-se para sempre à direita de Deus, esperando, por último, que seus inimigos sejam postos como estrado sob seus pés. E deste sacrifício que Ele é ministro, porque subiu ao céu, onde realiza para nós a liturgia, a fim de nos atrair a todos para si'" (Hom. 15, 16).

A dimensão histórico-salvífica é aquela, diretamente, vinculada ao mistério divino. Os atos salvíficos divinos no transcurso da história são revelados aos homens por meio do Cristo, como mediador máximo, e do Espírito Santo, como comunicador universal. Dessa forma, a criação, a Primeira Aliança, a plenitude dos tempos, o tempo da Igreja e a consumação final fazem parte do mesmo processo comunicativo, dialógico e soteriológico trinitário, desenvolvido na história, para que os homens participem da vida divina.

No tempo da Igreja, a celebração litúrgica é um evento integrante da história da salvação. Nela, o mistério divino se faz presente pela mediação do Cristo Ressuscitado e se comunica pela ação do Espírito Santo. Em cada celebração, os eventos da história salvífica posteriores – criação, Primeira Aliança e plenitude dos tempos – se fazem presentes e o evento final – a consumação escatológica – se antecipa, ambos na força do mistério pascal de Cristo. Assim, a liturgia, composta de sinais visíveis, apresenta aos fiéis, no "hoje", a salvação, previamente preparada e conquistada e profeticamente antecipada. Ela é uma memória dos eventos passados e uma antecipação dos futuros. O edifício visível, histórico e humano-social das celebrações está em função dessa realidade salvífica, ou seja, a sacramentalidade da liturgia serve ao mistério pascal[651].

A dimensão celebrativa é aquela ligada ao conjunto de sinais e palavras, ritos e preces. Ela tem como função historicizar os eventos da história da salvação, ou seja, trazer para o *hic et nunc* o conteúdo salvífico através da mediação celebrativo-ritual. Os sinais pertencentes a liturgia provêm da natureza e da cultura humana – água, pão, vinho, palavra, gestos etc. Esses sinais possuem um primeiro nível de significado base. Todavia, na celebração litúrgica, eles extrapolam sua significação base e adquirem novos significados a partir da ação divina na história salvífica. A celebração litúrgica possibilita uma experiência comunicativa mais profunda, pois faz com que os elementos naturais e culturais sejam elevados a um nível semântico novo através do qual Deus e o homem podem dialogar.

Nesse sentido, o *corpus* ritual, gestual e léxico da experiência litúrgica precisa ser considerado em sua carga ambivalente. De um lado, existe já uma história da utilização de certos sinais por Deus em favor da humanidade. Assim, a presença dos sinais (elementos, gestos e palavras) dentro da economia revelatória e

---

651. Esta noção teológica da liturgia como momento da história da salvação foi proposta por S. Marsili. Este liturgista afirma que "Hoje a liturgia é também – como Cristo mesmo – um evento da salvação no qual se continua efetivando aquele anúncio que no tempo antigo prometia a realidade de Cristo. Portanto, a liturgia é um momento síntese da história da salvação, porque reúne anúncio e evento, isto é, Antigo e Novo Testamento; mas, ao mesmo tempo, é o momento último da mesma história, porque sendo a continuação da realidade, que é Cristo, a sua tarefa é a de completar progressivamente em cada um dos homens e na humanidade a plena imagem de Cristo" (MARSILI, S., A liturgia, momento histórico da salvação, p. 111).

soteriológica foi se consolidando, gradativamente, na experiência dialogal entre Deus e o ser humano. Contudo, do outro lado, existe uma assembleia, composta de pessoas diferentes, interpretando aqueles sinais usados por Deus. Essas pessoas precisam adquirir uma sensibilidade para entrar no jogo hermenêutico próprio do mundo litúrgico. Sem essa formação para a participação na liturgia, a comunicação entre Deus e o crente não acontece, pois, apesar da mensagem ter sido enviada através do sinal, o interlocutor não consegue decodificá-la realmente[652].

A dimensão histórico-salvífica e a celebrativa se relacionam mutuamente. Embora a primeira dimensão seja a mais importante – pois é o próprio conteúdo da comunicação entre Deus e o ser humano –, ela só é acessível através da dimensão celebrativa. Esta última, então, é indispensável na comunicação divino-humana. Contudo, para se chegar ao sentido histórico-salvífico por meio da celebração, se faz necessário uma formação adequada. A linguagem sacramental litúrgica, em sua bivalência "salvação-celebração", exige de seus celebrantes uma adequada participação hermenêutica[653].

A teologia litúrgica atual parte da compreensão de que Deus é o comunicador principal. Ele inicia um diálogo com o ser humano através da criação, continua-o por meio das suas intervenções na história *salutis* e o eterniza na consumação unitiva final. Dessa forma, a criação do cosmos e do homem, bem como as intervenções divinas na história, colocam a comunicação entre Deus e o homem sob o regime da mediação sacramental[654].

---

652. A mística litúrgica procura relacionar o aspecto objetivo – o dado teológico-revelado – e o aspecto subjetivo – as vicissitudes das culturas e dos povos junto com as particularidades de cada pessoa. A cisão entre os aspectos objetivos e subjetivos durante o segundo milênio, com um acento eminentemente subjetivo, gerou uma espiritualidade desvinculada das fontes bíblica e litúrgica. Para o terceiro milênio é necessária uma reintegração do aspecto objetivo no qual as experiências subjetivas estejam no conjunto da história da salvação. As palavras de M. Augé são bem clarificadoras no tocante a relação indissociável entre objetividade e subjetividade na experiência litúrgica: "Na experiência religiosa cristã é evidente a inseparabilidade entre os elementos objetivos (em relação com a tradição cristã) e os elementos subjetivos (em relação à experiência religiosa individual). A liturgia garante essa consonância, porque nela a subjetividade é transfigurada pela objetividade da graça criando um singular ponto de encontro entre o 'eu' e a 'aquele que o chama'. Na liturgia o subjetivo se objetiviza e o objetivo se subjetiviza em uma síntese muito especial de interno-externo, corporal-espiritual. Concluindo, dizemos que não é necessário opor objetivo e subjetivo, mas concebê-los como dois aspectos que se integram reciprocamente" (AUGÉ, M., Espiritualidade litúrgica, p. 90).

653. CIBIEN, C., Comunicazione litúrgica, p. 410-414.

654. Sobre a relação dialogal estabelecida por Deus, a teologia litúrgica atual acredita que "na história salvífica, Deus é o iniciador de um diálogo – entre Ele mesmo, o homem e o mundo – que vai se desenvolvendo progressivamente através de alguns personagens ou acontecimentos através dos quais se exprime o encontro entre Deus e os homens, que supõe a doação de graça e a resposta de fé, num *hic et nunc* histórico concreto [...] Conclui-se de tudo isso que os sacramentos, enquanto recapituladores da estrutura sacramental da história salvífica, são a expressão celebrativa eclesial mais significativa de uma continuidade desse diálogo salvador" (BOROBIO, D., Da celebração à teologia, p. 296-297).

Nesse diálogo divino-humano, Jesus ocupa um lugar único. Na lógica da união entre natureza humana e divina, Ele é, ao mesmo tempo, tanto a palavra divina máxima quanto a resposta humana integral. A mediação sacramental de Cristo ocorre nos níveis ontológico e ético. No nível ontológico, o seu próprio ser goza de uma dimensão invisível e divina (a natureza divina) e uma dimensão visível e humana (a natureza humana). Esse nível ontológico mostra as fronteiras do encontro dialogal e unitivo entre Deus e o homem. No nível ético, as palavras, os gestos e a presença de Jesus são, no fundo, todos atos humanos, mas também, sua atuação divina. No conjunto dessas atitudes se destacam aquelas palavras e gestos que manifestam a salvação – o chamado divino, a vontade divina, a glorificação do Pai e a santificação dos homens. Desta forma, o evento Cristo é o centro desse diálogo divino-humano.

Embora a encarnação seja o fundamento da sacramentalidade do Cristo, é a ascensão que nos revela o seu alcance pleno. O diálogo unitivo, iniciado com a encarnação, encontra sua dimensão máxima na meta-história, no santuário celeste. O Cristo, Verbo de Deus, continua sua missão de revelador do *mystérion* divino. Ele revela o mistério, nesses últimos tempos, através de seu corpo eclesial, mais propriamente, pelo anúncio evangelizador e pela liturgia. Por outro lado, o Cristo, resposta humana, nos representa diante do Pai, se tornando a resposta integral e paradigmática do homem diante do mistério[655].

A liturgia é uma ação comunicativa entre Deus e os homens. A base dessa comunicação é o próprio ser de Jesus Cristo: palavra divino-humana. A liturgia, como evento salvífico próprio do tempo eclesial, é o local no qual o Cristo fala, revelando o Pai à sua Igreja pela mediação sacramental e, ao mesmo tempo, fala ao Pai em nome de seu povo. Essa dimensão comunicativa é a moldura na qual as celebrações eclesiais se desenvolvem. Sem essa dimensão corre-se o risco de se desfigurar a natureza da liturgia e da salvação cristã. A liturgia exige uma cristologia em chave comunicativo-dialogal.

Deus Pai se caracteriza por seu caráter fontal de dialogante. Ele é quem tem a iniciativa de proferir a sua palavra – a segunda pessoa da Trindade – e de

---

655. O valor do evento da ascensão na teologia do Ocidente ainda precisa ser aprofundado. Normalmente, ele é interpretado como a incorporação da natureza humana na vida trinitária. Todavia, o evento da ascensão não se limita apenas ao seu aspecto final, mas ele possui um aspecto processual ligado com a vida da Igreja. Assim, "pela ascensão, Cristo não desapareceu, mas, pelo contrário, começa a mostrar-se e a vir [...] Entre a sua primeira ascensão e aquela que terá o seu ponto culminante no zênite da sua parusia gloriosa, situam-se os nossos últimos tempos. O Senhor não partiu para descansar de seu trabalho redentor: o seu trabalho é, daqui em diante, junto do Pai, e, desse modo, Ele está bem mais perto de nós, muito perto de nós, nesse trabalho que é a liturgia dos últimos tempos. Levou os cativos que somos nós para o mundo novo da sua ressurreição, e derrama sobre os homens os seus dons, o seu Espírito" (CORBON, J., A fonte da liturgia, p. 43).

encarná-la – Jesus Cristo. Deus Filho se identifica assim como a palavra divino-
-humana, a concretização ontológica do intento comunicativo cristão: Deus se faz homem para que o homem possa se fazer Deus (2Pd 1,4). Contudo, permeando as ações do Pai e do Filho está a figura do Espírito Santo, sem o qual a comunicação-diálogo entre Deus e os homens não aconteceria.

A missão do Espírito sempre foi tornar as realidades divinas possíveis, em seus limites, ao mundo humano-cósmico. A criação, realizada sob a égide do *Ruah*, é um exemplo de como a vontade trinitária se materializa pela ação pneumática. A encarnação é possibilitada pela ação do *Pneuma*, visto que, ele, no seio da Virgem, faz a obra de união das naturezas no Verbo. Igualmente, a liturgia, como ação comunicativo-dialogal, ocorre pela ação pneumática. De fato, é tarefa do Espírito unir o culto eclesial ao diálogo prestado pelo Filho ao Pai, fazendo do primeiro. Nesse sentido, podemos afirmar que a liturgia é uma participação real, em linguagem sacramental, do culto escatológico[656].

O processo comunicativo de cada ação litúrgica é amplo. Nele, podemos identificar quatro dimensões comunicativas constitutivas e fundamentais. Devemos dizer ainda que esses quatro processos são interdependentes e interconectados de tal modo que ocorrem em profunda sintonia. Numa celebração litúrgica, então, encontramos as seguintes relações: entre Deus e a assembleia litúrgica, entre Deus e cada participante, entre os membros da assembleia litúrgica e o diálogo pessoal de cada participante.

A primeira relação comunicativa dá-se entre Deus e a assembleia litúrgica. Esta relação basilar é atestada na Escritura Sagrada. Tanto o termo *quahal* quanto o termo *ekklesia* querem, exatamente, destacar essa característica de diálogo comunicativo salvífico entre Deus e seu povo: a palavra divina é dirigida a seu povo convocado e reunido. Essa relação é fundante – base para as outras relações – e includente – engloba as outras relações. Por isso, celebração litúrgica deve ser entendida, em primeiro lugar, como ato comunicativo entre Deus e o seu povo reunido. Desta forma, a mensagem divina destina-se, primeiramente, a uma comunidade reunida e gerando nela a postura de escuta e discernimento eclesial, que pode ser ilustrada na pergunta: "O que Deus quer nos falar?"[657]

---

656. O Espírito Santo é um participante indispensável na comunicação entre Deus e os homens. M. A. Triacca nos escreve que: "Na sua dimensão descendente, a liturgia é comunicação do Espírito Santo que realiza a presença do Cristo glorificado, que, por sua vez, confere o Espírito a seus irmãos. Na sua dimensão ascendente, a liturgia é voz do Espírito Santo em Cristo-Igreja para a gloria do Pai" (TRIACCA, A. M., Espírito Santo, p. 360).

657. A teologia bíblica aponta diretamente para a relação Deus e o povo. Ela atesta que o Povo de Israel nasce na assembleia do Sinai, convocado para escutar e responder a Lei da aliança (Ex 19). Esse evento dialogal originário será celebrado e renovado inúmeras vezes, em especial, na dedicação do templo de

A nossa prática litúrgica atual precisa resgatar esse nível fundante e includente do diálogo entre Deus e a assembleia litúrgica. Esse resgate possibilita uma escuta mais profunda, um discernimento mais seguro e uma encarnação mais efetiva. Uma comunidade que escuta, discerne e se compromete com a palavra comunicada por Deus e com a força sacramental, própria da celebração litúrgica, se torna um espaço de encontro e crescimento na sua vocação de Povo de Deus, corpo de Cristo e de templo do Espírito Santo. Sem essa noção de que Deus fala, em primeiro, à assembleia, a experiência comunicativa litúrgica pode ser reduzida a uma experiência pessoal no meio de outras pessoas – individualismo espiritual. A vocação da liturgia é aquela de ser uma experiência comunicativo-dialogal entre o Deus e o povo[658].

A segunda relação comunicativa estabelecida é entre Deus e cada celebrante. Na moldura da comunicação entre Deus e a assembleia, ocorre um encontro personalíssimo entre Deus e cada um dos iniciados. O Deus que fala ao seu povo se dirige, igualmente, ao coração de cada um dos fiéis. À escuta comunitária se acrescenta o discernimento, o acolhimento, a resposta e a encarnação pessoal. Nesse nível, a pergunta norteadora é "O que Deus quer falar para mim?" O mistério salvífico toca a vida do povo e a vida de cada um dos seus membros[659].

Deus se torna o interlocutor de cada um dos participantes da assembleia litúrgica. Ele interpela cada um com sua mensagem salvífica – palavra e sinal – e espera de cada fiel uma resposta traduzida na vida concreta. Devido à herança litúrgica tridentina, a pastoral litúrgica precisa, atualmente, ensinar a orar na celebração litúrgica. O contexto medieval-moderno fraturou a relação indissociável entre liturgia e oração. Naquele período, a liturgia tendia a ser mais uma obriga-

---

Jerusalém (1Rs 8,14) e na retomada do culto no pós-exílio (Ne 8-9). No Novo Testamento, o novo povo de Deus se manifesta na assembleia de Pentecostes (At 2,1-13) e se percebe em processo de participar da assembleia escatológica do cordeiro e dos seus santos (Ap 21). De fato, a espiritualidade bíblica supera qualquer individualismo e propõe um viés comunitário da vida cristã (At 2,42-44).

658. A percepção de que a liturgia é um diálogo entre Deus e o povo ainda está distante de nossas experiências concretas. A mentalidade vigente se caracteriza por entender a experiência litúrgica como um diálogo pessoal com Deus no meio de outras pessoas. As causas para essa valorização da experiência pessoal na comunitária e não de uma verdadeira experiência comunitária são "esquemas mentais, culturais e espirituais ainda por demais ancorados no individualismo religioso, dificuldades objetivas da vida comunitária, que podem ser vencidas apenas vivendo as tensões e superando-as na mesma lógica da celebração litúrgica, falta de verdadeiras comunidades celebrantes, onde exista continuidade entre a vida quotidiana e o culto litúrgico" (CASTELLANO, J., Liturgia e vida espiritual, p. 256).

659. Além de dirigir a sua palavra ao seu Povo, Deus dirige também sua palavra salvífica a cada fiel de maneira única. Nesse sentido, a oração litúrgica, como diálogo salvífico com Deus, assume todos os aspectos subjetivos de cada participante: sua identidade, sua história, suas questões [...] O Movimento Litúrgico, ao afirmar a objetividade da liturgia, não quis polarizá-la em um "objetivismo". Na verdade, a teologia litúrgica quis retirar a oração cristã do subjetivismo das escolas de espiritualidade e das piedades populares e, novamente, reintegrar o mistério pascal às vicissitudes da vida.

ção legal do que uma oração do fiel. Na verdade, a prática de exercícios de piedade durante a celebração dos sacramentos atesta bem a mentalidade equivocada do tempo. Na nossa época, a renovação litúrgica resolveu a nível ritual essa questão da oposição entre liturgia e oração. Contudo, urge o contínuo trabalho da pastoral litúrgica no sentido de formar os cristãos para aprender a rezar "na" e "com" a liturgia, a fim de superar todas as dicotomias entre oração e culto.

A terceira relação comunicativa estabelecida na celebração litúrgica acontece entre os participantes da assembleia litúrgica. A Igreja reunida não se constitui num conjunto de experiências de pessoas isoladas, mas os seus membros são chamados a serem irmãos. Os participantes de uma assembleia são membros de um mesmo corpo e partilham entre si desafios comuns e questões particulares. Essa realidade emerge na oração litúrgica através das orações de intercessão e louvor. A oração universal e as intercessões da oração eucarística precisam bem que a experiência litúrgica supõe o conhecimento das alegrias e das dores da comunidade eclesial. Na verdade, em última instância, a assembleia também não é fechada em si, mas aberta em direção a toda a comunidade humana.

A nossa prática celebrativa atual precisa estar atenta com essa integração entre os membros da assembleia cultual. A comunidade que se torna assembleia não pode se configurar, simplesmente, com um grupo de pessoas. Existe uma relação entre caridade fraterna e assembleia litúrgica: quanto mais os participantes se amam, melhor celebram o mistério pascal de Cristo. Igualmente, a pastoral litúrgica precisa também estar consciente de abrir a assembleia cristã para a comunidade cristã. A experiência litúrgica não pode se resumir a uma assembleia local. Ela, na verdade, representa a Igreja. E essa, por sua vez, representa a comunidade humana chamada a participar do mistério pascal. Sendo desta forma, a assembleia reza, verdadeiramente, por si, por toda a Igreja e pela comunidade humana.

A quarta relação comunicativa tem seu lugar no íntimo de cada celebrante. Na comunicação que cada fiel faz com Deus e com a assembleia, é fundamental que ele possa se ouvir, se interpretar, se discernir, se responder e se encarnar. A experiência comunicativa litúrgica supõe, no fundo, a consciência da própria condição do fiel. Nessa autopercepção, o fiel percebe suas demandas, suas questões e seu estado atual. É, aliás, neste estado autopercepitivo que ele vai entrar em comunhão com Deus, com os irmãos e com o mundo. A liturgia proporciona um espaço de conscientização da identidade e do estado de cada um.

A nossa vivência litúrgica precisa criar espaços para a escuta de si. A percepção de si mesmo influencia na vivência da celebração como um todo. Por isso, os momentos de silêncio, de interiorização e de reflexão pessoal que compõem o quadro celebrativo são de profunda importância para cada participante. A escuta de si possibilita uma nova qualidade de existência e uma melhor escuta do outro – Deus e os irmãos. A pastoral litúrgica não pode descuidar desse diálogo íntimo que está acontecendo em cada participante. Pelo contrário, ela deve favorecer e estimular o autoconhecimento como condição para estar com Deus e o próximo.

O diálogo litúrgico, então, possui duas relações verticais – Deus e a assembleia e Deus e o fiel – e duas relações horizontais – os membros da assembleia e o diálogo íntimo do participante. Essa polissemia relacional litúrgica demonstra a riqueza da experiência comunicativa subjacente à celebração e à profundidade da experiência vivida no culto cristão. Esse quadro relacional precisa, urgentemente, gerar uma práxis celebrativa qualitativamente mais afinada com as potencialidades do mistério pascal.

Esse diálogo entre Deus e o ser humano possui uma linguagem sacramental[660]. Com isso, queremos dizer que, apesar de Deus ser ontologicamente superior ao homem, Ele se comunica e se doa através de uma linguagem mediadora, acessível ao dialogante humano. Essa linguagem consiste em atribuir significados mais densos a determinados significantes básicos. Os símbolos litúrgicos foram determinados por Deus durante o processo da economia do Primeiro e do Novo Testamento. O antigo e o novo Povo de Deus foram identificando realidades nas quais Deus se manifestava e, pelas quais, agia no meio do seu povo. Sendo assim, os símbolos do culto eclesial possuem uma história criacional, vetero e neotestamentária. A linguagem litúrgica é, por conta disso, mistérica, ou seja, foi revelada e assimilada ao longo da história salvífica[661].

A relação dialogal travada entre Deus e o homem na celebração litúrgica possui uma linguagem peculiar. Tal linguagem se utiliza de todas as potencialidades comunicativas do ser humano. Todavia, por conta de uma forte intelectualização do culto, sobretudo no Ocidente, nossas celebrações, ainda, se reduzem, muitas vezes, a uma experiência centrada apenas na palavra oral e numa utilização

---

660. Sobre a relação entre a comunicação e a linguagem na liturgia, M. Augé defende que "o sacramento é, antes de tudo, um instrumento de comunicação, um mistério de comunhão, exprime e torna acessível a ação salvífica de Deus e constitui, igualmente, o canal por dentro do qual corre o espaço do encontro com Deus e o lugar do diálogo de salvação de Deus com o seu povo" (AUGÉ, M., Espiritualidade litúrgica, p. 56).

661. Os símbolos litúrgicos não são simples instituições ou convenções humanas. Eles acompanham o transcurso da história da salvação e, em cada etapa dessa história, tiveram um nível de significação salvífica. Para exemplificar, apresentaremos, brevemente, o símbolo litúrgico da proclamação da palavra. Esse símbolo pertencente ao culto eclesial é fartamente atestado na *historia salutis* como instrumento da revelação do *mystérion* divino. Desde a criação pela palavra, às dez palavras da Lei que selaram a primeira aliança, aos oráculos proféticos, chegando à celebração cultual do templo e da sinagoga, à economia do Povo de Israel entendeu o lugar central desse símbolo. Dessa percepção, o novo Povo de Deus desenvolve, agora em chave cristã, o valor da Palavra de Deus e sua importância na vida eclesial. Todos os símbolos litúrgicos atuais possuem essa marca de serem usados por Deus, ao longo da história da salvação, em sua revelação aos homens.

racional-conceitual da palavra. Nesse sentido, o diálogo divino-humano fica prejudicado, pois fica limitado apenas a uma forma de expressão humana. A linguagem litúrgica não se reduz apenas ao uso de uma palavra conceitual, lógica e racional.

Na verdade, a liturgia precisa de uma linguagem na qual se inter-relacionem a palavra e o gesto, a individualidade e a sociabilidade, a lógica e o símbolo, a interioridade e a exterioridade. A experiência de Deus na celebração litúrgica exige um comprometimento expressivo-hermenêutico máximo dos seus participantes. A revelação de Deus e de sua vontade no transcurso da celebração, ainda que adaptada às capacidades humanas, requerem dos celebrantes um acolhimento ativo. Esse acolhimento da revelação divina, na celebração do mistério, não se reduz à compreensão lógica de uma história passada. Ele se caracteriza por uma recepção de uma Boa-nova que impacta tanto a assembleia quanto o sujeito. Impacto este que se traduz, ao mesmo tempo, por uma percepção mais profunda de Deus e da salvação e, consequentemente, uma compreensão de si mesmo, do outro e do mundo ocasionando uma inserção nova de vida.

A linguagem sacramental, apesar de ser a condição para o diálogo divino-humano, encontra algumas dificuldades significativas. Essas dificuldades precisam ser destacadas e desenvolvidas a fim de serem conscientizadas e neutralizadas. O próprio Deus alerta seu povo sobre a necessidade de superar os problemas comunicativos existentes, pois eles interrompem o ciclo salvífico. Num quadro geral, podemos apontar quatro dificuldades da linguagem sacramental, a saber: a absolutização da mediação, a falsa mediação, a cristalização de uma imagem de Deus e da salvação e a falsa imagem de Deus e da salvação. Essas quatro dificuldades acompanharam o diálogo divino-humano durante toda a história salvífica. Elas estão também presentes no "hoje" da Igreja.

A primeira dificuldade da linguagem sacramental é a absolutização da mediação. Nesse caso, uma mediação, validamente escolhida e constituída por Deus, acaba por se tornar mais importante do que os mediados. Assim, ou ela se sobrepõe ao mediado divino ou ao mediado humano. Quando a mediação se sobrepõe ao mediado divino, ela perde sua qualidade de remeter a Deus e adquire uma condição de remeter a si mesma. A mediação se sobrepõe ao mediado divino por duas razões. A primeira é quando os mediados humanos, no desejo de controlar a divindade, acabam por "divinizar" a própria mediação[662]. A segunda razão é quando uma mediação usurpa para si o *status* de divindade[663]. A mediação tam-

---

662. O caso bíblico da mediação absolutizada se sobrepondo ao mediado divino pela ação do mediado humano é o caso da "divinização" de Paulo e Barnabé, em At 14,11.

663. O caso emblemático é o do Profeta Jonas que, apesar de ter sido enviado como profeta da misericórdia, contesta a ação divina salvífica (Jn 4,1-4).

bém pode se sobrepor aos mediados humanos. Aqui, ao invés de conduzir a Deus, ela termina por alienar e afastar ainda mais o povo e os fiéis d'Ele[664].

A celebração da liturgia é passiva de apresentar essa primeira dificuldade da linguagem sacramental – a absolutização da mediação – em todas as suas possibilidades. Como visto acima, uma mediação realmente constituída pode se sobrepor a Deus e aos homens, impedindo uma real comunicação entre eles. Vejamos essas possibilidades. Na liturgia, a mediação sacramental pode se sobrepor ao mediado divino. Nessa categoria, se encontra a tendência ritualista e rubricista na qual a execução do rito é mais importante do que o mistério salvífico[665] e, ainda, o clericalismo no qual o representante quer comunicar a si mesmo em detrimento de Deus[666]. No culto, a mediação sacramental pode se sobrepor ao mediado humano. Nessa situação, temos um purismo litúrgico onde apenas os "puros" podem entrar em comunhão com Deus[667]. Quando a linguagem sacramental absolutiza a mediação sacramental, a liturgia se desfigura de experiência de comunicação para rubricismo, clericalismo e purismo.

A segunda dificuldade da linguagem sacramental é a falsa mediação. Enquanto na absolutização da mediação existia realmente uma escolha e uma constituição da mediação, na falsa mediação o lugar de mediador é ocupado por uma realidade não instituída por Deus. A mediação falsa é tão danosa quanto a mediação absolutizada porque, pretendendo levar a Deus, termina por "criar" um deus falso, normalmente, fonte de violência, controle, autoritarismo e instrumentalização[668].

---

664. A crítica que Jesus faz aos fariseus em relação à Lei é um exemplo de uma mediação que se sobrepõe ao povo: "Aí de vós, escribas e fariseus, hipócritas, porque bloqueiam o Reino dos Céus diante dos homens! Pois vós mesmos não entrais, nem deixais entrar aqueles que o querem" (Mt 23,13).

665. A tendência ritualista rubricista tem seu enfoque na perfeição da execução ritual segundo as rubricas. Como dito, o rito é uma parte constitutiva da linguagem estabelecida entre Deus e o homem. Contudo, no rubricismo, o rito é hipervalorizado e o mais importante se torna a sua execução segundo as normas. Esse tipo de mentalidade faz com que a celebração perca sua natureza comunicativa e se torne uma experiência vazia.

666. O clericalismo litúrgico se manifesta quando o ministro ordenado perde sua identidade de mediador e conduz o culto a si. É uma confusão teológica do *agire in persona Christi* – próprio da sua função ministerial – com o ser o próprio Cristo. Essa concepção errônea acaba por legitimar abusos e autoritarismos de todos os tipos.

667. O purismo litúrgico acontece quando, em nome do culto verdadeiro, se estabelece uma série de normas e prescrições que, longe de aproximar a pessoa de Deus, acaba afastando-a. Nessa concepção, a liturgia é uma experiência para poucas pessoas – puras e santas. A liturgia perde seu valor de comunhão com Deus e se torna uma experiência de rotulação das pessoas – pecadores, impuros, indignos – e de divisão eclesial – entre puros e impuros, santos e pecadores.

668. A falsa mediação encontra nos falsos profetas e nos profetas da corte um exemplo claro. Esses profetas não foram vocacionados por Deus, mas exercem uma falsa mediação, orientando o seu discurso segundo os próprios interesses ou os interesses a quem estão vinculados. A Escritura está atravessada por

A liturgia, como experiência comunicativa, também corre o risco de incorporar elementos falsos na mediação comunicativa entre Deus e o ser humano. Os sinais litúrgicos estão profundamente enraizados na história da salvação. Existe uma verdadeira história do reconhecimento e do uso das mediações entre Deus e os homens. Esses sinais foram escolhas comunicativas, escolhidas e constituídas por Deus e pelo homem. Contudo, frequentemente, vemos a inserção de elementos espúrios dentro das celebrações litúrgicas, ou seja, elementos mediadores que não respeitam a história salvífica e as escolhas comunicativas feitas por Deus ao longo do seu diálogo com os homens. Esses elementos, no intuito de "facilitar a participação", muitas vezes, afastam a assembleia e os fiéis do mistério divino. Eles causam confusão interpretativa e, na maioria das vezes, comunicam uma falsa imagem de Deus e da salvação[669].

A terceira dificuldade da linguagem sacramental é a falsa imagem de Deus e da salvação. Essa dificuldade tira a ótica dos mediadores e projeta sobre a mensagem. Contudo, precisamos destacar que mediadores absolutizados e pseudomediadores criam falsas imagens de Deus e da salvação. Essas falsas imagens se vinculam com o interesse do mediador absolutizado ou falso. Normalmente, nascem do seu desejo de controle do mediador sobre o povo. As falsas imagens de Deus e da salvação acabam por, muitas vezes, serem hipervalorizadas e usadas como ideologias[670].

---

este tema. Jesus alerta seus discípulos a respeito dos falsos profetas que, por fora, são com ovelhas e, por dentro, lobos vorazes (Mt 7,15). Paulo deixa claro os interesses dos falsos profetas, dizendo que o deus deles é o "ventre" – fonte das cobiças para o mundo bíblico (Rm 16,18).

669. A linguagem sacramental da liturgia é um sistema de signos e de significados em profunda sintonia com a história da salvação. Por isso, o fiel ou a assembleia, para entrar no diálogo com Deus, precisa ser formado nos significados objetivos da relação entre os eventos salvíficos e os ritos litúrgicos. A grande questão é que muitos dos nossos fiéis possuem graves falhas na evangelização. Em nome desse déficit, muitos se sentem no direito de criar e de estabelecer mediações sacramentais destinadas a determinada pessoa ou grupo. Sem dúvida, a intenção é boa: aproximar as pessoas do mistério divino. Contudo, esse tipo de criatividade visa substituir certos ritos já consolidados por criações adaptadas. A modificação de um rito gera graves consequências. O rito, quando legítimo, é um testemunho de uma longa história de relação entre Deus e o homem. Isso não significa dizer que o rito é estático. Mas que a necessária evolução do rito precisa ser orgânica e em sintonia com a história da salvação. Em síntese, tanto o rubricismo litúrgico quanto o criativismo litúrgico precisam ser entendidos com posturas polarizados a fim de que seja possível um desenvolvimento sadio do rito.

670. O patrimônio bíblico denominou as falsas ideias sobre Deus e a salvação com o nome de idolatria. A terceira tentação de Jesus no deserto deixa claro a relação entre idolatria e culto (Mt 4,9-10). Neste episódio, satanás condiciona o culto de adoração à troca das riquezas desse mundo. Essa fala é uma proposta de culto falso fundamentada numa mudança da noção de Deus e da salvação – a adoração caberia ao adversário e a salvação se identificaria com as riquezas das nações. Jesus rejeita esse culto falso e reafirma o culto autêntico. Essa posição do Senhor deve levar a Igreja a questionar-se sempre sobre a imagem de Deus e a noção de salvação que subjazem em sua celebração litúrgica. A liturgia verdadeira nos leva ao mistério de Deus.

Em sua condição de diálogo soteriológico, a liturgia está sob o risco de se tornar uma experiência idolátrica. Os mediadores absolutizados e falsos testemunham concepções divinas e salvíficas equivocadas e se utilizam dos sinais litúrgicos para propagar uma mensagem falsa, um antievangelho. Assim, a liturgia, ao invés de possibilitar um encontro efetivo com o Deus revelado por Cristo e comunicado pelo Espírito, descamba numa experiência idolátrica. Ao invés de a assembleia se relacionar com o Deus vivo e verdadeiro, ela se volta para um deus falso e cria esperança numa falsa salvação.

A quarta dificuldade da linguagem sacramental é a interpretação cristalizada da mensagem salvífica. No diálogo com Deus, a mensagem comunicada ao homem é progressiva e perfectiva. Sendo assim, ela exige um constante esforço de interpretação e, muitas vezes, de reinterpretação – um aprofundamento do sentido inicial em sentidos mais profundos. O risco da interpretação equivocada ocorre quando o intérprete cristaliza a mensagem divina. Com esta atitude, ele faz com que a interpretação de uma mensagem viva perca seu potencial de aperfeiçoamento e de aprofundamento. Desta forma, a mensagem, que é entendida em estágios, não completa seu processo de enunciamento e se finaliza em um estágio intermediário[671].

Na experiência comunicativa litúrgica, o fiel e a assembleia estão conscientes de sua participação hermenêutica. Eles devem ouvir, interpretar, responder, acolher e encarnar a mensagem divina comunicada. Contudo, essa escuta não é um ato simples e corre o risco de ser deturpada. Por isso, a formação litúrgica para a escuta e o discernimento deve ser vital na educação cristã. Aqui jaz o perigo de interpretações contrárias ao patrimônio da fé e de ações dissonantes com a vontade de Deus. É de fundamental importância para o jogo litúrgico que seus participantes tenham condições de exercerem uma participação ativa e consciente.

Além dessas quatro dificuldades da linguagem sacramental, queremos destacar uma problemática presente na liturgia ocidental. O rito litúrgico atual ainda está muito ligado à palavra oral/falada. As sensibilidades atuais estão demandando um espaço, cada vez maior, para a expressão do corpo. A nosso ver, essa demanda é legítima e faz parte de uma necessidade humana de significar o sagrado por meio do movimento, do gesto e da corporeidade. Esta emergência do corpo na liturgia precisa ser pensada não apenas em função do indivíduo, mas tam-

---

671. No mundo bíblico, o risco de cristalização da mensagem, fechando-a em um momento intermediário do processo de revelação, pode ser ilustrado nas questões sobre o acolhimento dos pagãos à fé cristã. Em At 15, vemos o desejo dos cristãos judaizantes de submeter os pagãos à sua interpretação da mensagem divina. A Igreja, contudo, teve a liberdade de entender que a mensagem da Lei foi verdadeira e salvífica em relação a economia pré-cristã, mas que, em relação, a economia eclesial, era a base de uma nova compreensão de Deus e da salvação.

bém da assembleia. Os gestos e as posições corpóreas já cristalizados no *corpus ritualis* – ficar de pé, sentado, ajoelhado e as mãos postas ou espalmadas – não são suficientes para muitos dos nossos fiéis na expressão de sua relação com o mistério revelado. Apesar disso, contudo, é necessário um estudo antropológico e teológico para receber e elaborar os gestos que estão sendo introduzidos – muitas vezes forçosa e arbitrariamente – no universo cultual[672].

Ainda uma última palavra sobre a linguagem comunicativa na liturgia: as rubricas do missal e dos demais livros litúrgicos se preocupam pouco com a presença e a participação do Povo de Deus na celebração. As rubricas ainda estão muito centradas no clero, em especial, no celebrante principal. Faz-se necessário pensar de forma mais global a celebração e fazer com que a ênfase das instruções e das rubricas recaiam sobre toda a assembleia celebrante e, a partir disso, valorizar todos os seus membros em seus diversos níveis de atuação ministerial e de participação sacerdotal. Embora o CV II já rompa com uma postura eclesial clerocentrista, acreditamos que, cinquenta anos depois, ainda não superamos totalmente a postura clericalista no âmbito da liturgia.

A teologia litúrgica estudou a complexidade da experiência linguístico-comunicativa da celebração. Na realidade, ela considerou a celebração como um "texto". Esse texto litúrgico, na verdade, é um instrumento comunicativo cujo objetivo é mediar o *mysterium salutis* e a vida dos celebrantes. Tal texto, em sentido teológico, possui dois autores: Deus e o homem. O sentido espiritual do "texto" litúrgico tem como autor Deus e trata da salvação divina no hoje. O sentido literal do "texto" litúrgico é de autoria humana e deve estar em função do sentido espiritual. Todavia, sem o *sensus literalis* humano não se ascende ao *sensus spiritualis*. Nesse sentido, a Igreja é, ao mesmo tempo, compositora do sentido literal e intérprete do sentido espiritual do texto litúrgico[673].

No tocante ao sentido literal do "texto" litúrgico, a Igreja constitui um série de códices linguísticos, a saber: o arquitetônico-espacial (a construção do espaço ritual transmite uma mensagem), o prossêmico (todos os elementos do culto não encontram sua base de significado em sua própria realidade, mas em referimento

---

672. Na teologia litúrgica emerge uma nova compreensão do corpo na celebração litúrgica. A liturgia, como ação, exige mais a dimensão corpórea do que a dimensão intelectual do homem. É verdade que os nossos ritos ainda trazem essa realidade de valorização do corpo de forma muito incipiente. A primazia do racional sobre o gestual na celebração é um sintoma de que o corpo ainda não foi reabilitado nas nossas celebrações. A expressão do acolhimento da mensagem divina ocorre na interioridade e se expressa não só com a voz, mas de forma integral e global no corpo humano. Para um aprofundamento dessa temática tão urgente indicamos CHAUVET, L. M., La liturgia e il corpo, p. 379 e MAZZOCCHI, G., Il corpo e la liturgia, p. 287.

673. CIBIEN, C., Comunicazione litúrgica, p. 414-421.

direto a história da salvação), o iluminotécnico (a presença do jogo luz/sombra/ escuridão serve para comunicar), o objetual (o conjunto de objetos e móveis utilizados na celebração), o icônico (quadros, pinturas, imagens, ícones), o indumentário (as roupas e as alfaias), o cromatológico (a paleta de cores celebrativas), o atorial (os diversos ministérios e papéis executados no rito), o gestual (a gama de posições corpóreas), o verbal (as palavras ditas no transcurso da ação litúrgica), o sonoro-musical (as diversas melodias e cantos entoados) e o temporal (os diversos ritmos do tempo litúrgico). Com esta pluralidade de códigos linguísticos, a Igreja, em referência a história da salvação, monta as diversas celebrações litúrgicas para proveito dialogal-comunicativo-unitivo dos convivas divino e humano[674].

A Igreja é a intérprete primeira e insubstituível do sentido espiritual do texto litúrgico. Embora, com sua autoridade, estabeleça o rito litúrgico e suas normas, ela não goza da mesma força em relação à mensagem transmitida pelo *ordo ritualis*. Nesse caso, ela passa de diaconisa do rito para hermeneuta da mensagem. Sendo assim, ela precisa saber discernir e decodificar aquilo que Deus fala através do rito instituído. Esta hermenêutica do rito é uma das formas de compreensão da participação ativa, consciente frutuosa (SC 11). Para isso, toda a assembleia litúrgica faz uma ação de compreender aquilo que Deus fala através dos diversos códices linguísticos-comunicativos, escolhidos pela Igreja, para cada celebração litúrgica.

Do ponto de vista do presidente da celebração, o CV II tratou da necessária e urgente formação litúrgica dos sacerdotes. Eles, no seu múnus próprio de condução da celebração, além da formação necessária a qualquer fiel, precisam entender sua missão de mediador/facilitador. Essa missão exige uma formação na qual o presidente da celebração seja capaz de escolher e de eleger os melhores códices comunicativos para sua assembleia. Ele ainda deve ser capaz de atuar no transcurso da celebração utilizando-se desses códigos da melhor maneira possível no intuito de que Deus, através deles, se manifeste à assembleia litúrgica[675].

Essa tarefa sacerdotal de preparar a celebração e de atuar nela ministerialmente está, atualmente, compartilhada com os fiéis. Por isso, todos aqueles que

---

674. É ilustrativa a seguinte passagem da Instrução geral ao Missal Romano sobre a consciência da Igreja a respeito da sua função de preparar a liturgia: "quando ia celebrar com seus discípulos a ceia pascal, onde instituiu o sacrifício do seu corpo e do seu sangue, o Cristo Senhor mandou preparar uma sala ampla e mobilhada. A Igreja sempre julgou dirigida a si esta ordem, estabelecendo como preparar as pessoas, os lugares, os ritos e os textos, para a celebração da santíssima Eucaristia" (IGMR 1).

675. O ministério da presidência litúrgica é "o mais importante de todos os que ajudam a assembleia a celebrar [...] este é um dos mais nobres e gozosos ministérios que se confiaram ao bispo, ao presbítero ou, no seu caso, ao diácono. A palavra latina *prae-sidere* (sentar-se diante), corresponde à grega *pro-estos*, que é a que São Justino emprega na sua Apologia para designar o que preside a celebração eucarística (ALDAZÁBAL, J., Ministérios ao serviço da comunidade celebrante, p. 25).

exercem uma função ministerial (o sacristão, o acólito, o leitor, o salmista, o canto etc.) precisam ser formados para que, sabendo escolher os códices próprios e atuar no transcurso da celebração, sejam, de fato, um instrumento comunicativo entre Deus e a assembleia[676].

Do ponto de vista do fiel celebrante, em consonância com o pedido feito pelo Concílio, se faz necessário uma dupla formação. A primeira está em relação ao sentido literal da liturgia, ou seja, o fiel precisa conhecer o universo de códices usados pela Igreja nas diversas celebrações. A segunda diz respeito ao sentido espiritual do texto litúrgico. O fiel celebrante precisa conhecer o transfundo teológico no qual a celebração acontece a fim de que se torne capaz de, partindo dos sinais celebrativos, fazer a experiência da escuta de Deus.

A teologia litúrgica distingue o texto ritual e a ação litúrgica. A celebração litúrgica foi estudada em analogia com o espetáculo teatral. Em ambos, temos um texto escrito na base de uma ação. No teatro, o texto dramático é o suporte para o espetáculo dramático. Um texto escrito, por melhor que seja, sem sua ação espetacular perde seu sentido e sua força comunicativa. Igualmente encontramos na relação entre ritual litúrgico e celebração litúrgica. Uma leitura do ritual, com o melhor conteúdo possível, não se assemelha em nada à potência da ação ritual. Dessa forma, tanto o teatro quanto a liturgia não se reduzem a textos, mas se identificam com a ação, a atuação e a performance[677].

O ritual condiciona a ação litúrgica e se faz necessário como norma objetiva da celebração. Todavia, ele não é a comunicação entre Deus e o homem. Esta comunicação acontece apenas na celebração, ou seja, na utilização, tanto da parte de Deus quanto da parte do homem, dos códices linguísticos mediadores desse encontro. A liturgia não existe nos livros, mas na atuação. Na celebração, Deus e o homem atuam criando uma dinâmica teoantrópica. Essa dinâmica faz com que, partindo do livro ritual, ocorra uma celebração de valor sacramental na qual os códices linguísticos se tornam mediações para a manifestação divina e de valor sacramentalizante em que a assembleia e os seus participantes se tornam mediações da salvação. A dinâmica teoantrópica realiza a passagem do texto escrito (ritual) para a ação performática (celebração) e, dessa última, para a atuação existencial (a vida).

---

676. O ministério litúrgico dos leigos ganhou um impulso nos últimos cinquenta anos. A LG recuperou a teologia do sacerdócio batismal dos fiéis. São muitos os ministérios litúrgicos que cabem aos leigos. Contudo, os ministérios laicos foram vistos (e ainda são em muitos casos) com certa desconfiança por parte do clero e dos próprios leigos. É necessário superar esses preconceitos e viver a ministerialidade da assembleia em toda sua riqueza (ALDAZÁBAL, J., Ministérios ao serviço da comunidade celebrante, p. 51-60).

677. CIBIEN, C., Comunicazione litúrgica, p. 422-423.

Sendo a dinâmica teoantrópica uma passagem do texto escrito para a celebração ritual, a base dessa passagem é o conceito de sinergia. Este conceito, retomado da tradição bíblico-patrística, nos ajuda a compreender que existe uma ação divina no homem para que ele possa atuar em comunhão com Deus. Mais precisamente, a sinergia litúrgica é "a novidade da união de Deus e do homem em Cristo" causada pela "energia do Espírito Santo que penetra interiormente a energia do homem e o identifica com Cristo"[678]. Toda a liturgia é uma ação de um único sujeito que é, na verdade, a união entre Cristo e a assembleia na potência do Espírito Santo.

A grande sinergia litúrgica, na verdade, é a cooperação na obra trinitária para que Cristo se presentifique na celebração como ícone do Pai. Nesse sentido, o Espírito Santo, vem do Pai, a fim de que o Filho se una com a Igreja orante. Depois, o mesmo Espírito, atua com o objetivo de que a Igreja orante se assemelhe ao Cristo Pascal. A sinergia litúrgica gera uma cooperação entre a Igreja e a ação do Espírito Santo. Dessa grande sinergia, brotam as sinergias ministeriais. Elas correspondem com a atuação do Espírito Santo nos diversos ministros a fim de presentificar e atualizar o mistério salvífico cristão.

Essa experiência sinérgica-litúrgica faz com que a união e transfiguração ocorridas na celebração alcance a vida pós-celebrativa. A noção de que a *lex orandi* plasma a *lex vivendi* não pode ser entendida em chave moralista. A lei da oração não é um conjunto de normas que vai se sobrepor à vida dos fiéis. Ela é uma sinergia que produz à vida nova em Cristo, morto e ressuscitado. A norma da oração é a experiência do mistério. Ela é a comunicação, o diálogo e a união com ele. Dessa experiência nasce a vida nova. Uma justa relação entre a lei da oração e a lei da vida constitui o fiel num celebrante-sacramento-mártir[679].

Em relação ao conteúdo do diálogo entre Deus e o homem, a teologia litúrgica afirma a centralidade do mistério pascal de Cristo. Na verdade, a liturgia eclesial é uma participação sacramental no diálogo entre o Filho e o Pai, no santuário celeste. Esse diálogo celeste é uma apresentação ao Pai da entrega de amor do Filho. O Cristo ressuscitado se volta para o Pai, louvando-o pelo amor incondicional pelos homens. Ele também intercede junto ao Pai para que o Espírito Santo desça sobre sua Igreja e seus membros e os torne capazes de continuar o mistério

---

678. CORBON, J., A fonte da liturgia, p. 11.

679. Sobre essa relação entre culto e vida, a experiência dialogal com Deus deve favorecer a "atitude pessoal constante e a consciência de que estamos unidos a Cristo na comunhão com a Igreja [...], depois, desdobra-se em uma vida cristã ativa no cumprimento dos deveres, na paciência, no amor e na contínua disposição de ajudar e socorrer; em uma vida ativa no desempenho das tarefas humanas, sociais e políticas nas tarefas confiadas a nós nesse mundo, sobretudo, e muito concretamente nos deveres que nos acometem no lugar em que vivemos como homens" (NEUNHEUSER, B., Espiritualidade litúrgica, p. 387).

do amor trinitário. Sendo de tal forma a liturgia celeste, o culto litúrgico eclesial acaba por compartilhar do mesmo centro nevrálgico: o mistério do amor do Pai, revelado por Cristo e franqueado pelo Espírito Santo aos homens (Hb 8,1-2.6; 9,11-14.28; 10,19-25)[680].

O Ano Litúrgico, a liturgia das horas, a Liturgia da Palavra e a celebração dos sacramentos e sacramentais comunicam o amor trinitário aos homens. No transfundo de cada celebração litúrgica, Deus fala sobre seu amor incondicional e misericordioso pelo ser humano, cujo ápice se encontra no ministério de Jesus. A voz do Ressuscitado continua ressoando e ecoando através dos sinais sacramentais, sempre falando do amor do Pai e efetivando o seu acolhimento e o seu perdão. A assembleia litúrgica e cada um dos seus participantes escutam a voz do Pai e do Filho, são atingidos por esse amor incondicional que se traduz em acolhimento e em perdão encarnados. Essa experiência de amorização fundamental é a condição de possibilidade de uma vida realmente cristã[681].

Em cada celebração litúrgica, à medida que Deus fala e efetiva seu amor, a assembleia é transformada em continuadores do ministério de amor divino. Em toda liturgia, a oração epiclética – invocação do Espírito Santo – ocorre numa dupla direção. A Igreja invoca o Espírito para que os sinais sejam transformados (a água, o óleo, o pão, o vinho etc.) no intuito de atingir as pessoas. O Espírito Santo age nos sinais litúrgicos para santificar os cristãos. A obra de santificação significa, em última análise, "manifestar na vida o mistério de Cristo" (SC 2). Desta forma, assim como o Senhor revelou em suas palavras e atos o amor ágape do Pai; de igual maneira, o cristão testemunha por meio de sua vida o mesmo tipo de amor[682].

O Espírito Santo, comunicado na celebração litúrgica, realiza uma obra "pneumoclástica" no ser humano, transfigurando-o em um novo ser: agápico,

---

680. O Movimento Litúrgico teve o mérito de recuperar o conteúdo teológico do mistério pascal e de desenvolvê-lo em relação à celebração litúrgica e à vida em Cristo. Com isso, os Padres Conciliares tinham uma doutrina robusta, alicerçada na Escritura e na tradição patrística, sobre o valor máximo do mistério pascal na vida da Igreja. Na verdade, a teologia vai fazer do mistério pascal "o fundamento e o critério inspirador de toda a vida moral e das opções do crente em qualquer nível, bem como de toda a espiritualidade cristã" (SORCI, P., Mistério pascal, p. 772).

681. A respeito da relação entre amor divino e liturgia, acreditamos que o primeiro seja a fonte e o paradigma do segundo: "Porque Deus é perdão que existe na Igreja, um modo de se fazer experiência de perdão, que é o sacramento do perdão. O Deus de Jesus Cristo é perdão. E isto Deus mostrou na vida, nas ações e nas palavras do Filho; a cruz de Jesus é a prova suprema. Ora, porque o perdão é uma característica do próprio Deus, a Igreja não pode recusar o sinal da reconciliação. Este surge como estrutural, como um dos pilares, se a Igreja quiser ser a expressão fiel do seu Senhor" (DE CLERCK, P., Liturgia viva, p. 62).

682. As epícleses sacramentais efetivam a obra salvífica porque nos atualizam o mistério pascal de Cristo, a saber: "o Pai entrega-nos o seu Filho muito amado, o Verbo assume nossa carne e a nossa morte para ressuscitar-nos com Ele, e o seu Espírito faz-nos entrar na comunhão eterna com o Pai" (CORBON, J., A fonte da liturgia, p. 122).

crístico e pneumatóforo. A obra "pneumoclástica" consiste na ação direta do *Pneuma* na vida do fiel, abrindo-o para a comunhão com o Deus Uno-trino. Nessa direção, o Espírito é o próprio amor trinitário infundido no âmago do cristão iniciando nele o verdadeiro processo mistagógico. Assim, Deus age na vida do fiel ocasionando um crescimento e um desenvolvimento da santidade.

O homem, recebedor do dom do ágape divino, tem sua capacidade natural de amar ampliada. Esse amor cristão, possível unicamente pela unção pneumática, se reconhece no mandamento novo deixado por Cristo. Tal mandamento projeta o homem em uma quádrupla direção. Na direção vertical, o homem é chamado a responder ao ágape divino. Na direção pontual, ele é convidado a se amar com esse amor novo, advindo do próprio Deus. Na direção horizontal, ele é convocado a amar ao próximo com um amor renovado, na medida de Cristo. Na direção circular, o cristão é solicitado a cuidar do mundo circundante. Dessa forma, a transfiguração agápica, crística e pneumatófora em curso na vida de cada cristão coloca-o em um processo de abertura em relação a Deus, a si mesmo, ao próximo e ao cosmos[683].

O diálogo entre Deus e o homem, mediado e efetivado pela liturgia, é inesgotável. Deus, como comunicador primeiro, doa a si mesmo e a sua vontade. Sendo Deus transcendente ao homem, ao se autocomunicar, abre um diálogo eterno. Dessa percepção, o diálogo iniciado e travado durante esta vida (na liturgia terrestre) tende a ser continuado na eternidade, na participação da liturgia celeste, com os anjos e santos. O plano salvífico divino tem como *télos* essa comunhão final escatológica da qual a experiência litúrgica eclesial antecipa no "hoje".

A mística litúrgica em sua abertura comunicativo-dialogal, do ponto de vista pastoral, faz com que a celebração litúrgica seja o *locus* primordial da relação Deus e homem. Todo o universo celebrativo – Ano Litúrgico, liturgia das horas, sacramentos e sacramentais – são ocasiões nas quais a Palavra de Deus se dirige ao seu povo reunido para que, através da força da efusão do Espírito, ele responda a Deus por meio de uma vida sacerdotal-doxológica. Por isso, a Igreja tem o encargo de formar seus membros para a participação na liturgia como experiência de diálogo e comunicação.

---

683. O homem, capacitado por Deus a amar em uma quádrupla abertura, não deve reduzir-se apenas a uma dessas aberturas. Um crente que ame a Deus e se feche a si, ao próximo e ao cosmos está num caminho complicado. O amor a Deus, desvinculado dos outros três amores, pode legitimar práticas violentas em nome de Deus. Nesse sentido, a violência em nome de Deus pode se apresentar contra o próprio fiel (duras práticas de ascetismo), contra os irmãos (desde a morte física à espiritual em nome da fé) e contra o cosmo (instrumentalização irresponsável do meio ambiente). Desta forma, na tradição cristã, se ama a Deus amando a si, aos irmãos e aos cosmos.

Muitas vezes, a formação litúrgica se perde na explicação dos códices linguísticos usados na celebração. A práxis formativa precisa entender que seu encargo não se limita apenas a explicar a cor, o tempo, o gesto, a palavra, a música, os objetos. Não é raro vermos que, no afã de uma apologia da fé e do culto, se valoriza mais os códices comunicativos do que a própria comunicação. Exemplo disso são certos tradicionalismos litúrgicos que defendem este ou aquele códice, mas não se preocupam com o diálogo entre Deus e o homem.

A educação litúrgica precisa ensinar a dialogar com Deus: a ouvi-lo e respondê-lo, de forma comunitária e pessoal. Esse conteúdo precisa permear toda a formação da iniciação cristã bem como da catequese permanente. Um cristão não se identifica tanto pela capacidade de memorizar dogmas e preceitos, mas pelo modo como se relaciona com Deus e como, a partir dessa relação, se volta para si, para os irmãos e para o mundo.

A autêntica experiência comunicativo-dialogal que se vive na celebração litúrgica – e nisso temos um forte critério da autenticidade da participação ativa, consciente e frutuosa – transborda, necessariamente, para a vida. De fato, pela celebração da iniciação cristã, o fiel é introduzido no diálogo divino-humano. Ele entra nesse diálogo, como parte do povo santo e desenvolve o seu relacionamento com Deus em dois núcleos interligados e interdependentes: o culto e a vida.

3.2.2. Mística como dinâmica terapêutica

O *mystérion*, recordado e atualizado na celebração da liturgia, é a salvação planejada pelo Pai, efetivada pelo Filho e transmitida pelo Espírito. Na celebração litúrgica ocorre, então, como constituição própria do tempo da Igreja, o diálogo mistérico-salvífico entre Deus e seu povo. Não obstante, Deus dialoga com o homem extremamente ferido e preso em si mesmo e o convoca ao "êxtase" (saída de si). Esse êxtase dialogal-litúrgico, como vimos, aflora em quatro direções: a Deus, ao próprio sujeito, ao próximo e ao seu mundo. Por conta disso, para que o fiel se abra, é necessário que nele aconteça uma progressiva ação terapêutica. Dessa forma sua condição de pecador – egolátrico, egoísta, egocêntrico – é capaz de ser transfigurada, pelo Espírito, em santidade – eucarístico, crístico, agápico e ecológico. O processo de cura está na base de nossa compreensão da outra dimensão da mística litúrgica cristã[684].

---

684. A teologia litúrgica reunificou o trinômio mistério, mistagogia e mística oferecendo à Igreja um contributo renovado para sua ação pastoral no mundo: "A liturgia, como celebração do mistério pascal de Cristo, não pode ser considerada como uma sequência ritual. O seu verdadeiro objetivo é de oferecer uma profunda experiência mistagógica de tal mistério, e isto representa uma condição essencial para transfor-

O CV II, no artigo quinto da constituição sobre a liturgia, nos afirma que o Verbo divino se encarnou para curar os contritos de coração, como verdadeiro médico do corpo e da alma: "Quando chegou a plenitude dos tempos, Deus enviou o seu Filho, Verbo feito carne, ungido pelo Espírito Santo, para curar os contritos de coração, como médico da carne e do espírito" (SC 5). Essa profunda intuição conciliar estabelece uma relação entre mistério e terapia. Infelizmente, ela foi bem pouco trabalhada e desenvolvida no pós-concílio[685].

A lacuna que ainda existe nas pesquisas teológicas sobre a temática do Cristo-médico, da ação terapêutica eclesial, da noção teológica de cura, do desenvolvimento de uma pastoral adequada nos coloca diante de duas graves questões. A primeira é a ausência de um serviço terapêutico previsto na economia eclesial, legando aos fiéis uma experiência empobrecida da fé cristã. A segunda questão é a presença de uma ação terapêutica baseada no fanatismo e/ou no fundamentalismo, gerando uma série de noções e práticas equivocadas. E, no fundo, muitas vezes, práticas e fundamentações até contrárias ao Evangelho. Urge, pois, diante da ausência ou da deturpação de uma mediação eclesial terapêutica, a responsabilidade dos teólogos sobre tal temática.

A liturgia, sendo a realização do mistério salvífico na vida dos fiéis, é experiência terapêutica de máximo valor. Segundo a teologia conciliar, os apóstolos foram enviados "para que realizassem a obra de salvação que anunciavam, mediante o sacrifício e os sacramentos, à volta dos quais gira toda a vida litúrgica" (SC 6). A visão dos Padres habilitou (ou melhor, reabilitou) a concepção da liturgia como experiência terapêutica a partir do mistério pascal de Cristo. Com isso, a reflexão dos liturgistas sobre a dimensão curativo-terapêutica da celebração litúrgica como um todo, dos diversos sacramentos e sacramentais de forma particular e das demais realidades do universo litúrgico se torna possível.

Vivemos, atualmente, um momento histórico-cultural importante para repensar a religião e, sobretudo, o culto em sua função terapêutica. Três razões enchem a teologia de esperanças em contribuir com o mundo contemporâneo no

---

mar a consciência do mistério celebrado em uma verdadeira experiência espiritual. Para tornar possível a consciência mística ou espiritual do mistério pascal de Cristo prerrogativa essencial da liturgia cristã. A celebração litúrgica deve ser apresentada e vivida como experiência mistagógica" (PATERNOSTER, M., Liturgia e spiritualità cristiana, p. 59).

685. Sobre a urgência do tema da saúde, "se tratava e se trata de um problema atual e percebido de várias formas e que, em particular a liturgia, que pretende ser pastoral ou que por essência está ligada à pastoral, não pode e não deve fugir no momento atual [...] Tem nesse campo ainda muita estrada para percorrer a fim de ajudar os doentes por meio da liturgia a curar as suas doenças e aos enfermos a libertar-se dos seus sofrimentos e angústias. A Igreja deve vir ao encontro de todos aqueles que sofrem de maneira mais concreta e libertá-los em nome de Cristo; mas, muitas vezes, ela aparece impotente e fraca em virtude de uma fé demasiadamente institucional e pouco vivaz (TERRIN, A. N., Liturgia e terapia, p. 7 e 18).

debate sobre saúde/doença e práticas terapêuticas. A primeira razão é a crítica, cada vez maior, da insuficiência de uma compreensão biomédica ou sistêmico--organísmico. A outra razão é a definição de saúde proposta pela Organização mundial de saúde (OMS) como bem-estar físico, social e espiritual. E a última razão é o crescimento cada vez maior, especialmente nos países mais pobres, de uma prática pastoral temerária em direção às pessoas enfermas.

Na história da medicina, encontramos diversos modelos de compreensão de saúde/doença. Esses estão baseados em certas concepções teológicas, cosmológicas e antropológicas que, por sua vez, fundamentam as suas respectivas práticas terapêuticas. Atualmente, o modelo vigente, pelo menos nos últimos quatrocentos anos, sofre forte crítica dos especialistas. Tal modelo – o biomédico – encontra suas bases numa antropologia dualista na qual o corpo e alma estão cindidos e são autônomos entre si. O corpo, de natureza material, se resume numa série de sistemas dispostos – o organismo. A doença é, na verdade, uma má função em alguma parte de um sistema. A cura viria da identificação do problema (diagnose) e a intervenção necessária na área afetada (terapia)[686].

Os especialistas em patologia não defendem mais a validade do modelo biomédico. Eles estão a procura de novas formas de compreender o estado de saúde/doença e o processo de adoecimento. A principal crítica é de cunho filosófico, pois essa antropologia dualista, na qual o corpo é uma realidade estanque à alma ou à mente e ao mundo não é mais compatível com o entendimento das ciências humanas e biomédicas. Por conseguinte, surgem novos modelos de compreensão da saúde, da antropologia subjacente e das decorrentes práticas terapêuticas. Dentre esses novos modelos, existe uma concepção antropológica mais ampla denominada de modelo biopsicossocial ou holista. A teologia pode contribuir para uma noção antropológica mais ampla na qual a fé e a espiritualidade sejam contempladas[687].

A organização mundial de saúde (OMS) no intuito de estabelecer critérios nítidos para as ações políticas de saúde pública definiu saúde como "o bem-es-

---

686. Não temos como abordar de forma extensa as concepções de saúde desenvolvidas na história e como o modelo biomédico se impôs na história do pensamento ocidental. Por isso, indicamos duas obras que poderão conduzir o leitor ao aprofundamento das ideias que expomos: ENTRALGO, P. L., Historia de la medicina e DE MARCO, M. A., A face humana da medicina.

687. As questões levantadas nos últimos séculos sobre as relações entre corpo e alma são muito complexas. De forma geral, a noção de alma está ligada a pensadores de matiz filosófico-teológica. A sociedade científica, quando tenta repensar o dualismo na antropologia, tende a duas posturas: afirmar um monismo materialista onde o que chamamos de alma, na verdade, é só uma manifestação da matéria ou defender que a alma seria, no fundo, identificada com os aspectos que transcendem o mundo puramente biológico. Na nossa abordagem, de base teológica, estamos afinados com todos esses grupos na superação do dualismo. Todavia, partimos da longa tradição cristã da existência e da relação harmônica entre alma e corpo.

tar físico, mental, espiritual e social e não somente ausência de afecções físicas e enfermidades". Essa definição levantou, por um lado, grandes perplexidades por estar centrada num critério subjetivo – o bem-estar – e por incluir, como um dos indicadores objetivos, a espiritualidade e a sua interrelação com os ouros três indicadores: o físico, o mental e o social. Por outro lado, ela permitiu que filósofos e teólogos entrassem no debate sobre o lugar da espiritualidade na qualidade de vida do homem[688].

O termo espiritualidade não é um conceito equivocado. Pelo contrário, para muitos estudiosos, a espiritualidade se identifica com o mundo não biológico, isto é, o mundo cultural, dos valores. Para esses estudiosos, não que aquele deus ou credo exista de fato, mas são valores culturais próprios de um povo ou de uma pessoa. O respeito e a possibilidade de culto geram bem-estar e qualidade de vida. Outros postulam que a espiritualidade é o conjunto de forças que fazem o ser humano se autotranscender. Assim, o homem está numa busca constante de superar seu estado atual. Esses autores falam do papel da religião e não da existência de uma divindade. O papel da religião seria o de potencializar a autotranscedência do ser humano. No fundo, para esses autores a religião é um fato social e subjetivo que pertence ao mundo espiritual humano, mas não o esgota. O mundo do espírito humano ainda é preenchido pela arte, pela filosofia e pela ética[689].

Apesar do posicionamento crítico sobre o lugar da religião no conjunto do mundo espiritual humano, a teologia é a responsável por propor uma visão sobre o papel da religião no desenvolvimento saudável do homem e da sociedade. Por isso, ela, em diálogo com as outras posturas sobre espiritualidade, pode criar muitas pontes de comunhão, reforçando certos pensamentos e atitudes, e inovando com seu contributo próprio. A teologia cristã tem o inadiável encargo de pensar a espiritualidade à luz do mistério de Cristo.

A situação político-social hodierna contribui para que as populações, particularmente as mais empobrecidas, careçam tanto da assistência médica adequada quanto do apoio humano necessário. As pessoas se sentem, cada vez mais, fragilizadas e desamparadas em seu processo de adoecimento. Elas acorrem às religiões e à fé a fim de encontrarem respostas e resultados diante de seus conflitos. Nesse cenário, muitas vezes, se verifica um atendimento pastoral complicado que se caracteriza por elementos muito díspares. Uma sólida e profunda teologia terapêutica contribuiria para criticar e qualificar a prática pastoral terapêutica, geralmente, alicerçada em bases fundamentalistas e visões limitadas do Evange-

---

688. OPA/OMS, Indicadores de saúde.

689. MONDIN, B., O homem, quem é ele?, p. 257-273.

lho. Além disso, assinalamos o perigo de deixarmos o povo confiado à Igreja por Deus, à mercê de práticas de curandeirismo, charlatanismo e exercício ilegal de prática médica, em nome de certa crença, religião ou deus.

A teologia católica pós-conciliar foi enriquecida com esta visão terapêutica da salvação. De maneira ainda mais específica, a teologia litúrgica recebeu o encargo de articular a relação saúde e culto. A metodologia litúrgica, por sua vez, exige um conhecimento da história da salvação (evento soteriológico) para entender a celebração (rito soteriológico). Com efeito, a ação terapêutica divina pode ser verificada ao longo de todo o transcurso histórico do Povo de Deus. Ela encontra seu clímax no Cristo, em seu mistério pascal e se desenvolve no tempo eclesial, pela força sanadora do Espírito Santo, sobretudo na celebração da liturgia. Cabe a ciência litúrgica, para compreender a comunicação da cura divina no "hoje", investigar as ações terapêuticas divinas antigas[690].

O horizonte medicinal das culturas religiosas do Oriente Próximo se caracterizava por uma visão mítico-mágica. Devido a essa concepção, a doença não é algo própria da vida do homem. Ela o acomete por ação divina ou por obra de espíritos maléficos. A enfermidade causada por um ou vários deuses, geralmente, se relaciona com a desobediência e a transgressão da vontade divina. O mal causado por um ou mais espíritos mostra a superioridade do plano espiritual sobre o material e a suscetibilidade do homem à ação espiritual. Em qualquer um desses dois casos, é do universo religioso que se espera a cura. O sacerdote representa o papel de médico e, conforme a sintomatologia das doenças, podia prescrever terapias de cunho mágico-religiosas. Para as enfermidades causadas por um ou mais deuses, era necessária a confissão, as práticas de mortificação e os sacrifícios de expiação, reparação e comunhão. Já para os males infringidos pelos espíritos, indicava-se a participação em ritos apotropaicos, para a proteção contra as investidas espirituais, e a prática das orações de exorcismo, diante de influências maiores[691].

A mentalidade do homem bíblico pertence ao quadro histórico-cultural da visão mítico-mágica do antigo Oriente Próximo. No conjunto dos livros escriturísticos, a preocupação recai não sobre questões de medicina positiva e científica, mas, destacadamente, sobre o sentido da saúde/doença no arco de desenvolvimento do projeto salvífico divino. A medicina exercida em Israel não era muito evoluída em comparação com os povos vizinhos. De fato, a Escritura tem uma

---

690. Segundo D. Borobio, o CV II "manifestou uma clara consciência de sua missão profética e libertadora em favor dos enfermos e a dor do mundo, em continuidade com o ministério de Cristo" (BOROBIO, D., Sacramentos y sanación, p. 78-79).

691. GRELLOT, P.; GUILLET, J., Doença/saúde, p. 250-251 e VAN DEN BORN, A., Saúde, p. 1.398-1.399.

preocupação eminentemente teológica. Nesse ponto, embora o Primeiro Testamento introduza percepções importantes, o ápice da contribuição bíblica se visibiliza na vida e no ministério de Jesus[692].

O pensamento mais antigo de Israel, entende que saúde e doença têm sua fonte em Deus. O homem saudável é aquele que se encontrava na plenitude das suas forças vitais. A possibilidade do adoecimento está relacionada com a transgressão da vontade divina. É uma consequência do pecado. Deus pode causar uma enfermidade ou reestabelecer a saúde de forma direta ou indireta. através de um mediador (Ex 9,15; 15,26; Dt 32,39). Os mediadores da doença podem ser um anjo, um flagelo e o próprio satanás. Os da saúde, um anjo ou um profeta. Como o adoecimento se explica recorrendo-se à transgressão à lei divina, o processo terapêutico consiste em restabelecer a amizade divina através de práticas de jejum, mortificação, oração e sacrifícios (Sl 6; 32; 38; 39; 102). Embora esse tipo de pensamento hoje nos cause estranheza, no fundo, ele revela uma consciência na qual a saúde consiste em estar em comunhão com Deus.

No exílio e no pós-exílio, a teologia de Israel começa a tentar superar essa noção antiga do "Deus que fere", ou seja, do Deus que causa doença no homem por conta de sua transgressão ao mandamento divino. Para isso, a teologia deuteronomista coloca o acento da condição de saúde de alguém em íntima conexão com sua vida ético-moral. O pecado pessoal ou coletivo era a causa direta da enfermidade. Enquanto no pensamento antigo israelita Deus causava um dano no homem por causa da sua desobediência; no pensamento mais recente, Ele é constrangido em adoecer o homem. É uma sutil diferença na compreensão teológica entre punição e consequência. Na verdade, alguém doente era encarado num quadro maior, pois, em última instância, era um fiel que sofria por conta do seu pecado ou do pecado de outra pessoa, e até mesmo do povo. Dessa relação intrínseca entre pecado e doença se estabelecerá as leis de pureza. Além disso, satanás e os demônios também serão compreendidos como agentes causadores de doenças. Em suma, para o homem exílico e pós exílico, Deus até fere o homem, mas a compreensão dessa verdade está mais matizada e enfraquecida.

Em continuidade com o pensamento teológico exílico e pós-exílico, o ministério profético desenha um mundo novo sem doença, sofrimento e morte (Is 25,8; 35,5-6; 65,19-20). Esse tipo de concepção relativiza a enfermidade e a coloca em função das benesses futuras. Nesse tempo, Israel já concebe a ideia paradigmática para organizar a vida de seus médicos. O texto de Eclo 38,1-15 oferece uma compreensão da identidade médica em consonância com a vida de

---

692. KEE, H. C., Medicine and healing, p. 659-664.

fé israelita, livre de qualquer compreensão mágica, supersticiosa e idolátrica. No fundo, o médico é um instrumento, criado e preparado por Deus, para atuar de maneira ordinária diante do povo enfermo[693].

A última noção introduzida pela teologia profética exílica ou pós-exílica se assenta no anúncio da vinda do servo sofredor. Este personagem tem uma missão terapêutica em relação ao povo. Ademais, essa ação sanativa será executada pelas suas próprias enfermidades e dores: "por suas feridas, fomos curados" (Is 53,5). A doença desse servo é teologizada como expiação dos pecados cuja consequência direta é a cura do povo enfermo. Essa concepção, tão arraigada na tradição israelita, introduz modificações importantes no panorama veterotestamentário: Deus envia um servo para curar seu povo, a vida desse servo é marcada pelo sofrimento e pela doença e seu sofrimento tem um valor expiatório (Is 54,10).

A ação terapêutica no antigo Israel é acompanhada pelo uso do óleo. Provindo de diversas plantas, o óleo tinha muitos significados simbólicos. O primeiro significado está ligado à vida – alimento, prosperidade, alegria, hospitalidade, beleza e festa (Dt 11,14; 27,9; Os 2,24; Ez 16,9; Sl 13,3; 23,4; 45,8; 133,2). O segundo está relacionado com o sagrado – unção de altares e objetos (Ex 20,22; Lv 10,8), consagração de profetas, sacerdotes e reis (1Sm 10,1; Lv 4,5; 8,12; 1Rs 1,39) e o futuro messias (Is 61,1; Jr 8,22). Finalmente, o terceiro é o sentido medicinal, sobretudo, as enfermidades da pele e as chagas (Is 1,6; Ez 16,9; Jr 8,22; Lv 14,10-32). Desta forma, as unções pertencem ao universo terapêutico do Povo de Israel, entendido como instrumento da ação sanadora divina.

O culto penitencial israelita também era entendido como celebração de cura. Como visto, Israel entendia uma relação direta entre pecado e doença. Por isso, a liturgia penitencial ganhava uma dimensão terapêutica importante. A teologia israelita classificava o pecado em três graus: o pecado de inadvertência – involuntário e inconsciente, o pecado voluntário – com plena consciência e deliberação – e o pecado "de mãos levantadas" – pecados graves em relação à lei de Israel. Para o pecado de inadvertência, se alcança o perdão pela confissão dos pecados diante de Deus ou de uma outra pessoa, pela prática de obras externas (jejum, dormir no chão, vestir-se com saco e cinza, gemer e chorar). O pecado voluntário é expiado, além das práticas acima, com as liturgias penitenciais que podem ser acompanhadas de dias de jejum e lamentação. Os pecados "de mãos le-

---

693. Alguns judeus piedosos julgavam falta de fé consultar um médico. Isso se pode subentender deste relato: "No trigésimo nono ano de seu reinado, Asa teve uma doença muito grave nos pés; mesmo então, na doença, não recorreu ao Senhor, mas aos médicos. Asa adormeceu com seus pais e morreu no quadragésimo ano de seu reinado" (2Cr 16,12-13). Essa visão, infelizmente, ainda está presente em muitos dos nossos fiéis hoje.

vantadas" (blasfêmia, adultério, idolatria, homicídio) são expiados na celebração do *Yom Kippur* – a festa anual da expiação[694].

Em síntese, a teologia veterotestamentária, mesmo dentro de um paradigma mítico-mágico, supera certos limites culturais e oferece percepções teológicas importantes. A identidade divina não se identifica com o agente da doença, mas sim como o agente da saúde e da vida. A experiência de saúde nesta vida é relativa e, por isso, a doença e a morte pertencem a essa existência. Além da doença física, também temos a doença ético-moral e espiritual. A saúde, então, inter-relaciona todos os aspectos humanos: físico, moral e espiritual. Por fim, a necessidade de identificar o conteúdo espiritual do caminho terapêutico de uma abordagem de cunho mágico e supersticioso[695].

No Novo Testamento, as concepções veterotestamentárias se encontram presentes. Nos evangelhos, encontramos Jesus debatendo com seus interlocutores sobre essas noções. Os contemporâneos do Senhor nutriam a fé de que Deus causava a doença no homem e assim o fazia por causa do não cumprimento da Lei. Eles também se questionavam se a maldição da doença era por conta de um pecado pessoal ou por conta da falta de outrem (Jo 9,2). A concepção de que o demônio causava doenças também é atestada nas páginas neotestamentárias. A conclusão é que, no cenário do Novo Testamento, o paradigma de compreensão da saúde e da doença no panorama cultural era ainda o mítico-mágico.

Jesus é um forte contestador da tradição de seu povo no tocante à origem das enfermidades. Ele não aceita a relação causal direta entre pecado, pessoal ou coletivo, e doença (Jo 9,1-41). Também não está de acordo com a noção de que Deus castiga e amaldiçoa o homem com as enfermidades (Lc 13,1-5). E minimiza a noção de que a doença é causada por forças demoníacas (Mt 8,28; Mc 5,1-20; Lc 8,26-39). Esta compreensão inovadora de Jesus está alicerçada na sua experiência do Deus amor[696].

Dentro dessa perspectiva, Jesus se encontrou com os enfermos, os possuídos e os mortos. Sua visão e atitude afastam qualquer interpretação de que são pessoas amaldiçoadas por seu Pai (Mc 2,5). Ele afirma a dupla origem da doença, do sofrimento e da morte: o pecado e a ação de satanás (Lc 13,16). Essas duas instâncias se caracterizam por serem poderes alienadores que colocam o homem fora do plano de Deus. Os doentes, os possuídos e os enfermos despertam nele um profundo sentimento de compaixão, que o leva a atuar terapeuticamente

---

694. BOROBIO, D., Sacramentos y sanación, p. 15-19.

695. GRELLOT, P.; GUILLET, J., Doença/saúde, p. 251-253.

696. BOROBIO, D., Sacramentos y sanación, p. 22.

(Mt 20,34). Assim, o ministério de Jesus se estabelece com três atitudes originadas em sua condição compassiva: as curas, os exorcismos e as ressurreições. Essas ações revelam o poder de Jesus sobre as consequências da vontade humana e sobre as forças contrárias a Deus (Mt 11,4-5).

A pregação e atuação de Jesus, primeiramente, confirmam a mensagem profética a respeito do Reino escatológico em que o estado de saúde e de plenitude de vida serão patentes, enquanto as enfermidades, o sofrimento e a morte não mais existirão. Porém, esse estado final escatológico foi antecipado nas ações terapêuticas de cura, de exorcismo e de ressurreição realizadas pelo Senhor. Esta antecipação visava, primordialmente, encher os discípulos e as multidões de fé na participação do Reino final. Infelizmente, durante o próprio exercício do seu ministério, Jesus percebeu a facilidade com que o povo invertia os valores, ora reduzindo-o a mero taumaturgo milagroso, ora ainda tentando forçá-lo a realizar portentos e sinais (Mc 8,12). Desta forma, as ações terapêuticas do ministério de Jesus objetivavam despertar a fé no Reino divino escatológico.

Nesse sentido de despertar a fé na sua obra soteriológica, o paralelismo teológico existente entre as promessas taumatúrgicas do Messias, a atuação de Jesus segundo os evangelhos sinóticos e a compreensão dessa atuação na escrita joanina revela que a ferida principal do homem está em sua relação com Deus e dela decorrem todas as outras feridas relacionais. Os profetas descreveram o messias como aquele que vinha curar os cegos, os surdos, os mudos e os paralíticos (Is 29,18; 35,5). Os evangelhos sinóticos apresentam Jesus curando, exatamente, esse grupo de enfermos com o objetivo de despertar a fé nele, como messias escatológico de Israel (Mc 7,37; Mt 5,11; Lc 4,18). O quarto evangelho espiritualiza essas enfermidades físicas como enfermidades espirituais (Jo 9,35-41). O homem está cego, surdo, mudo e paralisado em direção a Deus e aguarda a sua ação soteriológica. Desta forma, a formulação final da teologia bíblica revela que existe uma doença espiritual à qual Jesus veio curar e libertar o homem: o fechamento a Deus[697].

Uma análise da ação curativa de Jesus nos evangelhos nos revela as suas atitudes terapêuticas (acolher, escutar, consolar, tocar, impor as mãos e ungir), os efeitos terapêuticos (cura integral do homem, despertar da resposta da fé, perdão dos pecados e reintegração na vida da comunidade), seu olhar terapêutico

---

697. A consciência sacramental presente no texto do Evangelho de João é atestada por vários autores. Para futuros aprofundamentos sobre este tema, deixamos aqui a seguinte indicação bibliográfica: CULLMANN, O., I sacramenti nel vangelo giovanneo, p. 181-295; DESTRO, A.; PESCE, M., La lavanda dei piedi e TRAGAN, P. R., Segni e sacramenti nel vangelo di Giovanni.

(através dos sintomas físicos alcança a realidade mais profunda da pessoa). Nesse sentido, o seu ministério curativo se mostrava eficaz e integral[698].

O centro da ação terapêutica de Jesus ocorre no seu mistério pascal. A sua paixão e cruz foram compreendidas pelos evangelhos sinóticos como a realização da profecia do servo sofredor (Mc 10, 32-34; 1Pd 2,24). Mesmo o quarto evangelho, com seu olhar mais profundo, estabelece um paralelo entre o Deus que cura o Povo de Israel no deserto do veneno das serpentes (Nm 21,6) com o Deus que cura a humanidade do pecado pela cruz de Cristo (Jo 3,14; 12,32). Com isso, a genuína fé da primeira hora crê que a paixão e a cruz são a fonte terapêutica do mistério cristão. Esse dado é tão forte que a teologia cristã deve sempre voltar a ele e redescobrir a profundidade de seu sentido para a vida da Igreja: o mistério pascal é a fonte da ação terapêutica de Cristo.

O título de médico é aplicado a Deus no Antigo Testamento (Ex 15,26; Dt 32,39). Todavia, os profetas e os sacerdotes não são denominados com esse título. Essa diferenciação é explicada, primeiro, porque Deus é a fonte da saúde enquanto os profetas eram apenas instrumentos em suas mãos. Além disso, a teologia israelita tinha a necessidade de desvincular o sacerdócio mágico pagão do sacerdócio israelita. No Novo Testamento, Jesus é intitulado de médico de forma sempre figurada (Mc 2,17; Lc 4,23). O título de médico aplicado propriamente ao Cristo será fruto da consciência patrística, em Inácio de Antioquia[699].

Ao longo da história da teologia, as ações terapêuticas de Jesus foram interpretadas de muitas formas. Todas essas interpretações chegam até os dias de hoje trazendo um conjunto de entendimento diversos e, a partir desses, práticas pastorais diferentes. Na verdade, as ações eclesiais em relação aos doentes e enfermos estão fundamentadas na interpretação teológica desses textos evangélicos. De forma geral, encontramos cinco posturas hermenêuticas que influenciam o entendimento e à prática eclesial cristã.

A primeira postura hermenêutica é a da apologética católica clássica. Para essa postura, o milagre serve para provar a origem e a identidade divina de Jesus. A segunda postura é afirmada pela teologia de R. Bultmann, onde as narrativas dos milagres são tidas por lendas ou mitos. A terceira postura, sustentada por E. Drewermann, entende que os relatos de cura têm uma função meramente psicológica para seus leitores, ajudando-os a superar a doença, o sofrimento e morte. A quarta postura, oriunda de uma leitura fundamentalista da Escritura, acredita numa ação direta e milagrosa de Deus na vida daqueles que têm fé.

---

698. BOROBIO, D., Sacramentos y sanación, p. 23.

699. VAN DEN BORN, A., Médico, p. 964-965.

A quinta postura hermenêutica defende que as ações terapêuticas de Jesus precisam ser compreendidas a partir de uma profunda consideração teológica. Evitando reduzir as curas à prova da divindade de Jesus, a narrativas mitológicas, a relatos de consolo psicológico ou a fundamentação de práticas fantasiosas, a interpretação teológica dos milagres e sua consequência para a vida da Igreja precisa entender os aspectos comuns apresentados nos evangelhos e os particulares em consonância com a teologia de cada evangelista. Estamos diante de um tipo de evento de máxima importância para a Escritura, pois dos 32 milagres de Jesus, 25 são narrativas terapêuticas[700].

A Igreja nascente se sentiu continuadora da missão terapêutica de Cristo. De fato, Jesus encarregou seus discípulos de curarem os doentes. Na missão apostólica realizada antes da ressurreição, os discípulos deviam anunciar a chegada do Reino e provocar a conversão nos seus ouvintes. Subordinado a isso, eles exerceriam ações de cura, exorcismo, purificação e ressurreição (Mt 10, 7-8; Lc 10, 9). A teologia bíblica atual entende que, mais do que um relato histórico, esta passagem do Evangelho de Mateus pretende se tornar um modelo para a ação terapêutica de sua comunidade. Desta forma, a missão de Cristo era a de anunciar o Reino e desperta o povo para a fé-conversão. Essa missão estava acompanhada de uma série de ações terapêuticas (cura, exorcismo, purificações ressureições). Essas ações terapêuticas de Jesus serviram de chave de compreensão da missão da Igreja e dos cristãos.

Ademais, após a ressurreição, o Senhor deixa um mandato terapêutico: "Ide por todo mundo, proclamai o Evangelho a toda criatura. Estes são os sinais que acompanharão os que tiverem crido: pegarão em serpentes, e se beberem algum veneno mortífero, nada sofrerão; imporão as mãos sobre os enfermos, e estes ficarão curados" (Mc 16,15.17-18). Dentro do contexto do mandato missionário, a ordem de curar se configura numa missão eclesial de primeira ordem. Todavia, assim como na atuação pré-ressurreição, a atividade terapêutica eclesial está subordinada à ação evangelizadora: anunciar o Reino e despertar a fé. Não há dúvidas de que a atividade curativa na Igreja encontra seu centro no próprio ministério de Jesus[701].

A análise dos textos do Novo Testamento apresenta uma tríplice percepção da continuação do ministério terapêutico pela comunidade eclesial. A Igreja, primeiramente, pela sua fé na ação do Ressuscitado, por meio do Espírito Santo, acredita que, em sua missão de anunciar o Reino de Deus, alguns fiéis sejam esco-

---

700. FABRIS, R., I miracoli di Gesu, i suoi riti di guarigione e la predicazione del regno di Dio, p. 54-85.
701. BOROBIO, D., Sacramentos y sanación, p. 27-28.

lhidos para exercerem um carisma de cura (1Cor 12,9; 28,30). Essa ação carismática e extraordinária, contudo, está subordinada à missão evangelizadora eclesial. No transcurso da história, essa percepção, muitas vezes, se hipervalorizou, desfigurando a Igreja que, de terapêutica, passou a ter uma ação curandeira. Por isso, atualmente, sem negar esta dimensão extraordinária, ela toma consciência da sua responsabilidade diante desse carisma[702].

A segunda percepção neotestamentária entende a ação terapêutica eclesial na ordem ordinária. Assim, a Igreja deve cuidar dos doentes e das condições de saúde a partir da vivência do amor cristão (1Cor 12,7-9.28-30). Nesse ponto, a visita aos enfermos, os cuidados medicinais, as ações sociais estão englobadas. As ações em favor dos doentes têm como substrato a visão espiritual da união do enfermo com Cristo crucificado. Na perspectiva subjetiva, os enfermos se unem aos sofrimentos do Senhor (2Cor 1,5-6; Cl 1,24). Já na perspectiva objetiva, o doente é um sacramento do Cristo (Mt 25,36). A comunidade não está munida apenas com o carisma da cura, mas também com outros carismas que possibilitam o cuidado com os enfermos: consolo, cuidado, exorcismo, perdão, reconciliação e caridade.

A terceira percepção neotestamentária é o exercício da ação terapêutica de Cristo através do rito litúrgico. A passagem de Tg 5,13-16 apresenta a prática litúrgica da Igreja nascente em relação aos enfermos. Nessa passagem temos, o agente (o presbítero), o rito (oração e unção com o óleo), o conteúdo teológico (a misericórdia divina), o destinatário (o enfermo) e os efeitos sacramentais (saúde e salvação). O conteúdo teológico do rito ministrado revela uma profunda teologia litúrgica. Assim como Jesus foi provocado por sua misericórdia a agir em favor dos doentes (anamnese do evento histórico salvífico), a Igreja, através da sua oração e ação, invoca e provoca a misericórdia do Ressuscitado (epíclese da ação do Cristo)[703].

No transfundo dessas ações terapêuticas eclesiais da primeira hora (ação extraordinária, ação ordinária e ação litúrgico-sacramental), perpassam a visão teológica de que o Cristo ressuscitado, pela força de seu Espírito Santo, atua na Igreja – no anúncio evangelizador, no serviço concreto e na celebração ritual – em favor dos doentes da comunidade e do mundo. Por meio da Igreja, o Ressuscitado age terapeuticamente nos homens.

Apesar da missão da Igreja, precisa ficar bem claro o caráter relativo das suas ações terapêuticas. O sofrimento, o pecado, a doença e a morte ainda perten-

---

702. Atualmente, a Igreja preocupada, mais uma vez, com a hipervalorização do discurso e das práticas de cura, a fim de centrar a pastoral eclesial na fé verdadeira, lançou um importante documento: CONGREGAÇÃO PARA A DOUTRINA DA FÉ, Instrução sobre as orações para alcançar de Deus a cura.

703. BOROBIO, D., Sacramentos y sanación, p. 29-32.

cem ao tempo atual. Essas realidades só encontraram seu fim no Reino escatológico. Por isso, toda intervenção terapêutica eclesial não tem caráter definitivo. Na verdade, ela tem uma função antecipadora, ou seja, as ações extraordinárias visam despertar a fé na vida final e não fundamentar uma pastoral curandeira. Muitas vezes, a formação cristã se descura dessa verdade e deixa que os fiéis acreditem que o Ressuscitado é um curandeiro, disponível a atender quem se mostrar "digno" disso.

A relação entre cura física e cura espiritual é uma distinção moderna. O homem bíblico tinha uma visão integrada e holística. O que denominamos, atualmente, de doença físico-psicológica e de doença espiritual não pode ser encontrado separadamente na Bíblia. A doença atinge o homem todo, em sua integridade. Ela pode se manifestar mais em um lugar – corpo, mente, espírito. Contudo, atinge todos os outros. Nesse sentido, a noção de saúde está ligada ao homem em todas as suas dimensões constitutivas.

No âmbito espiritual, a ação terapêutica do Ressuscitado, através da Igreja, quer conduzir o homem a uma resposta madura de fé que é o amor em sua pluralidade de direções – a Deus, a si, ao próximo e ao cosmos. Essa ação terapêutica no âmbito espiritual atinge todos os iniciados e se realiza em caminho progressivo e dinâmico de crescimento. Ser saudável, do ponto de vista espiritual, significa ser capaz de amar a Deus, a si, ao próximo e ao cosmos. A ação sanativa divina é a transformação do homem de seu estágio egolátrico, egoísta, egocêntrico para uma vida nova: eucarística, crística, agápica e ecológica.

No âmbito corporal, a cura deve ser pensada sempre de forma relativa, pois a doença, a morte e o sofrimento são realidades presentes nessa vida e gozam de certa universalidade na experiência humana. A princípio o processo de adoecimento e reestabelecimento da saúde fazem parte do ciclo vital do ser humano. A atuação técnica é de vital importância para a qualidade de vida das pessoas sãs e das enfermas e não pode ser relegada a segundo plano como se fosse contrária à fé. Não é raro encontrarmos pessoas que acreditam que a ciência médica é um ato contrário à vida religiosa.

A cura extraordinária, por sua vez, precisa ser, novamente, enquadrada como um dom à Igreja. Quando se atesta esta obra portentosa, percebemos que seu objetivo é o fortalecimento da pregação eclesial. A ilusão de curas portentosas não nos permite enxergar que, nem as pessoas curadas por Jesus, em seu caminho histórico, escaparam da experiência final de adoecimento e de morte. A morte é uma certeza da qual a pastoral da Igreja não pode alienar seu fiel, mas formá-lo e conduzi-lo para a derradeira Páscoa. Por fim, a conclusão é que a ação terapêutica no âmbito material está subordinada à ação terapêutica no âmbito espiritual.

O título de "Cristo médico" surge bem cedo na teologia patrística, na pena de Inácio de Antioquia[704]. A teologia subjacente a este título afirma que o Cristo Ressuscitado continua seu ministério terapêutico e soteriológico, enviando seu Espírito Santo, na Igreja, para que cure, perdoe e salve os homens. Segundo a visão patrística, Deus é a fonte da vida, da saúde e da salvação e, de forma alguma, o princípio do pecado, do mal, do sofrimento, da doença e da morte. A origem dessas realidades negativas se encontra no afastamento voluntário do ser humano de Deus, da ruptura da comunhão original. Desta forma, a salvação do Pai, realizada pelo Filho, não é uma imunização dos cristãos contra essas realidades (sofrimento, doença e morte). Por um lado, ela é uma força para vivê-las à luz do mistério de Cristo e, por outra, a espera escatológica da vitória final sobre elas[705].

O Cristo médico atua por meio dos seus mistérios no tempo histórico-salvífico atual. Para a teologia patrística, os mistérios de Cristo são a Igreja, a Escritura e a liturgia. Por conta disso, a pastoral terapêutica dos Padres se caracteriza por ser eclesiológica, escriturística e litúrgica. Nesses mistérios, entendidos numa interrelação, o Ressuscitado envia o seu Espírito Santo para realizar a cura/salvação integral dos fiéis. A celebração litúrgica goza de um *status* terapêutico pleno porque, ao mesmo tempo, reúne palavra e sacramento e manifesta a Igreja. A participação na liturgia, então, por sua própria virtude, atualiza as ações curativo-salvadoras no "hoje".

O contexto da imposição do título de "Cristo médico" é o da oposição ao culto grego do deus Asclépio, centrado unicamente na cura corporal. Para a teologia dos Padres da Igreja, a ação terapêutica do Ressuscitado atinge o homem em sua integralidade de corpo, alma e espírito. Na verdade, essa ação sanadora é polivalente e multifacetada envolvendo as dimensões física, psíquica, mental, moral e espiritual. A fé patrística não é somente sobre a identidade médica de Cristo, mas também a respeito do alcance holístico do ministério terapêutico de Cristo.

Os testemunhos dessa fé patrística no "Cristo-médico" encontramos nos escritos dos Padres de diferentes épocas. Orígenes afirma a ação terapêutica do Ressuscitado e rechaça a prática mágico-suerticiosa. Segundo sua originista, a ação cristã tem um cunho ético, enquanto a ação dos mágicos visa apenas o espetáculo[706]. Para Cirilo de Jerusalém, a ação sanadora de Jesus está ligada tam-

---

704. Inácio de Antioquia escreve que "Há um só médico, do corpo e do espírito, gerado e não criado, que apareceu na carne como Deus, na morte foi vida verdadeira, nascido de Maria e de Deus, primeiro capaz de sofrer e agora impassível, Jesus Cristo, Senhor nosso" (Ign. Eph.7,2).

705. LANGELLA, A., La funzione terapeutica della salvezza, p. 110-118.

706. Orígenes desenvolve esse tema assim: "Ele compara os atos que relatamos de Jesus aos efeitos da magia. Estes atos lhes seriam bem semelhantes se Jesus, desde logo, os tivesse feito alardeado numa vã

bém com a dimensão ética. Os milagres visavam, no fundo, a mudança de vida[707]. Agostinho de Tagaste acrescenta a importância da realidade sacramental na transformação do enfermo[708].

O título de Cristo médico, nos Padres, busca também purificar o povo cristão da atividade dos magos e dos curandeiros. Não era difícil encontrar a presença de grupos terapêuticos de cunho mágico e supersticiosos no tempo patrístico em concorrência direta com o cristianismo. Os Padres, sobretudo Tertuliano e Orígenes, tiveram o cuidado de destacar aquilo que era genuinamente cristão das práticas sincréticas que começavam a invadir a espiritualidade da Igreja. Esse tema tem uma grande relevância para a história da Igreja, pois a penetração e a aglutinação de práticas pagãs no cristianismo, no transcurso da Idade Média, marcaram a espiritualidade popular, influenciando-a até os dias de hoje[709].

As ações pastorais de cunho terapêutico-patrísticas, inspiradas no testemunho neotestamentário, também, se dividem, em ações extraordinárias, ordinárias e litúrgicas. Assim como no mundo bíblico essa divisão é didática visto que elas se interpenetram e se comunicam entre si. Primeiramente, por ações extraordinárias, entendemos o carisma de cura testemunhado pelas figuras taumaturgas do período patrístico. Em seguida, por ações ordinárias, concebemos o serviço e a assistência aos enfermos nas suas situações concretas praticados por todos os iniciados. Por último, as ações litúrgicas são aqueles ritos e orações estabelecidos na Igreja patrística para os pecadores e os doentes.

---

exibição, à maneira dos mágicos. De fato, porém, nenhum feiticeiro por suas artes convoca os seus espectadores a uma reforma dos costumes, nem ensina o temor de Deus aos que o espetáculo deixa pasmados, nem procura persuadir as testemunhas a que vivam como homens que serão julgados por Deus. Os feiticeiros nada fazem de semelhante, pois não têm o poder, nem o desejo, nem a vontade de tratar de corrigir os homens, cheios eles mesmos dos pecados mais vergonhosos e mais infames. Porém Jesus só realizava seus milagres para convidar os espectadores à reforma dos costumes: não seria natural que Ele se apresentasse não só a seus verdadeiros discípulos, mas também ao resto da humanidade como o modelo da vida mais excelente? Aos seus discípulos para que se dedicassem ao ensino dos homens conforme a vontade de Deus; ao resto da humanidade para que, instruída por sua doutrina e por seus costumes no tocante à maneira de viver como deve, tudo faça ela para agradar ao Deus supremo" (C. Cels. I, 68).

707. Cirilo escreve que "Jesus, na língua hebraica, significa salvador, em grego, aquele que cura como médico. Posto que é médico das almas e dos corpos, é Ele, também, quem cura os espíritos; cura os cegos físicos e ilumina as inteligências; é médico dos coxos e guia dos pecadores até a penitência, disse ao paralítico: 'não pequeis mais'; e toma teu leito e põe-te a andar. Dado que o corpo estava paralítico por causa do pecado da alma, sarou primeiro a alma para trazer a saúde também ao corpo" (X Catech. 13).

708. Agostinho sustenta que "Um homem foi enviado a piscina de Siloé. Então Cristo não podia abrir-lhe os olhos apenas com saliva? Ele podia até fazê-lo mesmo sem saliva e lama. Podia. Mas essas figuras materiais dos milagres são, de certa maneira, as palavras dos sacramentos [...] Cristo é o médico por excelência" (Sermo 136, 1-3).

709. Tertuliano (Apolog. 23, 6-7) e Orígenes (C. Cels. III, 24) são exemplos de esforço teológico-pastoral para que os cristãos não vinculem ou sincretizem a ação terapêutica de Cristo com as práticas mágicas.

A respeito do carisma de cura na época antiga, os Padres nos afirmam que, no início do cristianismo, as ações extraordinárias de cura eram mais abundantes. Para eles, a partir do século IV d. C., as curas, cujo principal objetivo era gerar a fé, não tinha mais tanta necessidade em função da abertura do império a religião cristã. Contudo, encontramos nos textos patrísticos fartas narrativas de ações de taumaturgos atuando miraculosamente em nome de Cristo. Esse tipo de crença se desenvolverá e se estabilizará definitivamente em ambiente medieval. Em comparação com a compreensão bíblica, os Padres mantiveram a fé de que a cura está a serviço da fé. Já o desenvolvimento desse carisma no tempo medieval leva a Igreja a entendê-lo desconectado com a soteriologia e enxergá-lo como um milagre estanque em favor de alguém, para provar a divindade de Cristo ou a santidade de um taumaturgo[710].

A Igreja patrística se via chamada a ser instrumento do Cristo médico para o Cristo enfermo. Orígenes, por exemplo, consolida as obras de misericórdia corporais e espirituais em favor dos sofredores, dos pecadores, dos enfermos e dos mortos. Todos os cristãos eram convocados e enviados a realizarem as páginas evangélicas sobre a caridade para com os doentes e os pecadores. Dentro desse contexto, surgiram iniciativas pessoais, comunitárias e, até mesmo sociais, para socorrer os que precisavam. Essa vivência patrística, com a conversão do Império Romano, penetrará o tempo medieval e resultará na criação de ordens cujo carisma está ligado aos enfermos e no estabelecimento de instituições que atendam os pobres, os enfermos, os idosos etc.[711]

A vida litúrgica patrística também tinha o seu valor teológico-pastoral na vida espiritual dos cristãos. Na mediação da cura divina, os Padres recorreram aos sinais bíblicos do Primeiro e do Novo Testamentos, sobretudo, àqueles aos quais Jesus se serviu para curar e salvar em seu ministério público. De todos esses sinais, dois são os atestados universalmente: a unção com o óleo abençoado e a imposição das mãos. Além disso, encontramos os testemunhos das primeiras eucologias ligadas à compreensão teológica da ação terapêutica divino-eclesial[712].

---

710. BOROBIO, D., Sacramentos y sanación, p. 34-36.

711. As obras de misericórdia representam uma ação cristã em prol das carências humanas. A tradição patrística, reunindo as ações de amor ao próximo da Escritura, compõe um quadro global de atuação em favor das necessidades vitais do ser humano, um verdadeiro humanismo patrístico. Do ponto de vista corporal, a visão cristã se preocupa com a integridade vital da pessoa: interna (comida, bebida, saúde), externa (pátria, casa, roupa e liberdade) e global (sepultura). Do ponto de vista espiritual, a atuação cristã visa ajudar o homem a se desenvolver do ponto de vista espiritual (orar), emocional (consolar, perdoar), ético (ensinar, aconselhamento, correção, paciência). A Igreja exerceria uma atuação pastoral centrada na integralidade da saúde humana (CONSELHO PONTIFÍCIO PARA A PROMOÇÃO DA NOVA EVANGELIZAÇÃO, As obras de misericórdia corporais e espirituais, p. 49 e 73).

712. As fontes litúrgicas das principais eucologias de cura são: a Tradição Apostólica, as Constituições Apostólicas, a Eucologia de Serapião, o Testamento do Senhor e, mais para frente, os sacramentários gelasiano e o gregoriano.

O uso de óleo abençoado é bem atestado na época patrística. Na verdade, o óleo é um sinal da prática bíblica que é assumido e desenvolvido no mundo patrístico. O gesto ritual-litúrgico da unção se fundamentava na afirmação de que Deus era a fonte da vida, da saúde e do perdão. Por isso, a sua salvação atingiria o homem em suas experiências de morte, de doença e de pecado. Sendo assim, a unção era um gesto polivalente dada aos doentes, aos pecadores e aos mortos. Todos esses eram encarados como necessitados da força vital sanativa: o perdão, a saúde e a vida eterna. Desta forma, o óleo abençoado era entendido como um sinal da força soteriológica, vivificante e divina em favor do homem necessitado[713].

A bênção epiclética do óleo está associada aos sacramentos de iniciação, em especial ao Batismo. A unção batismal está ligada ao poder doador de vida do Ressuscitado. Ele, por seu Espírito vivificador, vivifica os corpos mortais dos fiéis, vencendo neles a morte eterna. Ademais, a unção batismal se relaciona com o perdão do Senhor. Ele, por seu Espírito reconciliador, realiza a reconciliação do homem com Deus, consigo, com o próximo e com o cosmos. É necessário acrescentar ainda as unções próprias para os pecadores e para os enfermos. Essas unções estão na base germinal dos sacramentos da reconciliação e da Unção dos Enfermos. Desta forma, a iniciação cristã carrega o tom de ser a experiência central da terapia divina. Dessa iniciação, se desenvolverá duas outras formas sacramentais-litúrgicas: os sacramentos da reconciliação e da Unção dos Enfermos[714].

Das celebrações sacramentais – inicialmente, a iniciação cristã e, mais tarde, dos sacramentos da reconciliação e da Unção dos Enfermos – emerge a consciência de que a graça sanadora litúrgica se encarna e se desenvolve na vida cristã. As unções desses sacramentos de cura são ações que mediam a salvação e a vida. Elas não são gestos mágicos nos quais a cura ocorre de forma desvinculada com a vida concreta. Por tudo isso, durante a vida cristã, ocorre um grande processo terapêutico, centrado, sobretudo, na passagem do pecado e da morte física para a santidade e a vida eterna. A doença física era interpretada dentro desse contexto e, muitas vezes, era incorporada como ocasião de modificação interior.

---

713. Para a teologia patrística, a unção é um dos sinais mais fortes da cristificação. Jesus, sendo o Cristo, é o ungido por antonomásia. Nesse sentido, ungir significa fazer alguém participar da virtude pneumática do Senhor morto e ressuscitado. Jesus glorioso, ungido pelo Espírito Santo, unge seus discípulos com o mesmo Espírito a fim de que se tornem, no hoje, novos "Christós". Essa unção é, em primeiro lugar um dom escatológico no qual está a promessa da vitória definitiva contra o pecado, o sofrimento, a doença e a morte. Ela é, ainda, antecipação relativa dessa vitória final no hoje, transformando as situações de sofrimento em alegria, de doença em saúde, de pecado em santidade e de morte em vida (NEUNHEUSER, B., Unção, p. 1.393-1.394).

714. BOROBIO, D., Sacramentos y sanación, p. 37-45.

A imposição das mãos é também um gesto bíblico que transpassa o mundo bíblico e chega a práxis patrística. Esse gesto abundava na prática terapêutica de Jesus (Mc 1,40-41; 5,22-23; 5,41; Lc 4,40). Muitas vezes, além de impor as mãos, o Senhor tocava o órgão ferido do enfermo (Mc 8,22-26; Jo 9,6-7). Essa prática foi assumida como um sinal pertencente ao ministério terapêutico eclesial. Padres como Irineu[715] e Ambrósio[716] testemunham o rico uso teológico-pastoral desse gesto. Por detrás dele, está a noção da continuação do ministério terapêutico de Jesus através do ministro eclesial. A imposição das mãos é um gesto sacramental, inspirado nas páginas bíblicas, na qual o ministro eclesial presentifica o próprio Cristo, doador da força sanadora: o Espírito Santo[717].

Não é raro encontrar nos testemunhos patrísticos a junção entre os sinais do óleo abençoado e da imposição das mãos. Essa combinação reflete ainda melhor o conteúdo teológico-sacramental da ação eclesiolitúrgico. O óleo destaca a ação pneumático-sanativa do sacramento direcionada aos enfermos, aos pecadores e aos mortos. A unção comunica a doação da vida do Ressuscitado ao cristão necessitado de salvação. A imposição das mãos sublinha o aspecto cristológico-eclesial. Por meio dela, o ministro se torna um sinal da presença atuante do Senhor redivivo em favor dos fiéis. Esses sinais revelam a atuação do Cristo, através do Espírito e da Igreja, comunicando sua salvação aos doentes pecadores e mortos da comunidade.

As eucologias patrísticas sobre a prática terapêutica eclesial começam a surgir no século III d.C. O seu conteúdo teológico expressa a fé na dinâmica litúrgico-sacramental como ação mediadora da salvação divina. Assim, o óleo ministrado sobre os catecúmenos, os enfermos e os mortos é um *mysterium* e *sacramentum* que atualiza a potência salvífica sobre a Igreja. As eucologias contêm uma parte anamnética (lembrança das ações salvadoras de Deus Pai, em Cristo) e

---

715. Irineu afirma o carisma de cura extraordinário exercido com o gesto da imposição das mãos: "Outros curam os que sofrem de alguma enfermidade por meio da imposição das mãos e os colocam sãos de novo" (Ad. Haer. II, 32,4).

716. Ambrósio de Milão, em polêmica contra os novacianos, mostra o valor da imposição das mãos para a salvação, a cura e o perdão: "Por que então vós imponde as mãos e acreditais ser obra da bênção, se algum doente por acaso recupera a saúde? Por que presumis que algumas pessoas possam ser purificadas da imundície do demônio através de vós? Por que batizais, se não é lícito que os pecados sejam perdoados por intermédio de um homem? No Batismo está, sem dúvida, a remissão de todos os pecados. Que importa se é através da penitência ou do Batismo que os sacerdotes reivindicam para si a concessão deste direito? Num e noutro caso é o mesmo ministério" (De Poenit. I, 8,36).

717. A imposição das mãos é um gesto sacramental polivalente na Igreja patrística. Ele é atestado no conjunto da liturgia voltado para o ato batismal, os exorcismos, as reconciliações, a confirmação, as diversas bênçãos e a imposição ministerial. Esse gesto, assumido na liturgia cristã, é um sinal no qual se expressa o próprio Ressuscitado comunicando seu Espírito vivificador (VOGEL, C., Imposição das mãos, p. 709).

uma parte epiclética (a Igreja pede ao Cristo a ação do Espírito Santo sobre o óleo em favor dos homens)[718].

O conjunto da visão terapêutica, segundo os Padres da Igreja, é de cunho holístico, porque nele existe uma interrelação indissociável entre as diversas dimensões humanas. Essa ótica parte de uma antropologia integrada e global. Trata-se de uma antropologia que pode ser encontrada em dois esquemas gerais: o dicotômino (corpo e alma) e o tricotômico (corpo, alma e espírito). No fundo, em ambos os esquemas, estamos falando da mesma integralidade e globalidade do homem. Todavia, o tricotômico apresenta distinções mais refinadas para se entender o processo de adoecimento e de cura segundo os Padres[719].

A postura antropológica dicotômica queria superar dois modelos equivocados dentro do cenário teológico patrístico: o espiritualismo e o materialismo. Para isso, tal postura afirma que o ser humano é formado de dois princípios: o corpo e alma. Os Padres, trabalhando a partir das concepções bíblicas, suplantaram as teorias que se polarizavam e defendiam apenas um princípio constitutivo a matéria ou a alma. Eles defendiam a igualdade constitutiva de corpo e alma no ser humano, usando os termos "simpatia" e "corresponsabilidade". O primeiro termo é uma analogia retirada da relação matrimonial na qual se afirma que assim como os noivos se tornam uma só carne, alma e corpo se tornam um só sujeito. O segundo termo significa que não existe ato isolado da alma e do corpo. Os atos do homem são caracterizados por implicarem sua totalidade psicossomática.

A visão antropológica tricotômica patrística abarca a noção dicotômica. Todavia, faz uma distinção sensível entre alma e espírito. A alma seria responsável pelas faculdades vitais, sensíveis e racionais enquanto o espírito se responsabilizaria com a contemplação divina. Essa compreensão se origina da interpretação de 1Ts 5,23. Na patrística mais tardia encontramos a nomenclatura clássica paulina: *soma*, *psique* e *pneuma*. Mais tarde, para desfazer qualquer confusão com o Espírito Santo, os Padres passaram a usar o termo *noûs*. Esse último representa a parte mais íntima do ser humano. Os autores entendem que o *noûs* corresponde ao coração, na teologia bíblica, a sede mais íntima do ser[720].

Assim, a teologia patrística parte da correlação entre criação e saúde holística. Deus criou o homem à sua imagem e semelhança, ou seja, são e íntegro.

---

718. Não podemos nos aprofundar na análise teológico-literária das eucologias patrísticas sobre a ação terapêutica da liturgia. Para isso, deixamos uma referência fundamental para futuras pesquisas sobre o tema: SCICOLONE, H., Unção dos Enfermos, p. 236-239.

719. As seguintes obras servem de referência para o aprofundamento da questão antropológica dos Padres da Igreja: CLÉMENT, O., Sobre el hombre e RUPNIK, M. I., Decir el hombre.

720. REBAQUE, F. R., Terapia de las enfermidades espirituales em los padres de la iglesia, p. 29-37.

A imagem divina nos garante uma assinatura ontológica pela qual tudo o que somos pode estar impregnado da divindade. A imagem divina é a nossa condição de possibilidade de ser cristificado. A semelhança divina é uma tarefa ético-espiritual para a teologia patrística. Cada pessoa precisa, a partir de sua condição de imagem, optar deliberadamente por viver segundo o *mysterion* divino[721].

Esse estado de saúde e integralidade foi alterado drasticamente pela experiência do pecado. O pecado original, segundo a teologia patrística, é compreendido de forma dramática. O homem, imagem do Criador, deveria usar sua liberdade e sua vontade para se assemelhar a Deus. Todavia, por instigação da serpente, acaba por desobedecer ao preceito divino, instigado pela promessa ilusória e enganadora de se tornar Deus. Nesse sentido, o homem dá vazão ao seu desejo corrompido de ser a divindade a despeito do plano do próprio Deus. Em consequência, muda sua constituição de um ser eucarístico para a de um ser egolátrico. O pecado desvirtua o homem de sua vocação original de ser semelhante a Deus.

Da experiência do pecado original, como desfinalização do ser humano no projeto de ser semelhante a Deus, se originam os males: o sofrimento, os demais pecados, a enfermidade e a morte. Sendo assim, os homens sofrem as consequências dos seus pecados pessoais e dos coletivos. A condição humana passa a necessitar da intervenção salvífica em vista da cura, santidade e vida.

O homem foi, harmonicamente, criado por Deus como corpo, alma e espírito (*noûs/pneuma*). O pecado, além de afastar o homem de sua vocação a ser semelhante a Deus, também o desarmoniza em sua constituição humana. Dessa desarmonização desencadeada pelo pecado surgem as enfermidades humanas. Os Padres classificavam a ação desarmonizadora do pecado segundo as dimensões do conhecimento, do desejo e da ação[722].

A patologia da faculdade do conhecimento tem sua origem na ruptura da comunhão com Deus. O homem foi criado para a contemplação da luz divina. Contudo, após o pecado, apesar do homem se encontrar ávido em dar sentido a

---

721. Basílio Magno atesta bem a formulação patrística da criação do homem: "Nós possuímos uma imagem pela criação e uma semelhança pela vontade. A primeira é nos dada por termos nascido à imagem de Deus; agora, pela vontade se forma em nós o ser semelhante a Ele. A vontade revela, pela prática, o que já temos por natureza. Não é por nosso próprio poder que somos capazes de ser semelhantes a Ele, mas Ele nos criou capazes de sermos semelhantes a Ele. Dando-nos a semelhança a Ele, Ele nos permitiu sermos artistas da semelhança com Ele" (Homilies sur l'origine de l'homme 1,16).

722. Sobre a desarmonização interior do homem, T. Spidlík afirma que "Se consideramos a perfeição humana como capacidade do espírito para contemplar a Deus, então o pecado é o escurecimento, a nuvem e a treva. Diante do grande dom da liberdade e do governo do mundo, o pecado é a escravidão [...] A desordem e a falta de harmonia se manifestam no mundo inteiro, depois da prevaricação de Adão: tanto na estrutura natural de nossa composição quanto, e sobretudo, no coração, que sofrendo, reclama sua cura" (SPIDLÍK, T., La espiritualidad del oriente Cristiano, p. 235-236).

Deus, a si mesmo, aos outros e ao mundo, ele é incapaz porque se encontra afastado de Deus. O *lógos* do Criador permeia todos os seres criados. Por isso, o homem deveria ser capaz de contemplar e de atribuir sentido ao *lógos* das coisas em sintonia com o *lógos* criador. A imagem bíblica usada pelos Padres para ilustrar a condição patológica do conhecimento é a da cegueira espiritual.

A sintomatologia da enfermidade da faculdade do conhecimento é denominada de esquizofrenia profunda. Perdendo a condição de conhecer e dar sentido às coisas, ocorre uma ruptura interior no homem, dividindo-o entre corpo e alma, sensibilidade e razão, mundo e Deus, interior e exterior. O homem passa a atribuir sentido a Deus, a si, aos outros e aos cosmos de forma unicamente racional. Essa divisão interna e esse processo de racionalização levam às seguintes consequências: distorção cognitiva (não se vê mais o real tal como é, mas ele é interpretado a partir de pressupostos ilusórios, limitados e falsos) e a idolatria (na tentativa de dar sentido às coisas se subverte a sua ordem e se acaba por submeter o Criador ao criado). A enfermidade do conhecimento, no fundo, coloca o homem numa postura de centro ordenador do mundo[723].

A patologia da faculdade do desejo também tem sua origem no pecado do homem. Este, criado para viver uma comunhão prazerosa sempre maior com Deus, consigo e com os seres, termina por encontrar seu prazer apenas na satisfação de si próprio. Essa inversão do desejo e do prazer é a fonte do egoísmo presente no ser humano. O egoísmo implica numa vida hipercentrada na satisfação dos instintos de posse, de nutrição e de reprodução. Para que isso possa acontecer, o homem egoísta instrumentaliza toda a realidade para si; Deus se torna um "gênio" realizador dos seus desejos mais primitivos e infantis, as pessoas se tornam objetos nos quais recaem as vontades e as coisas perdem sua condição de dom e viram descartáveis.

A sintomatologia da enfermidade da faculdade do desejo é marcada por um ciclo vicioso. O instinto (sexual, alimentar ou de posse) impulsiona a usar determinada pessoa ou coisa (movimento inicial). No momento do uso, sente-se uma sensação de completude e satisfação (período de euforia). Todavia, passada essa euforia inicial, surge uma insatisfação e uma frustração maior (período de insatisfação). Essa situação se caracteriza por diversos níveis de tristeza, tédio, desesperança e vazio (estado depressivo). Por fim, o instinto surge, novamente e mais intensamente, para movimentar a pessoa (consolidação do movimento vicioso). A enfermidade do desejo escraviza o homem na satisfação sem fim dos seus instintos[724].

---

723. REBAQUE, F. R., Terapia de las enfermidades espirituales em los padres de la iglesia, p. 50-54.
724. REBAQUE, F. R., Terapia de las enfermidades espirituales em los padres de la iglesia, p. 54-58.

A patologia da faculdade da ação encontra sua gênese no pecado do homem. Essa patologia se divide em duas áreas: a fortaleza e a liberdade. O homem foi criado como capaz de resistir contra tudo aquilo que podia se opor ao seu projeto vocacional de se assemelhar a Deus. Não obstante, o pecado transformou essa resistência interna em violência externa. O homem pecador se encontra num estado combativo contra Deus, contra si mesmo, contra os outros e contra o mundo. Seu estado pós-pecado é marcado pelo medo e pela insegurança de vir a ser aniquilado pela morte, pela sua finitude. A violência, então, é o comportamento humano que, baseado no medo e na insegurança, busca fazer com que o homem sobreviva a suposta hostilidade universal dos seres.

A patologia da faculdade da ação ligada à liberdade é uma desvirtuação do projeto inicial criador. Quando Deus criou o homem à sua imagem e semelhança, dotou-o com a liberdade. Somente dessa maneira, o homem poderia corresponder à sua vocação. Todavia, com a queda, o estado de liberdade diante de todos os seres se perdeu restando ao homem a liberdade de escolha entre o bem e o mal. À medida que o homem vai escolhendo o mal, mais distante ele fica do estado de liberdade[725].

Partindo da situação do homem caído, enfermo no conhecimento, no desejo e na ação, a teologia patrística aprofunda essa situação e trata das doenças relativas ao corpo, a alma e ao espírito. As dimensões humanas são interdependentes e, por isso, uma enfermidade afeta o ser humano por completo. Porém, elas gozam de certa autonomia e se concentram mais na sua área particular. As enfermidades mais graves são as espirituais; depois, as psíquicas; e, por último as corporais[726].

No pensamento patrístico, as enfermidades do corpo possuem duas origens: uma somática e outra pneumopsicossomática. Por doenças de origem somáticas, os Padres entendem aquelas que são produzidas por questões meramente corpóreas. Elas eram destinadas à medicina como praticadas no seu tempo, em conexão com os princípios de Hipócrates e Galeno. Na verdade, essas doenças revelam a fragilidade da existência humana e sua condição mortal. Esse tipo de enfermidade pode acometer grandes santos e servir para sua santidade. Por outro lado, grandes pecadores podem gozar de uma saúde corpórea ímpar. Desta forma, a enfermidade corpórea de origem somática é uma realidade da condição humana até a concretização da salvação final.

---

725. REBAQUE, F. R., Terapia de las enfermidades espirituales em los padres de la iglesia, p. 58-60.

726. C. J. Larchet é uma das grandes referências no estudo do tema patrístico saúde/enfermidade em diálogo com as correntes terapêuticas da atualidade: LARCHET, C. J., Thérapeutique des malaties spirituelles. Paris: Les Éditions du Cerf, 1991; Thérapeutique des malaties mentales. Paris: Les Éditions du Cerf, 1992 e Théologie de la malatie. Paris: Les Éditions du Cerf, 2000.

As enfermidades corpóreas, contudo, podem ter uma causa mais profunda: pneumopsicossomáticas. Nesse caso, as enfermidades do espírito e do psíquico causam efeitos nocivos ao corpo. Os Padres se interessam em entender os influxos do espírito e do psíquico no corpo humano e a desenvolver terapias que atuem no corpo atingindo o espírito e a alma – jejum, mortificação, ascese – ou atuem no espírito e na alma e cheguem ao corpo – oração, a meditação, o culto[727].

As enfermidades psíquicas podem ter três origens. Elas podem ser causadas por enfermidades corpóreas, por influência demoníaca e por enfermidades espirituais. As enfermidades psíquicas com origem em enfermidades corpóreas são aquelas em que a alma perde sua capacidade de se expressar e atuar em função da lesão ou do adoecimento de um determinado órgão ou parte do corpo. Esse tipo de enfermidade era também encaminhado para os médicos e tratado segunda à tradição da medicina grega clássica.

As enfermidades psíquicas de origem demoníaca se constituem pela ação de um espírito mal ou demoníaco sobre a vida do enfermo. A iniciação cristã, por conta da inabitação divina, tornava a alma e o espírito do cristão protegidos das ações demoníacas. Todavia, baseado no Livro de Jó, os Padres acreditavam que o corpo do cristão estava passivo das forças demoníacas a fim de que a sua fé fosse comprovada em meio as dificuldades. Os demônios, então, tentavam através do corpo atingir a alma e o espírito do ser humano. Essa visão era o horizonte interpretativo próprio da cultura do tempo patrístico. Atualmente, os testemunhos patrísticos de enfermidades psíquicas causadas por demônios são estudadas como relatos de loucura.

As enfermidades psíquicas de origem espiritual são caracterizadas pelo influxo de uma enfermidade espiritual na dimensão psíquica do homem. Nesse sentido, os Padres apontavam para muitos estados de ânimo causados por questões espirituais, tais como: psicose, neurose, ansiedade, angústia, tristeza, depressão e compulsões. Assim, algumas condições psíquicas apontam para algo da ordem espiritual. A negação da identidade e vocação do ser humano como imagem e semelhança de Deus causam dificuldades para o homem significar e ressignificar suas experiências[728].

Por fim, o grande interesse dos Padres recaía sobre as enfermidades espirituais. Elas, muitas vezes, estão na base de enfermidades de cunho corpóreo e psíquico. A nomenclatura usada para falar de forças que condicionam e dominam o comportamento humano e o leva a desfigurar a sua vocação de imagem

---

727. REBAQUE, F. R., Terapia de las enfermidades espirituales em los padres de la iglesia, p. 68-70.

728. REBAQUE, F. R., Terapia de las enfermidades espirituales em los padres de la iglesia, p. 70-75.

e semelhança divina, não é unívoca. Os Padres usam termos como paixão, vício, pensamento, espírito maus, carne e mundo. Por detrás de todos esses nomes, a consciência patrística é a de que o pecado adoeceu o espírito do homem e, por meio dele, a sua alma e o seu corpo. Dentro da tradição patrística, quatro autores se destacam no estudo das enfermidades espirituais, buscando sua nosografia, sua sintomatologia e sua terapia: João Cassiano, João Damasceno, Máximo confessor e Evágrio Pôntico[729].

Os Padres estudaram não só o estado de enfermidade do ser humano. Eles também se dedicaram a caracterizar a saúde. Essa última, na teologia patrística, é entendida dentro de um plano holístico no qual o bem-estar atinge o ser humano de forma global e integral. A saúde, na verdade, é a meta da vida espiritual e se caracteriza em três grandes sinais: a paz interior (*apátheia* – *hesequía*), o amor ágape/caritas e a contemplação doxológica. A saúde integral consiste em viver esses três grandes sinais enquanto a parcial se caracteriza por desenvolver um ou outro sinal desses. Na verdade, esses três sinais são circulares, de tal forma que quanto mais um se desenvolve, mas se pode crescer em outro[730].

A paz interior, chamada na tradição patrística de *apátheia* (impassibilidade) ou de *hesequía* (tranquilidade), é um estado permanente de tranquilidade e liberdade. Ele engloba um humilde conhecimento de si e uma aceitação das limitações e carências humanas. A impassibilidade não pode ser compreendida como uma aversão aos sentimentos humanos. Ela é uma integração harmônica dos sentimentos, da razão e da ação, vencendo a dicotomia entre aquilo que penso, que sinto, que quero e que faço. A tranquilidade, por sua vez, não pode ser entendida como falta de comprometimento com a vida. A *hesequía* se caracteriza por ser uma postura de compromisso dentro das possibilidades reais de envolvimento. Desta forma, a paz interior é um sinal da saúde humana porque assemelha o homem a Deus[731].

O amor ágape ou *caritas* é, para o mundo patrístico, a essência da vida cristã. Esse amor ágape se manifesta direcionado a quatro polos: a Deus, a si mesmo, aos outros e ao cosmos. Não existe uma hiperpolarização entre esses quatro polos, pois amar a Deus reclama necessariamente o amor a si, aos outros e ao mundo criado. Assim, o homem tem uma *potentia amoris* aberta e disponível a todo os seres. A base do amor a si está no autorreconhecimento de si como imagem divi-

---

729. LARCHET, C. J., Thérapeutique des malaties spirituelles, p. 131-149.

730. LARCHET, C. J., Thérapeutique des malaties spirituelles, p. 713-800.

731. REBAQUE, F. R., Terapia de las enfermidades espirituales en los padres de la iglesia, p. 238-239 e SPIDLÍK, T., La espiritualidade del oriente cristiano, p. 323-334.

na. Já a base do amor ao próximo está no reconhecimento do outro como imagem divina, pois todo homem carrega em si esta marca indelével, e como lugar da presença de Cristo, sobretudo os mais pequeninos. O amor ao cosmos surge na dimensão humana de criatura que carrega os vestígios do Criador. O amor a Deus está centrado na sua doação ao homem. Na verdade, existe uma circularidade do ágape que, vindo da fonte divina, atinge todas as criaturas, inter-relacionando-as a partir dele[732].

Por contemplação doxológica, os Padres entendem o conhecimento do outro no amor ágape. A gnose patrística não é um conhecimento racional, obtido pelo estudo ou pela especulação intelectual, acessível somente as grandes mentes. Ao contrário, ela se caracteriza pelo conhecimento relacional cuja a base é o amor. Esse tipo de relação está aberto a todos os iniciados porque ele é o conhecimento no Espírito Santo – o dom do amor do Pai, derramado pelo Filho, no coração dos homens, pelos sacramentos de iniciação.

A contemplação doxológica, em seu primeiro nível (denominada de natural), permite que o homem interprete o sentido (*lógos*) de todos os seres criados a partir do *mysterion* divino: o plano criador, salvífico e escatológico do Pai. No nível mais alto, a contemplação doxológica é chamada de teológica porque é uma ação do Espírito Santo cujo objetivo é unir os homens ao Cristo ressuscitado, para que possam dialogar com o Pai. Dessa experiência contemplativa das criaturas e da Trindade, o homem se torna o adorador em espírito e verdade (Jo 4,23)[733].

Fizemos um percurso para entender o pensamento bíblico-patrístico sobre a saúde e a doença. Estamos conscientes do nosso limite para desenvolvermos tal temática. Contudo, acreditamos que essas intuições podem servir de húmus para um pensamento holístico cristão e uma teologia da saúde que se comuniquem com outras áreas do saber a fim de gerar a vida em abundância.

O paradigma holístico, presente na Escritura e nos Padres, sofreu uma grande crítica das ciências modernas. Desde o século XV até o século XX, encontramos um desenvolvimento das ciências positivas que, paulatinamente, foi instaurando o chamado paradigma biomédico. Nesse período, várias concepções se cristalizaram, a saber: a percepção de antropologia fragmentária de cunho materialista, a produção de uma ciência e de uma tecnologia voltadas para a dimensão biológica do homem, a compreensão da enfermidade causada apenas por elementos de ordem corpórea, o entendimento terapêutico baseado em fármacos

---

732. REBAQUE, F. R., Terapia de las enfermidades espirituales em los padres de la iglesia, p. 239-243 e SPIDLÍK, T., La espiritualidade del oriente cristiano, p. 189-196.

733. REBAQUE, F. R., Terapia de las enfermidades espirituales em los padres de la iglesia, p. 244-247 e SPIDLÍK, T., La espiritualidade del oriente cristiano, p. 383-386 e 405-408.

bioquímicos. Em resumo, uma visão de saúde/doença alicerçada em pressupostos iluministas, cientificistas, biologicistas e materialistas. Tal visão só começa a se modificar no século XX, após as duas grandes guerras.

Com o surgimento do pensamento humanista e da filosofia vitalista e existencialista, uma grande crítica ao modelo de pensamento cientificista se desencadeou, atingindo as noções de saúde/doença. Os autores reintroduziram uma noção antropológica mais ampla e, consequentemente, repensaram, a partir dela, uma nova concepção de saúde e de terapia[734]. Nesse cenário novo, se admitiu que uma doença possui um arco maior de sentido na vida de uma pessoa do que simplesmente uma má função de um órgão e de um sistema ou da penetração de agentes externos infecciosos. As práticas terapêuticas, por seu turno, estão ligadas, não apenas ao mundo corpóreo-biológico, mas se expandem para englobar os aspectos ambientais, sociais, culturais e interiores de cada enfermo[735].

Os impactos da transformação do paradigma biomédico para o paradigma holístico podem ser sentidos no interesse do tema da saúde e da terapia no mundo teológico-magisterial. O CV II, como apresentado no segundo capítulo de nossa tese, entende a salvação como obra terapêutica de Cristo (SC 5) continuada pela Igreja através do anúncio e da liturgia (SC 6). Em outros textos, os Padres Conciliares afirmam o enfermo como um dos sujeitos preferidos do ministério de Cristo e da Igreja (LG 8, AG 12, AA 8, GS 21). A teologia conciliar deu o tom para que a comunidade de fé recuperasse o tema da saúde à luz do mistério divino.

O magistério pós-conciliar conta com dois textos fundamentais sobre o tema da saúde em chave teológica. O primeiro texto é a carta apostólica *Salvifici Doloris*. Esta carta, publicada no pontificado de João Paulo II, reviu os conceitos de sofrimento, enfermidade, morte e salvação à luz das novas concepções teológicas advindas do CV II. Esse texto representa, ainda, a posição magisterial mais recente a respeito do tema. Depois, a Congregação para a doutrina da fé, sob a pena do então Cardeal J. Ratzinger, publica a instrução "Sobre as orações para obter de Deus a cura". Esta instrução, baseada na *Salvifici Doloris*, retoma a teo-

---

734. Sabedor de nossa limitação nesse trabalho doutoral, mas, igualmente, consciente da gravidade do tema, indicamos este texto sobre a relação da renovação do pensamento ocidental no século XX e sua influência na prática litúrgica da Igreja Católica: FIZZOTTI, E., Abraham Maslow e Viktor E. Frankl, p. 203-238.

735. "Os estudos de medicina científica e de história e fenomenologia das religiões realizados por organizações ecumênicas diversas mostraram que são muitos os fatores responsáveis pelas diversas enfermidades: as rupturas de relacionamentos, o sentimento crescente de vazio vital e de desorientação espiritual, a debilitação das defesas naturais do corpo para combater infecções e transtornos bioquímicos e outras formas de transtornos e desequilíbrios físicos, emocionais e mentais. Diante de tudo isso, o que resulta evidente é que o ser humano é uma unidade multidimensional, uma totalidade integrativa" (BOROBIO, D., Sacramentos y sanación, p. 77-78).

logia bíblico-patrística sobre a saúde e afirma a tríplice ação pastoral da Igreja: o carisma extraordinário de cura, a ação pastoral ordinária em favor dos enfermos e a oração litúrgica[736].

A teologia litúrgica pós-conciliar enveredou mais pelo caminho da celebração como experiência comunicativo-dialogal do que pelo viés terapêutico-sanador. É claro que não podemos falar de um hiato ou de um esquecimento total do tema da ação terapêutico litúrgica. Todavia, podemos constatar, através do número de produções teológico-litúrgicas dos últimos cinquenta anos, que o tema da saúde e terapia em chave litúrgico-pastoral ainda precisa ser enriquecido com muitas pesquisas e intuições. O tema, muitas vezes, não foi tratado com a envergadura teológica e a transdisciplinaridade necessárias e foi deixado na mão de obras de cunho de autoajuda.

Do patrimônio bíblico-patrístico, emerge uma tríplice missão terapêutica para a Igreja. A primeira missão é o exercício de um carisma de cura extraordinário, dom do Espírito do ressuscitado. A segunda missão se caracteriza pelas intervenções ordinárias em relação aos doentes, simbolizada na ideia da visita aos enfermos. A terceira missão se destaca pela ação litúrgico-celebrativa na qual a salvação de Cristo (o mistério pascal) transfigura as experiências de pecado, de enfermidade e da morte. Esses três âmbitos da missão terapêutica da Igreja não são estanques, mas caminham em conjunto, em sintonia.

A liturgia é uma experiência terapêutica. O Cristo Ressuscitado, por meio do seu Espírito Santo, atua na Igreja, mais precisamente, através dos sinais celebrativos, e efetua a recriação do ser humano marcado pela enfermidade, pelo pecado e pela morte. O homem, por meio das celebrações do universo litúrgico eclesial, reinterpreta a sua enfermidade, seu pecado e a sua morte à luz da revelação do projeto salvífico e amoroso do Pai. Essas realidades passam por uma transfiguração de sentido. A terapia litúrgico-cristã se centra nesse dado teológico fundamental. Desta forma, toda ação litúrgica desempenha uma ação terapêutica comunicadora de sentido novo a partir da salvação de Cristo.

O homem doente se encontra com o Cristo médico, do corpo e da alma, na celebração litúrgica. Dentro de uma perspectiva holística, as enfermidades se manifestam como somáticas, psicossomáticas e pneumopsicossomáticas. O Ressuscitado, por meio das ações sacramentais da Igreja, atua nessas três manifestações de forma própria. Em relação às doenças somáticas, o Senhor, pela virtude do Espírito, une-se ao enfermo, o qual se torna um participante de sua paixão (Cl 1,24) e se torna um sinal sacramental de sua presença (Mt 25,36).

---

736. CONGREGAÇÃO PARA A DOUTRINA DA FÉ, Instrução sobre as orações para alcançar de Deus a cura.

Essa graça concedida ao enfermo somático, na verdade, se estende a todos os tipos de enfermos.

O Ressuscitado cuida dos enfermos psicossomáticos na celebração litúrgica. Ele, por meio de sua palavra e de sua ação, pode atuar, nos fatores e gatilhos de uma enfermidade psicológica que causa ressonâncias no corpo. Assim, a experiência litúrgica permite que o fiel aprofunde sua cosmovisão e, com isso, ressignifique eventos passados dolorosos cujo recalque possa estar causando sofrimentos físicos e emocionais. A Liturgia da Palavra e do sinal sacramental busca fazer com que o fiel entre em contato com sua vida e os seus eventos dolorosos sobre a ótica do mistério pascal de Cristo.

O enfermo pneumopsicossomático, no fundo, caracteriza toda a humanidade. As feridas espirituais são as mais graves e profundas no ser humano e delas se originam a corrupção humana e a morte. Por isso, elas estão no núcleo da enfermidade humana e geram o pecado e a morte. Essas doenças são estruturais e se apresentam como egolatria, egoísmo e egocentrismo. A atuação do Ressuscitado, na celebração da liturgia, visa, em última instância, libertar o homem da prisão em si mesmo a fim de que seja possível o êxtase místico. Esse êxtase místico significa a saída de si mesmo em direção ao outro, fazendo com que a egolatria humana se torne Eucaristia, que o egoísmo se converta em autodoação crística e que o egocentrismo desemboque em ágape.

O homem pecador também se encontra com o Cristo médico na liturgia eclesial. Nesse âmbito, o Ressuscitado atua, através dos sinais sacramentais, perdoando e renovando o cristão. A liturgia, mais do que ser experiência de perdão dos pecados, pretende ser uma transfiguração do sujeito pecador. A atuação terapêutica do Senhor modifica a estrutura humana pós-pecado marcada pela egolatria, egoísmo e egocentrismo. Da mesma maneira, o homem pecador, constituído como ser para a morte, encontra-se na liturgia com o Cristo redivivo, primogênito dos mortos (Cl 1,18; Ap 1,5). Ele, oferecendo o dom da vida eterna, modifica o sentido da morte de finitude para abertura eterna. Desta maneira, o Cristo atua na liturgia eclesial modificando a estrutura espiritual ferida do homem, curando-o espiritualmente, com ressonâncias emocionais e corporais, perdoando-o de seus pecados e convidando-o à vida eterna.

Baseado nas reflexões do Papa Francisco, existe o perigo de uma novo pelagianismo ou catarismo. As nossas reflexões sobre a dimensão terapêutica da mística litúrgico-cristã não quer ser um manifesto ao purismo. Pelo contrário, estamos em profunda sintonia com a afirmação de que durante o tempo eclesial conviveremos com a doença e o pecado. Não haverá remissão dessas realidades até o *escathon*. Por isso, pensar o Cristo (médico do corpo e da alma), a Igreja (comunidade terapêutica) e a liturgia (experiência do mistério de cura) não é jamais pretender defender uma ação moralista; é, sim, reconhecer a necessidade urgente da misericórdia[737].

O processo terapêutico eclesial e litúrgico não é exclusivo nem excludente. É necessário o entendimento de que um enfermo deve receber o apoio de tantos profissionais quantos forem necessários a fim de que se viva a situação de doença com a melhor qualidade possível. Uma reflexão sobre a dimensão terapêutica da fé e da liturgia não anula em nada o trabalho de pesquisa e clínico dos profissionais de saúde. Ao contrário, a teologia e a pastoral litúrgicas querem dialogar e aprender com as demais ciências a fim de descobrir qual o seu papel de serviço frente aos irmãos mais pequeninos do seu Senhor.

A mística litúrgica cristã é a experiência da ação do Ressuscitado, por meio do seu Espírito Santo, através da Igreja e, mais particularmente, dos sinais celebrativos, no intuito de realizar a salvação dos homens de acordo com a vontade do Pai. A ação salvífica do Cristo na liturgia tem um duplo efeito interligado: comunicativo e terapêutico. Na celebração do mistério pascal, o homem ególatra se abre para o diálogo eucarístico-doxológico com Deus (Lc 17,17-19). O egoísta retorna para si a fim de se amar com o amor divino, transfigurando-se em um novo Cristo (Mc 12,31). O egocêntrico se descentraliza e passa a amar os outros como a si mesmo, numa profundidade agápica (Jo 13,34-35; 15,17; 1Jo 4,7.20), e ainda, começa a contemplar a criação como obra divina, numa atitude de cuidado do ser (Rm 8,19; Cl 1,15-17)[738].

A liturgia e os sacramentos devem ser pensados em sua dimensão transfiguradora – comunicação e terapêutica – do ser humano. De fato, a "obra da redenção dos homens e da glorificação perfeita de Deus, [...] realizou-a Cristo Senhor, principalmente pelo mistério pascal [...] em que "morrendo destruiu a nossa morte e ressurgindo restaurou a nossa vida" (SC 5). Por conta disso, "Ele

---

737. O Papa Francisco adverte a Igreja Católica que: "Quem se conforma a esta mentalidade pelagiana ou semipelagiana, embora fale da graça de Deus com discursos edulcorados, no fundo, só confia nas suas próprias forças e se sente superior aos outros por cumprir determinadas normas ou por ser irredutivelmente fiel a um certo estilo católico. Quando alguns deles se dirigem aos frágeis, dizendo-lhes que se pode tudo com a graça de Deus, basicamente costumam transmitir a ideia de que tudo se pode com a vontade humana, como se esta fosse algo puro, perfeito, omnipotente, a que se acrescenta a graça. Pretende-se ignorar que nem todos podem tudo, e que, nesta vida, as fragilidades humanas não são curadas, completamente e duma vez por todas, pela graça (GE 49).

738. J. Corbon, escrevendo sobre as epicleses de cura, afirma que "a divinização gradual dos filhos de Deus só pode realizar-se pela eliminação progressiva do movimento de revolta no qual se contorce a nossa natureza ferida. Os sacramentos de cura fazem com que os membros de Cristo participem no amor salvífico do seu Senhor que assume, aqui e agora, as suas próprias feridas da natureza e da vontade. À sua frequência é indefinida, ao ritmo da saúde divina – da santificação – que o cristão acolhe livremente, alicerçando a sua vontade na energia do Espírito Santo" (CORBON, J., A fonte da liturgia, p. 130-131).

enviou os apóstolos, cheios do Espírito Santo [...] para que realizassem a obra de salvação que anunciavam, mediante o sacrifício e os sacramentos, à volta dos quais gira toda a vida litúrgica" (SC 6). E isto tudo com a finalidade de conferir "em sumo grau para que os fiéis exprimam na sua vida e manifestem aos outros o mistério de Cristo" (SC 2).

Conclusão

O nosso trabalho posicionou a relação essencial entre os conceitos teológicos de mistério, mistagogia e mística. A teologia cristã do terceiro milênio tem a insubstituível tarefa de conhecer seu patrimônio histórico, perceber suas contradições e potencialidades, resolver as aporias e dificuldades, fornecer um contributo baseado na Escritura e na Tradição e apoiar a vida da Igreja atual na sua missão de evangelizar e de dialogar com o mundo contemporâneo. Um dos temas teológicos mais intrincados é, exatamente, essa interrelação entre os três conceitos estudados nessa tese doutoral.

A possibilidade da resolução das dificuldades históricas estabelecidas entre o paradigma do primeiro milênio e o do segundo milênio, no tocante aos conceitos de mistério, mistagogia e mística, está na compreensão genealógica da transformação de uma concepção integrada dos termos, presente na Igreja bíblico-patrística, para a impostação desintegrada desses termos, na Igreja medieval-moderna. A teologia do terceiro milênio, entendendo a gênese, o desenvolvimento e as consequências de um e de outro paradigma, deve considerá-los e oferecer indicações precisas para a vida eclesial.

O CV II é um divisor epocal na história da Igreja. Ele, conclamado no final do segundo milênio, é um esforço de atualizar a Igreja para sua missão no terceiro milênio. Por conta disso, os Padres Conciliares injetaram nos documentos uma série de recuperações de conceitos e de aspectos da vida cristã segundo o paradigma do primeiro milênio. Inspirados no universo bíblico-patrístico, o concílio trabalha, de maneira direta, a noção teológica de mistério e, de maneira indireta, as noções de mistagogia e de mística. O esforço de magisterialização da teologia do mistério criou as bases para uma teologia mais adequada ao mundo contemporâneo.

A empresa teológica pós-conciliar, embasada nas afirmações e nas indicações conciliares, pode iniciar um processo de compreensão dos conceitos de mistagogia e de mística. Primeiramente, a mistagogia teve um interesse mais pungente na área da catequese e na revisão dos livros litúrgicos. Todo esse interesse se vinculava à modificação do processo de iniciação cristã, tornando-o mais semelhante a práxis patrística e o adequando ao contexto hodierno.

Depois, o conceito de mistagogia conduziu a reflexão ao conceito de mística. Existia uma compreensão de mística própria da Igreja bíblico-patrística vinculada ao mistério e a mistagogia. Essa concepção antiga, redescoberta pelo Movimento Litúrgico e retomada no pós-concilio, tornou-se renovadora. Os teólogos retomaram a partir da mistagogia as noções de espiritualidade litúrgica e de mística litúrgica e reintegraram o trinômio basilar da experiência cristã: mistério-mistagogia-mística. Atualmente, a teologia litúrgica pretende alicerçar mais profundamente esta visão e desenvolvê-la para qualificar a vida litúrgico-espiritual da comunidade cristã.

Estamos cientes de que esta visão exposta sobre a relação trinominal entre mistério, mistagogia e mística não é aceita ou conhecida por toda a comunidade teológica cristã. Aliás, desde quando o Movimento Litúrgico reivindicou o lugar de primazia da liturgia na vida espiritual cristã, levantaram-se vozes que criticaram e discordaram em favor de uma compreensão litúrgico-espiritual na linha medieval e moderna. Para além de uma disputa de força ideológica ou política dentro da comunidade teológica e eclesial, acreditamos que se faz urgente o debate crítico entre as diversas posturas de compreensão de mistério, mistagogia e mística e suas relações, visto o que está em xeque é a vida concreta – com suas alegrias e dores – de muitos cristãos de nosso tempo.

O nosso trabalho se posiciona na visão começada pelo Movimento Litúrgico, tornada fé da Igreja Católica pelo CV II e desenvolvida nos últimos cinquenta anos pós-conciliares pela teologia litúrgica. Encaixado nesse viés, trabalhamos os três conceitos – mistério, mistagogia e mística – a fim de contribuir para que essa linha de pesquisa se solidifique com afirmações mais fortes e para divulgar ainda mais a visão de que a liturgia é a experiência mística original e basilar da vida cristã.

A grande conclusão da introdução da nossa tese é a centralidade nuclear do conceito de mistério para a compreensão da natureza da liturgia e, consequentemente, da vida espiritual da Igreja. Na SC, os Padres Conciliares aproveitaram o suprassumo da teologia do momento na qual se sobressaia a centralidade da Escritura e sua interpretação patrística. Sendo assim, encontramos três significados bases de mistério na constituição litúrgica. Na SC 5, o mistério é a salvação realizada por Cristo. Na SC 6, o mistério é a celebração da iniciação cristã e da liturgia como um todo. E, na SC 2, o mistério está ligado à vida cristã e eclesial. Desta forma, o termo mistério é extremamente rico e profundo e se identifica ao Cristo, à Igreja, à liturgia e ao cristão.

O artigo quinto da Constituição litúrgica nos mostra que a salvação encontrou seu ápice no mistério pascal de Cristo. O Pai enviou seu Filho, ungido pelo Espírito Santo, com uma única missão salvadora que possui um duplo aspecto. Jesus é aquele que salva o homem pobre e contrito, evangelizando-o e curando-o. Por conseguinte, o primeiro aspecto da missão salvadora é a comunicação e o segundo aspecto é a terapêutica. Mistério, então, é o desejo-ação do Pai, concretizado pelo Filho, possibilitado pelo *Pneuma*, de estabelecer um diálogo com a humanidade e de realizar um processo de transformação do coração humano.

O artigo sexto da Constituição litúrgica se baseia no artigo quinto e aplica suas conclusões no âmbito da celebração litúrgica. A primeira ocorrência de mistério na SC 6 está conectada com a iniciação cristã. O batismo enxerta o cristão no mistério pascal de Cristo. Ora, a iniciação cristã inaugura o diálogo salvífico com o Pai e o processo de cristificação, através da ação sinérgica entre Espírito e Igreja, na vida do fiel. A segunda ocorrência de mistério na SC 6 se vincula com a liturgia de forma geral. A celebração tem como conteúdo central o mistério pascal de Cristo. Por isso, em toda celebração litúrgica, englobando os sacramentos, os sacramentais, a liturgia das horas e o Ano Litúrgico, se atualiza a ação comunicativo-terapêutica divina na vida da comunidade reunida.

O artigo segundo da Constituição litúrgica confirma a fé eclesial na qual a liturgia tem a potência operativa de fazer com que o mistério pascal de Cristo se torne presente e atuante na vida da Igreja e de cada cristão. O ciclo soteriológico se conclui quando o mistério do Pai, manifestado no Filho e comunicado pelo Espírito Santo, através da liturgia eclesial, atinge a comunidade e a vida do fiel. Neste momento, a Igreja se cristifica tornando-se o corpo místico de Cristo, vivificado pelo Espírito Santo e, igualmente, os fiéis se transfiguram em *alter Christus* e em templos do mesmo Espírito.

A introdução de nossa tese é de suma importância para a compreensão e a estrutura dos dois capítulos subsequentes. Essa importância se justifica por causa da definição de mistério baseada na SC 2, 5 e 6. Tanto o conceito de mistagogia quanto o de mística se subordinam ao conceito de mistério. Sem dúvida, pela teologia litúrgica, o *mysterium* é o conceito mais radical do qual os outros dois buscam sua significação. Neste ponto, reside um alerta decisivo: o perigo de se fazer um discurso teológico sobre mistagogia e mística sem uma adequada aproximação do conceito de mistério.

A introdução de nossa tese tem como conclusão geral a noção de que a mistagogia é um conceito plurissemântico e, atualmente, em construção. A teologia e a pastoral hodiernas tratam da mistagogia, ao menos, em três grandes áreas de concentração: na teologia catequética, na teologia litúrgica e na teologia espiritual. O próprio desenvolvimento histórico contribuiu para que essas três áreas teológicas tivessem um vivo interesse pela mistagogia. Desta forma, a mistagogia é conceito interdisciplinar e transdisciplinar no âmbito teológico, de farto interesse tanto teológico quanto pastoral.

A compreensão de mistagogia na teologia e na pastoral atuais nos remete ao fenômeno mistagógico dos Padres da Igreja. De fato, a mistagogia atual tem como fonte de inspiração as vivências das Igrejas patrísticas, seus processos de iniciação cristã, suas celebrações litúrgicas e seu modo de fazer teologia e pastoral. Contudo, precisa ficar bem destacado que a mistagogia atual não é (e nem pode ser) uma cópia mimética do que ocorreu entre os séculos III d.C. e V d.C. Essa impossibilidade se instaura por várias razões. Destacamos duas: a diferença do contexto cultural do homem patrístico para o homem pós-moderno e as diferentes formas de se viver e de se fazer mistagogia na Igreja patrística. Desta forma, a mistagogia antiga deve servir de fonte que precisa ser pensada para o contexto evangelizador contemporâneo.

Na Igreja dos Padres, de forma geral, a mistagogia tinha um tríplice sentido. O seu primeiro sentido era a celebração dos sacramentos da iniciação cristã. Assim, mistagogia era fazer com que o fiel se torne cristão através da celebração dos Sacramentos do Batismo, Crisma e Eucaristia. A mistagogia é fazer com que alguém participe do mistério pascal de Cristo pela virtude da iniciação litúrgica. Esse era o sentido mais base e fundamental. Os outros dois sentidos decorrem desse e se vinculam a ele, completando-o e enriquecendo-o. Esse tríplice sentido não pode ser pensado de maneira negativa, como se houvesse uma concorrência entre eles. Na realidade, eles são complementares e revelam o alcance teológico do conceito no pensamento dos Padres.

O segundo sentido de mistagogia na Igreja dos Padres é o processo de formação litúrgico-espiritual ocorrido na oitava de Páscoa aos neófitos a fim de que compreendam o mistério do qual participam. Essa formação recebe o nome de catequeses mistagógicas. Nas catequeses mistagógicas, os Padres, partindo do rito participado pelo iniciado na Vigília Pascal, fazia sua ligação com o evento soteriológico fundador com o objetivo de revelar a atuação salvífica divina no "hoje" celebrativo-eclesial. O leitor precisa entender que o fenômeno da mistagogia antiga é maior do que as célebres catequeses mistagógicas dos Padres. A mistagogia antiga não se reduz às catequeses mistagógicas e estas últimas, por sua vez, compõem o conjunto de sentido da primeira.

Por fim, o último sentido de mistagogia na Igreja dos Padres encontra-se na metodologia teológica. Os passos metodológicos usados pelos Padres na catequese mistagógica eram, na verdade, uma metodologia que servia para a produção de um conhecimento teológico vivo e não meramente intelectual. O modo de se fazer teologia na patrística não se encontrava nas reflexões de cunho acadêmico-científico. Os autores patrísticos desejavam conhecer a Deus para se deixar divinizar por Ele. Esse conhecimento encontrava seu lugar primordial na celebração dos mistérios. É o primado da *lex orandi* e da *theologia prima*, ou seja, a liturgia era a escola de fé e de vida do Povo de Deus.

Não é por menos que a recuperação da mistagogia na Igreja atual interessa tanto as áreas da catequese e da liturgia. O CV II, apesar de não tratar diretamente do tema, indicou propostas que atingiam em cheio a realidade da mistagogia. A primeira proposta foi a renovação do processo de iniciação cristã. Os Padres perceberam a insuficiência do processo tridentino de catequese e de formação para o mundo atual. E estabeleceram a iniciação patrística como base para se repensar novos modelos catequético-litúrgicos para o homem de hoje. A segunda proposta conciliar foi o estabelecimento de uma teologia do rito litúrgico. Enquanto no rito de Pio V a experiência ritual é esotérica e clericalista, a Igreja patrística tinha uma prática aberta aos iniciados na qual se proclamava a teologia do rito. Por isso, as catequeses mistagógicas se tornaram um paradigma de como fazer teologia do rito litúrgico para a reforma conciliar.

A mistagogia atual se estabeleceu no contexto da iniciação cristã. Ela entendeu da igreja patrística que "iniciar nos mistérios" é formar o cristão e celebrar a salvação. Nessa acepção, o RICA é o fruto mais direto, consciente e profundo da revolução operada na iniciação cristã pós-conciliar. Este ritual está permeado do esforço de elaborar um processo iniciático cristã condizente com as necessidades pastorais das igrejas locais, sem perder em nada a profundidade teológico-litúrgico-espiritual da iniciação cristã. Existe aqui um perigo de confundir a mistagogia – processo de formação e celebração cristã – com o tempo da mistagogia – etapa de formação após a recepção dos Sacramentos do Batismo, da Crisma e da Eucaristia. A fim de dirimir qualquer questão, posicionamos que a mistagogia atual é, em primeiro lugar, a celebração litúrgica da inserção do iniciando no mistério pascal de Cristo através dos sacramentos de iniciação e, decorrente disso, a formação integral, e não unicamente intelectual, necessária para se tornar um cristão.

A mistagogia atual também é teologia litúrgica. Nesse ponto, encontramos um interesse maior nos últimos anos de liturgistas, fundamentados nas cateque-ses mistagógicas dos Padres, em estabelecer um método para a produção de uma inteligência do mistério. Esse método mistagógico estabelece a relação entre a história salvífica e o rito celebrado, objetivando fazer com que o fiel atinja o sentido salvífico dos sinais celebrativos.

Do capítulo 1 de nossa tese doutoral, podemos concluir que tanto a mistagogia antiga quanto a hodierna estão subordinadas ao mistério. A mistagogia, como celebração dos sacramentos de iniciação, inaugura o processo comunicativo-terapêutico divino na vida do fiel. Esse processo de diálogo e de cura iniciado se desenvolverá durante o transcurso da vida, pelas outras mediações litúrgico-sacramentais, e se consumará na vida eterna. A mistagogia, como processo de formação integral, quer, no fundo, ajudar ao cristão como dialogar com Deus e como cooperar com o seu processo de cristificação. Formar não é simplesmente ensinar dogmas, mas fazer com que cada cristão aprenda a viver a dinâmica salvífica em sua vida. A mistagogia, como teologia litúrgica, é a chamada inteligência do mistério. É o esforço por compreender como a salvação cristã – diálogo e cura – se utiliza e atua na mediação litúrgico-sacramental em favor da Igreja. Não é possível pensar a mistagogia sem sua subordinação ao mistério.

O capítulo 2 de nosso trabalho doutoral aborda o conceito de mística em chave litúrgico-espiritual. O conceito de mística é, dentre os três estudados nessa tese, o mais complexo. Diferente do conceito de mistério e de mistagogia que perderam sua utilização teológica durante a Idade Média e a modernidade, o conceito de mística, ao contrário, recebe significados novos e perspectivas bem diferentes das do seu lugar genético. Por isso, empreendemos um longo processo diacrônico para entender a consolidação de dois grandes paradigmas de mística dentro do cristianismo.

O primeiro paradigma de mística cristã é o do primeiro milênio testemunhado pelas páginas bíblico-patrísticas. Nesse ambiente, a liturgia era a fonte da vida espiritual do Povo de Deus. A espiritualidade do primeiro milênio se caracterizava por realizar na vida a salvação conferida na celebração dos sacramentos, em especial do Batismo-Crisma e da Eucaristia. A mística era a experiência com o mistério salvífico divino aberta a todos os iniciados. A celebração litúrgica é experiência mística por excelência, pois é a própria presença e atualização do mistério de Cristo na vida da sua Igreja.

O segundo paradigma de mística cristã é o testemunhado nos textos da Idade Média e da Idade Moderna. Nesse paradigma, a experiência mística é um estado, não acessível a todos, mas apenas a certos escolhidos: "os perfeitos". A vida mística está palidamente ligada ao Batismo e muito mais embasada na excelência moral de um carismático, comprovada pelos fenômenos paranormais e por um conjunto de conhecimentos sobrenaturais a respeito de Deus. Ao Povo de Deus, que não se reconhecia e não era reconhecido como místico nesse paradigma, sobrava as inúmeras devoções populares e as diversas propostas de escolas de espiritualidade. A celebração da liturgia, com a proclamação da Escritura e os sinais sacramentais, não pertencia, propriamente, ao universo espiritual cristão, a não ser como obrigação: do Batismo – para a salvação da alma – e do preceito dominical de "assistir" a missa.

Nos anos pré-conciliares, o Movimento Litúrgico recuperou o conceito teológico de mistério e fez emergir a práxis mistagógica dos Padres. Ele foi responsável por uma forte crítica ao paradigma místico do segundo milênio e fez brotar um clamor (na verdade a sua primeira reinvindicação) por um reposicionamento da liturgia na vida espiritual. Para esse movimento, a liturgia é a fonte da vida espiritual da Igreja e dos fiéis. O que foi encarado a princípio como um clamor bom, logo se tornou causa de disputas teológicas variadas: espiritualidade objetiva e espiritualidade subjetiva, mística como experiência salvífica do mistério e mística como conhecimento supra-racional de Deus; e, liturgia e escolas de espiritualidades e devoções populares.

O CV II tratou, nos artigos doze e treze da Constituição litúrgica, sobre a relação entre liturgia e espiritualidade. Ele coloca a liturgia como norma ordenadora para as outras formas de expressão espiritual da Igreja – a liturgia se torna *lex orandi*. A teologia conciliar reintroduz o paradigma espiritual-místico do primeiro milênio na vida da Igreja, subordinando o paradigma do segundo milênio a ele. Embora seja essa a posição conciliar, já se passaram cinquenta anos e a situação da espiritualidade e da mística litúrgica ainda são bem frágeis.

A mística litúrgica, fundamentada no conceito de mistério, é a experiência comunicativo-dialogal que ocorre numa celebração. O processo comunicativo litúrgico abarca quatro direções constitutivas. Essas quatro direções são interdependentes e interconectadas de tal modo que ocorrem em conjunto. Encontramos os seguintes relacionamentos comunicativos numa celebração litúrgica: Deus e a assembleia litúrgica, Deus e cada participante, entre os membros da assembleia litúrgica e o diálogo pessoal de cada participante. A mística litúrgica é experiência de comunhão com Deus, consigo, com os irmãos e com toda a criação.

Em sintonia com o sentido de mistério, a mística litúrgica se configura também como experiência terapêutica. De fato, o ser humano, chamado ao diálogo, está ferido pelo pecado. Nele, as marcas do pecado são profundas e o afetam num plano estrutural. Elas se manifestam nas disposições egolátricas, egoístas, egocêntricas de seu ser e comportamento humano. Mas, através da ação do Ressuscitado e do *Pneuma*, ocorre uma profunda transformação do coração humano enfermo capaz de transfigurá-lo no homem novo: doxológico-eucarístico, crístico, agápico e ecológico.

Com esse panorama composto pelos três capítulos da tese, podemos indicar nosso entendimento sobre cada conceito. O mistério é a ação salvífica trinitária que se revela, nesses últimos tempos, como ação comunicativo-dialogal e terapêutico-transfigurativa, através da ação do Ressuscitado, pelo Espírito Santo, na mediação litúrgico-eclesial, em favor dos cristãos e, pelo testemunho do mistério na vida desses últimos, em benefício da comunidade humana e do cosmos.

A mistagogia é a introdução no mistério pascal de Cristo. Ela pretende fazer com que o ser humano participe da salvação cristã através da celebração dos sacramentos de iniciação e da liturgia em geral, da formação necessária para se tornar cristão e da inteligência advinda do mistério. No fundo, a mistagogia efetua a entrada no diálogo com Deus e, consequentemente, com as criaturas e inicia o processo terapêutico e transfigurador pelo qual morre o "homem velho" – ególatra, egoísta e egocêntrico – e levanta o "homem novo" – doxológico-eucarístico, crístico, agápico e ecológico.

A mística litúrgica é a experiência do mistério pascal de Cristo ocorrida no transcurso da celebração da liturgia eclesial. Nessa experiência, ocorrida em cada celebração, o mistério salvífico se torna presente e atuante no "hoje". Ele atinge a assembleia e cada um dos seus participantes comunicando-os a força da salvação cristã. Nesse sentido, a celebração é experiência de comunicação profunda, integral e englobante e é ainda experiência de cura e transfiguração na qual o ágape divino transforma as estruturas enfermas do homem pecador.

O tema teológico do mistério encontra na teologia um longo percurso de desenvolvimento. Todavia, os temas da mistagogia e da mística litúrgica estão em franco desenvolvimento. Faz-se necessário não apenas trabalhos acadêmicos e pesquisas científicas, mas também inciativas práticas capazes de traduzir os conhecimentos adquiridos em vida para a Igreja e para o mundo. De fato, a recuperação do trinômio mistério-mistagogia-mística não pode se reduzir a um "objeto" de pesquisa.

A reintrodução do pensamento mistérico-mistagógico-místico ocasiona uma renovação pastoral ímpar. A ênfase na experiência de introdução (iniciação cristã) e de crescimento no mistério de Cristo (a vida cristã) pode oferecer um vigor novo ao processo de evangelização eclesial no terceiro milênio. Entendendo melhor o mistério salvífico cristão, a teologia pode ajudar as ações pastorais a serem mais efetivas.

No fundo, o mistério de Cristo faz com que a Igreja se torne uma escola de diálogo. A liturgia é o paradigma sacramental do diálogo salvífico travado entre Deus e os homens. Por conta disso, a ação educativo-formadora eclesial recai no esforço de fazer com que os homens, correspondendo à graça divina, se abram uns aos outros e sejam capazes de viver em comunhão. Nesse cenário, não é possível mais pensar numa postura eclesial fechada e sectária. A comunidade de Jesus Cristo é vocacionada à universalidade no amor.

Sendo o mistério uma ação terapêutica, a práxis eclesial, decorrente do mistério transfigurador do homem na liturgia, instaura uma escola de amor. O universo litúrgico quer fazer circular o amor de Deus aos homens e, deles, a Deus e a todos os seres. Precisamos enveredar por um caminho educativo-formativo no qual cada fiel entenda a centralidade da vivência do amor. A Igreja é um lugar de exercício e de aprendizagem do amor. Não há lugar mais para qualquer espécie de moralismos e exlcusões, mas é a hora de proporcionar o acompanhamento pessoal de cada pessoa, com suas potencialides e limites.

Em suma, a celebração da Igreja aponta para o estado final: o mistério de Cristo em nós, a esperança da glória (Cl 1,27). O homem novo nasce e se desenvolve até a estatura de Cristo. Este nascimento (a inciação cristã) e este desenvolvimento (a vida em Cristo) são efetivados pela vida litúrgica. A liturgia eclesial acompanha o cristão e o conduz até a liturgia celeste. Na celebração escatológica do mistério, o projeto soteriológico se desvela totalmente. O homem, curado e transfigurado, é chamado a viver em comunhão definitiva de amor.

Referências bibliográficas

SAGRADA CONGREGAÇÃO PARA O CULTO DIVINO. A iniciação cristã. Observações preliminares gerais. In: *As introduções gerais dos livros litúrgicos*. São Paulo: Paulus, 2004, p. 9-17.

SAGRADA CONGREGAÇÃO PARA O CULTO DIVINO. Iniciação cristã de adultos. Introdução ao rito da iniciação cristã de adultos. In: *As introduções gerais dos livros litúrgicos*. São Paulo: Paulus, 2004, p. 19-48.

SAGRADA CONGREGAÇÃO PARA O CULTO DIVINO. Instrução geral ao missal romano. In: *As introduções gerais dos livros litúrgicos*. São Paulo: Paulus, 2004, p. 99-205.

SAGRADA CONGREGAÇÃO PARA O CULTO DIVINO. Normais universais sobre o Ano Litúrgico. In: *As introduções gerais dos livros litúrgicos*. São Paulo: Paulus, 2004, p. 211-227.

Sacrifício. In: McKENZIE, J. L. (Org.). *Dicionário bíblico*. São Paulo: Paulus, 2005, p. 819-824.

ABDALA, A. *A morte em Heidegger*. Jundiaí: Paco Editorial, 2017.

ACADEMIA BRASILEIRA DE LETRAS. *Dicionário escolar da língua portuguesa*. São Paulo: Companhia Editora Nacional, 2008.

AGNELO, M. G. L'Encíclica Mediator Dei a cinquant'anni dalla promulgazione. *Liturgia*, v. 32, n. 145, p. 70-77, jan./fev. 1998.

AGOSTINHO DE HIPONA. Sermão 136 A. In: CORDEIRO, J. L. (Org.). *Antologia litúrgica. Textos litúrgicos, patrísticos e canónicos do primeiro milénio*. Fátima: Secretariado Nacional de Liturgia, 2015, p. 1.020.

AGOSTINHO DE HIPONA. Sermão 219. In: CORDEIRO, J. L. (Org.). *Antologia litúrgica. Textos litúrgicos, patrísticos e canónicos do primeiro milénio*. Fátima: Secretariado Nacional de Liturgia, 2015, p. 1.058.

AGOSTINHO DE HIPONA. Sermão 233 D. In: CORDEIRO, J. L. (Org.). *Antologia litúrgica. Textos litúrgicos, patrísticos e canónicos do primeiro milénio*. Fátima: Secretariado Nacional de Liturgia, 2015, p. 1.062.

AGOSTINHO DE HIPONA. *Comentário aos Salmos (Enarrationes in Psalmos). Salmos 101 – 150*. São Paulo: Paulus, 2008.

AGOSTINHO DE HIPONA. *Commento al Vangelo di Giovanni*. Roma: Città Nuova, 2005.

ALDAZÁBAL, J. *A eucaristia*. Petrópolis: Vozes, 2012.

ALDAZÁBAL, J. *A mesa da Palavra I*. Elenco das leituras da missa. São Paulo: Paulinas, 2007.

ALDAZÁBAL, J. *Ministérios ao serviço da comunidade celebrante*. Prior Velho: Paulinas, 2011.

AMBRÓSIO DE MILÃO. A Penitência. In: CORDEIRO, J. L. (Org.). *Antologia litúrgica. Textos litúrgicos, patrísticos e canónicos do primeiro milénio*. Fátima: Secretariado Nacional de Liturgia, 2015, p. 626-628.

AMBRÓSIO DE MILÃO. Os mistérios. In: CORDEIRO, J. L. (Org.). *Antologia litúrgica. Textos litúrgicos, patrísticos e canónicos do primeiro milénio*. Fátima: Secretariado Nacional de Liturgia, 2015, p. 613-623.

ANCILLI, E. *Spiritualità medioevale*. Roma: Teresianum, 1983.

AUGÉ, M. Il Concilio Vaticano II e la sua ermeneutica. In: CENTRO DI AZIONE LITURGICA (Org.). *Sacrosanctum Concilium*. Tra memoria e profezia. Roma: CLV – Edizione Liturgiche, 2014, p. 7-28.

AUGÉ, M. *Espiritualidade litúrgica*. São Paulo: Ave-Maria, 2002.

AUGÉ, M. *Liturgia*. História, celebração, teologia e espiritualidade. São Paulo: Ave-Maria, 2007.

AUGÉ, M. *Quaresma, páscoa, pentecostes*. Tempo de renovação no Espírito. São Paulo: Ave-Maria, 2009.

BAILLY, A. *Dictionnaire grec-français*. Le grand Bailly. Paris: Hachette, 2000.

BALTHASAR, H. U. *Ensayos teológicos 1*. Verbum Caro. Madrid: Guadarrama, 1964.

BALTHASAR, H. U. *Gloria*. Una estetica teologica. Stili escclesiastici. Milão: Jaca Book, 2001.

BARSUKO, X. *Historia de la liturgia*. Barcelona: Centro de Pastoral Liturgica, 2006.

BASILE DE CÉSARÉE. *Sur l'origine de l'homme*. Paris: Les Éditions du Cerf, 1970.

BAVEL, T. J. Iglesia. In: FITZGERALD, A. D. (Org.). *Diccionario de san Agustín*. San Agustín a través del tempo. Burgos: Monte Carmelo, 2006, p. 664-674.

BEAUDUIN, L. *La piedad de la iglesia*. Barcelona: Centro de pastoral liturgica, 1996.

BENITO DE NURSIA. *La regla de San Benito*. Madrid: B.A.C., 2006.

BENTO XVI, PP. *Exortação apostólica pós-sinodal* Sacramentum Caritatis. Disponível em: http://w2.vatican.va/content/benedict-xvi/pt/apost_exhortations/documents/hf_ben-xvi_exh_20070222_sacramentum-caritatis.html. Acesso em: 10 dez. 2018.

BENTO XVI, PP. Motu proprio summorum pontificum. Disponível em: http://w2.vatican.va/content/benedict-xvi/pt/motu_proprio/documents/hf_ben-xvi_motu-proprio_20070707_summorum-pontificum.html#_ftnref2. Acesso em: 15/01/2019.

BERGAMINI, A. Culto. In: SARTORE, D.; TRIACCA, A. M. (Orgs.). *Dicionário de liturgia*. São Paulo: Paulus, 2009, p. 270-276.

BEYER, W. H. ίλασμός. In: KITTEL, G. (Org.). *Theological dictionary of the new testament*. Michigan: WM. B. Eerdmans publishing company, 1974, p. 301-310.

BIANCHI, E. *Por que rezar, como rezar*. Lisboa: São Paulo, 2013.

BIANCU, S.; GRILLO, A. *Il simbolo*. Una sfida per la filosofia e la teologia. Milano: San Paolo, 2013.

BLANK, R. J. *Escatologia da pessoa*. Vida, morte e ressurreição. São Paulo: Paulus, 2000.

BOERSMA, H. *Nouvelle théologie & sacramental ontology*. A return to the mystery. Nova York: Oxford University Press, 2009.

BOFF, L. *Vida para além da morte*. Petrópolis: Vozes, 2002.

BONACCORSO, G. *La liturgia e la fede*. La teologia e l'antropologia del rito. Padova: Messaggero, 2005.

BONATO, V. *L'amico dela parola*. La spiritualità biblica di Gregorio di Nissa. Milano: San Paolo, 2014.

BONNER, C. *The homily on the passion by Melito Bishop of Sardis and some fragments of the apocryphol Ezekiel*. London: Christopher, 1940.

BORNKAMM, G. Mystérion, myéo. In: KITTEL, G. (Org.). *Theological dictionary of the new testament*. Michigan: WM. B. Eerdmans publishing company, 1974, p. 802-828.

BOROBIO, D. Da celebração à teologia: O que é um sacramento? In: BOROBIO, D. (Org.). *A celebração na Igreja*. Liturgia e sacramentologia fundamental. São Paulo: Loyola, 1990, v. I, p. 283-424.

BOROBIO, D. *Sacramentos y sanación*. Dimensión curativa de la liturgia cristiana. Salamanca: Ediciones Sígueme, 2008.

BOSELLI, G. *O sentido espiritual da liturgia*. Brasília: Edições CNBB, 2014.

BOTTE, B. *O movimento litúrgico*. São Paulo: Paulinas, 1978.

BOUYER, L.; DATTRINO, L. *Storia della spiritualità*. La spiritualità dei Padri 3/A. Bologna: Dehoniane, 2008.

BOUYER, L. *Eucaristia*. Teologia e spiritualità della preghiera eucaristica. Torino: Elledici, 1983.

BOUYER, L. *Storia della spiritualità*. La spiritualità dei Padri 3/B. Bologna: Grafiche Dehoniane, 1984.

BOUYER, L. *Liturgical piety*. Indiana: Notre Dame, 1955.

BOUYER, L. *Mysterion*. Dal mistero alla mistica. Città del Vaticano: Libreria Editrice Vaticana, 1998.

BOZZOLO, A. *Mistero, símbolo e rito in Odo Casel*. L'effetività sacramentale dela fede. Città del Vaticano: Libreria Editrice Vaticana, 2003.

BRAGANÇA, J. O. *Liturgia e espiritualidade na idade média*. Lisboa: Universidade católica editora, 2008.

BRANCATO, F. *La questione della morte nella teologia contemporanea*. Teologia e teologi. Firenze: Giunti, 2005.

BRASSO, G. M. *Liturgia y espiritualidade*. Barcelona: Abadia de Montserrat, 1956.

BUGNINNI, A. *La reforma litúrgica (1948-1975)*. Roma: CLV – Edizione Liturgiche, 2012.

BUSANI, G. La rilettura del rito di iniziazione cristiana degli aduti a confronto com il postmoderno. In: CENTRO DI AZIONE LITURGICA (Org.) *Iniziazione cristian degli adulti oggi*. Roma: CLV – Edizione Liturgiche, 1998, p. 213-235.

CALATI, B. *La spiritualità del medioevo*. Roma: Borla, 1988, v. IV.

CAMERON, M. Signo. In: FITZGERALD, A. D. (Org.). *Diccionario de san Agustín*. Agustín a través del tiempo. Burgos: Monte Carmelo, 2006, p. 1.226-1.233.

CANTALAMESSA, R. *I più antichi testi pasquali della chiesa*. Roma: Edizioni Liturgiche, 2009.

CANTERBURY, A. *Obras completas de San Anselmo*. Madrid: B.A.C., 1953.

CANTERBURY, A. *Porquoi Dieu s'est fait homme?* Paris: Les Éditions du Cerf, 2005.

CARDITA, A. Símbolo e diferença. Aventuras da relação entre a dimensão ontológica e a densidade antropológica da liturgia. *Theologica*, v. 39, n. 2, p. 159-183, jun. 2004

CARDOSO, M. T. de F. Passos do diálogo católico-judaico: em documentos católicos desde a *Nostra Aetate*. *Revista Pistis & Praxis*. Teologia e pastoral. v. 9, n. 2, p. 585-604, mai./agos. 2017.

CASEL, O. *Il mistero dell'ecclesia*. Roma: Città nuova, 1965.

CASEL, O. *O mistério do culto no cristianismo*. São Paulo: Loyola, 2009.

CASTELLANO, J. *A liturgia e vida espiritual*. Teologia, celebração, experiência. São Paulo: Paulinas, 2008.

CATECISMO DA IGREJA CATÓLICA. Petrópolis: Vozes; São Paulo: Ave-Maria: Loyola: Paulinas: Paulus, 1999.

CAVALLOTTO, G. *Catecumenato antico*. Diventare cristiani secondo i Padri. Bologna: Dehoniane, 2005.

CELAM. *Documento de Aparecida*. Texto conclusivo da V conferência geral do episcopado latino-americano e do Caribe. Brasília: Edições CNBB, 2007.

CERFAUX, L. *Cristo na teologia de Paulo*. Santo André: Academia Cristã; São Paulo: Paulus, 2012.

CERFAUX, L. *O cristão na teologia de Paulo*. Santo André: Academia Cristã; São Paulo: Paulus, 2012.

CHANTRAINE, P. *Dicitionaire étymologique de la langue grecque*. Histoire de mots. Paris: Éditions klincksieck, 1968.

CHAUVET, L. M. La liturgia e il corpo. *Concilium*, v. 3, n. 259, p. 11-15, mai./jun. 1995.

CHAUVET, L. M. *Symbole et sacrement*. Une relecture sacramentelle de l'existence chrétienne. Paris: Les Éditions du Cerf, 1987.

CIBIEN, C. Comunicazione liturgica. In: SARTORE, D.; TRIACCA, A. M.; CIBIEN, C. (Orgs.). *Dizionari San Paolo. Liturgia*. Milano: San Paolo, 2001, p. 410-428.

CIRILO DE JERUSALÉN. *Catequesis*. Madrid: Ciudad Nueva, 2006.

CLÉMENT DE ROME. *Épitre aux corinthiens*. Paris: Les Éditions du Cerf, 2000.

CLÉMENT, O. *Sobre el hombre*. Encuentro: Madrid, 1983.

CLEMENTE DE ALEJANDRÍA. *El pedagogo*. Madrid: Ciudad Nueva, 1994.

CLEMENTE DE ALEJANDRÍA. *El protréptico*. Madrid: Ciudad Nueva, 2008.

CLEMENTE DE ALEJANDRÍA. *Stromata IV y V*. Martirio cristiano e investigación sobre Dios. Madrid: Ciudad Nueva, 2003.

CNBB. *Diretrizes gerais da ação evangelizadora da igreja no Brasil 2015-2019*. Brasília: Edições CNBB, 2015. (Doc. 102).

CNBB. *Iniciação à vida cristã*. Um processo de inspiração catecumenal. Brasília: Edições CNBB, 2009. (Est. 97).

CNBB. *Iniciação à vida cristã*. Itinerário para formar discípulos missionários. Brasília: Edições CNBB, 2017. (Doc. 107).

COLLINS, Y. A. Apocalipse. In: BROWN, R. E.; FITZMYER, A. J.; MURPHY, R. E. (Orgs.). *Novo comentário bíblico São Jerônimo*. Novo Testamento e artigos sistemáticos. São Paulo: Academia Cristã / Paulus, 2011, p. 835-874.

COLOMBÁS, G. M. *El monacato primitivo*. Madrid: B.A.C., 2004.

CONCÍLIO TRIDENTINO. Decreto sobre a justificação. In: DENZINGER, H. (Org.). *Compêndio de símbolos, definições e declarações sobre fé e moral*. São Paulo: Paulinas / Loyola, 2007, p. 400-415.

CONCÍLIO TRIDENTINO. Decreto sobre o sacramento da eucaristia. In: DENZINGER, H. (Org.). *Compêndio de símbolos, definições e declarações sobre fé e moral*. São Paulo: Paulinas / Loyola, 2007, p. 419-426.

CONCÍLIO VATICANO II. Constituição *Sacrosanctum Concilium* sobre a liturgia. In: BECKHÄUSER, A., *Sacrosanctum Concilium*. Texto e comentário. São Paulo: Paulinas, 2012.

CONCÍLIO VATICANO II. Constituição Dogmática Dei Verbum sobre a revelação divina. Disponível em: http://www.vatican.va/archive/hist_councils/ii_vatican_council/documents/vatii_const_19651118_dei-verbum_po.html. Acesso em: 02/10/2018.

CONCÍLIO VATICANO II. *Constituição Dogmática* Lumen Gentium *sobre a Igreja*. Disponível em: http://www.vatican.va/archive/hist_councils/ii_vatican_council/documents/vatii_const_19641121_lumen-gentium_po.html. Acesso em: 02/10/2018.

CONCÍLIO VATICANO II. *Constituição Pastoral* Gaudium et Spes *sobre a Igreja no mundo*. Santa Sé. Disponível em: http://www.vatican.va/archive/hist_councils/ii_vatican_council/documents/vatii_const_19651207_gaudium-et-spes_po.html. Acesso em: 10/11/2018.

CONCÍLIO VATICANO II. *Constituição* Sacrosanctum Concilium *sobre a liturgia*. Disponível em: http://www.vatican.va/archive/hist_councils/ii_vatican_council/documents/vatii_const_19631204_sacrosanctum-concilium_po.html. Acesso em: 17/10/2018.

CONCÍLIO VATICANO II. *Constitutio De Sacra Liturgia Sacrosanctum Concilium*. Disponível em: http://www.vatican.va/archive/hist_councils/ii_vatican_council/documents/vatii_const_19631204_sacrosanctum-concilium_lt.html. Acesso em: 17/10/2018.

CONCÍLIO VATICANO II. *Constitutio Dogmatica De Divina Revelatione Dei Verbum*. Disponível em: http://www.vatican.va/archive/hist_councils/ii_vatican_council/documents/vatii_const_19651118_dei-verbum_lt.html. Acesso em: 14/10/2018.

CONCÍLIO VATICANO II. *Constitutio Dogmática De Ecclesia Lumen Gentium*. Disponível em: http://www.vatican.va/archive/hist_councils/ii_vatican_council/documents/vatii_const_19641121_lumen-gentium_lt.html. Acesso em: 20/10/2018.

CONCÍLIO VATICANO II. *Constitutio Pastoralis De Ecclesia in mundo huius temporis*. Disponível em: http://www.vatican.va/archive/hist_councils/ii_vatican_council/documents/vatii_const_19651207_gaudium-et-spes_lt.html. Acesso em: 05/11/2018.

CONCÍLIO VATICANO II. *Declaração* Dignitatis Humanae *sobre a liberdade religiosa*. Disponível em: http://www.vatican.va/archive/hist_councils/ii_vatican_council/documents/vat-ii_decl_19651207_dignitatis-humanae_po.html. Acesso em: 04/10/2018.

CONCÍLIO VATICANO II. *Declaração* Nostra Aetate *sobre a relação entre a igreja e as religiões não-cristãs*. Disponível em: http://www.vatican.va/archive/hist_councils/ii_vatican_council/documents/vat-ii_decl_19651028_nostra-aetate_po.html. Acesso em: 25/07/2019.

CONCÍLIO VATICANO II. *Decreto* Ad Gentes *sobre a atividade missionária da igreja*. Disponível em: http://www.vatican.va/archive/hist_councils/ii_vatican_council/documents/vat-ii_decree_19651207_ad-gentes_po.html. Acesso em: 03/10/2018.

CONCÍLIO VATICANO II. *Decreto* Optatam Totius *sobre a formação sacerdotal*. Disponível em: http://www.vatican.va/archive/hist_councils/ii_vatican_council/documents/vatii_decree_19651028_optatam-totius_po.html. Acesso em: 13/08/2018.

CONCÍLIO VATICANO II. *Decreto* Presbyterorum Ordinis *sobre o ministério e a vida dos sacerdotes*. Disponível em: http://www.vatican.va/archive/hist_councils/ii_vatican_council/documents/vat-ii_decree_19651207_presbyterorum-ordinis_po.html. Acesso em: 20/10/2018.

SAGRADA CONGREGAÇÃO PARA O CLERO. *Diretório geral da catequese*. São Paulo: Loyola; Paulinas, 2001.

SAGRADA CONGREGAÇÃO PARA A DOUTRINA DA FÉ. *Carta aos bispos da igreja católica acerca de alguns aspectos da meditação cristã*. Disponível em: http://www.vatican.va/roman_curia/congregations/cfaith/documents/rc_con_cfaith_doc_19891015_meditazione-cristiana_po.html. Acesso em: 18/08/2019.

SAGRADA CONGREGAÇÃO PARA A DOUTRINA DA FÉ. *Fede cristiana e demonologia*. Disponível em: http://www.vatican.va/roman_curia/congregations/cfaith/documents/rc_con_cfaith_doc_19750626_fede-cristiana-demonologia.it.html. Acesso em: 09/08/2018.

SAGRADA CONGREGAÇÃO PARA A DOUTRINA DA FÉ. *Instrução sobre as orações para alcançar de Deus a cura*. Disponível em: http://www.vatican.va/roman_curia/congregations/cfaith/documents/rc_con_cfaith_doc_20001123_istruzione_po.html. Acesso em: 10/09/2019.

CONSELHO PONTIFÍCIO PARA A PROMOÇÃO DA NOVA EVANGELIZAÇÃO. *As obras de misericórdia corporais e espirituais*. São Paulo: Paulus; Paulinas, 2016.

LES CONSTITUTIONS APOSTOLIQUES. Paris: Les Éditions du Cerf, 1985.

CORBON, J. *A fonte da liturgia*. Lisboa: Paulinas, 1999.

COSTA, V. dos S. Resgate da Mística na liturgia a partir do CV II. *Revista de Cultura Teológica*, v. 17, n. 68, p. 17-40, jul./dez. 2009.

COTHENET, E. *As epístolas aos Colossenses e aos Efésios*. São Paulo: Paulus, 1995.

CULLMANN, O. I sacramenti nel vangelo giovanneo. In: CULLMANN, O. (Org.). *La fede e il culto nella chiesa primitiva*. Roma: Ave, 1974, p. 181-295.

DA SILVA, J. A. Avanços e limites do movimento litúrgico no Brasil. In: CNBB, *Raízes históricas e teológicas da Sacrosanctum Concilium*. Brasília: Edições CNBB, 2013, p. 45-65.

DANIÈLOU J. *Bíblia e liturgia*. A teologia bíblica dos sacramentos e das festas nos Padres da igreja. São Paulo: Paulinas, 2013.

DANIÈLOU J. *Les divers sens de l'Escriture dans la tradition chrétienne primitive*. Paris: Desclée de Brouwer; 1948.

DANIÈLOU J. Les orientations présentes de la pensée religieuse. *Études*, v. 79, n. 249, p. 5–21, abr. 1946.

DANIÈLOU J. *Platonisme et théologie mystique*. Essai sur la doctrine spirituelle de Saint Grégoire de Nyssa. Paris: Montaigne, 1944.

DANIÈLOU J. *Saggio sul mistero della storia*. Brescia: Morcelliana, 2012.

DE CLERCK, P. *Liturgia Viva*. Magnano: Qiqajon, 2008.

DE LA TAILLE, M. *Esquisse du mystère de la foi*. Suivie de quelques éclaircissements. Paris: Beauchesne, 1924.

DE LUBAC, H. *Esegesi medievale*. I quatro sensi della Scriptura. Milano: Jaca Book, 1996.

DE LUBAC, H. *Mistica e mistero cristiano*. Milano: Jaca Book, 1979.

DE MARCO, M. A. (Org). *A face humana da medicina*. Do modelo biomédico ao modelo biopsicossocial. São Paulo: Casa do Psicólogo, 2003.

DE VAUX, R. *Instituições de Israel no Antigo Testamento*. São Paulo: Vida Nova, 2010.

DEL GENIO, M. R. Mística (notas históricas). In: BORIELLO, L.; CARUANA, E.; DEL GENIO, M. R.; SUFFI, N. *Dicionário de Mística*. São Paulo: Paulus, 2003, p. 706-714

DELLA TORRE, L. Omelia. In: SARTORE, D.; TRIACCA, A. M.; CIBIEN, C. (Orgs.). *Dizionari San Paolo*. Liturgia. Milano: San Paolo, 2001, p. 1.310-1.338.

DESTRO, A.; PESCE, M. *La lavanda dei piedi*. Significati eversivi di un gesto. Bologna: Edizioni Dehoniane, 2017.

DIDACHÉ. DOCTRINA APOSTOLORUM Y EPÍSTOLA DEL PSEUDOBERNABÉ. Madrid: Ciudad Nueva, 1992.

DILLON, J. R. Atos dos apóstolos. In: BROWN, R. E.; FITZMYER, J. A.; MURPHY, R. E. (Orgs.). *Novo comentário bíblico São Jerônimo*. Novo Testamento e artigos sistemáticos. São Paulo: Academia Cristã / Paulus, 2011, p. 309-398.

DIONÍSIO AEROPAGITA. *Obras completas*. Los nombres de Dios, Jerarquía celeste, Jerarquía eclesiástica, Teología mística, Cartas varias. Madrid: B.A.C., 2007.

DUCHESNE, L. *Origines du culte chrétien*. Étude sur la liturge avant Charlemagne. Paris: Boccard, 1925.

ELIADE, M. *História das crenças e das ideias religiosas*. Da idade da pedra aos mistérios de Elêusis. Rio de Janeiro: Zahar, 2010.

ELIADE, M. *O sagrado e o profano*. São Paulo: Martins Fontes, 2001.

ENTRALGO, P. L. *Historia de la medicina*. Barcelona: Salvat, 1978.

EUSÉBIO DE CESAREIA. A demonstração evangélica. In: CORDEIRO, J. L. (Org.). *Antologia litúrgica*. Textos litúrgicos, patrísticos e canónicos do primeiro milénio. Fátima: Secretariado Nacional de Liturgia, 2015, p. 386-387.

EUSÉBIO DE CESAREIA. Vida de Constantino. In: CORDEIRO, J. L. (Org.). *Antologia litúrgica*. Textos litúrgicos, patrísticos e canónicos do primeiro milénio. Fátima: Secretariado Nacional de Liturgia, 2015, p. 381-383.

EVDOKIMOV, P. *Teologia della bellezza*. L'arte dell'icona. Roma: San Paolo, 1981.

FABRIS, R. I miracoli di Gesu, i suoi riti di guarigione e la predicazione del regno di Dio. In: TERRIN, A. N. (Org.). *Liturgia e terapia*. La sacramentalità a servizio dell'uomo nella sua interezza. Padova: Messaggero Padova, 1993, p. 54-85.

FABRIS, R. *Paulo*. O apóstolo dos gentios. São Paulo: Paulinas, 2001.

FABRY, H. J. Sôd. In: BOTTERWECK, J. G.; RINGGREN, H.; FABRY, H. J. (Orgs.). *Theological dictionary of the Old Testament*. Michigan: WM. B. Eerdmans publishing company, 1974, p. 171-178.

FAGGIOLI, M. La Sacrosanctum Concilium e il significato del Vaticano II. *Rivista Liturgica*, v. 100, n. 4, p. 791-808, out./dez. 2013.

FAGGIOLI, M. *Um enorme fosso separa o Papa Francisco e os tradicionalistas litúrgicos*. Disponível em: http://www.ihu.unisinos.br/78-noticias/557869-um-enorme-fosso-separa-o-papa-francisco-e-os-tradicionalistas-liturgicos-artigo-de-massimo-faggioli. Acesso em: 10/01/2019.

FALSINI, R. La liturgia come "culmen et fons": genesi e sviluppo di un tema conciliare. In: *Liturgia e spiritualità*. Roma: C.L.V.; Edizioni Liturgiche, 1992, p. 27-49.

FERNANDEZ, P. Um culto em espírito e verdade. In: BOROBIO, D. (Org.). *A celebração na Igreja*. Liturgia e sacramentologia fundamental. São Paulo: Loyola, 1990, v. I, p. 252-267.

FERNANDEZ, R. R. Sacrosanctum Concilium e reforma litúrgica in America Latina. Vita liturgica e questione populare. In: CHIAMARELLO, P. (Org.). *Il Concilio Vaticano II e la liturgia*. Memoria e futuro. Roma: CLV – Edizione Liturgiche, 2012, p. 219-246.

FEUILLET, A.; GRELOT, P. Palavra de Deus. In: LÉON-DUFOUR, X. (Org.). *Vocabulário de teologia bíblica*. Petrópolis: Vozes, 2012, p. 716-724.

FISICHELLA, R. *Introdução à teologia fundamental*. São Paulo: Loyola, 2000.

FITZMYER, J. A. A carta aos romanos. In: BROWN, R. E.; FITZMYER, A. J.; MURPHY, R. E. (Orgs.). *Novo comentário bíblico São Jerônimo*. Novo Testamento e artigos sistemáticos. São Paulo: Academia Cristã / Paulus, 2011, p. 515-591.

FITZMYER, J. A. Teologia paulina. In: BROWN, R. E.; FITZMYER, A. J.; MURPHY, R. E. (Orgs.). *Novo comentário bíblico São Jerônimo*. Novo Testamento e artigos sistemáticos. São Paulo: Academia Cristã / Paulus, 2011, p. 1.579-1.645.

FIZZOTTI, E. Abraham Maslow e Viktor E. Frankl. I riti di guarigione come autorealizzazione e come ricerca di senso. In: TERRIN, A. N. (Org.). *Liturgia e terapia*. La sacramentalità a servizio dell'uomo nella sua interezza. Padova: Messaggero Padova, 1993, p. 203-238.

FLORES, J. J. *Introdução à teologia litúrgica*. São Paulo: Paulus, 2003.

FLORISTÁN, C. Pastoral litúrgica. In: BOROBIO, D. (Org.). *A celebração na Igreja*. Liturgia e sacramentologia fundamental. São Paulo: Loyola, 1990, v. I, p. 425-461.

FLORISTÁN, C. *Para compreender o catecumenado*. Coimbra: Gráfica de Coimbra, 1995.

FRAILE, G. *História de la filosofia*. Grecia e Roma. Madrid: B.A.C., 1990.

FRANCISCO, PP. *Carta encíclica* Laudato si'. Sobre o cuidado da casa comum. Disponível em: http://w2.vatican.va/content/francesco/pt/encyclicals/documents/papa-francesco_20150524_enciclica-laudato-si.html. Acesso em: 03/03/2018.

FRANCISCO, PP. *Exortação apostólica* Evangelii Gaudium. Disponível em: https://w2.vatican.va/content/francesco/pt/apost_exhortations/documents/papafrancesco_esortazione-ap_20131124_evangelii-gaudium.html. Acesso em: 10/12/2017.

FRANCISCO, PP. *Exortação apostólica* Gaudete et Exultate. Disponível em: http://w2.vatican.va/content/francesco/pt/apost_exhortations/documents/papa-francesco_esortazione-ap_20180319_gaudete-et-exsultate.html. Acesso em: 15/03/2019.

FRANCISCO, PP. *Palavras do Papa Francisco na saída da igreja de todos os santos*. Disponível em: http://w2.vatican.va/content/francesco/it/speeches/2015/march/documents/papa_francesco_20150307_saluto-parrocchia-ognissanti.html. Acesso em: 10/12/2017.

FRIES, H. A Revelação. In: FEINER, J.; LOEHRER, M. (Orgs.). *Mysterium Salutis*. Compêndio de dogmática histórico-salvífica. Petrópolis: Vozes, 1971, v. I/1, p. 171-239.

GAFFIOT, F. *Dictionnaire latin français*. Paris: Hachette, 1934.

GARGANO, G. I. *Clemente e Origene nella chiesa cristiana alessandrina*. Estraneità, dialogo o inculturazione? Milano: San Paolo, 2011.

GARGANO, G. I. *Il sapore dei Padri della chiesa nell'esegesi bibica*. Una introduzione. Milano: San Paolo, 2009.

GARRIGOU-LAGRANGE, R. *As três idades da vida interior*. São Paulo: Cultor de Livros, 2018, v. I.

GESCHÈ, A. *Deus para pensar*. O Mal. São Paulo: Paulinas, 2003.

GIBELLINI, R. *La teologia del siglo XX*. Santander: Sal Terrae, 1998.

GIBLIN, C. H. A segunda carta aos Tessalonicenses. In: BROWN, R. E.; FITZMYER, A. J.; MURPHY, R. E. (Orgs.). *Novo comentário bíblico São Jerônimo*. Novo Testamento e artigos sistemáticos. São Paulo: Academia Cristã / Paulus, 2011, p. 597-604.

GILSON, E. *A teologia mística de São Bernardo*. São Paulo: Paulus, 2016.

GIRAUDO, C. *Admiração eucarística*. Para uma mistagogia da missa à luz da encíclica *Ecclesia de Eucharistia*. São Paulo: Loyola, 2008.

GIRAUDO, C. *Num só corpo*. Tratado mistagógico sobre a Eucaristia. São Paulo: Loyola, 2003.

GOURGUES, M. *Os hinos cristológicos do Novo Testamento*. São Paulo: Paulus, 1995.

GRÉGOIRE DE NAZIANZE. *Discours 38-41*. Paris: Les Éditions du Cerf, 1995.

GRÉGOIRE DE NAZIANZE. *Discours 6-12*. Paris: Les Éditions du Cerf, 1990.

GREGOIRIO DE NISA. *La gran catequesis*. Madrid: Ciudad Nueva, 2010.

GREGOIRIO DE NISA. *In diem luminum* – In baptismum Christi oratio. Leinde: Ernestus Gebhardt, 1967.

GRELLOT, P.; GUILLET, J. Doença/saúde. In: LÉON-DUFOUR, X. (Org.). *Vocabulário de teologia bíblica*. Petrópolis: Vozes, 2012, p. 250-251.

GRELOT, P.; RIGAUX, P. Mistério. In: LÉON-DUFOUR, X. (Org.). *Vocabulário de teologia bíblica*. Petrópolis: Vozes, 2012, p. 619-623.

GRELOT, P.; SPICQ, C. Sangue. In: LÉON-DUFOUR, X. (Org.). *Vocabulário de teologia bíblica*. Petrópolis: Vozes, 2012, p. 966-969.

GRELOT, P.; VIARD, A. A. Plano de Deus. In: LÉON-DUFOUR, X. (Org.). *Vocabulário de teologia bíblica*. Petrópolis: Vozes, 2012, p. 791-797.

GRILLO, A.; RONCONI, M. *La riforma della Liturgia*. Introduzione a *Sacrosanctum Concilium*. Milano: Periodici San Paolo, 2009.

GRILLO, A. Liturgia come rivelazione: la lettura liturgica della rivelazione nel rapporto tra Sacrosanctum Concilium e Dei Verbum. In: CHIARAMELLO, P. (Org.). *Il Concilio Vaticano II e la liturgia*. Memoria e futuro. Roma: CLV –Edizione Liturgiche, 2012, p. 37-57.

GRILLO, A. Mistagogia e prospettiva teológica. Recezione dela provocazione mistagógica e ripensamento iniziatico dela prima comunione. In: GIRARDI, L. (Org.). *La mistagogia*. Attualità di uma antica risorsa. Roma: CLV – Edizione Liturgiche, 2014, p. 237-258.

GRILLO, A. *Francisco, "além" e "alhures"*: a raiz do conflito de interpretações. Disponível em: http://www.ihu.unisinos.br/noticias/556204-francisco-qalemq-e-qalhuresq-a-raiz-do-conflito-de-interpretacoes-artigo-de-andrea-grillo. Acesso em: 30/03/2019.

GRILLO, A. *La nascita della liturgia nel XX secolo*. Saggio sul rapporto tra Movimento Liturgico e (post-)Modernita. Assisi: Cittadella, 2003.

GRILLO, A. *Ritos que educam*. Os sete sacramentos. Brasília: Edições CNBB, 2017.

GROSSI, V. Sacramentos nos Padres da igreja. In: DI BERNARDINO, A.; FEDALTO, G.; SOMINETTI, M. (Orgs.). *Dicionário de literatura patrística*. São Paulo: Ave-Maria, 2010, p. 1.484-1.515.

GUARDINI, R. *The spirit of the liturgy*. New York: Herder & Herder, 1998.

GY, P. M. La mystagogie dans la liturgie ancienne et dans la pensée liturgique d'aujourd'hui. In: TRIACCA, A. M.; PISTOIA, A. (Orgs.). *Mystagogie*. Pensée liturgique d'aujourd'hui et liturgie ancienne. Roma: Bibliotheca ephemerides liturgicae, 1993, p. 137-143.

GY, P. M. La notion chrétienne d'initiation. Jalons pour une enquête. *La maison de Dieu*, v. 132, n. 4, p. 33-54, out./dez. 1977

HAMMAN, A. Catecúmeno (Catecumenato). In: DI BERNARDINO, A. (Org.). *Dicionário patrístico e de antiguidades cristãs*. Petrópolis: Vozes, 2002, p. 271-272.

HAMMAN, A. Iniciação cristã. In: DI BERNARDINO, A. (Org.). *Dicionário patrístico e de antiguidades cristãs*. Petrópolis: Vozes, 2002, p. 713-714.

HÄRING, B. Existência cristã e liturgia. In: SARTORE, D.; TRIACCA, A. M. (Orgs.). *Dicionário de liturgia*. São Paulo: Paulus, 2009, p. 436-441.

HARRINGTON, J. D. O Evangelho Segundo Marcos. In: BROWN, R. E.; FITZMYER, A. J.; MURPHY, R. E. (Orgs.). *Novo comentário bíblico São Jerônimo*. Novo Testamento e artigos sistemáticos. São Paulo: Academia Cristã / Paulus, 2011, p. 65-129.

HAUNERLAND, W. *Mysterium paschale*, concepto-clave de la renovación teológico-litúrgica. In: AUGUSTIN, G.; KOCH, K. (Orgs.). *La liturgia como centro de la vida cristiana*. Santander: Sal terrae, 2013, p. 113-136.

HAURET, C. Sacrifício. In: LÉON-DUFOUR, X. (Org.). *Vocabulário de teologia bíblica*. Petrópolis: Vozes, 2012, p. 954-959.

HEIDEGGER, M. *Ser e o Tempo*. Petrópolis: Vozes, 2018, v. I.

HERWEGEN, I. Iglesia y alma. La actitud ante el mistério del culto y su transformación em la edad media. In: URDEIX, J. (Org.). *Vida litúrgica y oración personal*. Barcelona: Centro de pastoral liturgica, 1996, p. 5-21.

HIPPOLYTE DE ROME. *La tradition apostolique*. Paris: Les Èditions du Cerf, 2006.

HUOT, M. L. Mística. In: LACOSTE, J. Y. (Org.). *Dicionário crítico de teologia*. São Paulo: Paulinas; Loyola, 2004, p. 1.161.

IAMMARRONE, G. Cristomonismo. In: MANCUSO, V.; PACOMIO, L. (Orgs.). *Lexicon*. Dicionário teológico enciclopédico. São Paulo: Loyola, 2003, p. 161-162.

IMSCHOOT, V. Mistério. In: VAN DEN BORN, A. (Org.). *Dicionário enciclopédico da Bíblia*. Petrópolis: Vozes, 2004, p. 996-999.

IMSCHOOT, V. Sacrifício. In: VAN DEN BORN, A. (Org.), *Dicionário enciclopédico da Bíblia*. Petrópolis: Vozes, 2004, p. 1.356-1.360.

INÁCIO DE ANTIOQUIA. *Cartas aos efésios, magnésios, tralianos, romanos, filadélfios, esmirnenses, a Policarpo*. Petrópolis: Vozes, 1978.

IRINEU DE LIÃO. *Contra as heresias*. São Paulo: Paulus, 1995.

IV CONCÍLIO DO LATRÃO. A fé católica. In: DENZINGER, H. (Org.). *Compêndio de símbolos, definições e declarações de fé e moral*. São Paulo: Paulinas; Loyola, 2007, p. 283.

JEREMIAS, J. *As parábolas de Jesus*. São Paulo: Paulinas, 2007.

JOÃO PAULO II, PP. Carta apostólica Salvifici Doloris *sobre o sentido cristão do sofrimento humano*. Disponível em: http://w2.vatican.va/content/john-paul-ii/pt/apost_letters/1984/documents/hf_jp-ii_apl_11021984_salvifici-doloris.html. Acesso em: 22/10/2019.

JUNGMANN, J. A. La chiesa nella liturgia latina. In: DANIÉLOU, J.; VORGRIMLER, H. (Orgs.). *Sentire ecclesiam*. Roma: Edizione Paoline, 1964, v. I, p. 309-328.

JUSTINO DE ROMA. *Apologias 1 e 2* – Diálogo com Trifão. São Paulo: Paulus, 1995.

KARRIS, R. J. O Evangelho Segundo Lucas. In: BROWN, R. E.; FITZMYER, A. J.; MURPHY, R. E. (Orgs.). *Novo comentário bíblico São Jerônimo*. Novo Testamento e artigos sistemáticos. São Paulo: Academia Cristã / Paulus, 2011, p. 217-308.

KEE, H. C. Medicine and healing. In: FREEDMAN, D. N. (Org.). *The anchor bible dictionary*. Nova York: Doubleday, 1992, p. 659-664.

KESSLER, H. Cristologia. In: SCHNEIDER, T. (Org.). *Manual de dogmática*. Petrópolis: Vozes, 2008, v. I, p. 219-400.

LAMBERTS. J. Ars celebrandi or the art to celebrate the liturgy. In: LAMBERTS, J. (Org.). *Ars celebrandi*. The art to celebrate the liturgy. Lueven: Peeters, 2002, p. 7-14.

LAMERI, A. *Liturgia*. Assisi: Cittadella Editrice, 2016.

LANGELLA, A. La funzione terapêutica della salvezza. In: TERRIN, A. N. (Org.). *Liturgia e terapia*. La sacramentalità a servizio dell'uomo nella sua interezza. Padova: Messaggero Padova, 1993, p. 110-118.

LARCHET, C. J. *Théologie de la malatie*. Paris: Les Éditions du Cerf, 2000.

LARCHET, C. J. *Thérapeutique des malaties mentales*. Paris: Les Éditions du Cerf, 1992.

LARCHET, C. J. *Thérapeutique des malaties spirituelles*. Paris: Les Éditions du Cerf, 2000.

LAUFER, F. Diálogo cristão-judaico no Brasil. *Perspectiva Teológica*, v. 11, n. 25, p. 257-276, set./dez. 1979.

LECLERCQ J. *Cultura y vida cristiana*. Iniciación a los autores monásticos medievales. Salamanca: Sígueme, 1965.

LÉON-DUFOUR, X.; AUDUSSEAU, J. Pregar. In: LÉON-DUFOUR, X. (Org.). *Vocabulário de teologia bíblica*. Petrópolis: Vozes, 2012, p. 826-830.

LÉON-DUFOUR, X. Apóstolo. In: LÉON-DUFOUR, X. (Org.). *Vocabulário de teologia bíblica*. Petrópolis: Vozes, 2012, p. 70-75.

LÉON-DUFOUR, X. *O pão da vida*. Um estudo teológico sobre a eucaristia. Petrópolis: Vozes, 2007.

LIBÂNIO, J. B. *Concílio Vaticano II*. Em busca de uma primeira compreensão. São Paulo: Loyola, 2005.

LIDDELL, H. G.; SCOTT, R. (Orgs.), *A Greek-English lexicon*. Oxford: Claredon press, 1996.

LILLA, S. Platonismo e os Padres. In: DI BERNARDINO, A. (Org.). *Dicionário patrístico e de antiguidades cristãs*. Petrópolis: Vozes, 2002, p. 1.156-1.171.

LÓPEZ, J. Enseñar a orar a partir de la liturgia. El ritmo anual y diário de la oración. *Cuadernos Phase*, v. 139, n. 1, p. 5-16, jan. 2004.

LYONNET, S. Redenção. In: LÉON-DUFOUR, X. (Org.). *Vocabulário de teologia bíblica*. Petrópolis: Vozes, 2012, p. 954-959.

LYONNET, S. Satanás. In: LÉON-DUFOUR, X. (Org.). *Vocabulário de teologia bíblica*. Petrópolis: Vozes, 2012, p. 975-978.

MAGRASSI, M. Promoção humana e liturgia. In: SARTORE, D.; TRIACCA, A. M. (Orgs.). *Dicionário de liturgia*. São Paulo: Paulus, 2009, p. 971-977.

MARITAIN, J. *Por um humanismo cristão*. São Paulo: Paulus, 1999.

MAROTO, D. P. *Historia de la espiritualidade cristiana*. Madrid: Editorial de Espiritualidad, 2009.

MARSILI, S. A liturgia, momento histórico da salvação. In: MARSILI, S. (Org.). *A liturgia, momento histórico da salvação*. São Paulo: Paulinas, 1986, p. 39-190.

MARSILI, S. La liturgia primaria esperienzia spirituale cristiana. In: GOFFI, T.; SECONDIN, B. (Orgs.). *Problemi e prospettive di spiritualità*. Brescia: Queriniana, 1983, p. 249-276.

MARSILI, S. Liturgia e teologia. *Rivista Liturgica*, v. 59, n. 4, p. 455-473, jul./ago. 1972.

MARSILI, S. Teologia litúrgica. In: SARTORE, D.; TRIACCA, A. M. (Orgs.). *Dicionário de liturgia*. São Paulo: Paulus, 2009, p. 1.174-1.187.

MARSILI, S. *I segni del mistero di Cristo*. Teologia liturgica dei sacramenti. Roma: CLV – Edizioni liturgiche, 1987.

MARTIN, A. Mistagogia e scrittura: La tipologia a servizio del percorso mistagogico? Um contributo tra ermeneutica bíblica e prassi liturgica. In: GIRARDI, L. (Org.). *La mistagogia*. Attualità di uma antica risorsa. Roma: CLV – Edizione Liturgiche, 2014, p. 13-35.

MARTÍN, J. L. *La liturgia de la iglesia*. Madrid: B.A.C., 2000.

MASSIMI, E. Cipriano Vagaggini, teólogo di *Sacrosanctum Concilium*. In: CHIARAMELLO, P. (Org.). *Il Concilio Vaticano II e la liturgia*. Memoria e futuro. Roma: CLV – Edizione Liturgiche, 2013, p. 127-182.

MATEO-SECO, L. F. Mística. In: MASPERO, G.; MATEO-SECO, L. F. (Orgs.). *Diccionario de San Gegorio de Nissa*. Burgos: Monte Carmelo, 2006, p. 627-643.

MÁXIMO CONFESSOR. Mistagogia. In: CORDEIRO, J. L. (Org.). *Antologia litúrgica*. Textos litúrgicos, patrísticos e canónicos do primeiro milénio. Fátima: Secretariado Nacional de Liturgia, 2015, p. 1.574-1.575.

MAZZA, E. *La mistagogia*. Le catechesi liturgiche della fine del quarto secolo e il loro metodo. Roma: CLV – Edizione Liturgiche, 1996.

MAZZOCCHI, G. Il corpo e la liturgia. In: TERRIN, A. N. (Org.). *Liturgia e incarnazione*. Padova: Messaggero, 1997, p. 287-316.

MÉLITON DE SARDES. *Sur la pâques et fragments*. Paris: Les Éditions du Cerf, 2008.

MIRANDA, M. F. *A salvação de Jesus Cristo*. A doutrina da graça. São Paulo: Loyola, 2009.

MOIGNT, J. *Deus que vem ao homem*. Do luto à revelação de Deus. São Paulo: Loyola, 2010.

MOIOLI, G. Mística cristã. In: GOFFI, T.; FIORES, S. di. (Orgs.). *Dicionário de Espiritualidade*. São Paulo: Paulus, 1993, p. 769-780.

MOLINER, J. M. *Espiritualidad Medieval*. Los Mendicante. Burgos: Monte Carmelo, 1974.

MOLLAT, D. Glória. In: LÉON-DUFOUR, X. (Org.). *Vocabulário de teologia bíblica*. Petrópolis: Vozes, 2012, p. 390-396.

MOLONEY, F. J. Teologia joanina. In: BROWN, R. E.; FITZMYER, A. J.; MURPHY, R. E. (Orgs.). *Novo comentário bíblico São Jerônimo*. Novo Testamento e artigos sistemáticos. São Paulo: Academia Cristã / Paulus, 2011, p. 1.647-1.665.

MONDIN, B. *O homem, quem é ele?* Elementos de antropologia filosófica. São Paulo: Paulus, 1977.

MURPHY-O'CONNOR, J. Segunda carta aos coríntios. In: BROWN, R. E.; FITZMYER, A. J.; MURPHY, R. E. (Orgs.). *Novo comentário bíblico São Jerônimo*. Novo Testamento e artigos sistemáticos. São Paulo: Academia Cristã / Paulus, 2011, p. 487-513.

NELIS, J. Escatologia. In: VAN DEN BORN, A. (Org.). *Dicionário enciclopédico da Bíblia*. Petrópolis: Vozes, 2004, p. 464-471.

NELIS, J. Redenção. In: VAN DEN BORN, A. (Org.). *Dicionário enciclopédico da Bíblia*. Petrópolis: Vozes, 2004, p. 1.277-1.282.

NEUNHEUSER, B. As reformas litúrgicas do século IV ao Vaticano II. In: MARSILI, S. (Org.). *Panorama histórico geral da liturgia*. São Paulo: Paulinas, 1986, p. 257-264.

NEUNHEUSER, B. Espiritualidade litúrgica. In: SARTORE, D.; TRIACCA, A. M. (Orgs.). *Dicionário de liturgia*. São Paulo: Paulus, 2009, p. 370-388.

NEUNHEUSER, B. Memorial. In: SARTORE, D.; TRIACCA, A. M. (Orgs.). *Dicionário de liturgia*. São Paulo: Paulus, 2009, p. 723-736.

NEUNHEUSER, B. Unção. In: DI BERNARDINO, A.; FEDALTO, G.; SOMINETTI, M. (Orgs.). *Dicionário de literatura patrística*. São Paulo: Ave-Maria, 2010, p. 1.393-1.394.

NEUNHEUSER, B. *História da liturgia através das épocas culturais*. São Paulo: Loyola, 2007.

NILO DE ANCIRA. Cartas. In: CORDEIRO, J. L. (Org.). *Antologia litúrgica*. Textos litúrgicos, patrísticos e canónicos do primeiro milénio. Fátima: Secretariado Nacional de Liturgia, 2015, p. 1.127.

NOCENT, A. Iniziazione cristiana. In: SARTORE, D.; TRIACCA, A. M.; CIBIEN, C. (Orgs.). *Dizionari San Paolo*. Liturgia. Milano: San Paolo, 2001, p. 969-985.

NOCENT, A. Os três sacramentos de iniciação. In: CHUPUNGCO, A. J. (Org.). *Os sacramentos*. Teologia e história da celebração. São Paulo: Paulinas, 1989, p. 9-141.

OPA/OMS. *Indicadores de saúde*. Elementos conceituais e práticos. Disponível em: https://www.paho.org/hq/index.php?option=com_content&view=article&id=14401:health-indicatorsconceptual-and-operational-considerations-section1&Itemid=0&showall=1&lang=pt. Acesso em: 28/10/2019.

OÑATIBIA, I. Actualidad del catecumenado antiguo. *Phase*, n. 64, p. 23-32, 1971.

ORIGÈNE. *Commentaire sur saint Jean*. Livre I-V. Paris: Les Éditions du Cerf, 1996, v. I.

ORIGÈNE. *Commentaire sur saint Jean*. Livre XIII. Paris: Les Éditions du Cerf, 2006, v. III.

ORIGÈNE. *Contra Celso*. São Paulo: Paulus, 2004.

ORIGÈNE. *Homélies sur le Lévitique*. Paris: Les Éditions du Cerf, 1981, v. I.

ORIGÈNE. *Homélies sur les Juges*. Paris: Les Éditions du Cerf, 1993.

PACIANO DE BARCELONA. Sermão sobre o batismo. In: CORDEIRO, J. L. (Org.). *Antologia litúrgica*. Textos litúrgicos, patrísticos e canónicos do primeiro milénio. Fátima: Secretariado Nacional de Liturgia, 2015, p. 585.

PADRES APOSTÓLICOS. São Paulo: Paulus, 1997.

PASTRO, C. *O Deus da beleza*. São Paulo: Paulus, 2008.

PATERNOSTER, M. *Liturgia e spiritualita cristiana*. Bologna: Dehoniane, 2005.

PAPA PAULO VI, PP. *Discurso do Papa Paulo VI na clausura da segunda sessão do concílio ecuménico vaticano II*. Disponível em: https://w2.vatican.va/content/paulvi/pt/speeches/1963/documents/hf_pvi_spe_19631204_chiusura-concilio.html. Acesso em: 03/09/2019.

PERKINS, P. As epístolas joaninas. In: BROWN, R. E.; FITZMYER, A. J.; MURPHY, R. E. (Orgs.). *Novo comentário bíblico São Jerônimo*. Novo Testamento e artigos sistemáticos. São Paulo: Academia Cristã / Paulus, 2011, p. 817-834.

PETRÀ, B. *La chiesa dei Padri*. Breve introdusione all'ortodossia. Bologna: Dehoniane, 2007.

PIANA, G. Iniciação cristã. In: CAMPAGNONI, F.; PIANA, G.; PRIVITERA, S. (Orgs.). *Dicionário de teologia moral*. São Paulo: Paulus, 1997, p. 627-635.

PICASSO, G. Anselmo de Aosta. In: BORIELLO, L.; CARUANA, E.; DEL GENIO, M. R.; SUFFI, N. (Orgs.). *Dicionário de mística*. São Paulo: Loyola, 2003, p. 70-71.

PIÉ-NINOT, S. *Introdução à eclesiologia*. São Paulo: Loyola, 1998.

PIO X, PP. *Motu próprio* Tra le solicitude. Disponível em: http://w2.vatican.va/content/pius-x/pt/motu_proprio/documents/hf_p-x_motuproprio_19031122_sollecitudini.html. Acesso em: 17/09/2019.

PIO XII, PP. *Carta encíclica* Mediator Dei *sobre a liturgia*. Disponível em: http://www.vatican.va/holy_father/pius_xii/encyclicals/documents/hf_pxii_enc_20111947_mediator-dei_po.html. Acesso em: 22/03/2018.

PIO XII, PP. *Litterae encyclicae Mediator Dei et Hominum*. Disponível em: http://www.vatican.va/holy_father/pius_xii/encyclicals/documents/hf_pxii_enc_20111947_mediator-dei_it.html. Acesso em: 22/03/2018.

PISTOIA, A. História da salvação. In: SARTORE, D.; TRIACCA, A. M. (Orgs.). *Dicionário de liturgia*. São Paulo: Paulus, 2009, p. 544-555.

PIXLEY, J.; BOFF, C. *Opção pelos pobres*. Petrópolis: Vozes, 1987.

PONTIFICIA COMMISSIONE BIBLICA. *Il popolo ebraico e le sue sacre scritture nella bibbia cristiana*. Disponível em: http://www.vatican.va/roman_curia/congregations/cfaith/pcb_documents/rc_con_cfaith_doc_20020212_popolo-ebraico_it.html. Acesso em: 10/06/2019.

POTTIE, S. *La celebration*. Étude sur la famille lexicale célébrare jusqu'à la réforme de Vatican II. Paris: Front Cover, 1991.

PUIG, A. *Teología de la palavra a la luz de la Dei Verbum*. Barcelona: Centro de Pastoral Litúrgica, 2015.

RAHNER, K. *Escritos de teologia*. Madrid: Taurus, 1967, v. I.

RAHNER, K. *Sulla teologia dela morte*. Brescia: Morcelliana, 2008.

RAHNER, K. *Oyente de la Palabra*. Fundamentos para una filosofía de la religión. Barcelona: Herder, 1967.

RAHNER, K. *Saggi sui sacramenti e sull'escatologia*. Paoline: Roma, 1965.

RAMOS, M. Evangelização e liturgia. In: SARTORE, D.; TRIACCA, A. M. (Orgs.). *Dicionário de liturgia*. São Paulo: Paulus, 2009, p. 423-426.

RATZINGER, J. *Compreender a igreja hoje*. Vocação para a comunhão. Petrópolis: Vozes, 1992.

RATZINGER, J. *Jesus de Nazaré*. São Paulo: Planeta, 2009.

RAVASI, G. Linhas bíblicas da experiência espiritual. In: SECONDIN, B.; GOFFI, T. (Orgs.). *Curso de Espiritualidade*. Experiência, sistemática e projeções. São Paulo: Paulinas, 1994, p. 53-112.

REBAQUE, F. R. *Terapia de las enfermidades espirituales en los padres de la iglesia*. Madrid: San Pablo, 2007.

RECCHIA, V. Arcano (disciplina do). In: DI BERNARDINO, A. (Org.). *Dicionário patrístico e de antiguidades cristãs*. Petrópolis: Vozes, 2002, p. 147.

REHFELD, W. *Introdução à mística judaica*. São Paulo: Loyola, 2015.

SAGRADA CONGREGAÇÃO PARA O CULTO DIVINO. *Ritual da iniciação cristã de adultos*. São Paulo: Paulinas, 2003.

ROCCHETTA, C. *Os sacramentos da fé*. São Paulo: Paulinas, 1991.

ROSATO, P. J. *Introdução à teologia dos sacramentos*. São Paulo: Loyola, 1999.

ROUTHIER, G. *Sacrosanctum Concilium*: la sua singolarità nella storia dei concilii e la sua ermeneutica attuale. In: CHIARAMELLO, P. (Org.). *Il Concilio Vaticano II e la liturgia*. Memoria e futuro. Roma: CLV – Edizione Liturgiche, 2013, p. 17-35.

ROY, L. Reconciliação. In: LÉON-DUFOUR, X. (Org.). *Vocabulário de teologia bíblica*. Petrópolis: Vozes, 2012, p. 874-876.

RUBIO, A. G. *Unidade na pluralidade*. O ser humano à luz da fé e da reflexão cristã. São Paulo: Paulus, 2001.

RUPNIK, M. I. *Decir el hombre*. Icona del Criador, revelación del amor. Madrid: PPC, 1983.

RUSCONI, C. *Dicionário do grego do Novo Testamento*. São Paulo: Paulus, 2005.

RUSSO, R. A iniciação cristã. In: CELAM, *Manual de liturgia III*. A celebração do mistério pascal – Os sacramentos: sinais do mistério. São Paulo: Paulus, 2005, p. 15-22.

RUSSO, R. Confirmação. In: CELAM, *Manual de liturgia III*. A celebração do mistério pascal – Os sacramentos: sinais do mistério. São Paulo: Paulus, 2005, p. 67-115.

SACRAMENTÁRIO VERONENSE OU LEONINO. In: CORDEIRO, J. L. (Org.). *Antologia litúrgica*. Textos litúrgicos, patrísticos e canónicos do primeiro milénio. Fátima: Secretariado Nacional de Liturgia, 2015, p. 1.493-1.497.

SACRAMENTARIUM LEONIANUM. Nova York: Cambridge University Press, 2013.

SANTANA, L. F. R., A celebração litúrgica como uma mística sacramental. *Atualidade Teológica*. n. 42, p. 470-487, set./dez. 2012.

SARTORE, D. Mistagogia. In: SARTORE, D.; TRIACCA, A. M.; CIBIEN, C. (Orgs.). *Dizionari San Paolo. Liturgia*. Milano: San Paolo, 2001, p. 1.208-1.215.

SARTORE, D. Sinal/símbolo. In: SARTORE, D.; TRIACCA, A. M. (Orgs.). *Dicionário de liturgia*. São Paulo: Paulus, 2009, p. 1.142-1.150.

SCARDILLI, P. D. *I nuclei ecclesiologici nella costituzione liturgica del Vaticano II*. Roma: Editrice Pontificia Università Gregoriana, 2007.

SCHAIK, V. Evangelhos. In: VAN DEN BORN, A. (Org.). *Dicionário enciclopédico da Bíblia*. Petrópolis: Vozes, 2004, p. 514-519.

SCHILLEBEECKX, E. *Cristo, sacramento dell'incontro com Dio*. Paoline: Roma, 1981.

SCHOLEM, G. *As grandes correntes da mística judaica*. São Paulo: Perspectiva, 2008.

SCHULTER, R. Sacramentos individuais – racemos do sacramento-raiz. In: FEINER, J.; LOEHRER, M. (Orgs.). *Mysterium Salutis*. Compêndio de dogmática histórico-salvífica. Petrópolis: Vozes, 1977, v. IV/4, p. 31-129.

SCICOLONE, I. Livros litúrgicos. In: SARTORE, D.; TRIACCA, A. M. (Orgs.). *Dicionário de Liturgia*. São Paulo: Paulus, 1992, p. 684-694.

SCICOLONE, H. Unção dos enfermos. In: NOCENT, A. (Org.). *Os Sacramentos*. Teologia e história da celebração. São Paulo: Paulinas, 1989, p. 223-264.

SERENTHÀ. M. *Jesus Cristo*. Ontem, hoje e sempre. Ensaio de cristologia. São Paulo: Salesiana Dom Bosco, 1986.

SESBOÜÉ, B. Na esteira de Calcedônia: cristologia e soteriologia a partir do século VI. In: SESBOÜÉ, B. (Org.). *História dos dogmas*. O Deus da salvação. São Paulo: Loyola, 2002, v. I, p. 355-427.

SICRE, J. L. *Profetismo em Israel*. O profeta, os profetas e a mensagem. Petrópolis: Vozes, 2008.

SIERRA, A. M. *Antropología teológica fundamental*. Madrid: B.A.C., 2002.

SIMONETTI, M. Escritura Sagrada. In: CASTAGNO, M. A. (Org.). *Diccionario de Orígenes*. La cultura, el pensamiento, las obras. Burgos: Monte Carmelo, 2003, p. 257-282.

SINODO DEI VESCOVI. Relazione finale del sinodo dei vescovi. *Aggiornamenti sociali*, n. 1, p. 67-79, jan. 1986. Disponível em: https://www.aggiornamentisociali.it/articoli/relazione-finale-del-sinodo-dei-vescovi/. Acesso em: 25/02/2019.

SODI, M. Assembleia. In: SARTORE, D.; TRIACCA, A. M. (Orgs.). *Dicionário de liturgia*. São Paulo: Paulus, 2009, p. 94-104.

SODI, M. Celebração. In: SARTORE, D.; TRIACCA, A. M. (Orgs.). *Dicionário de liturgia*. São Paulo: Paulus, 2009, p. 183-196.

SORCI, P. Mistério Pascal. In: SARTORE, D.; TRIACCA, A. M. (Orgs.). *Dicionário de liturgia*. São Paulo: Paulus, 2009, p. 771-787.

SPIDLIK, T. Mística. In: DI BERNARDINO, A. (Org.). *Dicionário patrístico e de antiguidades cristãs*. Petrópolis: Vozes, 2002, p. 946-947.

SPIDLIK, T. *La espiritualidad del oriente cristiano*. Burgos: Monte Carmelo, 2004.

STEGGINK, O. Antimisticismo. In: BORIELLO, L.; CARUANA, E.; DEL GENIO, M. R.; SUFFI, N. (Orgs.). *Dicionário de mística*. São Paulo: Loyola, 2003, p. 75-77.

STENZEL, A. A liturgia enquanto lugar teológico. In: FEINER, J.; LOEHRER, M. (Orgs.). *Mysterium Salutis*. Compêndio de dogmática histórico-salvífica. Petrópolis: Vozes, 1978, v. I/3, p. 105-118.

STUDER, B. Mistério. In: DI BERNARDINO, A. (Org.). *Dicionário patrístico e de antiguidades cristãs*. Petrópolis: Vozes, 2002, p. 945-946.

SUDBRACK, J. *Mística*. A busca de sentido e a experiência do absoluto. São Paulo: Loyola, 2007.

TANCREDI, L. *Ildegarda, la potenza e la grazia scritta*. Roma: Città Nouva, 2012.

TENACE, M. La veglia pasqualee l'ispirazione patrística del Concilio Vaticano II. In: SONNET, J-P. (Org.). *La bibbia si apre a pasqua*. Il lezionario dela veglia pasquale: storia, esegesi, liturgia. San Paolo: Milano, 2016, p. 49-64.

TEODORO DE MOPSUÉSTIA. Homilia 15. In: CORDEIRO, J. L. (Org.). *Antologia litúrgica*. Textos litúrgicos, patrísticos e canónicos do primeiro milénio. Fátima: Secretariado Nacional de Liturgia, 2015, p. 799-804.

TERRIN, A. N. Liturgia e terapia. La sacramentalità a servizio dell'uomo nella sua interezza. In: TERRIN, A. N. (Org.). *Liturgia e terapia. La sacramentalità a servizio dell'uomo nella sua interezza*. Padova: Messaggero Padova, 1993, p. 9-18.

TERTULIANO. O Baptismo. In: CORDEIRO, J. L. (Org.). *Antologia litúrgica*. Textos litúrgicos, patrísticos e canónicos do primeiro milénio. Fátima: Secretariado Nacional de Liturgia, 2015, p. 211-217.

TERTULIANO. *El apologético*. Madrid: Ciudad Nueva, 1997.

THÉOPHILE D'ANTIOCHE. *Trois livres à Autolycus*. Paris: Les Éditions du Cerf, 1948.

THEVISSEN, G.; KAHMANN, J. J. A.; DEHANDSCHUTTER, B. *As cartas de Pedro, João e Judas*. São Paulo: Loyola, 1999.

THURIAN, M. *L'Eucaristia*. Città del Vaticano: Libreria Editrice Vaticana, 2004.

TOMÁS DE AQUINO. *Suma Teológica*. São Paulo: Loyola, 2006, v. IX.

TOMÁS DE AQUINO. *Suma Teológica*. São Paulo: Loyola, 2002, v. VIII.

TOMÁS DE KEMPIS. *A imitação de Cristo*. Petrópolis: Vozes, 2015.

TORRINHA, F. *Dicionário latino português*. Porto: Gráficos Reunidos, 1942.

TRAGAN, P. R. *Segni e sacramenti nel vangelo di Giovanni*. Roma: Anselmiana, 1977.

TRIACCA, A. M. Espírito Santo. In: SARTORE, D.; TRIACCA, A. M. (Orgs.). *Dicionário de liturgia*. São Paulo: Paulus, 2009, p. 359-370.

TRIACCA, A. M. Rinnovamento liturgico. In: SARTORE, D.; TRIACCA, A. M.; CIBIEN, C. (Orgs.). *Dizionari San Paolo. Liturgia*. Milano: San Paolo, 2001, p. 1.654-1.666.

VAGAGGINI, C. *Il senso teologico della liturgia*. Roma: Paoline, 1957.

VAGAGGINI, C. *O sentido teológico da liturgia*. São Paulo: Loyola, 2009.

VALABECK, R. M. Devotio Moderna. In: BORIELLO, L.; CARUANA, E.; DEL GENIO, M. R.; SUFFI, N. (Orgs.). *Dicionário de mística*. São Paulo: Loyola, 2003, p. 323-324.

VAN DEN BORN, A. Médico. In: VAN DEN BORN, A. (Org.). *Dicionário enciclopédico da bíblia*. Petrópolis: Vozes, 2004, p. 964-965.

VAN DEN BORN, A. Saúde. In: VAN DEN BORN, A. (Org.). *Dicionário enciclopédico da bíblia*. Petrópolis: Vozes, 2004, p. 1.398-1.399.

VAN SCHAIK, A. Glória. In: VAN DEN BORN, A. (Org.). *Dicionário enciclopédico da Bíblia*. Petrópolis: Vozes, 2004, p. 638-642.

VANNI, H. *Apocalipse*. Uma assembleia litúrgica interpreta a história. São Paulo: Paulinas, 1984.

VARONE, F. *Esse Deus que dizem amar o sofrimento*. Aparecida: Santuário, 2001.

VELASCO, M. *El fenómeno místico*. Madrid: Tratto, 1999.

VIVIANO, B. T. O Evangelho Segundo Mateus. In: BROWN, R. E.; FITZMYER, A. J.; MURPHY, R. E. (Orgs.). *Novo comentário bíblico São Jerônimo*. Novo Testamento e artigos sistemáticos. São Paulo: Academia Cristã / Paulus, 2011, p. 131-216.

VOGEL, C. Imposição das mãos. In: DI BERNARDINO, A.; FEDALTO, G.; SOMINETTI, M. (Orgs.). *Dicionário de literatura patrística*. São Paulo: Ave Maria, 2010, p. 709.

WILLI-PLEIN, I. *Sacrifício e culto no Israel do Antigo Testamento*. São Paulo: Loyola, 2001.

WULF, F. Mística. In: FRIES, H. (Org.). *Dicionário de teologia*. Conceitos fundamentais da teologia atual. São Paulo: Loyola, 1970, v. III, p. 322-335.

ZACCARIA, G. La dimensione teologica di *Sacrosanctum Concilium*. In: CENTRO DI AZIONE LITURGICA (Org.). *Sacrosanctum Concilium. Tra memoria e profezia*. Roma: CLV – Edizione Liturgiche, 2014, p. 29-47.

Posfácio

O mundo contemporâneo, caracterizado pela pluralidade de ideias e, ao mesmo tempo, por mudanças aceleradas, lança as pessoas em um verdadeiro turbilhão que frequentemente lhes dissolve os próprios conceitos e distorce a compreensão da realidade.

É nessa perspectiva que eu gostaria de situar o livro do Pe. Vitor Gino. A estrutura da obra, oriunda da tese de doutorado do autor, evidentemente guarda o rigor acadêmico da concepção original do texto. Para além dessa competente sistematização de ideias, o livro nos oferece uma visão clara, direta, bem como profunda e abrangente de um tema que o próprio autor reconhece como interdisciplinar e para o qual, contudo, traça sólidos critérios de abordagem. Esta é a chave primordial que torna o livro uma excelente e segura fonte bibliográfica em meio ao turbilhão atual de ideologias.

Em linguagem simples, didática sem ser árida, motivadora do leitor, Pe. Vitor Gino conseguiu atingir o que se propôs na introdução do livro: "Queremos estudar os conceitos de mistério, mistagogia e mística e sua interrelação dentro do patrimônio da teologia litúrgica e perceber o seu valor para a vida e a práxis eclesial atual". Começou, assim, a descrever o plano de suas ideias, que iria desenvolver com um entrelaçamento de perspectivas.

A dinâmica entre mistério-mistagogia-mística foi desdobrada seguindo duas finalidades que consistem em: "ajudar a consolidar as conquistas obtidas pela teologia litúrgica nos últimos cem anos" e "continuar e aprofundar os trabalhos realizados pelos liturgistas conseguindo dar mais um passo em direção a uma celebração litúrgica carregada do sopro de vida nova, capaz de mediar a ação mistérica no "hoje". Temos, portanto, além da dimensão interdisciplinar, a dimensão histórica.

A estas dimensões soma-se o cuidado com a ação evangelizadora e pastoral da Igreja, que o autor buscou atender com seu trabalho: "Acreditamos que a força teológica desse trinômio mistério-mistagogia-mística oferece um contributo litúrgico-espiritual fecundo para encarar os diversos desafios presentes na missão eclesial de levar os homens à comunhão com Deus." Estabeleceu-se, assim, uma construção muito bem articulada em torno do eixo da pesquisa, que nos garante a solidez dos resultados obtidos: a fundamentação no Magistério da Igreja, através da Constituição Sacrosanctum Concilium.

Por tudo isso, acredito que o leitor tenha encontrado neste livro um guia seguro para o aprofundamento desses temas. Tem a qualidade de ser uma fonte capaz de subsidiar novas pesquisas no meio acadêmico e, ao mesmo tempo, é acessível a quem deseja conhecer melhor o assunto. O estilo do autor é atrativo para isso.

Concluo destacando, nesta importante contribuição que o Pe. Vitor Gino nos lega, sua lúcida e amorosa perspectiva eclesial para o nosso tempo. Prova disso é um pensamento extraído do texto, que se coloca em fiel consonância com a abertura preconizada pelo pontificado do Papa Francisco: "O mistério de Cristo faz com que a Igreja se torne uma escola de diálogo".

Cardeal Orani João Tempesta, O.Cist.
Arcebispo Metropolitano de São Sebastião do Rio de Janeiro

Série Teologia PUC-Rio

- *Rute: uma heroína e mulher forte*
Alessandra Serra Viegas

- *Por uma teologia ficcional: a reescritura bíblica de José Saramago*
Marcio Cappelli Aló Lopes

- *O Novo Êxodo de Isaías em Romanos – Estudo exegético e teológico*
Samuel Brandão de Oliveira

- *A escatologia do amor – A esperança na compreensão trinitária de Deus em Jürgen Moltmann*
Rogério Guimarães de A. Cunha

- *O valor antropológico da Direção Espiritual*
Cristiano Holtz Peixoto

- *Mística Cristã e Literatura Fantástica em C. S. Lewis*
Marcio Simão de Vasconcellos

- *A cristologia existencial de Karl Rahner e de Teresa de Calcutá – Dois místicos do século sem Deus*
Douglas Alves Fontes

- *O sacramento-assembleia – Teologia mistagógica da comunidade celebrante*
Gustavo Correa Cola

- *Crise do sacerdócio e escatologia no séc. V a.C. – A partir da leitura de Ml 2,1-9 e 17–3,5*
Fabio da Silveira Siqueira

- *A formação de discípulos missionários – O kerigma à luz da cruz de Antonio Pagani*
Sueli da Cruz Pereira

- *O uso paulino da expressão μὴ γένοιτο em Gálatas – Estudo comparativo, retórico e intertextual*
Marcelo Ferreira Miguel

- *A mistagogia cristã à luz da Constituição Sacrosanctum Concilium*
Vitor Gino Finelon

- *O diálogo inter-religioso para uma ecologia integral à luz da Laudato Si'*
Chrystiano Gomes Ferraz

- *A glória de Jesus e sua contribuição para a formação da cristologia lucana*
Leonardo dos Santos Silveira